新世纪高等学校教材·教育管理专业系列教材

学校管理学

第②版

张东娇 / 主编

北京师范大学出版集团
BEIJING NORMAL UNIVERSITY PUBLISHING GROUP
北京师范大学出版社

图书在版编目(CIP)数据

学校管理学 / 张东娇主编. —2 版. —北京：北京师范大学
出版社，2025.1

(新世纪高等学校教材·教育管理专业系列教材)

ISBN 978-7-303-29353-7

Ⅰ.①学… Ⅱ.①张… Ⅲ.①学校管理－高等学校－教材
Ⅳ.①G47

中国国家版本馆 CIP 数据核字(2023)第 151892 号

出版发行：北京师范大学出版社 https://www.bnupg.com
　　　　　北京市西城区新街口外大街 12-3 号
　　　　　邮政编码：100088
印　　刷：北京天泽润科贸有限公司
经　　销：全国新华书店
开　　本：787 mm×1092 mm　1/16
印　　张：23
字　　数：433 千字
版　　次：2025 年 1 月第 2 版
印　　次：2025 年 1 月第 9 次印刷
定　　价：69.00 元

策划编辑：何　琳　　　　　责任编辑：李锋娟
美术编辑：李向昕　　　　　装帧设计：李向昕
责任校对：姚安峰　　　　　责任印制：马　洁

总序　什么样的教育管理知识最有价值？

编写这套教育管理专业教材，是出于一个非常朴素的目的——为读者提供最有价值的教育管理知识。

什么样的教育管理知识最有价值？标准有二。

第一，对个人是否有用？能否更好地满足个人需求？

对读者有用、满足读者需求是本套教材的生命线。本套教材主要面向两类读者。一类读者是高校本科生和研究生，他们毕业后或者是继续深造，或者是走向职场，本套教材对他们的用处在于为他们继续深造或者走向职场奠定扎实的知识基础。教育管理现象纷繁复杂，高校学生大多涉世不深，教育管理知识是对于教育管理现象的系统认识，本套教材将给予他们观察教育管理现象的理论视角和解决教育管理问题的方法技术，将赋予他们力量、智慧和勇气，使他们面对教育管理的实践问题和理论问题时，不再手足无措，一筹莫展。为学生的未来做充分的知识准备，是这套教材的使命之一。

另一类读者是广大教育管理实际工作者。他们中的多数在职前基本没有受过系统的教育管理知识的科班训练，但是在实践中积累了丰富的管理经验，这个群体不缺经验，缺的是对于教育管理的系统的、有深度的理性认识。本套教材将给予这个实践群体一双理性的眼睛，使他们走出经验型管理的老路，踏上理性化管理的坦途，让他们的管理实践更具科学性。为实际工作者当下的管理实践提供有力的智力支持，是这套教材的使命之二。

教育管理知识对于读者的作用不止于此。本套教材提供的管理理论、方法和技术，同样有助于个人和家庭的战略管理、目标管理、财务管理、时间管理等，这些知识会让你更上一层楼，一览众山小，会让你有一个更富智慧、更有效率、更加成功的人生。让读者学会管理自我、创造更美好人生，是这套教材的使命之三。

第二，对社会是否有用？对教育是否有用？能否更好地满足社会需求，满足教育改革与发展的需求？

教育管理知识是有灵魂的，是有强烈的入世精神的。知识是手段，管理也是手段，教育管理和教育管理知识都是为教育发展、人的发展、社会发展服务的。教育管理的根本目的在于促进人的公平发展、全面发展、个性发展和自主发展，在于促进社会的全面进步。我们所需要的、这套教材所提供的，不是观念滞后、价值陈腐的教育管理知识，而是现代精神所统摄的、充满社会责任感的教育管理知识。我们要兴办的是现代教育，我们要培养的是现代人，我们要建设的是现代国家，因此，我们需要的是现代教育管理，我们要提供的是有助于兴办现代教育、培养现代人、建设现代国家的教育管理知识。

现代精神的本质是人道精神、科学精神、民主精神、法治精神。现代精神是本套教材的价值追求。

教育以育人为本。教育应该让人更幸福，让人更有尊严。教育管理不只是约束人，更要发展人、解放人。陶行知自问自答：中国要到什么时候才能翻身？要等到人命贵于财富，人命贵于机器，人命贵于安乐，人命贵于名誉，人命贵于权位，人命贵于一切。只有等到那时，中国才站得起来！诚哉斯言。我们需要能够有效促进教育公平和社会公正的教育管理（包括政策和制度）。

教育管理不能见物不见人、见"分"不见人。为考而学、而教、而管，不仅会伤学生的元气，也会伤中华民族的元气。这样的状态会使学生的身体素质变差、心理问题变多、可持续发展能力变低，会使学生千人一面、没有个性。学生的学习、成长、发展是被学习、被成长、被发展，他们没有自主的时间和自由的空间，而没有自主和自由，何谈创新？教育管理需要有更强的人道精神，为学生的一生幸福着想，为学生的可持续发展着想，促进学生的全面发展、个性发展、自主发展。

我国封建历史很长，传统管理文化中的现代精神较不丰沛，当前管理现实中的现代精神亟待充实。这制约着中国社会的发展和教育的发展。知识的力量就在于能让人冷静、敏锐、理智地看到问题的症结，从而找到解决问题的策略和方法。不要小看个人的力量，不要轻视知识的力量。当你认为知识无用时，那是因为你还没有找到真正的知识；当你认为自己无力改变现状时，那是因为你还没有掌握真正的知识。我们每一个人、每一位读者都是有力量的，我们坚信，无数次小的改变，会带来大的变革。管理的真正变革是非常艰难的，但我们所做的事情越是具有挑战性，越是艰难，就越有价值。人生的光荣与梦想、高贵与尊严，就体现在对艰难的征服中、对信念的坚守中。我们直面甚至欢迎各种问题，正是这些问题的存在让我们有了用武之地。我们不随波逐流，不怨天尤人，不悲观失望，我们尽个人之力改变现状，我们有热情和激情，但我们不莽撞、不随意、不轻狂，因为我们有必要的知识储备和理性思考，更重要的是，我们有深藏在知识之后的、知识内化后所生成的教养和信念。真正有教养的人做管理，管理必定是人道而美丽的，不会是简单粗暴的，更不会是丑陋丑恶的。

我们每一个人都有力量让我们的教育管理、我们的教育、我们的社会更富现代精神，亦即更富人道精神、科学精神、民主精神和法治精神。至少，当我们自己在实践这些精神时，世界就已经与前不同。这套教材无疑会提供给读者知识，但更重要的是，我希望每一位读者都能在此基础上，窥见知识背后的价值取向，形成现代精神，进而改变社会和人生。

因此，这套教材除为读者未来的学习或者就业做准备、为读者当下的管理实践提供智力支持、为读者学会管理自我提供帮助外，其最重要的使命是：以知识的力量改造我们的教育管理，改造我们的教育，改造我们的社会。我们的教育管理、教育、社会都需要现代精神的滋润。教育管理知识应该有责任、有担当甚至有血性！铁肩担道义，妙手著文章。我们不仅需要描述和解释这个世界，我们更需要改造这个世界。我希望这套教材有朝气、有正气、有豪气，给教育管理知识的传播带来阵阵清新之风，带来教育管理的新思想，思想如风，春风又绿江南岸，正是种种新思想给我们的教育、我们的社会带来生机和活力，改变着我们的教育和社会。

基于以上思考和设想，我们组织力量对本套教材的编写进行了总体设计。本套教材所提供的教育管理知识具有如下特色。

第一，实用性。本套教材以向读者提供最有用的教育管理知识为首要目标。面向读者的个人需求、教育管理改革的社会需求来把握教材内容的深度和方向，以满足国内高校教育管理专业（或公共事业管理专业）的本科生、教育经济与管理专业的研究生的学习需求以及教育管理培训的教学需求。教育管理领域已经积累了大量的知识，我们要求每一位作者精心筛选最有价值的基础性知识，作为教材的基本素材。同时，在编写体例上，设置更为科学、更符合教学要求的体例。比如，加入"本章学习目标""本章精要""案例分析"等，既不影响教材的严谨性，又有利于师生的教与学；既有利于提升学习者的理性思维能力，也有利于提升其应用能力与实践能力。

第二，系统性。本套教材是目前国内种类齐全、具规模、内容新的教育管理专业系列教材，基本涵盖了教育管理的主要知识领域，能为读者全面认识教育管理现象提供系统的智力支持。本套教材有多本，包括《教育管理学教程》《教育政策学》《教育行政学》《教育法学》《教育督导学》《教育评价学》《学校管理学》《教育人力资源管理》《教育政治学》《中外教育管理史》等。

第三，新颖性。教育管理知识增长迅速，各分支学科皆有不少成果问世，理论分析框架和研究方法不断创新。本套教材力求反映国内外教育管理研究的最新成果，力求反映国内外教育管理实践的最新进展，体现教育改革与发展对于教育管理知识的时代要求，让读者站在教育管理研究与实践的前沿思考教育管理问题。

第四，权威性。本套教材的编写是一项浩大的知识工程，非一人或一校所能为。本套教材由全国几十所高校的专家学者参与编写，其中多数教材每一本的编写就由十余所高校的专家学者合作完成。这种组织方式突破了一个人、一个学校、一个区域的局限，可以博采众长。这套教材编写的具体组织工作由北京师范大学教育管理学院承担。该学院是我国第一个教育管理学院，由顾明远于1985年创建并任第一任院长，2004年我有幸成为第二任院长。长期以来，学院一直致力于教育管理学术研究，有较好的学术积淀。该学院所依托的学科是教育经济与管理学科，由这个学院承担组织工作，并集结全国之力编撰这套教材，教材的品质和权威性是有保障的。

这套教材的出版是我国学界建立教育管理学科体系的进一步尝试，是促进教育管理知识体系化的又一次努力。随着教育管理实践与研究的不断发展，教育管理教材的内容应该不断更新，本套教材也需要不断修订完善。欢迎广大读者提出富有建设性的意见。

感谢每一位作者的智力贡献，感谢北京师范大学出版社的大力支持！我们来自五湖四海，之所以走到一起是为了一个共同的目标：筛选、梳理出最有价值的教育管理知识，搭建一个开放并持续改进的知识平台，引导教育管理的教学、培训与研究向纵深发展，进而改善我国教育管理的知识状况，提高我国教育管理的实践水准。

褚宏启
于北京师范大学

目
录

第一章　学校管理概述

🔖 **本章学习目标：**

1. 了解学校管理概念，系统地认识学校管理的基本理论问题。

2. 认知有关学校领导、校本管理、学校管理体制及学校效能的研究现状。

3. 基于学校管理研究现状的内容分析，充分认识学校管理中党组织领导的校长负责制、学校发展规划及教师绩效管理的实践现状。

✏️ **开篇案例：**

学校的大小事务都由校长说了算吗[①]

李校长在 35 岁时被任命为校长，主持一所有 24 个教学班的初中的工作。李校长平时对自己要求严格，能够以身作则，他有强烈的事业心和积极向上的进取精神，一心一意想把学校搞好。上任以来，他保持了自己一贯的工作作风，兢兢业业，雷厉风行，真抓实干，希望通过自己的

---

① 程凤春：《学校管理的 50 个典型案例》(第 2 版)，45 页，上海，华东师范大学出版社，2018。

努力，使学校在短时间内有较大的变化。

有一次，李校长在检查教师备课笔记时发现有些教师写得比较简略，于是马上找到有关教师指出问题，提出改进意见，并召开教学工作会议，明确提出备课的统一要求和备课笔记的写法。教师们没有说什么，可这一决定让主管教学的副校长很尴尬，因为他在一次教研组长会议上讲过，对不同教师的备课笔记可以有不同的要求：青年教师尽可能写得详细一些，老教师可以写得简略一些。他要求教师把主要精力放在钻研教材教法、努力提高课堂教学质量上。所以，有的教师的备课笔记写得比较简略。还有一次，李校长到市里开了三天会，回校后看到总务主任正在指挥工人建自行车棚（这件事是由校务会议决定的）。李校长认为地点选得不好，应放在操场的围墙附近。总务主任却认为，放在操场围墙附近离办公楼太远，不利于教师上下班存取自行车。可是李校长还是坚持让总务主任把自行车棚的位置改了。总务主任很不高兴，认为这是自己的管辖范围，校长不应该过分干涉。

一学期下来，学校领导班子其他几位成员的工作主动性明显下降，该自己做主的事也不再做主了，什么问题都来请示校长。教职工们看到其他领导都不管事，有什么问题就直接找校长反映解决，结果弄得李校长手忙脚乱，焦头烂额。李校长也感到什么地方出了问题，陷入了沉思。

管理是学校正常运行的重要部分。学校管理学是研究学校管理现象及其规律的学科，对于学校管理概貌的了解是这门学科学习的逻辑起点。本章拟从学校管理概念入手，从历史的嬗变中看学校、管理及学校管理的语义及内涵变化，再对学校管理这种现象在当下的研究现状与实践状态进行梳理，使大家初步了解"学校管理是什么"。

第一节　学校管理概念解析

学校管理作为一个复合概念，其限定在于是对学校的管理，为此，我们可以分别从学校和管理二维的角度来解析学校管理的概念。在不同的历史时期，作为教育制度重要构件的学校，其含义是不同的。同样，在不同的历史阶段，人们对管理的理解与需求也不尽相同。

一、从教育的演变中透视学校概念

学校这一概念不是一开始就有的，是随着不同历史形态下教育活动的发生、发展和制度变迁而逐步演进的，其发展历程大致可分为以下几个阶段。

（一）形式化教育下的学校

从制度变迁的角度看，教育一般可分为非形式化教育、形式化教育、制度化教育和后制度化教育四个阶段。陈桂生教授认为，人类的教育最初是不定型的，当社会经验积累到非经过专门组织传递不可的程度时才使教育形式化，产生最初的教育实体（如学校），而这就是形式化教育。[①] 非形式化教育与形式化教育的分水岭之一就是学校的出现。

中国自夏朝以来，就有了庠、序、校和学等教育机关，而古埃及、古印度的学校机构出现得也很早。这些名义上的学校在整个教育系统中所占的比重非常小，但却是学者们研究的重点，因为其具有定型化、等级性、象征性和相对固定性等特点，已经由一种教育习俗演变为一种正式的教育制度。我国最早出现的学校是官学，之后是私学，它们分别出现于奴隶社会早期和奴隶社会中期，这种双雄并举的局面存续了近千年时间，至唐末宋初，一种新的学校形式——书院正式出现了，这样我国古代的三种学校形式就基本定型化了。这些形式化的学校有各自的分工，也有相互的联系，在官学层面有形式化的学制，如西周的国学和乡学、唐代的六学二馆等。

古代的官学与书院具备了制度化的萌芽，官学有了雏形的学制，也有了专科学

---

① 陈桂生：《教育原理》，43 页，上海，华东师范大学出版社，1993。

校的细化，但总体来讲，其发展的速度、质量与覆盖面还是很有限，这种形式化教育一直延续到清末。实事求是地讲，形式化下的学校对整个社会和人类整体教育的影响还不是很大，针对广大民众的教育方式仍然是口耳相传、手手相教的非形式化教育。即便是统治阶级所举办的官学，其内部职能也是不分化的，不同教育实体间并无系统的、有序的联系。

（二）制度化教育下的学校

制度化教育从孕育到出现经历了二三百年的时间，从班级授课制作为一种教学组织形式，到学校作为一种公共机构开始普及，特别是义务教育制度的出现，使制度化教育开始定型化、系统化和法制化。相比于形式化教育来说，制度化教育是一个巨大的进步。

这种进步极大地促进了学校作为教学机构被重视的程度，之后对于学校管理的研究也逐步增多。其实，东西方制度化教育的发轫并不相同，西方的制度化教育始于教育的世俗化、公共化，特别是公共教育运动促进了制度化教育的生成，而夸美纽斯的班级授课制为制度化教育奠定了教学组织基础，初等义务教育在西方发达国家基本普及标志着西方制度化教育的形成。在我国，制度化教育是舶来品，发轫于京师同文馆，形成于癸卯学制，癸卯学制是我国制度化教育形成的标志。至 1905 年学部的设立，学制开始日臻完善，经过 1912 年、1922 年等学制的改造，我国制度化教育及这种教育制度下的学校开始进入新的发展阶段。制度化教育客观上要求一部分的教职人员从教学工作中脱离出来，对学校运行中出现的问题进行处理，或者对学校的整体发展作出一定的思考，制订出一定的计划，在这样的语境下，专门的学校管理人员，如校长、中层管理者等就出现了，学校管理问题日益得到人们的重视。

但制度化教育及其学校从诞生那天开始，就伴随着争鸣与改造，从裴斯泰洛奇批评传统的公共教育，提出要建立一种普通的民主教育制度开始，到杜威的芝加哥大学实验学校等，都是对制度化学校的挑战。特别是杜威对后世的影响更大。同时期的意大利教育家蒙台梭利建立的"儿童之家"的学校发展模式、尼尔的萨默希尔学校（夏山学校）等都是对制度化学校的反诘。第二次世界大战（简称"二战"）后，伊里奇等人针对制度化学校的种种弊端，提出了"非学校化社会"。在我国，一批受西方先进教育思想影响的学者也开始了制度化学校的改造，如李廉方在河南开封实验的"廉方教学法"虽然名曰教学法，但是实际上已涉及"二部制"、课程组织、学制等方面的内容。[①] 之后陶行知创立的晓庄学校、山海工学团等，提出了生活即教育、社

---

① 杨小微：《社会转型时期学校变革的方法论初探》，博士学位论文，华东师范大学，2002。

会即学校、教学做合一的论断；晏阳初在各地建立教学点来实践其平民教育办学观。到 20 世纪 60 年代末，以朗格朗等人为代表的后制度化学派的教育学家提出终身教育的理念，学校在教育制度史上开始进入后制度化阶段。

（三）后制度化教育下的学校

随着科学技术的发展，教育在社会发展中所起的作用日益增强，在此背景下有学者提出了"教育社会化和社会教育化"问题。相比制度化教育下的学校，后制度化教育下的学校采用的是一种多元化的教育形式，突破了以往教育教学的模式。它是一种长期的、连续性的教育，同时其个性化、民主性也都与以前不同。后制度化教育下的学校管理开始"去科层化""去行政化"。现代学校制度建设也开始进行，它打破了以往的封闭与隔绝，开始走向开放，学校开始注重与社会、政府、市场之间的联系，同时也开始探索内部治理结构。终身教育的提出，重新定位了学校教育的地位。这一时期，学校不再是国民教育的特权机构，相关的协会、地方团体、社区等都能够共同承担教育责任，出现了社区学院、学习化学院、虚拟学校等。伴随世界"互联网＋"趋势与教育 4.0 时代的到来，未来学校概念应运而生。美国费城学区和微软公司合作，首次展出了未来学校的实体。我国学者曹培杰认为，未来学校是在互联网思维及技术的影响下，打破封闭的办学结构，打破传统的教学结构，打破固化的学校组织形态，从而为学生创设多元融合的育人空间。[1] 罗生全等人认为，未来学校是在新一轮工业革命背景下发生的学校系统性变革，是一种新形态的育人场域，主要具备三个特征，即通过新形态育人场域表现，以培养未来人才为核心，人工智能技术与学校教育的深度融合。[2] 由此可见，未来学校主要从学校组织、教学与学习方式以及学习场景三个方面进行变革与建设。首先，在学校组织方面，强调高灵活度，其中对参与主体要求灵活多元。除学校、教师与学生，社区、学生家长以及其他教育利益相关者同样要参与到学校的管理与决策之中。对学校组织结构强调采用扁平化的设计，尽量满足学生个性化的需求。其次，在教学与学习方式方面，强调灵活多样的学习方式，在学习过程中将正式学习与非正式学习融为一体，根据具体情况灵活使用网络学习、社区服务、参观考察等多种学习方式。最后，在学习场景方面强调融通。未来学校将打破封闭的场景限制，学习不仅可以在教室，还可以在社区、科技馆等任何能够实现高质量学习的地方进行，以实现学习空间自由。

因此，后制度化教育下的"学校"范围实际上扩大了。学校不仅包括部分制度化

---

① 曹培杰：《未来学校的变革路径——"互联网＋教育"的定位与持续发展》，载《教育研究》，2016 (10)。

② 罗生全、王素月：《未来学校的内涵、表现形态及其建设机制》，载《中国电化教育》，2020(1)。

教育下的学校，还包括学校以外的教育机构、社区、博物馆等能为学生提供高质量教育的场所，学习的空间限制首先被打破。与此同时，互联网的支持又为学习打破时间限制提供了条件。从整体来看，未来学校发展呈现出以传统学校为中心枢纽、以新形态的泛在学校为分散点的学校教育共同体的态势。从学校教育的使命来看，学校的目的是培养全面发展、素质较高的人。同时，它从单纯追求知识的传递转变为对综合素养的追求，从教育的静态化转变到教育的动态化、常规化。

二、从管理的演变中透视管理概念

人类社会的发展史说起来就是生产力发展的历史，而管理思想的每一次发展又会极大地促进生产力的发展。对管理发展史进行梳理，可以进一步总结出管理的概念，而这又对学校管理概念的界定十分重要。

(一)经验管理形态下的管理

管理本身有着较长的前史，但作为学科史却较为短暂。有了人类社会，就有了管理现象，但数千年的管理实践，多数都是经验管理。工业社会之前的社会生产力水平较低，生产关系也不完善与紧密，管理的价值并不凸显，因此并没有形成系统的管理思想。工业革命以后，企业如雨后春笋般出现，但是工人们大多是失去土地的农民，其工艺水平参差不齐，所以要对其进行统一的培训。同时，企业的生产管理缺乏科学的调查和分析，没有科学的计划和程序，缺乏合理的、有效的工作定额。生产工人只是凭自己的经验，便可以任意选用生产工具和操作方法。生产管理决策只凭过去的经验和粗略的估计。劳动高度专业化了，而标准化的生产方法和程序却没有制定，而且对工作的协调化、一体化以及系统化也没有予以强调。这种凭经验办事的旧的传统管理方式，严重地阻碍着提高劳动生产率。[①]

在经验形态下，工作的重点是在技术层面，而不是管理本身，在没有提出关于管理理念的情况下，以既往经验中的做法指导实践的开展。但一个企业的管理者凭借经验而形成的管理方式，在其他企业中有可能不太适用。所以，寻找一种有效的、合理的同时有一定普遍性的管理方法是当时迫切需要解决的问题。在这种情境下，泰勒的科学管理思想诞生了。

(二)科学管理意义上的管理

科学管理之父弗雷德里克·泰勒[②]，由于其对管理方法及工厂的技术、产量等一系列贡献，开启了科学管理的先河。泰勒之后还有一大批追随者，如卡尔·巴思、

---

① 李燕、石向实：《试析泰罗科学管理的人本思想》，载《前沿》，2007(4)。
② 也有人译作"泰罗"。

亨利·甘特、吉尔布雷思夫妇、哈林顿·埃莫森、莫里斯·库克等，他们都为科学管理理论的完善作出了巨大的贡献。科学管理理论不仅包括泰勒的科学管理理论，还包括法约尔的管理过程理论和马克斯·韦伯的科层组织理论，这三大经典理论共同构成了古典管理理论。

科学管理理论中的管理是效率的产物，其片面性也很明显。首先，它没有对人性进行深入的研究，仅仅停留在经济人的假设之中，没有注意到管理首先是将人作为其运行的中心；其次，只是把管理的对象看作本来就存在的，还没有将管理上升到系统来认识；最后，只关注企业内部，对于影响企业发展的外部环境关注较少。古典管理理论诞生十多年后，另一个管理学理论也开始出现，这个理论就是关心管理过程、关心管理中人的人际关系学说及其后的行为科学理论。

(三)行为科学意义上的管理

行为科学意义上的管理分为两个基本阶段：人际关系阶段和"二战"后的行为科学阶段。它是管理学的另一脉。20世纪20年代末的霍桑实验为人际关系学说和行为科学奠定了基础。切斯特·巴纳德则丰富了人际关系理论。他在《经理人员的职能》一书中提出了社会协作系统的理论。他认为，组织是一个有意识地加以协调的两个或者两个以上的人的活动或力的系统，并且包含三个普遍的要素，即协作的意愿、共同的目标、信息的交流。[①]

随着时代的发展，越来越多的研究者将视角从单纯关注生产效率转移到对人性、心理的研究。例如，马斯洛的需要层次理论，赫茨伯格的双因素理论，弗鲁姆的期望理论，麦克利兰的成就需要理论，道格拉斯·麦格雷戈的X理论-Y理论等。纵观以上理论，我们可以总结出，行为科学下的管理摒弃了仅仅关注企业生产效率的方面，它们注重人性自身的一面，不是把人看成"机械化的工具"，而是深入研究人们的心理变化。可以说行为科学同科学管理相比，是一个巨大的进步，它从管理一开始只关心组织这一个维度，发展到关心组织与人两个方面的维度。同时，它为管理学的进一步发展提供了新的思维方式。

(四)管理的新思维：战略·权变·文化·系统

随着时代的发展，科学管理与行为科学逐渐走向融合。20世纪70年代至今，管理思想的整合与创新从未间断过，在这样的语境下，出现了诸多新的管理方式和管理思想。

1. 战略管理

"战略"一词首先是在军事中出现的，"1962年企业经营史学家小艾尔弗雷德·钱

---

① 孙耀君：《西方管理学名著提要》，14页，南昌，江西人民出版社，2002。

德勒在《策略与结构：工业企业史的重要篇章》一书中，第一次给战略下的定义是：决定企业长期基本目标与目的，选择企业达到这些目标所遵循的途径，并为实现这些目的与选择而对企业重要的资源进行配置。因而钱德勒明确指出管理措施是处理日常经营活动的以保证经营的高效与顺畅，而战略关乎于如何利用'看得见的手'实现资源配置的问题，关注于企业长期健康"①。斯坦纳（G. A. Steiner）对战略规划的含义从四个角度阐述，即规划涉及的是当前决策的未来性，并发掘将其变成现实的途径；战略规划是一个发展的过程；战略规划是一种态度，一种生活方式；战略规划是一个体系。② 战略管理的发展主要有以下几种观点：钱德勒的资源配置战略、安索夫的市场战略矩阵、迈克尔·波特的竞争战略理论、波士顿咨询公司的波士顿矩阵、SWOT分析等。由此，我们可以看出战略管理在企业抑或是学校之中的重要作用。

2. 权变管理

世界万物都在变化，社会、组织和人必须依据当时的情形而变化自身的行动。同样，为了适应形势，企业的管理也需要变化。通俗来讲，"管理权变就是管理变化，即管理者根据不同的管理环境、管理对象和管理目标条件，确定和应用最适用的管理理论、管理方式、管理手段和方法。通过管理权变，管理者改进管理方式，采用因人而异的管理方法，变换自己的管理风格等等，使管理者和管理对象、管理环境之间最有效地和谐配合，使管理更有成效。可以说，不懂权变，就等于不懂管理"③。权变管理主要有以下几种模式：第一，时间——因时而宜。第二，空间——因地而宜。第三，对象——因人而宜，因事而宜。④ 众多学者对权变理论进行了描述，如菲德勒的领导权变模型等。这些都对管理者如何进行权变管理提出了很好的范式。

3. 文化管理

从某种意义上来说，文化管理就是组织文化的运用。文化管理强调了管理的三个方面：首先，要以人为中心实施人性化的管理；其次，管理过程必须贯彻并体现一套完整的价值观念体系，并以此激励员工积极进取；最后，管理方式要将理性与

---

① 段钊：《企业管理学范式研究》，博士学位论文，武汉大学，2005。
② [美]乔治·斯坦纳：《战略规划》，李先柏译，13～15页，北京，华夏出版社，2001。
③ 史璞：《管理学哲理：系统、愿景、人本和权变的管理》，467页，北京，机械工业出版社，2006。
④ 史璞：《管理学哲理：系统、愿景、人本和权变的管理》，469～470页，北京，机械工业出版社，2006。

非理性结合,在科学管理的制度化、规范化和科学化基础上,增加人性化管理的情感因素。"文化管理,就是以人为中心的管理,强调以人为本,坚持把人作为企业管理和一切工作的中心,把关心人、满足人、发展人、完善人作为企业管理的主要目的。"①而学校的文化管理是"基于'文化人'的人性假设,是一种通过个体价值观来规范其行为的管理方式,属于柔性管理,其特征包括组织共享价值观、'以人为中心'等几大方面。文化管理强调尊重人、调动人的积极性、强调物质管理和精神管理的统一"②。可以说,文化管理是一种以文化为中心的管理理念,是现代管理理论发展的趋势,是管理理论和实践发展的新阶段。文化管理与前一阶段的行为科学有相似之处,但是并不是行为科学的一种重复。它充分发挥了文化在管理中的作用,同时还结合人的心理及生理等,把以人为本的思想引入管理之中。

4. 系统管理

管理是对人、财、物、时间、空间、信息六大因素的整合与运用,是六大因素相互联系、相互作用,按照一定的功能目的结合而成的有机整体,所以管理者对组织系统必须实施系统化管理,必须掌握、运用系统原理和系统观点来指导管理实践。詹姆斯·罗森茨维克在《组织与管理——系统与权变的观点》(1970年)一书中指出,组织可以被看作开放系统,与环境相互作用。管理者必须把各个子系统及其在具体环境中的活动结合起来,加以平衡。③ 也有学者认为,系统管理指管理者运用系统原理和方法,对管理系统及各组成要素进行系统观察、系统思考和分析,通过系统决策、系统控制,实现组织和管理系统的整体优化。从上述定义可以看出,系统管理强调了管理者要分析复杂的管理对象,研究组织系统的各项资源的优化配置使用,确定最优化的实施方案或行动计划,实现组织系统的预期发展目标和最满意的经济效果。④ 它综合运用了系统工程的观点、运筹学的方法、控制论的观点以及信息技术和统计学的内容,对组织系统进行合理、客观的安排,从而达到最优化的效果。

20世纪80年代以后,管理理论又出现了新的思潮,如7-S框架、学习型组织理论、Z理论、虚拟组织理论、知识管理理论等。

7-S框架是由托马斯·彼得斯和小罗伯特·沃特曼等人设计的一种实用性很强的管理模型。他们认为任何管理工作至少要涉及相互关联的七个变量:战略(strategy)、结

---

① 吴剑平、张德:《试论文化管理的两个理论假说》,载《中国软科学》,2002(10)。
② 樊娟:《文化之维——高校管理的新视角》,载《江苏高教》,2010(6)。
③ 孙耀君:《西方管理学名著提要》,409~410页,南昌,江西人民出版社,2002。
④ 史璞:《管理学哲理:系统、愿景、人本和权变的管理》,436页,北京,机械工业出版社,2006。

构(structure)、体制(systems)、人员(staff)、技巧(skills)、作风(style)和共同价值观(shared values)，其中前三个 S 称为硬 S，后四个称为软 S。

学习型组织产生的社会背景是人类开始渐进性地由能源经济走向知识经济。21 世纪的人，不应仅是泰勒和法约尔所说的"经济人"，或是梅奥所言的"社会人"，马斯洛所说的"自我实现的人"，以及薛恩指称的"复杂人"，也不仅是 20 世纪 70 年代戴维斯在研究组织文化时说的"组织中的人"，或是 20 世纪 80 年代盛行企业文化时所指的"文化人"；而应是能系统思考的，不断超越自我的，不断改变心智模式的，积极参与组织学习的，能在共同愿景下努力发展的，把学习看成生命有机构成的，自我发展的"学习型的人"。学习型的人生存的空间应是学习型组织，学习型组织并没有固定的模式。1965 年，美国哈佛大学的佛睿斯特教授发表的《企业的新设计》一书给出了学习型组织的一些基本特征：组织结构扁平化，组织信息化，组织不断学习，不断调整组织内部的结构关系等。在学习型组织的模式中，美国学者彼得·圣吉提出的"五项修炼"流传较广。这"五项修炼"，即系统思考、超越自我、改善心智模式、建立共同愿景、团队学习。除了这种模式，还有沃尔纳五阶段模型、瑞定第四种模型，等等。

Z 理论是 20 世纪 80 年代初，由日裔美国管理学家威廉·大内提出的。威廉·大内通过对日本和美国的一些典型企业进行研究，提出日本企业的经营管理效率一般比美国高，并于 1981 年出版了《Z 理论》一书。由于管理思想的先进性，他受到了管理学界和管理学者的关注。Z 理论主要的观点有：企业应该采用终身雇佣制，这样有利于员工具有归属感，增加安全感和责任心，与企业共荣辱、同命运。Z 理论认为，企业的管理体制应保证下情充分传达；应让职工参与决策，及时反馈信息；特别是在制定重大决策时，应鼓励基层的职工提出建议，然后再由上级集中判断等。这不仅有利于全面考察企业当前的问题，而且在实施的过程中也会更好地得到贯彻。总之，Z 理论突破了以往 A 型组织的种种弊端，使企业更加具有竞争力。

虚拟组织的概念由史蒂文·戈德曼等人在 1994 年首次提出，其强调利用计算机信息技术、网络技术及通信技术与全球企业开展互补、互利的合作，许多独立的公司、供给者、顾客甚至竞争对手通过信息技术联系而形成临时性网络，互相分享技术，分摊成本，进入共同市场。[①] 虚拟组织具备三个显著特点：第一，虚拟组织面对外界环境的变化能够进行内部结构、制度的灵活调整，从而具有高适应性；第二，不同于传统的实体组织，虚拟组织是联合起来的协作团体，共享各主体资源；第三，

---

① 肖智润、郝皓：《管理学》，41 页，北京，清华大学出版社，2021。

虚拟组织中各主体保持高度的互相信任。虚拟组织在学校领域也有相应的表现，如在网络技术的影响下，未来学校的建设、组织与管理呈现出"打破围墙、多界合作"的特点。

知识管理的概念最早由美国管理学教授彼得·德鲁克提出。经过托马斯·H.达文波特等学者的研究和企业的不断实践，20世纪90年代后知识管理的本质——将信息转化为知识、用知识提高组织应变能力和创新能力更加突显。[1] 彼得·德鲁克曾说："21世纪的组织，最有价值的资产是组织内的知识工作者与他们的生产力。"知识增长的空间即企业资产增长的空间，因此，企业要为员工提供充分的知识培训，增强员工的知识生产力和知识创新力，使集体知识共享与创新成为企业竞争优势，实现有效的知识管理。学校这个特殊的组织可以通过对学校领导者、教师的专业培训，促使其将知识转化为优质高效的管理力与教育力。

三、学校管理概念辨析

对于学校管理的研究，不能单纯从该学科论述学校管理，那样会陷入视角狭隘、概念不明晰、方法不明确的困境。长期以来，对学校管理从教育学视角进行审视的比较多，缺乏从管理学视角对其进行透视，学校管理姓"教"所导致的就是内行领导，学校管理姓"管"，导致的就是外行领导，二者有不同的追求，也各有利弊。因此，对于学校管理的学习首先应该厘定其上位学科以及其发展路径，这样才能从源头明确其概念，了解其含义。本部分拟从教育学、管理学的视角对学校管理的概念进行探究。

（一）教育学意义上的学校管理

从教育学视角定义学校管理，要从源头梳理。新中国成立后，学校管理被命名为学校行政，这一时期的学校管理大部分是根据以往沿袭下来的管理方式。"我国的教育管理研究可以说进入了同期教育研究的领先水平，特别是'教育行政'已初步形成了'学科体系'，有了自己的研究对象、研究方法和概念系统。比如杜佐周、罗廷光、夏承枫、张季信、邵九鸣、杨鸿烈等人的教育行政研究都明显有了'本土化'倾向。"[2] 新中国成立初期，国家实行"一边倒"的政策，全面学习苏联。苏联学者不是将学校管理作为一门学科，而是将其视为教育学四大板块（教育学概论、教学论、德育论和学校管理）之一，这样我国的学校管理学基本上处于停滞状态。后来，我国恢复教育管理，但是由于学科设置方面不健全等，管理学没有被引进。"文化大革命"

---

① 肖智润、郝皓：《管理学》，42页，北京，清华大学出版社，2021。
② 张天雪：《也谈教育管理学的"学科体系"问题》，载《比较教育研究》，2006(1)。

结束后，教育管理学，首先是学校管理学开始复兴，大量应培训之需而撰写的"学校管理学"文章横空出世，出现了大批从中小学实践中走出来的教育管理学家，如萧宗六、齐亮祖、周立人、贺乐凡、刘文修等，也有一批从高校中复出的教育管理学家，如张济正、张萍芳、陈孝彬等，他们开始从学校管理学到教育行政学逐步建构起有中国风格的教育管理"学"，形成了当时的"话语体系"。[①] 这时候主要的学者都来自教育第一线，当时管理知识比较缺乏，因此，提出的大部分学校管理观点与学者自身的学校教育实践相一致。可以说20世纪80年代以前我国的学校管理基本上姓"教"，这在学者的定义划分上也十分明显。

萧宗六先生认为学校管理学是一般管理学的一个分支，但它又是教育科学的组成部分，是从管理的角度来研究教育的，属于教育科学的范畴。[②] "教育学是研究培养人的规律的科学，研究怎样对人进行系统的教育的科学。"因此，教育学意义上的学校管理在很大程度上以教育对象为自己的研究对象，进而对其进行相应的安排与调节。其主要研究的内容是怎么管理教育、怎么管理教学、研究学校管理的规律等。

有学者认为，教育性是学校管理的始点与旨归。既然学校组织的本质是教育组织，那么它对管理的要求也必然是尽最大可能地体现教育性，发挥教育影响力。换言之，学校管理的出发点，即其所要解决的根本问题，就是要保证学校作为教育组织的性能的充分展现，也就是保证教育活动的顺利进行。从这一点出发，学校管理活动的目标，即其所要达到的目标就是学校要最大可能地发挥教育力量促进学生全面发展。因此，学校管理的价值追求归根结底也是而且也必须是教育性。可以说，没有教育性的组织不是学校组织，不为教育的管理也不是学校管理；失去了教育性，学校及其管理也就失去了存在的意义。[③] 可见，教育学意义上的学校管理更加注重学校这一教育实体，同时将教育的目的作为学校管理的出发点与立足点。

(二)管理学意义上的学校管理

管理学上的管理概念还没有一个清晰的界定。由于不同的学者抑或是管理学家关注的侧重点不同，所以管理的内涵各有殊异。哈罗德·孔茨认为"管理就是设计并保持一种良好环境，使人在群体里高效率地完成既定目标的过程"[④]。首先管理学意

---

① 张天雪：《也谈教育管理学的"学科体系"问题》，载《比较教育研究》，2006(1)。
② 萧宗六：《学校管理学》(增订本)，3页，北京，人民教育出版社，1994。
③ 刘丙元：《教育性：学校管理的始点与旨归》，载《教育发展研究》，2007(18)。
④ [美]哈罗德·孔茨、海因茨·韦里克：《管理学》(第10版)，张晓君、陶新权、马继华等编译，2页，北京，经济科学出版社，1998。

义上的管理是一种活动。管理必须采用活动这一具体的行动方式来进行。其次，它是一种职能活动。管理并不是一个无序的活动，而是运用各种职能组织起来的活动。再次，它是一种计划、组织、协调、领导、控制、激励、创新的职能活动。因此，学校管理在管理学意义上应该是在学校内部及其外部所进行的一项计划、组织、协调、控制、领导、激励、创新的职能活动，该活动的具体场所是学校。美国的学校管理较多采用这一概念。管理学意义上的学校管理在我国开始于 20 世纪 80 年代初期，是因一批学者翻译国外专著而兴起的。这一时期张萍芳老师结合国外系统论的观点提出要将我国的学校管理看作一个有机的系统。同时，李诚忠等一大批老一辈学者也参与到翻译国外专著的队伍中来。近年来，程晋宽翻译了大量的西方教育管理学著作，这些著作给我国的学校管理提供了西方理论。

管理学思想的引入为我们全面理解学校管理提供了方向。可以说，这个时候的学校管理学开始从单一姓"教"转变为姓"管"。但是，单纯地照搬西方的教育管理理论，难免会有"水土不服"的情况，借鉴西方的教育管理理论，同时结合国内的教育发展实情，提出我国特有的学校管理理论才是根本要义。

（三）学校管理的概念整合

教育学意义上的管理与管理学意义上的学校管理，不管是姓"管"还是姓"教"各有不足的地方。其关注的焦点在各自的学科基础，也就是说它们在定义学校管理的时候着眼点分别是"教育学"和"管理学"，没有很好地将两者整合在一起。

《教育管理辞典》关于学校管理的定义是：学校为贯彻教育方针，实现培养目标，而进行的计划、组织、控制等一系列有目的的连续活动。[1] 其定义的来源很多是参照"教育管理"这一概念，没有体现出自己的特色。久下荣志郎认为，学校管理的概念是"包括着为达到学校本来目的的一切行为，一般可分为物的管理、人的管理和经营管理。所谓物的管理，就是指对设施设备的维持、保全作用；人的管理是指对教职员的任免、服务、惩戒、监督等；经营管理包括班级编制、教育课程、校务分担、儿童和学生的管理等"[2]。

我国对于学校管理的研究虽然起步较晚，但是也取得了较大的成果。我国教育管理的历史沿革可以分为三个阶段：一是萧宗六、陈孝彬、齐亮祖、张济正、张萍芳、孙灿成、贺乐凡、董祥智等老一辈学者的探索时期；二是高洪源、孙绵涛、吴志宏等中生代学者的努力时代；三是司晓宏、陈如平、张新平、黄葳、李保田、冯

---

① 李冀：《教育管理辞典》，7 页，海口，海南人民出版社，1989。
② ［日］久下荣志郎、崛内孜：《现代教育行政学》，李兆田、周蕴石、刘水等译，96 页，北京，教育科学出版社，1981。

大鸣、褚宏启、闫德明、杨天平、张东娇、张天雪、赵敏、葛新斌、李伟胜、吴宏超、邓旭等新生代学者的研究时期。当前第四代学者，也就是 20 世纪 80 年代后出生的教育管理及学校管理研究人员，正在走上学科历史的舞台。陈孝彬认为学校管理隶属教育管理，教育管理学是研究教育管理过程及其规律的科学，按照教育管理对象的特点，可以分为广义的教育管理学和狭义的教育管理学两类。① 学校管理在陈先生看来是狭义上的教育管理。张济正认为，学校管理是一种以组织学校教育工作为主要对象的社会活动；是学校管理者通过一定的机构和制度，采用一定的手段和措施，带领和引导师生员工，充分利用校内外的资源和条件，整体优化学校教育工作，有效实现学校工作目标的组织活动。② 张萍芳则从系统论的角度给出了学校管理的定义："学校行政领导合理地组织和使用学校的各种力量，对学校工作的各个方面以及各种因素（包括可变因素与不变因素）进行决策、组织、调派人员、指挥、控制、协调以达到全面贯彻党的教育方针，有效地实现培养合格人才的目的。"他进一步提到，学校过程是一个可控的系统工程，其最终目标是培养未来人才。③ 孙灿成提出，学校管理是管理科学在学校这一特定领域中的具体应用。它是按照一定的原则，运用一定的手段与方法，建立一定的制度，极大地发挥校内人、财、物诸因素的作用，充分利用校外各种有利条件，组织和领导学校全体成员，协调一致地、有效地实现预定工作目标的一种有程序的活动过程。④ 老一辈学者为学校管理的发展提供了很好的研究路径，这也成为中生代学者以及新生代学者努力的方向。

高洪源则将学校的管理看作一个战略，从战略管理的高度阐述学校管理。他提出了学校管理应该有的几种战略：质量战略、联盟战略、国际交流战略、防御型战略、适度规模战略、特色战略等。⑤ 杨天平在梳理国内外学者的观点的基础上，认为学校管理是根据一定的教育目标，通过决策、计划、组织、指导和控制有效地利用教育的各种要素，以实现培育人的学校组织活动。现代学校管理是一种系统管理，管理者应该把对象作为一个动态的系统，以整体优化的观点协调各基本要素，包括人、财、物、时间、信息等之间的关系，以实现学校管理目标，取得最大化的办学效益。⑥ 张天雪在总结当前学校管理上的问题后，提出了学校管理方法体系。他认

① 陈孝彬：《教育管理学》，2 页，北京，北京师范大学出版社，1999。
② 张济正：《学校管理学导论》（修订本），22 页，上海，华东师范大学出版社，1990。
③ 张萍芳：《学校管理与系统控制》，17 页，福州，福建教育出版社，1986。
④ 孙灿成：《学校管理学概论》，3～4 页，北京，人民教育出版社，1993。
⑤ 高洪源：《学校战略管理》，36 页，重庆，重庆大学出版社，2006。
⑥ 缪和平、杨天平：《学校管理实践哲学》，81 页，北京，人民出版社，2006。

为该体系是基于一般科学方法论的认知框架，探索在一般科学方法论的指导或驾驭下而衍生出的学校管理方法体系。它是以透视学校现象、认知学校管理本质、把握学校运行基本规律、改造学校运营方式为研究对象的互动互促的有机的开放系统。郭继东在以往学者从概念外延、申明宗旨等单一角度界定学校管理概念的基础上，从内涵和外延的综合角度提出，学校管理作为管理的一种形式，是学校中的管理人员在一定的体制约束下，根据一定的原则、法规，运用一定的方法、技术，通过组织指导师生员工，高效地开展教育教学等工作，为最终达到学校培养目标而进行的活动。[①] 吴宏超认为学校管理是学校通过一定的机构和人使学校沿着一定的方向维持学校按教育规律进行正常运转，使其获得不断发展和提高的手段。[②] 孙雪连等人在学校治理、民主管理新理念进入学校管理领域后，就学校管理方式转变的现状与困境，对学校领导部门、民主制度以及领导者个人行为风格提出一系列建议。[③]

　　对于综合管理学、教育学意义上的学校管理概念，我们试着给出自己的看法。学校管理就是学校为了有效地达到教育、教学目标，通过学校的管理人员对教育活动进行计划、组织、协调、控制、领导、激励、创新的职能过程。其具体形式主要包括：学校教育(常规)管理、学校战略管理、学校文化管理、学校知识管理、学校安全(危机)管理、学校品牌管理、学校项目管理、学校营销管理、学校素质管理。

四、学校管理的相关概念

　　在明确了学校管理这一概念以后，我们再对其相关的概念进行梳理。这样有利于对学校管理的内涵进行更好的把握。

(一)教育管理与教育行政

　　教育管理是指"国家为贯彻教育方针，实现培养目标，而对教育系统所进行的计划、组织、控制等一系列有目的的连续活动。它包括教育行政管理及学校管理两个部分"。如前所述，"学校管理主要的内容是学校管理体制、学校管理过程和方法、学校思想政治工作、教学、科研、生产劳动、体育卫生、人事、保卫、总务、财务、图书仪器以及其他各项工作的管理等等"。教育行政亦称教育行政管理。其定义为国家对教育事业的组织、领导和管理，由各级教育行政机关负责。其主要内容有：贯彻教育方针，推行教育法令，拟定教育规章，编制教育计划，审核教育经费，任用教育人员，视察、指导和考核所属教育行政单位和学校的工作。[④]

　　当然，不同的学者也给出了不同的定义。孙绵涛认为，"教育管理学是研究教育

① 郭继东：《学校组织与管理》，28页，上海，华东师范大学出版社，2012。
② 吴宏超：《学校管理学》，3页，北京，清华大学出版社，2015。
③ 孙雪连、李刚：《参与民主：学校管理方式的转变》，载《华东师范大学学报(教育科学版)》，2018(1)。
④ 李冀：《教育管理辞典》，6页，海口，海南人民出版社，1989。

管理的现象，揭示教育管理规律的科学。教育管理学是以教育管理现象和教育管理规律作为自己的研究对象的。"教育管理现象和规律主要涵盖教育管理活动、教育管理体制、教育管理机制和教育管理观念四个方面。① 安文铸也持有相似的观点。他提出，"教育管理学是研究教育管理活动的现象与本质，并揭示教育管理活动的普遍原理与规律的科学"。② 吴志宏的概念则更倾向于教育学意义上的管理，"教育管理学以学校组织的管理为核心，并探讨与学校教育事业有关的种种教育管理现象和问题"③。在总结国内外多人的观点的基础上，张新平提出了以管理现象三性说为基础的大教育管理观。黄葳运用逻辑的方法将教育管理学定义为："教育管理学是以教育管理问题为对象，以管理学、教育学和其他相关学科为基础，运用定性、定量以及其他有关方法，通过对教育管理问题的研究，发现教育管理规律、形成教育管理理论并指导教育管理实践的一门管理科学。"④从诸家定义可以看出，"教育管理本身不是目的，而只是一种手段，其目的归根结底是保障全体公民的受教育权利，并为实现国家的教育理念，促进社会教育事业的发展创造条件"⑤。教育管理的外延与内涵是明显大于教育行政的。教育行政是教育管理的一部分，也就是说教育行政是一个属概念，而教育管理是种概念，它除了包含教育行政管理，还包含本书中所讲的学校管理。从具体关注点来看，教育行政更多的是站在领导全局的高度，制定相关的政策法规并执行与监督等。可以说"教育行政是同教育的国家化紧密联系在一起的，是现代国家行政职能扩大化的产物"⑥。相对来说，它是从一个宏观的视角进行管理，从总体上对全部的教育事业发展所进行的规划、计划和协调，以求达到最佳效果。而教育管理的另一层面——学校管理，则更加关注微观的层面，它服从于宏观管理(当然它也有很大的自主权)，在宏观管理的指导下进行。其目的在于充分发挥校内人力、财力、物力诸因素的作用，利用校内外各种有利条件组织和领导学校全体成员，以有效实现学校教育目标。

(二)学校经营与学校行政

从字面意义上看，学校经营与学校行政可能没有很大的区别，仅有的差异可能是"经营"与"行政"两个词部的不同。通过研究，我们发现两者的差异不仅仅是词部

① 孙绵涛：《教育管理原理》，10～11页，沈阳，辽宁大学出版社，2007。
② 安文铸：《现代教育管理学引论》，29页，北京，北京师范大学出版社，1995。
③ 吴志宏、冯大鸣、周嘉方：《新编教育管理学》，18～19页，上海，华东师范大学出版社，2000。
④ 黄葳：《教育管理学：概念与原理》，12页，广州，广东高等教育出版社，2002。
⑤ 吴志宏、冯大鸣、周嘉方：《新编教育管理学》，9页，上海，华东师范大学出版社，2000。
⑥ 吴志宏、冯大鸣、周嘉方：《新编教育管理学》，144页，上海，华东师范大学出版社，2000。

的不同，其理论基础也有着显著的差别，即两者概念的确立是建立在不同的学科基础之上的。

学校经营可以说更多是从经济学的理论基础出发，结合教育机构(学校)的环境条件合理配置教育资源，以实现学校效益最大化，最终实现教育目标。其更多的理论来源于其上位学科——教育经济学。而学校行政则不同，它是从政治学、管理学等的理论基础着眼，将更多的思想建构在教育行政学这一上位学科上。它是为了实现教育目标，对教育事业进行组织、领导和管理。正如前文指出，它更偏重于宏观层面的指导，学校经营更倾向于微观层面的"执行"。另外，两者的发展历史也是不同的。学校行政在隋唐时期就已经形成，它是与当时大一统中央集权的政治领导体制相适应的。隋唐时期设立的国子寺及国子寺祭酒被认为是"我国历史上第一次设立专门管理教育的政府机构和官员"①。而学校经营是在计划经济体制向市场经济体制的转型过程中产生的。改革开放以来，外来的思想冲击着原有的教育理念，人们逐渐认识到教育尤其是学校教育不能仅仅依靠国家管理，它要适应市场经济的需要，必须有思想上的突破，即学校在某种程度上也是可以"经营管理"的。

学校行政的概念相对来说比较少见，因为教育行政的外延往往包括了学校行政。但是仔细分析后我们认为两者还是有区别的。学校行政单指学校这一特定场域，比较具体。相比学校经营来讲，学校行政应该是"教育委员会根据学校教育法和地教行法等教育行政法规，对学校有总括性的管理权，并且，依照法令、条例、规则的有关规定，执行事务的管理，而这些事务没有超出学校的管理经营范围，更多的事务是通过校长的判断，或职员会议的决定进行处理的"。久下荣志郎认为这是一种学校的内在管理权。② 孙绵涛也认为，学校行政是教育行政的一个分支，它是一种教育内部的管理，是学校行政机关对教育的管理。③

从范围而言，学校经营的范围更为广泛，它不仅关注学校的内部，同时还注重学校的外部环境。学校行政只重视学校的内在行政管理，而相对较少关注外部。

(三)学校领导与学校治理

"学校领导"的概念源于"领导"的概念。"领导"一词包含两层含义：一是指人，即领导者；二是指职能，即领导者的职能行为。④ 在角色层面，学校领导是指享有

---

① 孙培青：《中国教育史》，269 页，上海，华东师范大学出版社，1992。
② ［日］久下荣志郎、崛内孜：《现代教育行政学》，李兆田、周蕴石、刘水等译，97 页，北京，教育科学出版社，1981。
③ 孙绵涛：《教育行政学》(修订本)，7 页，武汉，华中师范大学出版社，1998。
④ 孙绵涛：《教育组织行为学》，411 页，福州，福建教育出版社，2012。

学校法人的职位和权力、负有相应的责任、代表学校群体利益的个体；在职能层面，学校领导是学校领导者凭借职位和权力，为实现学校发展目标、指明学校发展方向而进行的组织和管理活动，如教学领导、课程领导以及对学校本身和管理工作的领导。因此，学校领导是包含学校领导者角色和学校领导行为两种含义的双重概念。不同于学校领导的概念，学校治理是指学校的相关利益主体依据国家法律法规与学校章程，通过多元主体的合意民主、合谋共治、协商对话、相互协调来实现学校共同目标的活动过程。[1] 学校面临着从管理向领导、从领导向治理体系与治理能力现代化的深刻转型。

从学校领导和学校治理的概念来看，二者的相同点之一在于活动的目的均包含实现学校目标；相同点之二在于都是实现学校目标的手段。学校领导与学校治理存在依据、主体、对象与任务四个方面的差异。从依据角度分析，学校治理的依据是教育法律法规，即依据教育法律法规来规范、制约学校的管理思想、方法和行为[2]，体现出依法治校、依规治校的特点；相比之下，学校领导更侧重于依据领导者自身的管理经验，凭借领导者权力与职位权威来实现学校管理、发展和目标。从主体角度分析，学校治理强调主体的多元化，倡导学校管理层、教师、学生、家长及其他教育利益相关者参与学校管理的决策、监督等过程，体现出多元"共治"的特点；学校领导更强调系统内最高层领导者的决策，教职工负责实施，体现出单一决策和自上而下的传统领导特点。从对象角度来看，学校治理的对象包括对人员的治理行为、对制度体系的治理行为；学校领导的主要对象是人，侧重人与人之间的双边活动。[3] 从任务角度分析，学校领导的任务侧重对实现目标的人员、过程的控制，学校治理的任务侧重对人员、制度体系及过程的协调。

第二节　学校管理研究现状

目前有关学校管理领域的研究人员众多，研究问题宽泛，研究成果丰富，具有原创性、实证性、前瞻性的研究所占比例有所提高。当前学校管理研究总体从理论基础研究逐渐走向经验总结与实证研究，融合趋势有所显现，研究方法从单一的量化研究方法走向质性与量化相结合的混合型研究方法。但其问题聚焦力与解决力、

---

[1] 程红兵：《教育治理现代化进程中学校治理体系变革研究——以深圳明德实验学校为例》，载《全球教育展望》，2017(11)。
[2] 李惠琴：《学校治理悟与行》，11页，上海，文汇出版社，2021。
[3] 郭继东：《学校组织与管理》，126页，上海，华东师范大学出版社，2012。

理论创新力仍有很大的提升空间。

一、有关学校领导的研究

学校领导是一个较复杂的概念，为了进一步将学校领导这一领域清晰明了地呈现给大家，本节将从教学领导、课程领导、学校及其领导者这三个方面介绍学校领导的研究现状。由于课程领导与教学领导在后面章节还会详述，这里仅扼要介绍一下其研究态势。

（一）教学领导

在国家图书馆馆藏中，截至 2022 年，与教学领导相关的著作共 45 本，其中 2010 年之前的著作有 18 本，如 2006 年引进的《教学领导：基于研究、通向学习成功的指南》。① 该书共八个部分，分别阐述了教学领导者的角色、学生、学习、动机、教学、课堂管理、评价学生学习、形成和改变学校文化与氛围等一系列问题，构建了一个教学领导的科学体系。2010 年之后出版的著作有 27 本，如 2021 年出版的吴晓英的《教师教学领导力生成研究》。该书系统介绍了教师教学领导力研究的价值与理论基础；探讨了教师教学领导力结构模型的理论构建、探索与检验；探明了教师教学领导力生成的来源，影响因素及作用大小，生成困境与动力，生成机制、路径与策略；全面归结了教师教学领导力研究领域的关键问题，为一线教师教学领导力的生成与发展提供理论参考和实践的示范。② 国外关于教学领导研究的专著相对于国内来说较多。在 ProQust 数据库检索到 2012—2022 年共有 1556 篇有关教学领导（instructional leadership）的期刊论文。以万方数据库为样本，第一篇研究教学领导的博士论文是 2009 年北京师范大学赵茜的《校长教学领导力模型及应用》。在学术论文方面，在中国知网上进行检索，第一篇标题中出现"教学领导"的论文是 1980 年王昆发表在《高等教育研究》上的《加强教学领导，执行教学制度》。1980 年至 2010 年，刊载与教学领导相关的学术论文的期刊数量为 181 篇，其中核心期刊数量为 39 篇。2005 年之前，有关教学领导的学术论文总保持在一定的量，但对教学领导的研究没有实质性的突破。自 2005 年起，关于教学领导的研究开始呈上升态势，数量不断增加。从 2011 年至 2022 年与教育领导相关的论文数量分析（如图 1-1）可以看出，对教学领导的研究在 2014 年出现峰值，取得突破性研究，之后的几年，教学领导的研究总体保持在一定数量，但数量有所下降，2019 年至 2022 年，教育领导研究开始复苏，于 2020 年达到一个小峰值，总体呈现上升态势。

---

① ［美］Anita Woolfolk Hoy、Wayne Kolter Hoy：《教学领导——基于研究、通向学习成功的指南》（第 2 版），徐辉、张玉主译，北京，中国轻工业出版社，2006。
② 吴晓英：《教师教学领导力生成研究》，423 页，北京，中国社会科学出版社，2021。

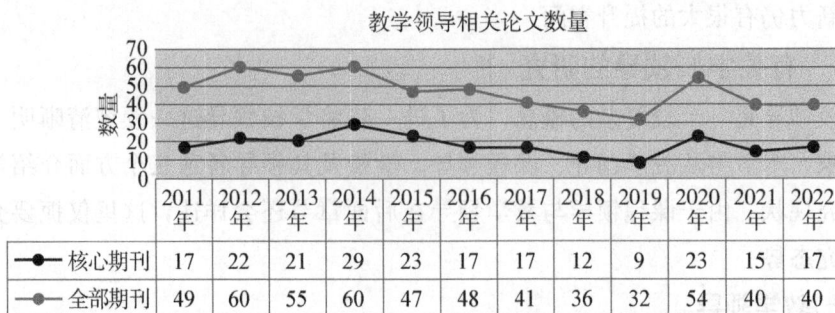

教学领导相关论文数量

	2011年	2012年	2013年	2014年	2015年	2016年	2017年	2018年	2019年	2020年	2021年	2022年
●— 核心期刊	17	22	21	29	23	17	17	12	9	23	15	17
●— 全部期刊	49	60	55	60	47	48	41	36	32	54	40	40

图1-1　2011—2022年与教学领导相关的学术论文数量折线图

国内外目前的研究结论可以概括为：20世纪80年代之前，教学领导通常是指"校长所从事的与教师教学或学生学习有直接关系的行为或活动"，这些行为或活动主要包括树立明确的教学目标、配置教学资源、管理课程与教学、监督教师教学活动等。由于这一狭窄的定义不仅忽略了相关行政活动的价值，还限制了教学领导的实际功能，因此，不久以后就被广义的教学领导所取代。广义的教学领导是指"所有协助教学与影响学生学习的直接或间接的领导活动"，主要包括三个方面。第一，决定学校的任务：教学领导者必须了解学校要达到的目标是什么，并担负起领导全校教职工达成目标并且与学校附近的社区沟通的责任。第二，管理教学：包括视察及评价教学，协调整合课程，监控学生的学习情况。第三，促进学校学习气氛的形成：维持沟通与高期望，建立奖励制度来提升学术风气及学习热情，建立清楚明白的标准让学生具体了解学校的期望，保障教学时间，选择及参与专业发展方案。[①] 到20世纪90年代以后，校长教学领导的内涵更为丰富，包含的内容更多，包括传递更成熟的发展观、强调教与学的核心技术、主张运用数据资料进行决策等。这个时期的教学领导研究者开始关注如何通过提升教职工的态度、信仰、能力来间接影响办学绩效，指向二阶变革研究。其中，雷斯伍德系列关于教育组织环境下的转化式领导的实证研究声名最著。20世纪90年代中后期，道德领导、分布式领导也开始走进学者的研究视野，分布式领导解决了校长知识缺陷和时间缺口问题所造成的教学领导研究与学校领导实践连接上的障碍，推动了教学领导研究的进一步发展。值得注意的是，此时的教学领导研究对"学"的强调已经超过了对"教"的关注，对校内因素的关注超过了对校外因素的关注。近年来，受学习型组织理论的影响，还出现了许多含有"学习"字眼的新名词、新概念，如"以学习者为中心的领导"（Learner-centered

① James H. Stronge, "The Elementary School Principalship: A Position in Transition?," Principal, 1988, 67(5), pp. 32-33.

Leadership)、"首席学习官"（Chief Learning Officer）、"领衔学习者"（Head Learner）、"以学习为中心的校长"（Learning-centered Principal）等，给教学领导注入了全新的内涵。① 进入 21 世纪以后，西方国家意识到教育质量与国家竞争力的高度关联，表现为日益强化的办学绩效问责制。美国最先在 2001 年颁布了《不让一个儿童掉队法案》，而后，英国、澳大利亚、德国、日本等国家也颁布了类似政策。这种以学业成就为基础的绩效责任制的推行，使得教学领导走到学校工作的中心和最前线。当前的教育领导研究呈现出一些新的特点：第一，受转化式领导、道德领导以及分布式领导等新取向理论的影响，当前的教学领导更加强调校长在行为和态度上的引领，注重教师专业精神建设、学习共同体建设、教学参与决策以及共同愿景塑造；第二，教学领导的主体由单一的校长扩展到学校其他成员，教学领导开始走向"共享式领导"；第三，教学领导的研究要逐步走向在宏观、中观、微观的情境中去考察。

（二）课程领导

截至 2022 年，国家图书馆中有关课程领导的专著共 70 本，比涉及教学领导的书目要多，其关注的时间点与新课程改革形成了交集，故课程领导已经成为学校领导研究中的热点。在国家图书馆馆藏中最早以"课程领导"为主题的著作是 2003 年出版的黄旭钧的《课程领导：理论与实务》，同年格拉索恩（Allan A. Glatthorn）的《校长的课程领导》也被译介到我国，其他检索到的著作中比较有代表性的有于泽元的《课程变革与学校课程领导》②、余进利的《课程领导研究》③、靳玉乐的《学校课程领导论：理论研究与实践探索》④、郭德侠的《校长如何提升课程领导力》⑤。在众多著作中，不乏一些从国外引进的作品。例如，美国学者詹姆士・G. 亨德森和理查德・D. 霍索恩的《革新的课程领导》（*Transformative Curriculum Leadership*），美国学者布拉德利的《课程领导：超越统一的课程标准》（*Curriculum Leadership：Beyond Boilerplate Standards*）等。

通过对万方数据库进行检索，第一篇系统研究课程领导的博士论文为华东师范大学余进利的《五向度课程领导框架的构建》。作者借鉴在不同组织理论中已有根基的学校领导五向度假说，提出课程领导也是由结构领导、人际领导、政治领导、文化领导和教育领导五向度构成的。从 2005 年开始，该领域每年都有相关的学术成果

---

① 陈如平：《校长教学领导：提高学校效能和促进学校变革的策略》，载《当代教育科学》，2004（20）。
② 于泽元：《课程变革与学校课程领导》，重庆，重庆大学出版社，2006。
③ 余进利：《课程领导研究》，上海，上海教育出版社，2009。
④ 靳玉乐：《学校课程领导论：理论研究与实践探索》，北京，人民教育出版社，2011。
⑤ 郭德侠：《校长如何提升课程领导力》，北京，北京师范大学出版社，2016。

出现。2010年深化课程改革后,该领域学术成果平均每年以百余篇为单位大幅增加。虽起步较晚,但作为当今学校管理研究重点的课程领导一直备受学术界的关注,尤其是在新课程改革下的教学方法与创新研究,在实施新课程改革中的过程性评价研究与成果展望,以及在双新背景下各学科的教学策略调整研究等方面,课程领导的研究仍然是今后学校管理的重要方向之一。

在学术论文方面,具有代表性的课程领导的学术论文是杨明全的《试论中小学校长的课程领导》、钟启泉的《从"课程管理"到"课程领导"》和吕国光的《校长如何提高课程领导能力?》。这三篇文章开启了我国关于课程领导的研究,在向人们介绍课程领导这一概念的同时,提出了课程领导及与之相关的学校管理之重要性和紧迫性。有关课程领导的研究,总体上是保持上升态势的。从学术论文数量的折线图可以看出,2011—2022年,课程领导研究成果快速增多,进入繁荣发展阶段,研究这一领域的论文迅速增多,有关课程领导的研究在2015年和2018年出现了两个较小的峰值(如图1-2)。

课程领导相关论文数量

	2011年	2012年	2013年	2014年	2015年	2016年	2017年	2018年	2019年	2020年	2021年	2022年
核心期刊	38	43	30	22	39	27	22	26	17	19	13	14
全部期刊	70	77	79	71	92	77	64	80	49	60	52	46

图1-2 2011—2022年与课程领导相关的学术论文数量折线图

当前,中外学者从学生学习、教师专业发展、课程与教学、课程资源开发、学校课程文化氛围等不同的方面,对课程领导作出了不同的界定,可以说课程领导概念的定义很多。关于这方面,本书后面章节将予以详述。

(三)学校及其领导者

国家图书馆中有关学校及其领导者的专著最早是由教师月报社编辑的《学校领导工作的经验》[①],这本著作主要是关于学校一般管理工作经验的总结。可以说,这本书开启了人们对学校及其领导者的研究,特别是学校自身领导的研究。改革开放后,

_____

① 教师月报社:《学校领导工作的经验》,北京,大众出版社,1953。

涌现出很多关于学校及其领导者的著作，如李甲奎和陈光军所著的《现代学校领导研究》①、卢乃桂主编的"教育政策与学校领导系列丛书"②，这些书籍是对 21 世纪以来学校管理特别是学校一般工作进行的总结，阐述了教育管理的新进展，展望了学校管理的新方向。这里尤其值得一提的是张天雪所著的《校长权力论——政府、公民社会和学校层面的研究》③一书。该书第一次从"学校公民社会共同体"的角度阐述了学校内部治理的新模式。在《学校有效领导的 124 个行动策略》④中美国学者乔伊斯·凯瑟尔等人，根据他们多年的工作经验，选取对培养和维持学校领导者队伍极为关键的四个部分（日常领导、领导变革、领导学习共同体、领导有效团队）展开论述，介绍了 124 个行动策略，帮助学校领导者提高理论素养和领导技能，从而较好地履行领导者的职责。近年来，关于学校及其领导者的研究逐渐走向校长领导力、学校信息化领导力等，比较具有代表性的是钟亚利所著的《校长教学领导力提升与学校发展方式转变研究》⑤。钟亚利围绕教、学、管、研、训，立足校情，依托实践，循序渐进，利用科学的研究方法，围绕校长教学领导力的提升与学校管理方式的转变开展行动研究，分析学校现状、问题与原因，并提出切实有效的解决策略。该书对于学校及其领导者这一领域的研究颇有参考意义。

在学位论文和学术论文期刊方面，关于学校及其领导者的研究中，研究视角集中于道德领导、教师领导、校长领导等。其中，学者们在论述学校自身领导时，主要论述的是校长负责的学校领导体制。从 20 世纪 80 年代起，我国开始了学校内部管理体制的改革，不断赋予学校自身更大的自主权，使学校逐渐成为自我领导的主体。近年来，在关于学校及其领导者的研究中，教师领导力模型、教育道德领导力、生态型领导集体等逐渐成为新话题。

二、有关校本管理的研究

国家图书馆馆藏中最早的有关校本管理的著作是 2001 年出版的郑燕祥的《学校效能及校本管理：发展的机制》。2002 年，黄崴主编了"校本管理研究丛书"，这是一套有关中小学学校管理研究的书。在检索到的相关著作中，比较有代表性的是 2009

---

① 李甲奎、陈光军：《现代学校领导研究》，北京，科学出版社，1997。
② 卢乃桂：教育政策与学校领导系列丛书，北京，教育科学出版社，2007。
③ 张天雪：《校长权力论——政府、公民社会和学校层面的研究》，北京，教育科学出版社，2008。
④ ［美］凯瑟尔等：《学校有效领导的 124 个行动策略》，李欣译，北京，中国轻工业出版社，2010。
⑤ 钟亚利：《校长教学领导力提升与学校发展方式转变研究》，北京，北京师范大学出版社，2017。

年王全、陈太忠、何芳著的《校本管理》。这本书以 21 世纪学校变革的主要趋势之一"校本管理"为主要对象,涉及理论介绍与系统梳理、实务分析与操作建议。全书吸收了西方管理理论成果,借鉴了西方校本管理的经验,阐述了校本管理的源起、动因、内涵、特征、发展历史、模式、价值取向等内容。2017 年,孙赤婴主编了《全面课程 校本特色——校本课程的区域管理与指导》,该书分为六章,分别概论了全球视野下的校本课程、建构区域性的有效管理机制、探索校本课程共享平台建设、强化课程指导中的区域行动、凸显课程建设中的共建共研等。① 校本管理最早在内地出现,是由我国中生代教育管理学家高洪源教授由香港引介的,1992 年,他在《高等师范教育研究》上发表了《香港推行"校本管理"的计划与争论》。这篇文章介绍了香港校本管理的做法,对香港校本管理的背景、内容及争论做了简单的介绍与分析。1999 年,《比较教育研究》《清华大学教育研究》等学术期刊分别发表了《美国中小学的"校本管理"改革探略》《校本管理:澳大利亚的经验》等文章。这些文章详细地介绍了国外校本管理的先进经验,开启了我国校本管理研究的新纪元。在结合了我国教育行政管理体制和学校内部管理体制改革的情况下,校本管理理论在我国得到了一定的运用和发展。

校本管理思想起源于西方 20 世纪 80 年代的学校改革运动,迅速扩展到美国、加拿大、英国、新西兰等国家及我国的香港、台湾地区,形成了一股世界性的教育改革潮流。校本管理学者戴维(J. L. David)在总结了校本管理的实践后给校本管理做了两个界定。第一,学校是主要的决策单位,其决定和决策应该尽可能在最底层作出。所以,学校在经费和管理方面的自主权应该增加,学区教育中心办公室的控制应该减少。第二,有效的改革不仅需要依赖外部程序,更多地需要有关人员的决策参与。变革不是外部强加的结果,而是来自内部的需要。这一界定为许多研究者和实践者所引用。马兰(B. Malen)、奥格瓦(R. T. Ogawa)、克兰兹(J. Kranz)等人给校本管理下了一个著名的综合性定义:"校本管理从概念上可以看作是控制结构的一种选择形式,是一种权力下放形式,这种权力下放把具体的学校看作是教育质量和效率提高的基本单位,把决策权分散看作是激励学校进步并使学校可持续发展的基本手段。在财政、人事和课程等方面的一些正式的决策权力授予并分配给学校现场成员,建立由校长、教师、家长、学生和社区及社区居民组成的正式的组织结构,以董事会、委员会、小组等形式,使现场成员直接参与学校的决策。"拜雷(W. J. Bailey)在其著作中把校本管理定义为:"校本管理或学校现场管理通常可以定义为一种参与决策过程,参与决策的人员对要贯彻的决策负责任。"雷诺德(Larry

---

① 孙赤婴:《全面课程 校本特色——校本课程的区域管理与指导》,上海,上海三联书店,2017。

J. Reynolds)认为校本管理具有三方面的含义，即具体的学校当局代表对学校的人事、预算和学科等学校的教育事项进行决策；一个包括校长、教师、家长、学生以及社区成员在内的管理小组在学校层采取参与决策模式；校本管理可以促进学校层在学校改进的努力中提高学校领导水平。在国内，也有许多学者对校本管理进行了讨论。郑燕祥认为校本管理应是，学校的成员具有相当大的自主权和责任承担，为了学校的长远发展，他们运用资源解决面对的问题及进行有效的教学活动。[①] 另外，在综合国外学者的观点上，黄葳认为，校本管理可以理解为以学校为主体的管理，具体包含四个方面的内容：第一，学校是办学的主体，有关学校的办学自主权应下放给学校；第二，学校管理目标和任务是根据学校自身的特点和需要确定的，而不是上级或外部强加的；第三，学校成员参与决策和管理是有效地实现学校目标的基本途径；第四，学校决策者对自己的决策及其执行负责。毛亚庆将校本管理归纳为教育的主管部门将权力逐渐下放给学校，给予学校更大的权力和自主决策的空间，使学校能够按照自己的意愿和具体的情况决定资源的分配、学校财政的预算、课程的设置、教科书的选择、学校人事决策等方面的改革措施，从而达到变革学校已有的管理体系、优化学校教育资源、提高学校的办学质量的目的。[②] 郭晓琳、周彬则提出校本管理是立足于学校自主办学和自主管理，以单个学校的自我改进为核心，属于"个体本位"的学校治理理念。在后校本管理时代，容易出现优校更优、弱校更弱的两极分化困境，加剧学校发展的不均衡，损害教育公平。[③]

　　近年来，对于校本管理的研究不断深入，对于办学自主权的呼吁也愈加强烈。2020年，教育部等八部门联合发布了《关于进一步激发中小学办学活力的若干意见》，这是第一个针对学校办学自主权和办学活力问题发布的专门性文件，其中将办学自主权和学校特色发展有机关联在一起，强调"鼓励支持学校结合木地本校实际，办出特色、办出水平"，"促进学区内学校多样特色、优质均衡发展"。目前，我国的学校办学自主权和学校特色仍存在以下的问题：第一，行政部门"越界"，使制度和法律赋予的"学校办学自主权"被"篡夺"；第二，制度和法律未赋予校长本该具有的"自主权"，谓之"缺权"；第三，部分权利和责任边界模糊，以致行政部门和学校权责不分。范涌峰提出要解除学校自主办学中的禁锢，首先，学校办学自主权要得到合法性扩充。一是有法可依，摆脱学校办学空间的权利依附；二是适度解制，实现政校

---

① 王全、陈太忠、何芳：《校本管理》，28页，北京，教育科学出版社，2009。
② 毛亚庆：《论校本管理理论》，载《北京师范大学学报（人文社会科学版）》，2002(1)。
③ 郭晓琳、周彬：《基础教育集群办学：后校本管理时代的英国学校治理》，载《外国中小学教育》，2019(10)。

权力格局和职能定位的重构。其次，加强学校办学权的合目的性运用。一是自主用权，实现有限权力的无限效益；二是自主赋权和分权，实现单一线性的内部权力关系向多元互动的权力关系转向。最后，为学校办学自主权的合力性建构增能。一是构建学校内部的权责约束机制，二是构建外部责任监督机制。①

三、有关学校管理体制的研究

学校管理的突破口是学校管理体制的变革，学校管理体制指的是学校管理组织机构与管理规范的结合体或统一体。当下有关现代学校制度的争鸣，其焦点也是学校管理体制的变革。当前对学校管理体制的研究中，比较有代表性的包括褚宏启的《我们需要什么样的现代学校制度》②，张天雪、曾天山的《公民社会理念下的学校治理与校长权力》③，张东娇的《学习型社会后发展学校执行力建设及其保障》④，石长林的《我国中小学学校管理体制存在的问题及其对策》⑤，霍中成的《学校管理体制改革的突出问题及路径分析》⑥。这些代表性的文章分别从不同的角度论述了学校管理体制的建设，囊括了现代学校制度、学习型学校、学校治理、校长的领导与专业化以及校本管理等学校管理体制的不同方面，对学校管理体制理论研究和实践提供了较好的借鉴。

陈桂生认为，学校管理体制方面存在以下几个问题。第一，学校要从"功能制学校管理"转变为"责任制学校管理"。学校自主管理的权力是由学校主管部门授予的，其权限取决于教育行政部门与学校之间管理权力的划分。教育行政部门管理权力的下放与学校自主管理权力的获得，最初产生于从"功能制学校管理"到"责任制学校管理"的转变。第二，学校法人责任制，是学校管理的法律保证。它不仅对教育行政部门负责，还不得不面对社会。只有成为法人，才能以自己的名义享有民事权利，承担民事义务。学校能否成为独立的民事权利的主体，又同一定的法系及与此相关的教育行政体制相关。实行"责任制"学校管理，首要问题是确定学校管理责任的主要承担者，即学校法人代表，在设置学校董事会的情况下，校长与学校董事会之间的管理权限如何划分。第三，学校行政层级之间管理权限的划分。学校主管部门或学校董事会把学校行政管理权力只授予校长，还是授予以校长为首的学校行政机构，学校行

① 范涌峰：《禁锢与释放：学校特色发展视域中的办学自主权》，载《教育发展研究》，2022(12)。
② 褚宏启：《我们需要什么样的现代学校制度》，载《教育研究》，2004(12)。
③ 张天雪、曾天山：《公民社会理念下的学校治理与校长权力》，载《教育研究》，2006(5)。
④ 张东娇：《学习型社会后发展学校执行力建设及其保障》，载《教育科学》，2010(2)。
⑤ 石长林：《我国中小学学校管理体制存在的问题及其对策》，载《教育科学研究》，2014(6)。
⑥ 霍中成：《学校管理体制改革的突出问题及路径分析》，载《教学与管理》，2017(30)。

政层级如何设置，次级行政机构的权力如何设置。在现代学校管理体制改革中，学校不仅广泛吸收教师参与学校管理，而且为学生提供参与学校管理的机会。除了教育行政管理与监督、学校自主管理，还应该尝试建立学校的社会管理与监督。①

霍中成综合国内诸多学者的研究，提出我国学校管理体制改革的突出问题：第一，放权与分权面临重重阻力，改革的过程就是一个和利益群体博弈的过程；第二，学校内部治理明显不足，在学校的实际办学过程中，自主权有一定的限度；第三，学校法人治理结构还未普遍建立；第四，教育评价公信力不足，我国的学校管理体制受历史和现实因素的制约，长期采取的都是由政府主导的办学、管理、评价和监督体制，因而评价的公信力不够。②

学校治理问题也是学校管理体制的重要方面。《关于进一步激发中小学办学活力的若干意见》提出，要把培养好、选配好校长作为重要政治责任和激发办学活力的关键因素，要完善校长考核管理与激励机制，鼓励校长勇于改革创新，不断推进教育家办学治校。校长作为学校管理中的核心人物，在推动学校持续高效运转，推动基础教育公平发展和质量提升，加快现代学校制度建设，推进教育现代化，建设教育强国方面具有重要作用。③

四、有关学校效能的研究

世界公认的学校效能研究开创者——美国学者詹姆斯·科尔曼（James Coleman）在 1966 年发表了《教育机会均等报告》。报告认为，学校对学生的学业成就没有明显的影响。这一结论引起了关于学校有效性的争论，并引发了人们对有效学校与学校效能的研究兴趣。学校效能问题在我国是 2006 年以后出现的主流学校管理话题。截至 2022 年，国家图书馆中关于学校效能的著作有 25 本，其中最早关于这方面的著作是吴清山于 1997 年创作的《学校效能研究》。吴清山认为，学校效能是指一所学校在各方面均有良好的绩效，包括学生学习成绩、校长领导、学校气氛、学校文化和价值、教学技巧和策略、教师专业成长，以及社区家长支持等，因而能够达到学校预定的目标。学校效能的理论建构应该以学生、教师、行政人员和家长为重要依据。郑燕祥的《学校效能及校本管理：发展的机制》主要内容包括学校功能与效能、学校效能模式、学校效能之动态观点、校本管理原理、多层面自我管理、校本管理发展机制、校本管理的领导等，为学校效能管理与改革提供了很好的借鉴。在有关学校效能的著作中，比较有代表性的还有孙绵涛的《教育效能论》，我国学校效能与改进

① 陈桂生：《"学校管理体制问题"引论》，载《华东师范大学学报（教育科学版）》，2003(1)。
② 霍中成：《学校管理体制改革的突出问题及路径分析》，载《教学与管理》，2017(30)。
③ 张天雪、刘伟：《教育家型校长的修炼与领导力提升》，载《新教师》，2020(11)。

学术委员会由孙绵涛于2005年在沈阳师范大学成立。同时，在学校效能实证研究方面也出现了一些值得借鉴的著作，如李剑萍主编的《校长领导与学校效能的实证研究》①，主要包括运用方格理论对中小学校长领导方式的调查、初中校长管理跨度的调查、中学教师职业适应问题的调查、中小学教师继续教育问题的调查等内容。我国第一篇有关学校效能的博士学位论文，是华东师范大学汤林春的《学校效能评价研究》。在这篇论文中，汤林春从经济学与组织学的角度分析了学校效能概念，提出学校效益是学校对学生学业成就的影响程度，有效学校则是在学生学业成就上起着明显促进作用的学校。学校效能是指学校发挥教育功能促进学生身心发展的程度。我国第一篇对学校效能问题进行研究的学术论文是1994年孙绵涛、洪哲发表在《教育与经济》上的《学校效能初探》。虽然在这之前也有一些有关学校效能的文章，但是这篇文章明确地提出了学校效能这一概念，且对各国经验做了总结介绍，并对学校效能的本质及效能的内容和结构等基础性问题进行了初步探索。他们还从学校功能的角度引申出学校效能的概念，认为学校效能指学校合理地利用教育资源，实现教育目标，并能不断满足系统内其他各方面的要求，进而使学校及其成员和社会得到相应发展的特性和有效作用。

从已有的有关学校效能的研究来看，我国现有的学校效能研究在研究思路、研究设计、研究方法、研究结论等方面为今后进一步开展此类研究提供了借鉴和依据。面对推进中国式教育现代化、建设教育强国、办好人民满意的教育的时代使命，学校效能的研究不断深化和拓展，内涵与研究范围都有了更深层次的拓展。学校效能是指学校教育效能，教育效能则泛指教育活动的效能，既可以是学校教育效能，也可以是非学校教育效能。对于学校效能的研究不断拓展，走向了对教育效能的研究。近年来，教育效能领域研究取得了以下理论进展：首先，拥有了解释变量之间关系的理论；其次，用理论统领和整合了研究发现，不仅为领域内外提供了清晰的解释，而且为决策者和实践者提供了采用的依据；最后，方法论不断丰富，包括多层次统计分析模型、元分析、结构方程模型、增长曲线模型和混合方法研究。②

学校效能的科学属性包括效能大小、效能的一致性、效能的稳定性、效能差异性、组合变量。学校效能的两大基本维度——质量和公平，仍然是该研究领域的核心，从效能大小的角度来看，学校效能的研究更加强调学生学业水平的提高和绝对学生效能以及绝对学校效能。从效能的一致性角度来看，研究方向走向了对学生认

---

① 李剑萍：《校长领导与学校效能的实证研究》，济南，山东人民出版社，2005。
② 温恒福、温宏宇：《教育效能的本质、特征与改进方法论》，载《教育学报》，2020(2)。

知成果和非认知成果之间的一致性的研究。从效能的稳定性角度来看，不同时间段的学校效能具有相关性并表现出跨时间的稳定性。判断一所学校的效能应该基于连续几年的数据和系列测评。从效能差异性的角度来看，研究更加关注学校效能在不同学生之间的差异，以及是否表现出"平均"学校效能。从组合变量的角度来看，学校效能研究更加关注"学校学生组成结构的效能"。

其研究不足表现在以下几个方面。第一，教育效能学科范式缺乏目的性，主要研究内容为回应式研究，譬如教育效能对量化研究的执着追求，量化数据可以"揭示"教育效能因素之间的关系，质化数据可以"解释"这种关系。然而，目前缺乏对混合方法的研究，缺乏用大量的质化数据去丰满量化数据所揭示的种种关系，从而导致决策者和教育工作实践者很难理解接纳教育效能研究并将其研究成果运用于实践。这也表明教育效能研究缺乏"浓墨重彩、深沉厚重的描述性研究"。第二，由于教育效能研究是在"学校无为"的背景下发展起来的，因此学校效能研究更多地关注学校层面的问题，而忽略了学区、地方教育局层面，特别是不关注课堂和老师层面。第三，多层统计分析模型（MLM）的兴起使研究者能够看到学生的学习与他们的背景特征变量是否一致，即是否真的学到了知识，但是，早期的研究还是更加倾向于直接的教育效能，而不是间接的或相互影响的关系。第四，关于教育效能影响因素的定义方面缺少统一的定义，不同的学者对影响因素会有不一样的定义，这会对学术成果的统计造成一定困难。[①]

鉴于上述研究的不足，今后的研究应立足于学校受益人的行为和需求分析，关注学校效能评估的三个方面，尤其是学校投入资源的组合效率。纵观已有研究，未来学校效能研究需要增加对以下方向的关注：第一，提升对教学和教师的重视度，将重点放在态度和价值观方面；第二，整合教育领导力，将领导力整合到学校效能理论模型中；第三，增加纵向研究，增加对同组群的学生和教师的长期跟踪研究；第四，需要更多国际比较研究，目前的学校效能研究更多以本国为主。

第三节　学校管理实践现状

本节主要介绍学校管理中有关校长负责制、学校发展规划及教师绩效管理三方面的实践现状及发展趋势。其中，校长负责制方面以时间为线研究了新中国成立以

---

① ［英］大卫·雷诺兹、［英］帕姆·萨蒙斯、［比］简·范·达姆：《教育效能研究：过去、现在和未来》，孙河川、许建美译，载《教育研究》，2020(10)。

来的政策变化，以"空间"为线列举了北京、天津、上海等地的实践现状。学校发展规划的内容包括由学理溯源到实践现状的分析再到发展趋势整个过程的研究。教师绩效管理方面则从教师绩效管理政策入手分析现状，从而找出教师绩效管理存在的问题并指出出路。下面对此来做具体分析。

一、校长负责制的实践现状及发展趋势

新中国成立后，我国中小学管理体制不断探索、几经变化，当前已经正式确立党组织领导下的校长负责制。

(一)新中国成立后至教育改革前校长负责制的政策变化

新中国成立以来，我国的学校领导体制经历了一系列变化。

新中国成立初期，学校普遍实行军管。不久实行的是校务委员会制，当时学校教职工中的共产党员很少，多数学校没有党的基层组织。

1952年3月，教育部《中学暂行规程(草案)》规定，中学采取校长负责制，校长负责领导全校工作。当时普遍推行苏联的一长制。

1958年9月，《中共中央、国务院关于教育工作的指示》规定"一切中等学校和初等学校，也应该放在党委的领导之下"。"反右"运动之后，党支部在学校中确立了"绝对领导"的地位。

1963年3月，《全日制中学暂行工作条例(草案)》(即"中学五十条")规定"校长是学校行政负责人，在当地党委和主管的教育行政部门领导下，负责领导全校的工作"，再次明确实行校长负责制，党支部在学校中起"保证和监督"作用。

在"文化大革命"中，校长负责制作为修正主义路线的"罪行"之一，受到批判。

1978年9月，教育部颁发的《全日制中学暂行工作条例(试行草案)》提出，"全日制中学实行党支部领导下的校长分工负责制"。

1985年5月，《中共中央关于教育体制改革的决定》明确规定"学校逐步实行校长负责制"，学校中的党组织要"把自己的精力集中到加强党的建设和加强思想政治工作上来；要团结广大师生，大力支持校长履行职权，保证和监督党的各项方针政策的落实和国家教育计划的实现"。

从上述演变过程来看，中央很早就明确实行校长负责制。我国实行的校长负责制有传统意义上的一长制、"中庸"意义上的委员会制和现代意义上的校长负责制，其实质是校长权力的转移。[1]

---

[1] 张天雪：《校长权力论——政府、公民社会和学校层面的研究》，220～221页，北京，教育科学出版社，2008。

(二)教育改革后校长负责制的政策表述

如果说教育改革之前的学校管理体制基本是按照上级教委的计划指示进行、是与计划经济体制相适应的，那么教育改革之后的管理体制开始与市场经济体制相吻合。1985 年公布的《中共中央关于教育体制改革的决定》，提出"学校逐步实行校长负责制"的要求。可以说学校领导体制的改革是教育改革的重要一环，校长负责制的出现逐渐解决了以往"由党委领导下的分工负责制"所产生的责权不清、效率低下的问题，校长负责制充分发挥了学校的民主监督与民主管理的作用。"实行校长负责制后，由于加强了行政领导的责任，在体制上基本做到了职、权、责的统一，调动了学校行政领导的工作积极性；校党支部把主要精力放在加强党员和党外积极分子的教育工作上，保证和加强了党的领导；由于建立了教职工代表大会制度，增强了教职工的主人翁责任感，调动了教职工的积极性；还促进了一些学校建立岗位责任制等等的学校内部管理制度的建立。"①

由于从 1985 年到 1992 年，校长负责制取得了良好的效果，国家决定将校长负责制逐步推广。1993 年颁布的《中国教育改革和发展纲要》(以下简称《纲要》)提出"中等及中等以下各类学校实行校长负责制"。《纲要》的出现为学校管理乃至整个教育管理提供了良好的发展方向。校长负责制的全面实行的确给学校的发展带来了生机与活力，极大地提高了学校的教育质量和学校的效益。但是，这个时期的校长负责制还存在缺陷，以至于没有很好地完成政策所要求的目标。校长负责制本身的缺陷主要有两个方面："(1)缺少配套的法律法规，比如实行校长负责制，校长的职责是什么，校长的待遇怎么规定，校长应具备哪些条件，校长怎样产生，校长的任职期限怎么定，校长与党支部、教代会、校务委员会是什么关系等一系列问题无章可循，无法可依。结果导致政策实施随各地经济环境的不同而不同，随领导素质的变化而变化，缺少规范性、统一性，致使管理实践严重偏离政策的既定目标；(2)政策目标笼统，表述不具体。……例如在《中共中央关于教育体制改革的决定》中提到的'有条件的学校要设立由校长主持的、人数不多的、有威信的校务委员会作为审议机构'，其中的'条件'指什么，大中小学有无区别，大体上是多少，'有威信'是什么含义，这些问题表述得不够具体、准确，结果导致因各个学校理解不同而各自为政，在实施过程中缺乏统一规范，致使在执行政策时偏离目标。"②

针对上述问题，我国于 1995 年 3 月 18 日经第八届全国人民代表大会第三次会

---

① 姜月：《中小学校自主管理的政策流变》，载《上海教育科研》，2003(7)。
② 刘永林：《中小学校长负责制失真的原因分析及对策》，载《教育探索》，2004(7)。

议审议通过《中华人民共和国教育法》（以下简称《教育法》），并于 1995 年 5 月 1 日开始实施。《教育法》的颁布，标志着我国的教育事业走上了全面依法治教的轨道，这也是国家以法律的形式确定学校自主权。为进一步规范校长负责制，1997 年国家教委颁布了《实行全国中小学校长持证上岗制度的规定》，1999 年教育部颁布了《中小学校长培训规定》。从上述政策、文件可以看出，国家根据新的形势，完善了校长任用和培训制度，明确了中小学校长的职业化，将提高校长的专业化程度，改善校长的知识结构，增进校长办学管理的领导能力，纳入校长负责制中予以建设。

在这样的制度设计下，校长的角色已经变成了一个全面领导学校工作的"全天候型校长"。学校的权力开始由中央向地方、由地方向学校校长纵向转移，同时也由委员会和党委向校长平行转移，校长拥有了更多的权力。但仍有几个问题有待解决：一是制度设计与观念的差异；二是制度设计本身的缺陷；三是制度设计操作上的失误；四是制度设计边界的狭窄。制度设计与观念的差异主要体现在两个方面：观念滞后于制度和制度滞后于观念。制度设计本身的缺陷主要体现在无论从法律上还是从政策上都没有清楚明确地指出校长负责制具体的权力和责任的边界，没有明确中国特色的党、政、工、团、学之间的界限，没有明确决策、执行与监督之间的边界。制度设计操作上的失误主要体现为在具体学校管理过程中，校长负责制操作成了"校长专权制"，校长权力在来源、配置、运行和制约方面都有偏差。制度设计边界的狭窄一方面导致了校长权力的缺失，另一方面也导致了校长权力的异化和扩张。综上所述，校长权力的转移是一种制度性的转移，主要有三种方式。校长权力的政治和经济属性的弱化、社会属性的强化是一种转移方式，管理权力的分化、领导权力的显现是另一种方式，校长实体性权力的规范、专业影响力和职业动源力的拓展是第三种方式。①

进入 21 世纪以后，2001 年《国务院关于基础教育改革与发展的决定》发布，确定在基础教育阶段开始实行"地方政府负责、分级管理、以县为主"的体制。在"以县为主"的管理体制下，中小学校陆续将人、财、物等的管理权上交县级教育行政部门；中小学教育经费得到初步保障，教育人事制度改革进一步推进。新的教育政策的出现势必会使校长负责制发生变化。②《国家中长期教育改革和发展规划纲要（2010—2020 年）》提出要"完善普通中小学和中等职业学校校长负责制"。这是新形势下基础教育改革和发展的客观要求。

---

① 张天雪：《校长权力论——政府、公民社会和学校层面的研究》，324～331 页，北京，教育科学出版社，2008。
② 杨润勇：《对"中小学校长负责制"政策调整的分析与建议》，载《当代教育科学》，2008(10)。

(三)新时代背景下校长负责制的政策回顾

党的十八大以来，党和国家事业发生了历史性变革，中国特色社会主义进入新时代。在这个过程中，国家相继颁布了一系列相关政策促使校长负责制不断完善，校长负责制也进入发展的"新阶段"。

新时代初期，我国主要通过颁布相关法律政策文件来对校长负责制进行完善，为其提供坚实的制度保障。2012年12月，教育部印发的《全面推进依法治校实施纲要》提出"中小学要健全校长负责制，建立有教师、学生及家长代表参加的校务委员会，完善民主决策程序"，此举措搭建起科学民主决策与依法治校之间的关键桥梁，强化了校长负责制在依法治校中的重要地位。2016年1月，教育部颁布《依法治教实施纲要（2016—2020年）》，其中关于校长负责制的表述为"加强中小学党组织建设，发挥基层党组织在中小学治理中的核心作用，健全校长负责制"，进一步突出了新时期中小学依法治教实践中校长负责制的作用。

随着习近平总书记在关于教育的重要论述中更加强调"教育在我国社会主义现代化建设中具有基础性、先导性及全局性作用，为保证'两个一百年'目标的顺利实现，必须加强党对教育事业的全面领导作用"，党的领导与校长负责制不断融合，中小学党组织领导的校长负责制渐露雏形。2016年6月，中央组织部、教育部党组联合印发《关于加强中小学校党的建设工作的意见》，其中指出"中小学校党组织是党在学校中全部工作和战斗力的基础，发挥政治核心作用，全面负责学校党的思想、组织、作风、反腐倡廉和制度建设，把握学校发展方向，参与决定重大问题并监督实施，支持和保证校长依法行使职权，领导学校德育和思想政治工作，培育和践行社会主义核心价值观，维护各方合法权益，推动学校健康发展"。该意见增加了党组织"参与决定重大问题并监督实施"的相关表述，拓展了党组织在中小学的权力范畴。以此为开端，中小学领导体制在习近平新时代中国特色社会主义思想的指导下进行深入改革，党组织领导的校长负责制在现代学校制度的建设过程中开展初步探索。2017年，我国相继颁布的文件中有多个提到了校长负责制，从中可以看出国家对校长负责制的重视以及改革发展的决心。《中小学校领导人员管理暂行办法》明确指出要"落实中小学校长负责制，保障学校办学自主权，支持领导人员依法依规履行职责"，同时也要"充分发挥学校党组织和党员的监督作用"；《关于深化教育体制机制改革的意见》提出要"全面加强党对教育工作的领导，坚持党管办学方向、党管改革，充分发挥党委总揽全局、协调各方的领导核心作用，健全党委统一领导、党政齐抓共管、部门各负其责的教育领导体制"；《义务教育学校管理标准》提出要"落实学校办学自主权，提升校长依法科学治理能力，发挥中小学校党组织的政治核心和战斗堡垒作用"。

2018 年 7 月，习近平总书记在全国组织工作会议上指出"在中小学、医院、科研院所，党组织领导的校长（院长、所长）负责制还没有建立起来"，并据此提出在中小学建立党组织领导的校长负责制的目标。这标志着党组织领导的校长负责制正式登上历史舞台。2019 年 6 月，国务院办公厅印发的《关于新时代推进普通高中育人方式改革的指导意见》，强调"要加强普通高中学校党组织建设，发挥党组织把方向、管大局、保落实的领导作用"；中共中央、国务院印发的《关于深化教育教学改革全面提高义务教育质量的意见》，强调"加强学校党的建设，充分发挥学校党组织领导作用"。这两份意见对党组织在中小学的治理方式、治理目标等提出了更加具体的要求。2022 年 1 月，中共中央办公厅印发《关于建立中小学校党组织领导的校长负责制的意见（试行）》，党组织领导的校长负责制全面落地实施。该意见指出建立中小学校党组织领导的校长负责制是办好教育的根本保证，建立中小学校党组织领导的校长负责制，是坚持为党育人、为国育才，保证党的教育方针和党中央决策部署在中小学校得到贯彻落实的必然要求，并分别从发挥中小学校党组织领导作用、支持和保证校长行使职权、建立健全议事决策制度、完善协调运行机制、加强组织领导五个方面作出了重要部署，明确了校长及党组织在学校管理中的角色，为健全中小学校治理机制提供了制度保障和行动路径。

步入新时代以来，国家颁布了大量政策文件来支持和保证校长负责制的变革发展，纵观这个时期校长负责制的演进历程，我们可以窥探出几个关键要点。

首先，党的十八大以来党组织领导的校长负责制大致经历了三个阶段的发展变迁：第一阶段为 2016 年至 2018 年，《关于加强中小学党的建设工作的意见》开启了党组织在学校治理中的探索过程；第二阶段为 2018 年至 2022 年，习近平总书记在全国组织工作会议上的讲话正式提出在中小学实行党组织领导的校长负责制；第三阶段为 2022 年至今，《关于建立中小学校党组织领导的校长负责制的意见（试行）》标志着党组织领导的校长负责制进入全面落地实施阶段。

党组织领导的校长负责制，就其治理结构来看，可以从决策机制以及人事任免两方面来阐述。① 在决策机制方面，第一，摒弃传统制度下中小学校长是最高领导者的做法，重大事项的决策权完全掌握在党组织手中，而校长的职责主要是执行决策，但校长仍肩负着行政管理与教育教学的重要责任。第二，大部分重大事项的决

---

① 强舸、徐正全：《"中小学校党组织领导的校长负责制"的变迁历程、治理结构与新时代的现实关切》，载《公共治理研究》，2022(5)。

策由党组织和行政领导班子各自分工进行，其他事项则可以通过校长办公会拟订方案、校长个人决策、党组织集体决策的联动机制来进行决策。在人事任免方面，强调党组织书记是学校真正意义上的"一把手"，并规定由党员副校长充当党组织班子的一员，党组织充分履行把方向、管大局、作决策、抓班子、带队伍、保落实的职责。就其治理效能来看，由外部监督向内部制衡转变为其纵向治理目标。传统的行政部门直接掌管学校多数重要事项的权力体系，难以适应学校规模扩大以及集团化办学等新取向，同时也抑制了学校的发展活力。所以，提高中小学的办学自主权、释放学校发展活力成为当前教育改革发展的基本趋势之一。2020 年，《关于进一步激发中小学办学活力的若干意见》发布并对提高学校的办学自主权提出了明确要求，为党组织领导的校长负责制的完善提供了制度保障。

其次，中小学校长负责制由普通政策逐步上升到具备法律地位，且这一地位仍在不断被强化，依法治教的精神进一步贯彻到中小学校长负责制的实践中。法律地位的提升表现了该制度对完善中小学校治理体系的重要作用，显现出国家意志对其在学校治理体系变革及依法治教过程中的殷切期盼。[①] 但是，我们也应该客观地认识到，虽然一系列的政策文件对其法律地位进行了持续强化，但仍缺乏对中小学校长负责制的系统阐释，中小学校长的权力、责任等比较模糊，没有明确的法律注解，因此各地区在校长负责制的具体实施过程中缺乏统一的执行标准，这成为制约中小学校长负责制贯彻执行的法治困境，依法治教、依法治校将是未来教育治理改革中的新常态，亟需积极构建具体实施过程中小学校长负责制的完善法律体系。

（四）各地校长负责制的实践现状

随着党组织领导的校长负责制的确立并进入全面落实阶段，全国多地先后开展了中小学党组织领导的校长负责制的试点工作，探索如何有效发挥党组织在学校运行机制中的核心作用。尤其是随着《关于建立中小学校党组织领导的校长负责制的意见（试行）》的出台，各地在该意见的指导下开展了各具特色的实践行动，积累了许多有益的经验。

1. "北京经验"[②]

自 2018 年开展中小学校党组织领导的校长负责制的初步试点以来，北京市经历了从局部到整体两个试点阶段的探索，在实践过程中采取了一系列独创性措施，积累了中小学党组织领导的校长负责制的"北京经验"。

---

① 王库、林天伦：《中小学校长负责制 30 年：困境与对策》，载《教育科学研究》，2017(7)。
② 李奕：《中小学校党组织领导的校长负责制的理论思考与实践探索》，载《中国教育学刊》，2021(6)。

首先，北京市以局部试点到整体推进的方式作为改革总舵，通过燕山地区率先开展试点工作为后续全市的整体试点积累鲜活案例和借鉴经验，随后按照"压茬推进、分步实施、前后衔接、逐步深化"的实施原则在全市推广变革。其次，在组织体系建设方面，北京市贡献了一系列创新性方案，如将"支部建在连上"与党组织设置相融合，创新学校基层党组织设置方式；将党性强、能力强作为干部成员任免的"双强"标准，增强干部队伍建设的科学性，等等。最后，除了持续加强制度保障和党的领导作用，北京市还积极探索不同类型学校的个性化试点策略，真正做到了一校一策，增强试点时效，教育集团化策略、跨区域办学策略、党政一肩挑策略、党组织全面领导思想政治工作策略等都是其亮点之所在。

2."天津实践"①

为推动建立健全中小学党组织领导的校长负责制，给其他地区提供可复制、可推广的先进经验和有益示范，在教育部的大力支持下，天津市于2019年正式开展党组织领导的校长负责制试点工作。经过2020年、2021年的阶段性总结反思、巩固深化，在2022年全面铺开，凝结出了适合自身改革发展的"天津实践"。

一方面，天津市尤为重视各方主体间的协同作用和夯实改革的基层基础。在推进实施的过程中，天津市始终坚持市委领导高位带动，各区级政府及中小学校协调配合、上下联动，为政策的高效贯通开辟流畅通道，同时注重基层党建的加强，从组织、思想、实践三个方面着手，创新党建工作、强化思想引领、抓好实践落实。另一方面，制度是机制运行通畅的关键保障，制度体系的完善是天津市重点努力的方向。国家《关于建立中小学校党组织领导的校长负责制的意见（试行）》印发以后，天津市政府认真对照，将试点经验与该意见紧密结合，推行《天津市建立和完善中小学校党组织领导的校长负责制的实施办法》，同时配套《中小学校党建工作重点任务清单（试行）》和《中小学校议事规则示范文本（试行）》两个辅助文件，形成了将意见精神贯彻其中的天津"1＋2"制度体系，为党组织领导的校长负责制的落实消除后顾之忧，使之在制度的保障下稳步落实。

3."上海模式"②

上海市对于国家颁布的中小学党组织领导的校长负责制的相关政策高度重视，2022年3月，上海市结合自身实际出台了《上海市关于建立中小学校党组织领导的校长负责制的实施意见（试行）》（以下简称《实施意见》）地方性的政策文件并逐步展开探

① 孙志良：《中小学校党组织领导的校长负责制的"天津实践"》，载《人民教育》，2022(12)。
② 沈炜：《以高质量党建引领发展中国特色、一流水平基础教育》，载《人民教育》，2022(12)。

索，初步构建了中小学党组织领导的校长负责制的"上海模式"。

上海市同样强调试点先行与制度保障在实践探索中的重要性，但"狠抓关键环节"贯穿于其政策构建与落实全过程。具体来看，上海的《实施意见》全文共 7 大部分，包含 21 条相应的配套措施，《实施意见》提出要构建"党组织领导、校长负责、多方参与、全员育人"的中小学校治理体系，同时做到牵住"牛鼻子"，抓好四个重点方面的主要矛盾：一是明确党组织书记与校长的责任分工，二是完善决策制定的议事制度，三是强化中小学领导班子培养，四是注重党务工作机构建设。

（五）校长负责制的发展趋势

2000 年以来，中小学办学模式发生了巨大变化，学校数量逐步减少，而规模却不断扩大，党员数量显著增加。具体来看，规模的不断扩大使得学校治理事务日益增多，校长单独负责的治理模式越来越难以适应现实的发展；校长权力扩大、缺乏制衡与监督、腐败风险大幅增加等问题相继凸显。此外，国家"双减""双新""依法治校""激发中小学办学活力""数字化学校"等教育领域的背景变量不断涌现，中小学办学模式变化以及它和国家治理多领域的深度关联决定了学校治理体制必须回答好"为谁培养人，培养什么样的人、怎么培养人"这三个"时代之问"，深入推进学校治理现代化。因此，校长负责制的改革成为学校治理体系调整的重要方向。主要的发展趋势有以下几个方面。

1. 以集体决策弥补个人"专权"的弊端

新时代中小学治理事务大幅增多，管理难度和潜在风险显著增加。相比个人决策的校长负责制，党组织领导的校长负责制以"一人一票"集体决策为表决方式。[1]这样的决策方式一方面可以降低"拍脑袋"决策方式带来的风险，较好地限制校长的个人"专制"，降低腐败风险；另一方面又能够群策群力，集中各方智慧提高决策质量。

2. 逐步加强党组织的领导核心作用

党的领导是中国特色社会主义的本质特征和中国特色社会主义制度的最大优势。自提出党组织领导的校长负责制以来，党的领导核心作用通过政策文件的陆续出台不断被加强。《关于建立中小学校党组织领导的校长负责制的意见（试行）》将党组织的职责划分为把方向、管大局、作决策、抓班子、带队伍、保落实六大部分，确保党对中小学的全面领导切实落实到办学治校的各个环节。但在具体实践过程中，党

---

[1] 强舸、徐正全：《"中小学校党组织领导的校长负责制"的变迁历程、治理结构与新时代的现实关切》，载《公共治理研究》，2022(5)。

组织参与难、党建工作开展难等问题仍然存在,党的领导作用优势并未得到充分发挥。因此,未来校长负责制将以进一步凸显党组织的领导核心这一发展方向为重点。

3. 重视加强"教育家型校长"的培育

《关于进一步激发中小学办学活力的若干意见》提出"各地要把培养好、选配好校长作为重要政治责任和激发办学活力的关键因素",要"完善校长考核管理与激励机制,鼓励校长勇于改革创新,不断推进教育家办学治校"。对于中小学来说,校长在学校管理中扮演着核心的角色,在推动学校高效运转,推进现代学校制度建设,加快教育现代化等方面具有重要作用。激发中小学办学活力亟需教育家型校长参与进来。教育家型校长即具备明确的办学理念,同时兼具教学领导力、课程领导力、组织架构领导力和道德领导力四重领导力的学校管理者。[1] 为了促进学校活力发展,教育家型校长必须专注于自身领导力的不断提升,将科学办学理念与高效领导力融为一体,只有这样才能充分发挥校长的领导者作用,更好地激发广大教师教书育人的积极性和创造性,完善学校治理体系。

4. 进一步推进依法治校体系的构建

《中国教育现代化 2035》重点部署了"推进教育治理体系和治理能力现代化"等十大战略任务。"依法治校"正是顺应了这一现实需要,以学校章程为依托,将民主监督、自主管理等理念融汇其中,推动高效合理的现代学校制度的建立。诚然,随着《全面推进依法治校实施纲要》《依法治教实施纲要(2016—2020 年)》等文件的陆续出台,我国中小学依法治校工作取得了长足发展,中小学校长依法办学的意识得到增强,能力明显得到提高。但是与我国依法治国的新要求、未来教育发展的新态势相比较,中小学依法治校工作仍存在许多问题。教育立法进程缓慢、民主决策机制尚未建立等现实阻力是导致这一困境的主要因素。在未来学校的建设中,坚持制度保障与管理创新、摈弃固有思维牵绊、坚持民主决策等举措不失为中小学校长科学、有序推进依法治校工作的可行性路径。[2]

5. 借"双减""双新"提升校长治理能力

2021 年 7 月,中共中央办公厅、国务院办公厅印发的《关于进一步减轻义务教育阶段学生作业负担和校外培训负担的意见》,提出"强化学校教育主阵地作用",使"学校教育教学质量和服务水平进一步提升"。次年 9 月,教育部召开新闻发布会并表示 2022 年秋季学期,全国各省(区、市)已全面落实实施新课程新教材的举措,更

---

[1] 张天雪、刘伟:《教育家型校长的修炼与领导力提升》,载《新教师》,2020(11)。

[2] 杨柳、张旭:《新世纪以来中小学校长依法治校的困境与应对——基于政策文本分析的视角》,载《上海教育科研》,2018(1)。

加强调立德树人根本任务，更加指向核心素养。"双减"和"双新"对中小学校长的治理能力提出了新的挑战。苏霍姆林斯基曾言："校长领导学校，首先是教育思想的领导，其次才是行政领导。"科学合理的治理理念是建设高效治理体系的前提，在此背景下，校长首先要做的是思想的引领、精神的贯彻。校长将带领全体教师不断深入领会"双减"和"双新"的深刻内涵和新的要求，克服传统的功利化、短视化办学理念，探索教学方式、课程方案等的更新与变革。在管理实践中，校长也将通过推进家校社协同育人、完善学校文化建设、加强教师队伍培训、改进学生评价方式等具体针对性措施，切实保证政策能够落地。最终，以"双减"和"双新"的新形势倒逼校长治理能力的提升及学校治理体系的完善。

6. 信息化赋能学校治理水平的提高

未来的学校将是一个人人皆学、处处能学、时时能学的智慧教育场域，更加强调学生的泛在式学习。在此过程中，信息技术的作用被放大，信息化与教育教学的深度融合问题受到关注，数字化校园的建设和完善将越来越受重视。校长作为学校治理的引领者，也要与时俱进，具备主动探索新事物、拥抱新技术的素养，同时还应培养善于抓住新事物、新技术的独特敏感性，然后将其合理地引到教育教学和学校管理实践中，从而推动学校治理跟上时代发展的步伐。

二、学校发展规划的实践现状及发展趋势

学校发展规划(school development plan，SDP)于 20 世纪 70 年代中后期从英国兴起，其后在世界范围内得到广泛推广，20 世纪 90 年代后期随着国际教育合作项目进入我国，近些年在西部地区改进学校管理中取得显著成效，引起国内广泛关注。①

(一)学校发展规划的学理溯源

学校发展规划是指一所学校根据国家或地区教育发展战略规划的要求，结合自身发展的条件及需要，通过学校共同体成员对学校进行诊断、找寻发展空间，确定未来三年至五年内的发展目标和发展途径，制定和实施学校发展综合性方案，并持续提升教育质量而进行的管理行动。

国外关于学校发展规划的研究始于 20 世纪 70 年代英国的学校效能研究，这项研究旨在通过改善学校管理来提高学校效能。80 年代后英国进一步提出学校改进计划，并推广到印度等英联邦国家。进入 90 年代以后，又演变为学校发展规划。英国学者哈格里夫斯(D. H. Hargreaves)和霍普金斯(D. Hopkins)在 1991 年出版的《被授权的学校：发展规划的管理与实践》一书中，系统阐述了他们有关学校发展规划的思

① 孙远航、屠广越、祈英：《学校发展规划与实施》，43 页，上海，华东师范大学出版社，2007。

想。目前，英国、丹麦、澳大利亚、美国等国家普遍采用学校发展规划作为促进学校管理变革的有效策略。联合国儿童基金会等国际组织也在积极推介这一项目，旨在通过校本管理、社区参与以及提高学校的自治能力，来提高各国中小学尤其是贫困地区学校的综合办学水平和教育质量。

我国对学校发展规划的研究起步较晚。"长期以来，教育领域中的规划关注在宏观教育事业层面上进行教育发展规划，而忽视在微观的学校层面上进行学校发展规划。""20世纪80年代初，我国首次引进'学校发展计划'的概念，只因观念和技术的问题，未能普遍推广开来。"①学校发展规划在我国真正得到推广是在2001年之后。2001年6月，在联合国儿童基金会的大力支持下，教育部正式引进"学校发展规划"项目，并首先在甘肃、陕西、四川等西部12个省区50个项目县开展中小学校长培训试点，成为中国—联合国儿童基金会"促进贫困县初等教育"项目2001—2005第一周期的主要内容，即"校长培训与学校发展规划"(SLT&SDP)项目。此外，国内一些学者对学校发展规划的研究也是如火如荼。研究成果还部分应用到校长培训实践中，如辽宁省将"学校发展规划"作为"十一五"基础教育干部培训内容，并出版了专门教材。教材围绕学校发展规划的制定、组织与实施、监测与评估展开。在实践领域，制定学校发展规划成为学校一项常规性工作。

(二)学校发展规划的实践

对于学校发展的积极意义而言，学校发展规划是一个过程，不单是规划的一个文本，还是学校根据自己的发展实际，制定出的未来一段时间最适合本校实际发展的蓝图。

学校发展规划的制定对于实践来说是一个很重要的准备环节，在制定规划前要了解国家、地方教育改革与发展的基本政策和相关法规；梳理学校成长过程，客观审视学校发展的优势与不足；了解学校发展的外部环境，特别是政府、教育行政部门的要求，要有初步的、个性化的办学思路；认清SDP中校长的角色定位是一个领导者、设计者、开发者、推进者、管理者、评价者。制定学校发展规划一般分为五个步骤：理论引领—技术支撑—自主设计—专家指导—集体研讨。

制定学校发展规划，其重要性并不在于拿出一个学校的"规划文本"，关键在于实施，强调执行"过程"，重在操作。也就是将形成后的学校发展规划，从理想到现实付诸实践的过程，是实践层面各项工作实实在在地进行，具体行动的体现。要做好实施工作，应抓好以下环节，具体模式如图1-3所示：

---

① 范国睿：《学校管理的理论与实务》，214、216页，上海，华东师范大学出版社，2003。

```
┌─────────────────────────────────┐
│    分解整体目标任务，制订行动计划     │
└─────────────────────────────────┘
               ⇩
┌─────────────────────────────────┐
│    落实保障措施，明确职责分工         │
└─────────────────────────────────┘
               ⇩
┌─────────────────────────────────┐
│    实施行动，反思创新               │
└─────────────────────────────────┘
               ⇩
┌─────────────────────────────────┐
│    评估与监测，是否达到目标           │
└─────────────────────────────────┘
```

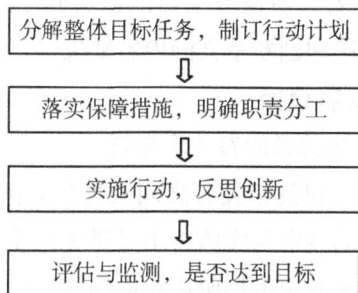

图 1-3 学校发展规划实施模式图

目前，学校发展规划已成为改进学校管理、提高学校教育教学质量的重要途径与手段，改变了传统管理中校长一言堂的现象，在一定程度上体现了人文性和民主性，但在实践中仍然存在一些弊端。

第一，对学校的发展基础和现状分析不足，缺乏优先发展的主题和对人的关注。学校的发展是在学校现有基础上的发展。发展规划是科学客观地分析学校的优势、劣势、机遇和挑战后，制定出的学校发展的蓝图，但在项目的制定和实施中，学校存在对自身实际分析欠缺的问题。很多学校的发展规划都是从学校管理、教师的专业发展、学生的成长等方面进行设计，而学校在哪些方面需要优先发展没有重点分析和具体设计，对本校教师的优势、学生的共性、需求等的分析和关注有所欠缺。

第二，发展规划的目标过空过大，活动、措施缺乏针对性和操作性，对实施过程缺乏监控和评价。在实施项目的初期，由于有些学校、校长、教师对项目内涵、性质、意义、要求等方面存在理解模糊、不透彻的现象，很多学校在制定文本规划的过程中，没有针对制约本校发展的问题和症结，制定出切合学校自身实际和发展状况的具体、操作性强的活动措施。① 不论是研制规划，还是实施规划，都存在着重点关注规划的"结果"的现象，对实施过程的环节、程序、监控、评价方式、持续改进机制等方面的关注欠缺。大多数学校的发展规划有对解决问题的措施、活动、负责人的设计和要求，但缺乏对实施过程的监控和实施效果的评价，而对实施过程的监控和评价是体现"过程性"的重要保障。

第三，实施中重静态"预设"，忽视动态的"创生"，发展规划缺乏发展性和创生性。发展规划是学校发展的蓝图，是促进学校发展的实施方案，个别学校存在"规划规划，纸上画画，墙上挂挂"的现象。实施的活动和措施与发展规划文本中的预设完全脱离，没有用发展的视角对发展规划进行修正和完善，发展规划没有发挥指南、

① 支爱玲：《学校发展规划的认识及实践诉求》，载《宁夏教育科研》，2008(4)。

引领的作用。重视规划的计划、预设环节，但在实施中，有些学校没有及时总结、反思，动态生成的、具有个性和创新意义的内容缺失。

(三)学校发展规划的发展趋势

1. 明确角色定位，利益相关者的参与度提高

学校发展规划反映了诸多利益相关者之间的博弈，随着当前学校治理模式逐步走向多元化，学校发展规划的制定与实施将不可避免地呈现出主体更加多元的态势。一方面，学校发展规划的文本制定将摆脱由校内领导"一肩挑"观念的束缚，将家长、学生尤其是教师等纳入规划的参与者范畴，听取他们的意见与建议，建立规划得以顺利实施的信任基础；另一方面，学校发展规划的实施过程更加凸显多方合作的重要性，深入贯彻落实家校社协同育人机制，同时政府提供相应的制度保障，明确各方主体的参与方式与责任分工，使其合法权益得到保障。进一步健全学校多元治理格局，为学校发展规划提供原动力。

2. 释放办学活力，学校的主体落实力量强化

《教育法》规定学校发展规划的制定与实施是受法律保护和政策支持的，但在具体实践中学校发展规划的推行仍存在一些困难。其一，由于学校是落实国家教育战略、方针的最基层单位，多种政策积压在一起，使得学校领导疲于应对，主动谋划的意识不强；其二，教育行政部门通过行政指令推动学校发展规划的制定与实施，其过程管控稍显僵化，学校自身的积极性、主体性有所缺失。未来，学校发展规划将进一步增强学校的主体性，巩固学校作为学校发展规划落实的主阵地，如2020年由教育部等八部门联合发布的《关于进一步激发中小学办学活力的若干意见》明确规定学校发展规划等重大事项由学校党政领导班子集体研究决定，并充分听取广大师生的意见，主动接受监督，这就是一个明显的信号。

3. 完善评估机制，学校发展规划的可持续性增加

完成规划并不是学校发展规划的终点，规划实施过程中遇到的困难有哪些、资源的分配是否合理、实施的效果如何、下一步的方向是什么等问题都需要明确，规划的监督和评估越来越受到重视。在学校发展规划的推进过程中，强化过程控制，推行跟踪监督，通过各主体间的信息沟通与反馈及时掌握规划的执行情况，发现问题并解决问题，保证学校发展规划的动态性。在学校发展规划的收官阶段，做好评估工作，摒弃"以文字总结文字"的传统方式，增加定量方法的应用，让评价方式更加多元，增强评价的信效度。同时要注意，学校发展规划的评估不是一次性和终结性的，除了对此次执行过程进行诊断以外，还要加强对下一阶段的思考，最终使学校发展规划的可持续性增加。以上种种，都是学校发展规划在监督评估机制上努力的方向。

三、教师绩效管理的实践现状及发展趋势

学校是一个人力资源密集型的组织，教师是知识型员工中的一类，所从事的工作是教书育人。教师的劳动，过程复杂，考核复杂，验证成果也较为复杂。因此，教师的绩效管理要依据教师的工作特点来进行，才可能有效、高效，才能实现教师与学校的共同发展，最终达到学校与教师的双赢局面。

（一）教师绩效管理的政策表述

2008 年 12 月 31 日颁布的《教育部关于做好义务教育学校教师绩效考核工作的指导意见》明确提出了绩效考核的基本要求、主要内容、有效方法及考核结果的合理运用。该意见指出国务院决定从 2009 年 1 月 1 日起，在全国义务教育学校率先实施绩效工资分配政策，这是贯彻落实《中华人民共和国义务教育法》、深化事业单位收入分配制度改革的重要措施，是尊师重教的具体行动，对促进教育事业发展具有十分重要的意义。

2010 年 1 月，教育部在《2010 年工作要点》中传达了中央领导同志就做好义务教育学校实施绩效工资工作的重要批示精神，"落实义务教育教师绩效工资政策，抓好教师绩效考核和奖励性绩效工资分配，支持优秀人才长期从教、终身从教"。同年3 月，教育部办公厅公布的《教育部人才工作协调小组 2010 年工作要点》提到，要"进一步落实义务教育教师绩效工资政策，着力做好教师绩效考核和奖励性绩效工资分配工作，支持优秀人才长期从教、终身从教"。这有利于我国进一步提高教育现代化水平，推动教育事业在新的历史起点上科学发展。

2011 年 3 月，中共中央、国务院印发的《关于分类推进事业单位改革的指导意见》提出，"结合规范事业单位津贴补贴实施绩效工资，进一步做好义务教育学校、公共卫生与基层医疗卫生事业单位实施绩效工资工作"。同年 7 月，国务院办公厅印发的《关于印发分类推进事业单位改革配套文件的通知》指出，要"按照国务院的统一部署，事业单位绩效工资分三步实施：第一步在义务教育学校实施，第二步在公共卫生与基层医疗卫生事业单位实施，第三步在其他事业单位实施"。至此，教师绩效管理制度改革全面起步。

2017 年 9 月 24 日，中共中央办公厅、国务院办公厅印发的《关于深化教育体制机制改革的意见》指出，要"完善中小学教师绩效工资制度，改进绩效考核办法，使绩效工资充分体现教师的工作量和实际业绩，确保教师平均工资水平不低于或高于当地公务员平均工资水平"。

2018 年 1 月，中共中央、国务院发布的《全面深化新时代教师队伍建设改革的意

见》提出，"完善中小学教师待遇保障机制。健全中小学教师工资长效联动机制，核定绩效工资总量时统筹考虑当地公务员实际收入水平，确保中小学教师平均工资收入水平不低于或高于当地公务员平均工资收入水平。完善教师收入分配激励机制，有效体现教师工作量和工作绩效，绩效工资分配向班主任和特殊教育教师倾斜"。同年8月，国务院办公厅印发的《关于进一步调整优化结构提高教育经费使用效益的意见》指出，"力争用三年时间解决义务教育阶段教师工资待遇问题"。

2019年2月，中共中央办公厅、国务院办公厅印发的《加快推进教育现代化实施方案（2018—2022年）》，明确了推进教育现代化四个方面的保障措施，提出"要完善教育经费投入和管理机制""全面实施绩效管理"。同年6月，中共中央、国务院印发的《关于深化教育教学改革全面提高义务教育质量的意见》指出，义务教育阶段要"依法保障教师权益和待遇""完善义务教育绩效工资总量核定办法，建立联动增长机制，确保义务教育教师平均工资收入水平不低于当地公务员平均工资收入水平。完善绩效工资分配办法，绩效工资增量主要用于奖励性绩效工资分配；切实落实学校分配自主权，并向教学一线和教学实绩突出的教师倾斜"，目的是逐步增加奖励性绩效工资在绩效工资总量中所占比例，以不断激发教师的工作积极性。

2020年9月，教育部等八部门联合印发的《关于进一步激发中小学办学活力的若干意见》，明确提出"健全绩效工资激励，完善学校绩效工资分配办法"，充分激发广大教师的教育情怀和工作热情。同年10月，中共中央、国务院印发的《深化新时代教育评价改革总体方案》强调，"完善中小学教师绩效考核办法，绩效工资分配向班主任倾斜，向教学一线和教育教学效果突出的教师倾斜"。

2022年4月，教育部等八部门联合印发的《新时代基础教育强师计划》，明确"各地绩效工资核定要向乡村小规模学校、艰苦边远地区学校等倾斜，要完善中小学教师绩效考核办法，绩效工资分配向班主任、教育教学效果突出的一线教师、从事特殊教育随班就读工作的教师倾斜"。

综上所述，我国于2009年在义务教育阶段学校正式实施绩效工资制度，近年来以绩效工资为核心的教师绩效制度改革的政策陆续出台，为教师绩效制度的改革指明了方向，从中可以看出我国对教师绩效管理的重视以及加强教师队伍建设的决心。在国家政策的引领下，全国各省市迅速推进学校内部管理体制改革，逐步完善教师绩效管理体制，以达到充分调动教师的工作积极性的目的，教师绩效管理的激励作用逐步得到彰显。

（二）教师绩效管理的现状

教师绩效管理是指依据一定的教育方针和政策，确立教师的工作目标和行为指标，对教师所实施的各种教育教学活动的有效性进行价值判断，并根据判断的结果进行指导和改进。尽管目前教师绩效管理引入我国的历史还非常短，我国学校对教师实行绩效管理的实践还不够成熟，但不可否认的是，教师绩效管理已在我国萌芽并起步，且可以预见其在中小学中具有广阔的发展前景。

纵览我国义务教育阶段绩效工资制度的开展情况，自2009年实施开始，绩效工资制度在北京、上海等一线城市率先推行，接着南方各经济发达省市也紧随其后，陆续开始变革。这一举措切实提高了义务教育阶段教师的收入水平，充分调动了广大教师的工作积极性，同时吸引了一大批优秀人才从事中小学教育教学工作，壮大了中小学教师队伍，从整体上提升了教师的综合素质。2020年，党中央、国务院将保证义务教育阶段教师工资收入列入国务院督政目标当中，使这项利国利民、尊师重教的大政方针真正落到了实处，全国绝大多数的省份都实施了绩效工资制度，教师绩效管理逐步进入普及化阶段。

具体来看，教师绩效管理是一个庞大的体系，其基本环节包括绩效计划、绩效实施、绩效评价和绩效反馈四个方面。对每个环节进行深入验视，我们发现，教师绩效管理在取得一定成绩的同时，各个部分均存在不少值得关注的问题，四个环节还未能完全整合为一个闭合、健康的教师绩效管理体系，导致绩效工资制度的激励效果大打折扣，未能达到政策实施的初衷。

（三）教师绩效管理的问题及出路

目前的教师绩效管理还存在一些问题，主要有以下几点。

第一，绩效计划的制定缺乏教师的参与。教师绩效管理始于绩效计划的制订，绩效计划的制订是以教师的参与为前提的。但在实践过程中，只有极少数教师能够真正参与绩效计划的制订，这一工作往往是由学校领导来决定的。这可能会造成教师对考核内容的信任度及考核目标的认同感大幅降低，进而影响到他们在绩效计划实施过程中的动力和决心。

第二，绩效实施过程不够科学合理。教师绩效考核体系应当根据不同学科、教学环境和教师个体差异等要素进行科学化设计，但学校在实际操作中往往采用一套统一的标准，缺乏针对性与个性化，忽视了教育的多样性和复杂性。这种"一刀切"的做法难以准确评估教师的工作表现和专业成长，绩效管理的激励作用大打折扣。

第三，绩效评价方式过于功利化。在整个绩效评价体系中，教学业绩的量化考核占据主要位置，不能完全体现出教师的教学质量。这使得教师片面关注学生的学习成绩，忽视自身的专业发展，导致教师之间"内卷化"严重，易形成恶性竞争。同时功利化的教学也阻碍了学生的全面发展，忽视了教育育人的初衷。

第四，绩效反馈不够及时，考核结果运用程度较低。在绩效管理中，绩效反馈是最容易被忽视的一个环节，很多学校没能及时把考核的结果反馈给教师，而是由学校的管理部门掌握，考核制度达不到预期的目标。另外，已经反馈的信息应用效果也比较差，绩效结果的处理、绩效工资的发放都存在问题。

为了加强教师的绩效管理，激励教师更好地发挥才智，始终保持旺盛的生命力和生机，实现学校的可持续发展，应该从以下几个方面寻求突破。

第一，增加教师的参与机会，提高绩效管理的民主化程度。在绩效计划制订的过程中保持与教师的密切沟通，多听取他们的意见和建议，充分调动教师的主观能动性，保障教师在绩效管理中的主人翁地位。同时要切实考虑到教师对于追求自我实现的特殊需要，使绩效计划真正体现出对教师群体的尊重与关爱。

第二，加强绩效实施过程的监督，发挥绩效管理的激励作用。学校党组织应发挥好领导作用，在绩效实施过程中提供充分的指导，建立独立的监督管理机构，做到及时发现问题并有效解决问题，保障实施过程的公平性，使绩效管理的激励作用得到充分发挥。

第三，完善绩效评价体系，强化教师的专业精神。学习型社会的构建倡导教师要学会终身学习，教学技能要能够与时俱进。因此，应使绩效评价体系与教师专业发展挂钩，弱化教学成绩的比重，以考核促进教师专业精神的强化及教学品质的提升。同时还要充分考虑到教师的个体差异性，根据教师的教龄、教学方式等实行人性化评价。

第四，提高对绩效反馈的重视，加强对反馈结果的应用。绩效反馈信息不仅能使教师及时认识到自身的不足并调整教学方式，还能向教师释放积极信号，提高教师的工作热情。而对于绩效反馈结果，要使其可以促进教师绩效工资特别是奖励性绩效工资的合理发放，要有助于健全绩效管理的激励机制。

学校管理要追求卓越，就必须在实践中不断改革和创新，选择符合自己个性特色的管理方式和道路。为此，教育管理者应在校长负责制、学校发展规划、学校课程领导及教师绩效管理发展中寻求进步。在我国教育改革步入快车道的社会背景下，校长负责制应朝着党组织领导的校长负责制的方向发展；多元主体的参与、学校办学活力的释放、评估机制的完善等将进一步促进学校发展规划的科学、可持续发展；课程领导作为学校领导的重要分支，对其创新方法和融合模式的研究仍十分必要；绩效管理的各个环节逐步统合为一个健康闭合的整体将成为教师绩效管理未来努力的方向。

本章思考题：

1. 你所理解的学校管理学是怎样的？你认为教育管理与教育行政、学校经营与学校行政、学校领导与学校治理有哪些联系？区别又在哪里？

2. 你所在学校的校本管理、学校管理体制以及学校效能研究现状是怎样的？结合现状，你认为学校领导与校本管理、学校管理体制以及学校效能之间有什么关系？

3. 你认为校长负责制对于学校管理有何作用？校长负责制在不同时间阶段以及在不同空间地域的发展有何差异？受到哪些因素影响？

4. 你认为教师绩效管理还存在哪些问题？其对应的出路在哪儿？

推荐阅读：

1. 陈建华. 中小学发展规划[M]. 北京：北京大学出版社，2013.

2. 褚宏启. 教育管理与领导（第 2 卷）[M]. 北京：教育科学出版社，2009.

3. 倪杰. 管理学原理（第 2 版）[M]. 北京：清华大学出版社，2011.

4. 孙绵涛. 教育效能论[M]. 北京：人民教育出版社，2007.

5. 王德清. 学校管理学[M]. 重庆：西南师范大学出版社，2011.

6. 王世忠. 教育管理学[M]. 北京：科学出版社，2011.

7. 吴宏超. 学校管理学[M]. 北京：清华大学出版社，2015.

8. 吴志宏，冯大鸣，周嘉方. 新编教育管理学[M]. 上海：华东师范大学出版社，2000.

9. 萧宗六. 学校管理学（第 4 版）[M]. 北京：人民教育出版社，2008.

10. 张天雪. 校长权力论——政府、公民社会和学校层面的研究[M]. 北京：教育科学出版社，2008.

11. [美]Anita Woolfolk Hoy, Wayne Kolter Hoy. 教学领导——基于研究、通向学习成功的指南（第 2 版）[M]. 徐辉，张玉，主译. 北京：中国轻工业出版社，2006.

12. [美]艾伦·C. 奥恩斯坦，莱文·丹尼尔. 教育基础（第 8 版）[M]. 杨树兵，等译. 南京：江苏教育出版社，2009.

13. [美]约翰·雷，沃尔特·哈克，卡尔·坎道里. 学校经营管理——一种规划的趋向（第 7 版）[M]. 张新平，主译. 重庆：重庆大学出版社，2003.

第二章　学校战略管理

📋 **本章学习目标：**

1. 了解战略管理和学校战略管理的内涵和特征，认识学校战略管理对于学校发展的价值和意义。

2. 在了解经典的企业战略管理模式和公共部门战略管理模式的基础上，认识和把握学校战略管理过程的模式和环节。

3. 掌握学校发展战略制定的过程和要求，熟悉学校发展战略实施的步骤、内容，以及学校发展战略评价的标准和内容。

📝 **开篇案例：**

从卫生工作抓起①

某校新任校长初到学校，看到学校卫生状况非常差。经过一段时间的调查，他还发现有不少学生学习马虎，教师们也拧不成一股绳。怎么办？思考了一段时间，也跟一些教师交换了意见，最后校长决定：从卫生工作抓起。

---

① 程凤春：《学校管理的 50 个典型案例》(第 2 版)，8 页，上海，华东师范大学出版社，2018。

　　于是，在一次行政会议上，校长提出了工作想法，谁知，领导班子中有人说："学校的主要问题是教学上不去，首先应该抓教学，而不是卫生。"虽然有人反对，但校长还是将大扫除的工作布置下去了。不过大扫除过后，校长发现，很多教师、学生只是在例行公事，情况并没有根本改观。怎么办？他分析了一些教师及学生的意见，深感自己把问题简单化了。于是，他拟了一份校园环境整顿计划，并把其中缘由在行政会议及教师大会上加以说明和强调。通过反复讨论，大家的思想逐步统一。最后，校长决定实施清洁卫生周计划。一学期下来，学校的卫生工作得到了极大的改观，教学工作也得到了长足的进步。

　　20世纪80年代以来，伴随着经济体制改革的推行和深化，中国的教育体制管理领域发生了深刻的变革，由此带来的办学形式多样化、学校自主权扩大、校际竞争加剧等情况，加之人民生活水平的日益提升，社会各界对教育的期望不断提高，各级各类学校都面临着新的生存和发展的重要问题。在当前社会环境急剧变化所带来的机遇和挑战面前，学校唯有从根本上转变办学观念、管理思维和发展方式，才能实现内涵发展、优质发展乃至卓越发展。发端于企业组织的战略管理以其独有的魅力，受到了教育管理人员的青睐，日渐成为学校发展与变革的重要管理理念和思想，如今战略管理所包含的战略分析、战略规划、SWOT分析、战略评价等一系列核心理念和方式逐渐融入学校管理的理论与实践中，由于这些管理理念和方式能够为学校赢得竞争优势、实现可持续发展，因而受到教育界的密切关注，并得到广泛应用。比如，当前几乎成为各级各类学校规定动作的学校发展规划的制定便是例证。尽管战略管理对于学校组织的发展变得越来越重要，学校也在一定程度上认识到战略管理对于学校发展的重要意义，但是，学校组织对于战略管理、学校战略管理的内涵、特征，学校战略管理的模式、环节，以及学校发展战略的规划、实施和评价等方面的认知和理解还有待进一步加深。基于此，本章首先对学校战略管理所关涉的概念的内涵、特征做简要介绍；然后在梳理经典的企业战略管理过程模式和公共部门战略管理过程模式的基础上，探讨学校战略管理模式的内容、过程和途径；最后，对学校发展战略的制定、实施和评价三个过程分别进行具体阐释，以便为学校战略管理的实施，尤其是学校发展战略的有效运行，提供必要的理论与实践指导。

第一节　学校战略管理概述

　　由于学校组织有别于企业、公共部门的特殊性质，源于企业管理领域的战略管理进入学校管理领域，必然表现出与企业、公共部门不同的概念、特征和价值。因此，探讨学校战略管理首先要对战略管理的概念，学校战略管理的内涵、特征以及对学校发展的意义进行简要分析。

一、学校战略管理的概念及特征

（一）战略管理的概念及特征

　　探讨战略管理的概念，首先必须对"战略"一词有一个基本的了解。"战略"一词来源于军事著作，主要意思是"在战争中实行的一套克敌制胜的策略"。对"战略"一词进行多维度阐释的是亨利·明茨伯格（Henry Mintzberg）的五种规范说，即计划

(plan)、计策（policy）、模式（pattern）、定位（position）和观念（perspective）构成了所谓战略 5P：战略是一种计划，战略是一种计策，战略是一种模式，战略是一种定位，战略是一种观念。明茨伯格对战略的五种解释，也可以视为战略的五种性质，已经勾勒出"战略"一词所蕴含的多维度、多层次内容与意义的图景。而对于战略管理的概念，国内外不同学者站在各自的角度，对其作出了不同的界定。美国战略管理专家弗雷德·R. 戴维（Fred R. David）将其界定为制定、实施和评价使组织能够达到其目标的、跨功能决策的艺术与科学。其目的在于致力于对市场营销、财务会计、生产作业、研究与开发及计算机信息系统进行综合管理，以实现企业的成功。显然，这一概念是从战略管理的目的角度来界定的，突出强调战略管理的过程性、综合性和科学性。还有学者从过程论的角度去界定战略管理，认为"战略管理系指规划、执行、追踪与控制组织战略的过程"。此外，保罗·C. 纳特（Paul C. Nutt）和罗伯特·W. 巴可夫（Robert W. Backoff）也把战略管理定义为一种计划模式，包括以下六点内容：第一，根据环境发展趋势、总体方向及标准概念表述组织的历史关联因素；第二，根据现在的优势与劣势、未来的机遇与威胁分析判断目前的形势；第三，制订出当前要解决的战略问题议程；第四，设计战略选择方案，以解决需要优先考虑的问题；第五，根据利害关系人和所需要的资源评价战略选择方案；第六，通过资源配置和对人员的管理贯彻需要优先考虑的战略。这种界定从本质上来看也是从过程角度对战略管理的界定。

我国学者张成福则把战略管理界定为："管理者有意识地选择政策、发展能力、解释环境，以集中组织的努力，达成目标的行为。"这种把战略管理界定为战略管理的主体行为，本质上也是从战略管理的目的角度来定义的，即这种行为是为实现组织目标而做出的行为。

综合上述国内外学者对战略管理的各种界定，笔者认为，战略管理是指组织确定其使命和发展方针，根据内外部环境设定组织长远发展目标，决定目标实现的基本途径、资源配置，以及在实施过程中进行控制的一个动态管理过程。参考不同学者的见解，战略管理可以归纳为两种类型，即广义的战略管理和狭义的战略管理。广义的战略管理是指运用战略对整个组织进行管理；狭义的战略管理是指对战略管理的制定、实施、控制和修正进行的管理，是决定组织长期发展问题的一系列重大决策和行动。本书的战略管理采用狭义的理解。

目前，研究者虽然对战略管理的概念有着不同的界定，但是，对于战略管理的基本特征没有太大的分歧。陈振明教授在梳理和分析众多研究者对战略管理的特征描述后，认为战略管理的特征有以下五个方面：第一，战略管理是未来导向的；第二，战略管理着重于长远的、全局的谋略；第三，战略管理是一个组织发现自身优势劣势、寻求发展机会、识别威胁的过程；第四，战略管理是持续性与循环性的过程；第五，战略管理是前瞻性思考和由外而内的管理哲学。[1]

(二)学校战略管理的内涵及特征

战略管理之所以能迅速进入学校管理领域，一方面，是由于战略管理在组织发展中具有方向性、长远性和全局性的意义，能够引导组织取得卓有成效的发展；另一方面，则是因为20世纪80年代以来的校本管理思想的风行所带来的学校自主权的扩大，学校开始反思原有的目标管理、质量管理、制度管理等操作性管理的分散性弊端，逐步根据学校自身实际，思考关涉学校发展的愿景、目标、前进方向等重大可能机遇问题，将战略管理理论逐步应用到学校管理中。

国外有研究者认为，学校战略管理是对学校的教育活动实行的总体性管理，是学校制定和实施战略的一系列管理决策与行动。[2] 显然，这一界定是套用战略管理概念而来的，只是更换了战略管理活动的内容，即对围绕学校的教育活动进行的战略制定、实施和评价等一系列活动。这种界定也是从战略决策的角度作出的，强调对学校管理的总体性、连续性和过程性。就目前已有学校战略管理(包括高等学校管理)研究成果来看，许多研究者无意于对学校战略管理概念进行过多的界定，而是把更多的注意力放在对学校战略管理的特征分析上。造成这种现象的原因或许是许多学校战略管理研究者和管理人员看到学校战略管理概念的多种探讨，没有太多的实质性意义；而对于学校这一特定组织的战略管理来说，特征和价值的分析和阐释，更有助于学校战略管理行动的开展或推进。对于学校战略管理的特征进行分析，具有代表性的观点有以下几种。熊川武在与学校操作管理(如目标管理、质量管理等)的对比中，认为学校战略管理的特点有：第一，战略管理更加注意管理的全局性，而操作管理较多关心管理的各个方面和环节；第二，战略管理比较讲究谋略，而操作管理更加注意规范；第三，战略管理比较重视学校与环境的关系，而操作管理主要着眼于学校本身；第四，战略管理重视用忧患意识激励学校成员，而操作管理更注意常规奖惩。[3] 还有研究者在分析高等学校战略管理的特点时，认为高校战略管理的特征与企业战略管理的不同在于大学组织的特点：第一，大学是二元权力结构的组织；第二，大学是高度异质化的组织；第三，大学是高度趋同化的组织；第四，

[1] 陈振明：《公共部门战略管理》，39页，北京，中国人民大学出版社，2004。
[2] B. Fidler and G. Bowles, *Effective Local Management of Schools：A Strategic Approach*, London, Longman, 1989, pp. 21-30.
[3] 熊川武：《学校"战略管理"论》，载《高等师范教育研究》，1997(2)。

大学组织结构具有"松散关联"的特点。由于上述特点，高校战略管理的特点体现为：取得大学教授对学校战略价值的认同；学校战略管理规划不仅要发挥垂直体系与水平体系的功用，还要发挥上层组织与基层组织的主动性；高校战略管理要把有限资源用于战略性、关键性的发展领域；战略管理要避免集中压力、集中风险。[①] 刘献君也在《高等学校战略管理》一书中指出了高等学校战略管理的三个基本特征，即复杂性、灵活性、差异性。刘献君指出，高等学校战略管理的基本特征是与企业、商业等其他领域战略管理比较而言的，并具体解释了三个基本特征的具体表现。在复杂性特征方面，主要表现为高等学校面临全局性的环境、面对难以实现的利益相关者的利益平衡、要研究"人才"产品的发展和特点。在灵活性特征方面，主要表现为高等学校战略管理要关注不断变化的环境和组织、学校战略规划要尊重学术专家的权力和能力。在差异性特征方面，主要表现为各所高校的巨大差异性和特色性。

二、学校战略管理的作用

（一）推动学校的长期、稳定、持续发展

在社会这个大系统中，任何组织都需要不断地跟外界物质、资源发生交换以获取自身发展的养分、能量，从而保持自身的持续、稳定发展。学校组织也不例外。尤其是在当前转型性社会发展背景下，教育变革不断深化，速度不断加快，对学校自身的发展方式和管理理念提出了更高、更新的要求，以便能够使学校不断适应和应对内外部环境的变化，甚至能够在预见学校内外环境变化趋向的基础上，主动制定学校未来一个时期的发展战略规划，从而使学校的发展能够保持在较高的水平和层次上。能够实现上述目标的一个重要手段就是审时度势，在学校的每一个发展阶段，制定出学校未来的发展战略。由前文所述可知，战略是组织针对环境和自身条件所选择的长远发展对策，通常包括组织的长远目标，为实现这些目标所需要采取的行动方案，以及指导资源获得、分配和使用的政策方案。其突出特点在于全局性、长期性和纲要性。学校只有充分运用战略管理的思想，才能发挥战略在学校发展中的价值，正如高洪源教授指出的，战略管理是对组织未来发展态势的思考、规划和行动，它不仅对组织现状作出判断，还要将组织放在环境发展的框架中进行分析，帮助组织分析新出现的社会要求和竞争对手的发展状况，还要揭示组织过去积累下来的弊病，在此基础上形成组织新的发展战略，使组织在更高的起点上再造辉煌。[②]由于战略管理能够帮助组织全面分析现有优势与不足，精准定位组织未来发展目标，

---

① 刘向兵、李立国：《高等学校实施战略管理的理论探讨》，载《中国人民大学学报》，2004(5)。
② 高洪源：《学校战略管理》，31 页，重庆，重庆大学出版社，2006。

并能够从整体的、系统的角度配置组织内外部资源，为达到目标而进行有序的决策行动，因此其对学校发展的作用变得日益重要，成为当下大多数学校规划学校发展时首选的管理理念和方式。

(二)有利于学校保持和创造竞争优势

随着我国教育市场化程度的进一步加深，教育组织之间的竞争将进一步加剧。在这种情况下，学校采取何种发展战略，运用何种发展方式在现有特色和优势的基础上拓展和强化学校未来发展的核心竞争力，是当前每一所学校都需要思考的重要问题。在当前校长负责制和学校自主权不断扩大的背景下，每所学校都在反思和探寻基于学校客观实际的特色、内涵乃至卓越发展之路，概而言之，在社会发展和教育发展取得巨大成就的今天，人们对享受优质教育的需求日益提升，致使学校为建设优质学校而产生的校际竞争日益加剧，学校如何保持和提升自身核心竞争力及学校特色与优势显得异常重要。

学校核心竞争力的增强是学校实现优质发展、内涵式发展和卓越发展的重要目标，也是学校战略管理的核心思想。战略管理的目的就在于通过战略规划的制定、实施和评价来促进组织目标的实现。在战略规划的制定过程中，首先就是要分析学校组织内部的优势与劣势，竞争对手的优势与劣势，学校外部对于学校发展的期望与需求，从而确立学校发展的远景目标、使命任务、近期目标，并据此制定为实现这些目标所需要采取的一系列具体措施和行动策略。在战略规划的评价过程中，学校可以敏锐地识别和察觉外部环境的各种变化，并预见变化趋势，对于不利于学校发展的变化，及时调整学校发展战略，做到趋利避害。而在预见社会发展需求对学校发展的新机遇时，也能够不失时机地把握外部环境变化对于学校发展的需求，从而创造适应社会需求的、新的学校发展优势。这不仅能够使学校的发展始终与社会发展同步，也能够为学校下一阶段的发展战略的制定，打下坚实的基础。这也是学校组织探寻新的发展方向的重要切入点。

发展战略早期主要用于军事领域，即根据敌我双方的力量对比，所选定的适当的战争方案，具有抗争和竞争的含义。制定战略思想和方法的目的是保证组织在变动的环境下，选择适合自身特点的发展战略，使组织获得较大利益，并立于不败之地。通过制定和实施发展战略，学校可以充分发挥自身优势，更好地利用外部机会，进而创造和保持竞争优势。

(三)能够使学校领导者转变管理思维、增强责任意识

张成福对战略管理进行的界定，着重强调了战略管理者的管理思想、意识、观念、能力的作用与价值。一方面，这既可以看作战略管理对执行主体的职责、任务

和能力的要求；另一方面，也可以看作战略管理思想的运用，对管理者各方面的能力发展的刺激或推动。战略管理要求管理者必须有战略性的思维方式，这种战略性思维方式是一种全局性的、系统性的、动态性的思维方式，能够使管理者改变局部看问题的固有思维范式，在对学校发展战略的分析和选择上进行多维度的、系统的考量，从而作出最优的决策选择。

此外，从战略管理所要求的思维观念和方式上，也可以看出，在战略管理的整个过程中管理者所起到的运筹帷幄的作用，无疑可以增强组织管理者在战略管理过程中的责任和使命。这种责任和使命主要表现在以下三个方面。一是在战略规划的制定过程中，需要管理者具有全局意识，作出与目的性和规律性相统一的决策行动。具体来说，就是要求管理者能够从全局的角度思考学校发展战略的使命和目标，系统分析学校组织发展所面临的机遇与挑战，也要发动组织全体成员参与到学校发展战略的制定过程中来，力求做到发挥组织成员的集体智慧，开启学校组织发展的成功之路。二是在战略规划的实施过程中，管理者要成为学校发展规划实施的先行者，在完成自己工作任务的同时，也要了解学校发展规划的整体进展，并给予指导和支持，争取及时地排除实施中的困难与问题，提高学校组织成员的整体执行力。三是在学校发展战略的制定、实施过程中，管理者要发挥全程评价作用。总之，战略管理思想在学校管理中的运用，能够使学校管理者站在更高的位置上，审视学校发展的路径和方法，从守业型领导向开拓型领导转换，在注意把已经开发的领域做好的同时，勇于放弃旧的项目和领域，主动开拓新的项目和领域，努力做到"人无我有，人有我优，人优我新"，从而使学校组织的发展始终保持和创造新的核心竞争力与优势。

第二节　学校战略管理过程的模式和环节

战略管理过程是关于决定一个组织未来的发展方向及执行达成该组织既定目标的有关决策的过程。这一理性的决策过程包含了组织战略的制定和实施两个不可分割的组成部分。尽管这一过程对于任何组织都具有普遍性的意义，但是由于战略管理思想源于企业组织，所以更多的还是指企业组织的战略管理过程。由于学校组织的组织性质与企业组织、公共部门的组织性质存在着多方面的差异，学校战略管理过程也必然会呈现出自己独有的特征。因此，本节在探讨学校战略管理过程的模式之前，首先简要介绍和分析经典的企业组织和公共部门战略管理过程的模式，以便大家更深入地理解学校战略管理过程模式的内涵和特点，以及与前两种模式之异同；

其次，对学校战略管理过程的基本环节进行简要的阐释，为学校战略管理的运用提供必要的理论基础。

一、学校战略管理的模式选择

(一)企业组织战略管理过程模式

战略管理来源于哈佛商学院一些教师进行的案例研究，并被迅速应用到工商企业界，使众多处于困境之中或濒临破产的企业走出困境，并逐渐走向强盛。在多年的理论研究与实践探索的过程中，企业战略管理模式也从最初的哈佛模式演变为更加成熟的格莱斯特模式。其模型如图所示(见图2-1)。

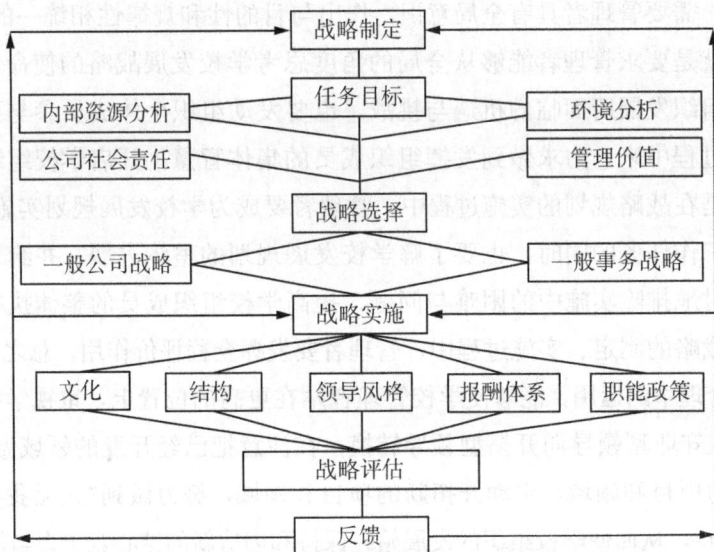

图 2-1　格莱斯特模式

从图2-1可以看出，格莱斯特(Keith Glaister)的战略管理过程主要包括三个基本环节，即战略制定、战略实施和战略评估。就第一阶段来说，制定组织的任务和目标是战略制定的起点，这两个方面也关涉到组织的使命、组织长期所要实现的远景目标和短期所要实现的执行性目标等内容。SWOT分析是第一阶段的核心部分，主要包括内部资源分析和环境分析两个内容，前者主要涉及组织资源、组织结构和组织文化等资源，后者则不仅包括对组织内部环境和外部环境的分析，也包括对组织当前环境和未来环境的分析。在综合考虑公司社会责任和管理价值之后，就开始进行战略选择，其中包括备选战略的识别、评估和选择三个小的阶段。当然，在备选方案的评估与选择上，也必须再次经过战略制定的各个步骤的综合考量，即对该战略的任务、目标、内部环境分析和外部环境分析的综合考量，并最终选择适切的组织战略规划。

第二阶段是战略实施，在这一阶段中，主要考虑组织要素和职能政策两个方面。在组织要素方面，主要涉及组织文化、结构、领导风格与报酬体系等几个方面。具体来说，就是在战略实施过程中，要注意对公司文化的调整，保证公司文化与公司战略之间的相互适应和协调；要注意对公司结构的调整，以更好地实现战略目标；要注意艺术性地运用领导技巧，使领导风格与战略相适应；要注意对报酬体系的调整，谋求职工的积极合作，以促进组织目标的实现。同时，职能政策也是战略实施过程中所要考虑的另一个重要方面。因为职能政策能够把战略制定与战略实施连接起来，往往规定每个职能领域所要达到的目标和实施步骤。

第三阶段是战略评估。这是当前战略管理过程的一个重要阶段，因为战略实施绩效评估的结果决定了组织战略预期目标的制定。事实上，战略评估阶段不仅包含对战略实施结果的评估，也包含对战略基础的内外部环境因素的评估，而这两种评估的最终目的在于对评估出来的绩效偏差进行控制，把战略基础的内外部环境变化现状反馈到下一轮的战略管理过程中。

总之，格莱斯特战略管理过程是一个系统化的过程，力求做到战略制定、实施的无缝衔接，体现出战略管理中思考与行动的整合。此外，还突出强调了评估与控制一环，加之对评估与控制信息的反馈，从而形成战略制定、战略实施和战略评估与控制的循环，即形成对整个战略管理过程的循环，从而使组织活力无限，持续发展。格莱斯特战略过程的完整性、系统性和合理性，使其得到众多学者的认同。比如，迈克尔·A. 希特等人将战略管理过程分为战略管理的投入、战略行动—战略形成、战略行为—战略实施三个部分。弗雷德·R. 戴维将战略管理过程分为战略制定、战略实施、战略评价三个阶段。

(二)公共部门战略管理过程模式

尽管企业战略管理过程模式已经成为一种兼具系统性和合理性的战略管理模式，但是它并不适用于所有领域。毕竟不同性质的组织存在根本的差异。美国学者保罗·C. 纳特和罗伯特·W. 巴可夫在对比公共部门和企业组织在实施战略管理时的不同特点基础上，探寻出公共部门独特的战略管理过程模式，即纳特—巴可夫模式(见图 2-2)。

从图 2-2 可以看出，公共部门战略管理过程包含六个阶段：历史背景、形势评估、问题议程、备选战略、可行性评估和战略实施。完成这六个阶段中的每一个阶段，都需要重复进行探究、综合和选择三个步骤。此外，纳特和巴可夫还把战略管理小组(SMG)作为另一类战略管理过程。该模式进行战略管理过程不是从明确的目

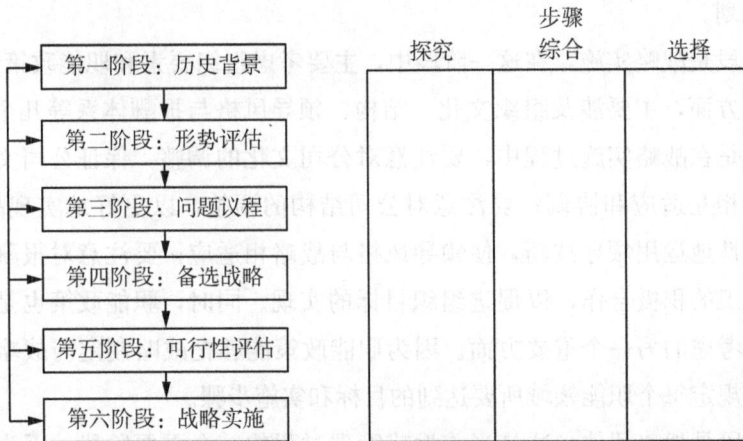

图 2-2　纳特—巴可夫模式图

标、任务开始，而是从形成 SMG 开始。由于各个部门存在着众多的利益相关者，SMG 的重要人员主要是代表组织内、外部利益和权力中心的人，他们不仅是组织进行战略管理的主体，还是组织创造关于如何进行变革的理念的源泉。战略管理者的多元化是纳特—巴可夫模式的特征之一。

第一阶段是历史背景。SMG 要识别出那些反映了组织承受的压力的趋势、重大事件，并在此基础上确定组织的理想和方向。这主要是因为公共组织的目标非常模糊，难以清楚地表明。而用理想和方向可以为组织发展提供一个关于未来的理想图景，组织管理者可以运用自己偏好的语言表达出来。

第二阶段是形势评估，即 SWOT 分析，这要求 SMG 要对组织内外部的 S、W、O、T 进行系统分析，以明确组织当前的优势、劣势和未来的机遇、威胁，并将它们分成不同的等级。与此同时，该模式还将人们的注意力直接引向主要利益相关者的价值观，而不局限于高级管理者的价值观。

第三阶段是问题议程。组织的动态性以及它所处环境间的动态关系，使得战略问题议程会在一两年内发生变化，即新的议题进入议程，不合时宜的议题将退出议程。在战略问题议程分析阶段，不仅需要运用议题张力的方法，还要发现议题的争论点在何处。这样，考虑分析议题的各种张力，将组织拉向或推离理想的对立力量，不仅可以选出在战略管理中最关键的那种议题张力，还可实现对问题的全面、多视角分析，在解决问题的过程中更有可能实现双赢，即使没有取得突破性进展，张力以及它所包含的矛盾因素也能引起组织的全面注意，并激发其创造力。

第四阶段是备选战略。纳特、巴可夫也对组织内外部环境进行 SWOT 分析来进行方案设计。当然，他们在设计备选方案时，更加强调战略方案和环境类型与组织类型的搭配调和，将"依托优势，克服劣势，利用机会，遏制威胁"这一原则发挥得淋漓尽致。

第五阶段是可行性评估。这一阶段的重要任务是对组织内外部的利益相关者和组织资源进行分析，目的在于确定组织必须加以管理的关键人物和权力中心，并明确执行过程中必不可少的资源。在这一阶段，纳特和巴可夫提出，公共部门战略管理所面对的广泛利益相关者既是战略管理过程的障碍因素，也是组织发展的有利资源。这主要在于战略管理者在面对利益相关者的时候，采取何种思路和方式。

第六阶段是战略实施。这一阶段主要涉及的管理问题是利益相关者和资源管理。在利益相关者方面，纳特和巴可夫认为，必须使用指针手段不断加强拥护的利益相关者对议题的支持，说服未决的利益相关者，孤立敌对的利益相关者。总之，采取各种手段，争取多数的利益相关者对战略管理过程的支持是战略管理成功的关键。在资源管理方面，纳特和巴可夫则主张运用改变目标用户、内部资源再分配和募集资金三种方法，使组织资源的价值得到充分利用，使战略管理过程顺利进行。

(三)学校战略管理过程模式

由于学校战略管理的思想和实践借鉴了企业战略管理，因此，学校战略管理过程也基本上沿用企业组织战略管理过程模式的逻辑结构和过程思维，也就是说，学校战略管理过程基本上也包括战略制定、战略实施和战略评价这三个阶段。但由于学校组织的特殊性，学校战略管理过程具体包括七个步骤：明确学校宗旨、目标，提出战略构想；分析外部环境，发现机会和威胁；分析学校内部资源，识别优势和劣势；重新评价学校宗旨和目标；制定学校战略；实施学校战略；评价结果。见图2-3。

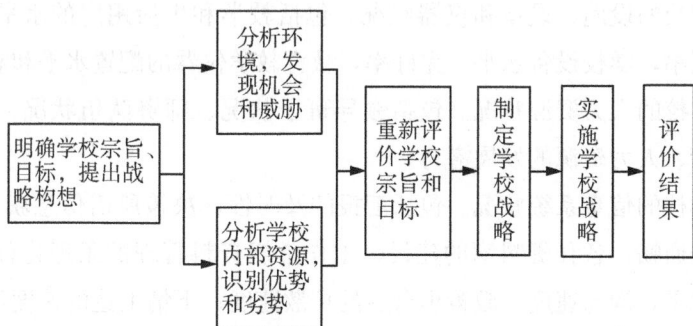

图2-3 学校战略管理过程

1. 明确学校发展愿景，初步确定学校的使命、目标和战略构想

学校愿景是指学校未来发展所要实现的目标，需具备两个条件：一是必须是清

晰的、可信的、富有挑战性的想象；二是必须由学校领导者提出并得到全校成员的理解和认同。所以，学校战略管理的首要工作就是确定学校愿景，并思考朝向愿景努力的学校使命和目标，在这个过程中也需要分析学校外部需求和自身发展需要，为学校各项工作的开展和实施，提出学校发展的总体战略构想。

2. 分析外部环境，发现机会和威胁

学校组织与其他社会组织一样，不是独立存在的，而是作为社会大系统中的子系统，与社会大系统中的其他子系统不断发生和保持各种物质、能量的交换和互动。也就是说，学校组织的持续发展要跟学校外部环境的各种因素保持协调、统一，以获取其发展所需的各种能量。这些外部环境主要包括经济、政治、社会、文化、科学技术等诸多方面。正是由于学校组织受到上述诸多环境的影响，学校在制定发展战略时，首先要分析学校外部环境，以发现和评估外部环境对学校发展的机会和威胁，从而做到趋利避害。

当然，机会和威胁并不是绝对的，即使处于同样的环境中，由于学校控制的资源不同，也可能对某个学校来说是机会，而对另一些学校来说却是威胁。这就要求学校领导者动态分析学校外部环境变化，依据学校组织所控制的资源，对学校外部环境变化因素作出机会与威胁的判断。

3. 分析学校内部资源，识别优势和劣势

学校内部资源是学校发展的基础，对学校自身的优势与不足有清晰的了解，对于学校战略的制定大有裨益。学校内部资源主要包括以下五个方面。

第一，学校的财务状况。包括经费水平、资金结构的合理性、办学经费的潜力、财务管理制度的健全程度、主管财务的校长和财务人员的专业水平。

第二，学校的设施、设备和仪器状况。包括教学和生活用房的水平及管理分配合理性、利用率，学校设备水平、完好率，教育教学仪器的配置水平和利用率。

第三，学校的人力资源状况。包括领导班子状况、师资队伍状况、职工的积极性和工作热情、人力资源的发展潜力。

第四，学校的信息系统状况。包括汇报的及时性，决策所需信息获得的可能性，信息渠道是否通畅，各种资料库的建设，工作常规资料管理的条理化程度；信息系统的技术化水平，沟通速度；政策出台后的扩散速度；下情上达的速度等。

第五，学校的规范化程度。包括人事制度、财务制度、分配制度的全面性和合理性，各种职责、办事程序的明确性和合理性，重大问题的决策制度等。

进行学校内部资源分析的目的不只是了解学校资源的一般状况，更重要的是要使学校领导者知道学校的优势和劣势所在，在制定学校战略时，把学校的战略重点放在学校现有的优势上，集聚和拓展学校的办学优势，增强学校的核心竞争力。而对于学校劣势的认识，有助于学校战略作出有针对性的部署。当然，在战略实施阶段，配置学校资源时也可以进行有倾向性的调整。

4. 重新评估学校的使命和目标

战略过程的第一步所确定的学校使命和目标只是初步的，在对学校的优势、劣势与环境的机会、威胁进行全面、系统分析后，还需要对使命和目标进行评估。如果需要修改组织使命和目标，战略管理过程则可能要从头开始。如果不需要改变组织的大方向，学校领导者就可以进一步制定比较具体的战略了。

5. 选择战略

在对环境和学校资源分析的基础上，学校领导者可根据学校的优势、劣势和环境的机会、威胁，对现有的各种战略方案进行分析和比较，进而选择适切的发展战略。

6. 战略的实施

在学校战略的实施阶段，学校的具体工作内容主要有以下几个方面。

第一，目标分解。

学校发展战略中的目标往往是组织的长远目标和总目标。长远目标和总目标往往是笼统而抽象的，不便于测量与操作，这就需要把长远目标逐年加以落实，把总目标分解为具体的小目标，并逐层落实下去，力求做到把目标和任务落实到每一个人。

第二，行动计划。

目标是战略工作所要实现的结果，其特点是方向性和概括性。只有将目标转化为具体的行动，才能够实现预期的结果。因此，学校组织各部门及其成员还要根据各自的目标制订出行动计划，根据各项具体计划开展各项工作。当然，还要尽量保证行动计划的具体性和明确性，因为行动计划通常是按照时间顺序给出具体的工作和活动安排，以便指导人们的日常工作。

第三，评估和控制。

学校战略的评估环节包括对战略实施的活动进行评估和控制，这一环节有两方面的作用：一是了解战略实施的效果，明确需要做哪些调整；二是控制好战略的执行过程，确保执行过程不走样。虽然这是战略管理的最后环节，但仍然能够向战略管理的初始部分输送信息，以便及时调整。

二、学校战略管理过程的基本环节

纵观上述三种不同性质组织的战略管理过程模式，尽管在阶段划分、具体步骤、思考内容等多个方面各不相同，但是从这些阶段所关注和考量的问题来看，似乎都可以归结为战略规划、战略实施和战略评价三个基本环节，只不过每一个环节所要解决的问题和采用的方法有所差别而已。单就学校战略管理过程来说，由于学校独特的组织性质，其战略管理过程的三个环节所要分析和解决的问题，又表现出自己独有的内容和亮点。

(一)战略规划

何谓战略规划？战略管理早期研究对这一问题进行了较多的探讨，最有代表性的当属亨利·明茨伯格的"程序说"，即战略规划是一个以一体化决策系统的形成、产生，并发出连贯协调的结果的正规化程序。从决策过程的角度来定义战略规划，在一定程度上反映了战略规划的过程性本质，对战略规划和战略管理的研究产生了深远的影响。我国学者陈振明在对西方企业管理学家和公共管理学家对战略规划具有代表性的定义的分析和梳理的基础上，认为战略规划的概念可以从以下三个方面去把握：一是战略规划是对当前决策的预测；二是战略规划是一个发展的过程；三是战略规划是"决策—执行—衡量"的循环。[①] 根据以上对战略规划内涵的阐释，我们认为学校组织领域的战略规划，是通过对学校内外部环境、资源和自身能力的分析，确立学校愿景、使命与发展目标，并为实现这些目标而进行的战略方案的选择、发展规划的制定等一系列工作的过程。这一过程主要包括战略思想与战略愿景的树立、战略目标与战略重点的确定、战略环境与战略资源的分析，以及战略方案与具体措施的设计等多方面多维度的内容。具体来说，首先，是运用SWOT分析技术对学校内外部环境和资源进行分析，主要包括对学校现有的发展水平、特色、能力等方面有一个清晰的把握，对学校组织机构、成员的问题或不足有清醒的认识，对学校外部环境变化的特点(如教育变革的方向、课程改革的趋向)及其对学校教育的需求等方面有一个全面、深度的分析，还要对学校发展中的主要竞争对手有深入的了解。其次，在SWOT分析的基础上，确定适切的学校战略定位和目标。最后，选择学校战略实施的方案，并进行相关措施的设计。

战略规划是确定战略目标、选择战略方案、制定发展规划的过程。就产生和发展脉络来看，战略规划是从最初的战略管理的雏形，逐渐演变为当下兼具系统性和合理性的战略管理过程的首要环节。在这里我们探讨战略规划，也主要是放在学校战略管理过程这个系统中来审视的，换言之，是把战略规划作为战略管理过程的一个环节来看待。其主要任务是对组织的内外部环境进行分析，寻找出发展的趋势，发现对组织发展构成的威胁和新的发展机会，以使潜在的利益最大化，而其目的主要是通过制定组织的战略或规划组织的行动方案，实现外部环境和组织自身的最佳组合。

---

① 陈振明：《公共部门战略管理》，132页，北京，中国人民大学出版社，2004。

（二）战略实施

战略实施是战略管理过程的一个重要阶段。因为战略规划所选择的战略行动方案只有落实在管理实践中，才能发挥作用。没有战略实施，战略规划再完美，也是一纸空谈，不起任何作用。只有战略实施能使战略目标转化为战略现实。换言之，战略实施是战略目标转化为战略现实的唯一途径。正如张成福所指出的，战略实施是建立和发展行动的能力和机制，将战略构想转换为现实绩效的过程。[①] 战略实施是组织为实现战略目标，根据内外部环境变化调整组织行为模式的动态过程。这就要求战略管理者不断地、适时地识别组织内外部环境和自身能力的变化，及时调整、修正和完善战略实施内容和环节。对于学校组织来说，就要求学校战略管理者依据总体战略配置资源，同时把总体战略目标分解到各个职能部门和各项活动当中，然后用常规管理的方式推动学校步入良性运行轨道，从而实现学校的整体目标。把战略目标拓展为战略规划并付诸实施是这一环节的主要任务。确定战略规划是一个精细的过程，需要权衡各方面的力量、条件和矛盾，需要管理者具有战略性思维，也需要管理者具有一定的战略实施艺术，即以战略目标为指南，灵活处理各种矛盾的能力。它是管理者把战略目标和自身发展实际紧密结合的过程，不考虑或没有充分考虑自身发展状况都会使发展规划出现某种偏差甚至严重偏差。认真全面分析实施过程及其反馈，可得以纠正这些偏差。

总之，战略实施过程是实践的过程。只有对这一过程进行认真研究和总结，才能获得战略性思维的转换和发展，对战略管理的全局才会有更为准确的认识。较之战略规划环节，战略实施不仅对管理者提出理论要求，更要求管理者具有丰富的实践经验。

（三）战略评价

战略评价是依据一定的标准和程序，对战略实施的效益、效率、效果及价值进行判断的行为，目的在于取得有关这些方面的信息，作为决定战略变革、战略改进和制定新战略的依据。[②]

战略评价是对组织战略和战略实施绩效进行系统性评估的过程。这一环节主要对战略的价值、战略执行的效果进行衡量与判断，以便为战略的调整、修正提供合理的依据。在当前组织内外部环境因素瞬息万变的背景下，战略评价在整个战略管理过程中的价值凸显，成为战略管理过程中的重要一环。对于学校组织来说，进行学校战略评价，首先要认识和理解学校战略评价是一个动态的过程，这一动态的过程不仅要求对学校战略选择进行评价，也要求对学校战略实施过程与结果的绩效作

---

① 张成福、党秀云：《公共管理学》，79 页，北京，中国人民大学出版社，2001。
② 陈振明：《公共部门战略管理》，201 页，北京，中国人民大学出版社，2004。

出评价，还需要有计划、按步骤地进行活动，需要学校战略管理者事先思考影响战略评价的影响因素，制定战略评价的基本标准，以及选择学校战略评价的方法。在具体实践中，就是要求学校管理者对学校既定的战略和战略实施状况作出评估。当发现既定战略的局部或整体已不符合学校当时的内外条件时，要立即找出差距，分析原因，采取纠正措施。这实际上是反馈、控制和修正的过程。这一环节的运行效率在一定程度上决定了整个战略管理过程的价值的体现程度。因此，要保证这一环节的科学、准确、高效，就必须在评价之前确立合理的评价标准和与之相匹配的评价方法。评价标准不仅要有一定的稳定性，还要有一定的灵活性，要站在战略高度以全局意识去评判和修正。

第三节　学校发展战略的制定、实施与评价

学校发展战略是学校战略管理的一个极其重要的内容。当前各级各类学校都着力运用战略管理的思想去思考和制定学校发展战略，以期打造和保持学校发展的特色和优势，并在日益激烈的竞争中拥有持久的核心竞争力。因此，本节根据学校战略管理过程的理论知识，对学校发展战略的制定、实施与评价三个环节进行较为详尽的阐释，以期为当前学校发展战略的制定和实施提供一些具体的参照。

一、学校发展战略的制定

(一)学校发展战略的内容

学校发展战略通常由三个要素构成，即学校使命、发展方针(指导思想)、发展目标。学校使命和发展方针为学校管理者提供了广阔的发展视野；发展目标是学校发展的现实基础，为学校管理者提供了具体标准和方法。对于一个完整的学校发展战略来说，这三个要素缺一不可。

1. 学校使命

使命规定了组织的目的并回答这样的问题：我们到底从事的是什么事业？在学校管理中，学校管理者常常会提出这样的问题：我们的学校为什么而建立？我们的核心功能是什么？我们是训练学生，升入高一级学校，还是通过周密的计划培养学生的综合素质？这些问题涉及的就是使命问题。通常使命用一句话的形式呈现，它就像一只罗盘，为船只航行指明方向。

使命有广义和狭义之分。狭义的使命被限制在组织已经进行的工作的微观范畴，它的优点是比较具体、明确；缺点是容易造成创新和发展动力不足，进而丧失发展

机会。广义的使命被限制在组织已经进行的工作的宏观范畴，优点是给出了广泛的发展空间，缺点是比较模糊、不能很好地明确组织的重点。表2-1是一些狭义使命和广义使命的比较。

表 2-1 狭义使命和广义使命比较

组织类型	狭义使命	广义使命
中小学校	培养中小学生	提供基础教育服务
高等学校	培养大学生	提供高等专业教育服务

学校使命是学校发展战略的出发点和归宿，是制定学校发展方针、发展目标和战略对策的依据。

2. 发展方针

学校的发展方针主要包括三个方面的内容：一是办学宗旨，包括对学校教育和学校管理的态度，对学生、家长、国家和社会的承诺以及实现承诺的措施和方法必须遵循的原则；二是发展方向，包括发展目标和实现发展目标应遵循的原则和途径；三是发展方针同学校总方针的关系。由于发展方针是学校总方针的重要组成部分，所以发展方针必须与学校总方针协调一致，有时可以把学校总方针和发展方针结合起来，制定一个统一的学校教育方针。

学校发展方针规定了学校发展的方向和学校工作的原则，是学校发展目标的总体轮廓和战略对策选择的准则。

3. 发展目标

学校的发展目标就是学校在一定时间内想要达到的办学水平，或取得的预期办学成果。比较而言，发展方针是总的宗旨和指导思想，而发展目标是比较具体的规定，是对发展方针的具体落实。

学校的发展目标可从以下几个方面界定：第一，质量特性，包括教育教学输入、教育教学过程和教育教学结果的质量特性；第二，比较特性，如达到同类学校的中上水平，达到本地区前三名等；第三，改进特性，反映学校教育教学进步的指标；第四，时间特性，目标总是一定时期内的目标。

(二)制定学校发展战略的要求

1. 超前性

制定学校发展战略的超前性要求基于两点考虑：第一，发展战略本身的特点；第二，教育的滞后性特点。所谓十年树木，百年树人，所以在拟订学校发展战略时，还要考虑未来执行的结果。过去我们对教育超前发展战略的理解主要集中在对教育的重视和投入上，事实上，它还应包括另一层意思，就是教育内容、形式的安排要具有超前意识。因为教育具有滞后性，今天的教育并不是立刻为今日之社会服务的，而是为明天的社会服务的。

2. 明确性

从计划的角度来讲，一套完整的计划大致要明确六个方面的问题，简称"5W1H"。这六个方面的具体含义，第一为"做什么"（What）：明确每一个时期的中心任务、工作重点和要实现的目标。第二为"为什么做"（Why）：说明执行特定任务和实现特定目标的原因，这样组织成员对待计划的态度，就可能是"我要做"，而不是"要我做"。第三为"何时做"（When）：规定计划中各项工作的起止时间及进度。第四为"何地做"（Where）：规定计划的实施地点和场所，明确计划实施的环境条件和限制，合理安排计划实施的空间组织和布局。第五为"谁去做"（Who）：规定计划的负责人、执行者和参与者。第六为"怎么做"（How）：明确实现目标和完成任务的措施、相应的政策和规则，以及控制的标准和考核的指标。

3. 客观性

客观性有两方面的要求：一是要做到主观设想与客观条件的一致；二是要做到遵循客观规律，包括教育规律、管理规律和社会发展规律等。

从实际出发，就要针对实际情况，特别是存在的问题，做到有的放矢，体现特色。不同的地区、不同的学校、不同的部门有不同的特点。存在的问题不同，所选的突破口不同，具体的战略定位也不同。

4. 灵活性

为了适应变化和没有预计的情况出现，战略要灵活。制定战略时要做到两点：第一，在安排资源、决定任务时不要安排得过满、定得太高，要留有余地；第二，要充分考虑出现多种情况的可能，并分别设计出对策。国外一些组织常在一套战略中设计出多种方案。

5. 连续性和协调性

连续性和协调性指的是发展战略在时间上要前后衔接，在层次、门类上要成龙配套。做到这一要求，第一，中期计划的制订要以长期计划为指导，与长期计划紧密结合，短期计划的制订要与中、长期计划相衔接，本期战略的制定要以前期战略的执行及执行后的结果为出发点。第二，局部战略要以整体战略为指导和依据，与整体战略相配合。具体的方法是采用滚动式计划法制定战略（见图2-4）。

（三）学校发展战略制定的过程

正如前文所述，学校战略管理过程是一个包含战略制定、战略实施和战略评价的完整过程。学校发展战略的制定通常包括五个步骤，即明确学校宗旨、目标，提出战略构想；分析外部环境，发现机会和威胁；分析学校内部资源，识别优势和劣势；重新评价学校宗旨和目标；制定学校发展战略。

1. 确定当前学校的愿景、使命和目标

在制定学校发展战略的初始阶段，学校领导团队需要凝练和概括一个能够得到全体师生认同的清晰、共享、富有挑战性的学校发展前景；同时，还要根据外部需求以及学校自身发展的需要，初步确定学校的使命，即学校的办学目的。在愿景和使命确定之后，学校领导团队就要确立能够使使命成为现实的发展目标，以求通过目标使使命具体化。可以说，学校的愿景、使命和发展目标的确立是学校发展战略制定的起点或前提。

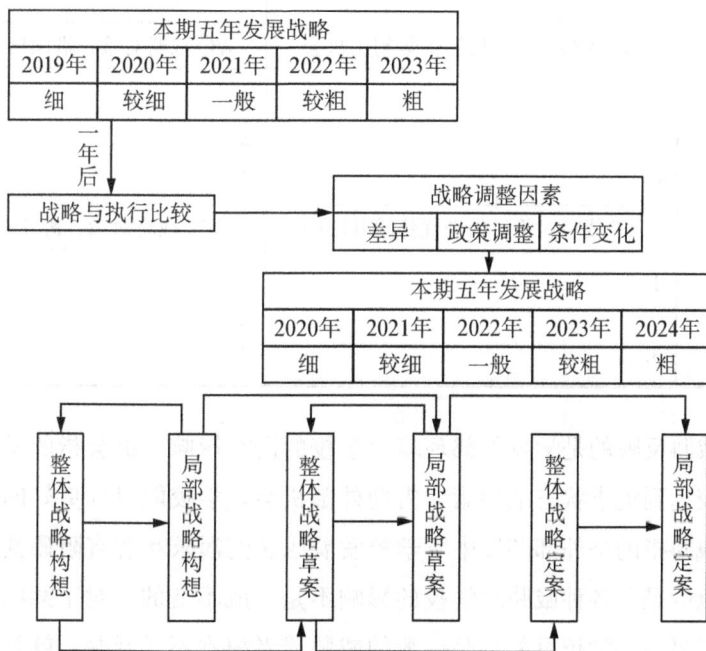

图 2-4　滚动式计划法

2. 进行 SWOT 分析，识别优势与劣势，发现机会与威胁

SWOT 分析是目前战略管理与规划领域广泛使用的分析工具，是一种综合考虑组织内部条件和外部环境的各种因素，进行系统分析评价，进而选择最优战略的常用方法。

我们一般把对组织的优势、劣势分析叫作内部环境分析，内部环境主要包括：第一，学校的财务状况；第二，学校的设施、设备和仪器状况；第三，人力资源状况；第四，学校的信息系统状况；第五，学校的规范化程度，比如人事制度、财务制度、分配制度的全面性和合理性，重大问题的决策制度等。我们一般把对组织的机会和威胁分析称为外部环境分析。外部环境是指组织外部的一切环境因素，比如经济环境、政治环境、文化环境、教育环境和科学技术环境等。

SWOT 分析的关键就是对组织内外部环境进行分析，并在此基础上形成行动战略。SWOT 分析可以直观地用一个表格来表示(见表 2-2)。

表 2-2 SWOT 分析表

学校资源 战略对策 外部环境	S：学校优势	W：学校劣势
	1. 2. 3.	1. 2. 3.
O：机会	SO 战略对策：借助优势利用机会	WO 战略对策：借助机会克服劣势
1. 2. 3.	1. 2. 3.	1. 2. 3.
T：威胁	ST 战略对策：借助优势战胜威胁	WT 战略对策：避开劣势和威胁
1. 2. 3.	1. 2. 3.	1. 2. 3.

机会和威胁反映的是学校外部环境对学校的潜在影响。机会指的是外部环境中可以帮助学校达到渴求状态的因素。借助外部机会，学校能得到更好的发展或突破性的成长。威胁指的是外部环境中对学校发展或达到渴求状态有阻碍甚至危害的因素。应该注意的是，各种威胁对学校的影响不是一成不变的。对于某些学校是重大威胁，而对于另一些学校可能只是一般的威胁或者根本不是威胁。就是对于同一所学校，在不同时期，同一种威胁对学校工作威胁的程度也可能是不同的。

优势和劣势是指学校自身资源方面的状况。优势是指相对于竞争对手或同类学校，本校与众不同的资源方面。劣势是指相对于竞争对手或同类学校，本校存在明显弱点的资源方面。优势和劣势是相对的，通常与学校选择的对比范围有关。当然，不能随便选择对比范围，要与本校业务和工作的范围一致，选择的对比范围过大或过小都会导致对学校优势和劣势的错误估计。

在 SWOT 分析表上有四种战略对策可供选择，如表 2-5 所示。第一，WT 战略对策：避开劣势和威胁，即通过克服劣势的办法来应对外部威胁，或不与威胁正面交锋。第二，WO 战略对策：借助机会克服劣势，即利用外部大好时机弥补自身不足。第三，ST 战略对策：借助优势战胜威胁。第四，SO 战略对策：借助优势利用机会，即把自身的优势和外部条件都发挥到最大限度。

上述每种战略对策都不是简单的单一战略对策，而是组合战略对策。学校实际的战略对策覆盖 SWOT 表的所有范围，即同时包括 WT、WO、ST、SO 四种战略对策。运用 SWOT 分析方法的主旨在于给出一个有关组织内外环境、问题集中的图画，并激励组织发挥优势，以便最大限度地利用机会，规避风险。

3. 重新评估学校的使命和目标

第一步确定的使命和目标只是初步的，需要进一步评估，就是把学校的优势、劣势与环境的机会、威胁结合在一起，对使命和目标进行评估。如果需要修改组织使命和目标，战略管理过程就可能要从头开始。如果不需要修改组织使命和目标，学校管理者就可以制定具体战略了。

4. 选择战略

学校管理者可以根据学校的优势、劣势和环境的机会、威胁，制定适合学校发展的使命和战略，并据此选择兼具可行性和合理性的发展战略。

二、学校发展战略的实施

(一)学校发展战略实施的过程

学校发展战略的实施是一个包含诸多环节或功能活动的过程。从目前学校发展战略实践来看，主要包括以下环节：分解目标；优化资源配置；调整组织结构；建立和完善相应的制度和机制。

1. 分解目标

学校发展战略中的目标往往是组织的长远目标和总目标。国外许多管理学者在强调目标分解重要性的同时，还强调"纵向到底、横向到边"的目标分解原则。所谓"纵向到底"就是从总目标开始，一级一级从上向下，从学校整体目标到部门目标再到个人目标层层展开。"横向到边"是指在目标的横向分解中每一个相关的职能部门都要相应地设立自己的目标，而不能出现盲区，也不能出现重叠点。

有了分解的目标，也要注意防止出现目标置换现象。所谓"目标置换"是指分目标的执行者把分目标看作最终目的，而不是把它看作实现总目标的手段，因而僵化地遵守分目标所规定的规章和制度，即使这些规章制度有悖于总目标的要求。

2. 优化资源配置

战略的实施,必须有一定的优质资源作保证。而对于任何一所学校来说,人力资源、物力资源、财力资源总是有限的,不能满足学校所有工作的需求。这时就需要学校管理者对战略规划的各项工作进行审视,力求把学校有限的资源用在最重要和最需要的地方,以使有限的资源产生最大的成果。这可以从全国众多飞速发展的大学、中学以及小学的战略实践中得到印证。

3. 调整组织结构

学校战略规划的有效实施,还需要有与之相匹配的组织结构,以使战略规划的各项工作能够有序运行。也就是说,学校组织结构的调整和设计,要根据学校战略实施的需求来进行。与此同时,在组织结构的调整过程中,还要注意组织结构中的人员安排和分工,争取使每个岗位的工作都由胜任力强的人来担任,以使组织战略实施工作更加高效。无论是根据战略实施的工作需求调整组织结构,还是选择合适的人做适宜的工作,都需要学校领导者具有敢于变革的素质、勇气和能力。因为学校发展战略的要求或许会改变学校现有的组织结构、人员安排,导致既得利益者因利益受损而反对、阻挠,甚至对抗。

4. 建立和完善相应的制度和机制

任何一项工作的顺利完成,都必须有相应的制度和工作机制作为保障。因为必要和完善的管理制度可以规范和指导组织和个人的行为,使其工作效率得到可靠的保证。一般来说,学校组织的管理制度主要包括教学管理制度、绩效评价制度、奖励惩罚制度、协调沟通制度和决策制度等,这些方面的制度,对战略执行者的工作任务安排、工作结果处理以及成员间的沟通协作等各个方面做了相应的、明晰的制度设定。这些制度的有效实施,能够促使战略执行者的工作井然有序,推动战略规划的有效实施。

而与战略实施工作相匹配的工作机制的建立,也可以协调和优化战略实施的各项工作任务,加强学校各部门之间的沟通协作,做到人力资源、物力资源的互通共享,使学校有限的资源发挥整体的价值。当然,随着新的学校发展战略的制定和实施,学校组织也会不断根据内外部环境的变化,不断完善现有的工作机制,以使工作机制不断得到改进,以持续发挥应有的作用。

(二)学校发展战略实施的手段

学校发展战略实施的手段是学校管理者为有效完成既定的战略任务,实现一定的战略目标,而采取的各种措施和方法。在不同的战略任务中,需要与其相匹配的实施手段，否则，将直接影响战略任务的完成和战略目标的实现。在学校发展战略实施中，学校领导者或管理者可以采取行政手段、组织文化手段和激励手段等。

1. 行政手段

要顺利实施学校发展战略，需运用上级赋予学校领导者和管理者的学校管理权和惩罚权。因为权力的行使，可以推动包括学校发展战略工作在内的各项工作的开展。所谓行政手段，是指学校领导者依靠上级教育行政部门授予的权力，采用行政命令、指示、规定及规章制度等形式来实施战略的方法。行政手段不仅是学校发展战略工作顺利开展的必要条件，也是学校其他各项工作得以正常运转的基本条件。正是由于行政手段具有强制性的特点，学校领导者才能够有效指挥和调动学校所有的人力、物力资源进入合适的岗位和地方，使其发挥自身的固有价值；在面对棘手问题时，才能够迅速组织力量、集体行动，加以应对和解决。

2. 组织文化手段

所谓组织文化手段，是指学校领导者通过塑造具有强大内驱力的组织文化，使组织成员全身心地投入学校发展战略任务的工作中的一种软方法。这种手段作用的发挥，需要强烈的组织文化塑造为保证，因为组织文化是学校在长期活动中形成的、得到组织成员认同的目标、价值观、信念和行为规范，具有导向、约束、凝聚和激励的作用。组织文化手段是一种软方法，具有隐形的作用。学校组织文化一旦形成并固化，便具有不可估量的力量，不仅能够起到纠正个别组织成员的行为和偏好，使其趋向组织目标和价值观的作用，还会促使学校组织成员为学校发展战略的实施尽最大力量。注重学校组织文化建设的学校，其发展的速度大都很快。由于组织文化具有价值观的能动力，我们也可以把学校组织文化看作学校战略管理的基础。

3. 激励手段

激励手段是组织经常采用的手段。在学校发展战略实施过程中，学校领导者需要发挥激励的作用，让学校战略执行者更加有动力地从事自己的工作。这里所讲的激励手段包括物质激励和精神激励两个方面。就物质激励手段来说，由于人们都有对物质的需求，物质利益的得失会影响人们作出一定的行动与选择。因此，学校管理者在战略实施过程中，要善于运用工资、奖金、罚款等方式来调配成员各方面的经济利益，通过利益驱使战略实施者的行动。

在运用物质激励手段的同时，学校管理者还应该注意精神激励手段的使用。因为，在学校组织里，学校组织成员不只看重物质利益，有时候更期望各种精神激励，比如委以重任，给予荣誉、鼓励、赞扬等。这些精神层面的奖励往往比物质层面的激励能发挥更大的作用。因此，为了促进战略的有效实施，学校管理者要学会综合使用物质激励与精神激励，做到两者的有机结合。

三、学校发展战略的评价

(一)学校发展战略评价的基本标准

评价标准的制定是进行评价活动的首要工作。一套系统、科学的评价标准，既可以保证评价工作的公正、可靠，也能够使组织发现工作的成效与不足。由于学校与公共部门都具有非营利性质，学校发展战略评价标准的制定，可以参照公共部门战略评价标准来进行。

1. 目标的一致性

目标的一致性是指在评价系统中，在战略目标内部以及战略目标与评价标准、评价目的三者之间取得一致。这是建立有效的评价指标体系的前提条件。具体来说，这种目标一致性主要包括以下三个方面：第一，评价标准与战略目标的一致性；第二，评价标准与评价目的的一致性；第三，评价目的与战略目标的一致性。

2. 经济的可行性

一个好的战略应不过度耗费可利用的资源。对战略的最终和主要的检验标准是其可行性，即是否可以依靠学校组织自身的人力、财力、物力资源去实施这一战略。在评价战略可行性时，尤其需要注意以下问题：第一，在实施战略的过程中，组织的物力、财力资源是否充分；第二，是否具备了有效竞争的技术和手段；第三，是否有相应的管理能力作为保证；第四，是否达到了所要求的水平；第五，是否取得了所需的相对竞争地位；第六，当环境突然发生变化时，是否有能力处理危机事件。

事实上，我们在考虑经济可行性时，主要考虑以下两个方面：一是衡量战略实施的结果是否达到了组织的预期目的，在多大程度上实现了既定目标。二是考虑战略实施的成本和收益的多少，也就是说衡量战略实施的价值，即是否值得花费这些成本去实施这项战略。在衡量战略成本—收益的问题上，学校还要运用成本—效能这一评价标准，以确保评价的非货币化趋向。

(二)学校发展战略评价的内容

尽管战略评价是战略管理过程的最后一个环节，但是其评价的内容不仅包括战略实施结果，还包括战略规划的制定和实施全过程。也就是说，既对战略实施的结果进行评价，也对战略制定本身进行评价，评估战略的合理性和科学性，还对战略实施过程进行评价。这种全程评价的目的在于确保战略制定和实施在正确轨迹上运行，发生偏差时，及时进行纠正，从而保证战略实施的绩效和战略管理目标的实现。

学校发展战略评估主要包括检查战略基础、衡量战略绩效、战略修正和调整等方面。

1. 检查战略基础

检查战略基础是指在实施一项战略之后，要重新审视组织所处的内部环境。也就是说，在检查战略基础时，首先要对组织的内外部环境进行再一次的评价。其目的在于了解构成现行战略的机会与威胁、优势与劣势等是否发生变化，发生了何种变化，为何会发生变化，是否出现新的机会与威胁，如何趋利避害。同样，在对组织外部环境进行评价时，依然要确认和评价外部环境中的政治、经济、科技、文化等因素对组织战略目标和战略实施的影响，而在对学校组织内部环境进行评价时，就要评价学校内部的人力资源、财力资源、物质资源等方面。

由于学校组织处在社会大系统中，随着整个社会环境的变化，战略实施的条件也会发生改变。因此，对战略实施的评价是不可或缺的。

2. 衡量战略绩效

衡量战略绩效是战略评价过程中的另一项重要活动。它主要是将预期目标和实际结果进行比较，研究实际进程对计划的偏离，评价个人绩效以及组织在实现既定目标过程中已经取得的成绩。当然，对绩效的评价，首先，要明确绩效的评价指标；其次，要设计科学的绩效评价原则、标准和过程；最后，要把绩效的考核结果反馈给学校组织。不能为了评价而评价，要发挥评价的改进作用。

3. 战略修正和调整

在战略实施过程中，组织内外环境的不断变化，使得战略实施面临不可预知性和不确定性，进而导致战略实施过程中出现不同程度的偏差。这就需要战略评价及时发现偏差现象，找出偏差的原因，以方便相关人员及时采取必要的补救措施。如果战略规划的目标与现实状态相差甚远，可考虑制定新的战略。

本章小结：

学校战略管理是学校管理的一个重要内容，是学校管理者对学校的教育活动实行的总体性管理，是学校制定和实施战略的一系列管理决策与行动。学校战略管理的目的在于运用战略管理的思想应对学校内外部环境的变化，形成学校的核心竞争力，促进和保持学校的持续、优质发展。

战略管理过程是关于决定一个组织未来的发展方向及执行达成该组织既定目标的有关决策的过程。格莱斯特的战略管理过程主要包括三个基本环节：战略制定、战略实施和战略评估。纳特—巴可夫战略管理模式主要包括六个阶段，即历史背景、形势评估、问题议程、备选战略、可行性评估和战略实施。

学校战略管理是一个动态的管理过程,主要包括战略制定、战略实施和战略评价三个阶段,在这个动态的过程中,通过持续地评价、反馈和调整,保持学校战略的正确性和前瞻性。

学校发展战略是学校战略管理的核心内容。通过运用学校战略管理思想进行学校发展战略的制定、实施和评估,能够规范和保证学校发展战略的有效制定和实施。学校发展战略的制定主要包括五个步骤:明确学校宗旨、目标,提出战略构想;分析外部环境,发现机会和威胁;分析学校内部资源,识别优势和劣势;重新评价学校宗旨和目标;制定学校发展战略。

学校发展战略过程主要包括四个环节:分解目标、优化资源配置、调整组织结构、建立和完善相应的制度和机制。在实施过程中,学校管理者可以采取行政手段、文化手段和激励手段等。学校发展战略评估的标准主要是目标一致性、经济可行性;评估的内容主要包括检查战略基础、衡量战略绩效、战略修正和调整等方面。

案例:某学校发展对策分析(节选)

根据问卷提供的信息,我们可以分析出学校的优势、劣势,以及学校面临的机遇和挑战。

学校的优势:(1)队伍整体状况好(业务水平高、责任心强,具有团结协作精神);(2)教育教学质量高,学生综合素质突出;(3)社会声望高,家长和学生满意水平高;(4)学生基础好;(5)宽松、民主的氛围;(6)教育教学设施先进;(7)附校优势。

学校的劣势:(1)管理规范化程度低,管理比较松;(2)硬件条件不完善(主要是学生活动场地和教师办公空间小,比较拥挤);(3)收入和分配制度不尽合理;(4)学校特色不明显;(5)名师和拔尖人才不突出。

学校面临的机遇:(1)课程改革给深化教育教学改革带来的机遇;(2)国家重视改善办学条件带来的机遇;(3)高校扩招给保持高的升学率带来的机遇;(4)人事制度改革和国家人才战略给深化学校人事制度改革和加快队伍建设步伐带来的机遇。

学校面临的挑战:(1)其他学校的挑战;(2)用工制度灵活带来的教师的显性和隐性流失;(3)课程改革对传统教学观念和教学方法的挑战;(4)生源竞争加剧;(5)家长期望提高,除了升学,还希望学生全面发展,给教师和学校的教学工作提出了更高要求;(6)政府规范收费行为对学校经费来源的影响。

把上述四个方面进行配比分析,我们可以得到学校的未来发展对策,如表2-3所示。

表 2-3 学校发展对策分析

机遇与挑战 战略 对策 优势与劣势	机遇： 1. 课程改革给教育教学带来的机遇 2. 国家重视改善办学条件带来的机遇 3. 高校扩招给保持高的升学率带来的机遇 4. 人事制度改革和国家人才战略给深化学校人事制度改革和加快队伍建设步伐带来的机遇	挑战： 1. 其他学校的挑战 2. 用工制度灵活带来的教师的显性和隐性流失 3. 课程改革对传统教学观念和教学方法的挑战 4. 生源竞争加剧 5. 家长期望提高，除了升学，还希望学生全面发展，给教师和学校的教学工作提出了更高要求 6. 政府规范收费行为对学校经费来源的影响
优势： 1. 队伍整体状况好（业务水平高、责任心强，具有团结协作精神） 2. 教育教学质量高，学生综合素质突出 3. 社会声望高，家长和学生满意水平高 4. 学生基础好 5. 宽松、民主的氛围 6. 教育教学设施先进 7. 附校优势	1. 以课程改革为契机，加强校本课程建设，推进教育教学改革 2. 利用学校的品牌优势，扩大对外合作，增强学校的实力	1. 维持现有高中规模，完善和调整高中办学结构，进一步提高高中教育的质量，巩固学校的声望和地位 2. 加强学校的国际化进程，通过国际化战略提高学校的竞争力 3. 利用附校优势，加强现代教育教学观念的学习和研究 4. 通过稳固、扩大与部委和大机构的合作，扩大学校的经费来源，提高学校的财政能力 5. 加大宣传力度（名师、历史、附校）等，进一步提高学校的声望
劣势： 1. 管理规范化程度低，管理比较松 2. 硬件条件不完善（主要是学生活动场地和教师办公空间小，比较拥挤） 3. 收入和分配制度不尽合理 4. 学校特色不明显 5. 名师和拔尖人才不突出	1. 以人事制度改革（完善分配制度、专业化培养、名师队伍建设、用人制度）为突破口，进一步优化队伍 2. 提高管理的规范化和程度 3. 以初中校和校园改造为切入点，改善学校建设布局、教育教学和办公条件 4. 通过课程建设和硬件建设，凸显学校特色	1. 以完善各项规章制度为切入点，提高学校管理的规范化水平 2. 以初中校和校园改造为切入点，改善学校建设布局、教育教学和办公条件，优化和美化校园，增强对学生和家长的吸引力（包括操场、办公环境和校园建筑布局和环境）

对表 2-2 中的对策进行归纳综合，我们可以得到学校的未来发展对策：

1. 以课程改革为契机，深化教育教学改革，更新教育教学观念，加强校本课程建设，进一步提高教育教学质量，促进学生全面发展；

2. 以初中校园建设和校园改造为切入点，改善校园布局和校园文化建设，优化和美化校园；

3. 以人事制度改革为切入点，优化教师队伍，进一步提高教师队伍的整体水平，改善教师待遇，提高教师收入水平；

4. 大力推进学校的国际化进程，拓展学校的发展空间，提高学校的影响力；

5. 以制度建设为核心，探索现代学校管理模式，提高学校管理的科学化和规范化水平；

6. 抓住机遇，利用学校的品牌优势，进行学校投融资体制改革，扩大学校财源，提高学校的财政能力；

7. 围绕学校 90 年校庆，加强学校宣传工作，进一步提高学校的知名度；

8. 围绕校本课程建设、校园建筑布局调整以及优化和美化，开展学校文化建设，形成富有特色的学校文化。

问题：

1. 根据上面的资料，对该校的办学水平和状况做相应评价。

2. 如果你来做该校的战略对策，所得的结论是什么？

3. 请你就本案例中的一个对策，制订出具体的行动计划。

本章思考题：

一、简答题

1. 学校战略管理的内涵是什么？它对学校发展有哪些作用？

2. 学校战略管理过程的模式是什么，基本环节有哪些？

3. 学校发展战略的制定过程是什么？

4. 学校发展战略的实施内容一般有哪些？

二、讨论题

1. 试分析你所在学校的优势和劣势，以及学校面临的机遇与挑战，并用 SWOT 表制作你所在学校的战略对策。

2. 你在学校发展战略制定和执行中常遇到的困难有哪些？

推荐阅读：

1. 陈振明. 公共部门战略管理[M]. 北京：中国人民大学出版社，2004.

2. 高洪源. 学校战略管理[M]. 重庆：重庆大学出版社，2006.

3. [美]亨利·明茨伯格，布鲁斯·阿尔斯特兰德，约瑟夫·兰佩尔. 战略历程：纵览战略管理学派[M]. 刘瑞红，徐佳宾，郭武文，译. 北京：机械工业出版社，2002.

4. [美]保罗·C. 纳特，罗伯特·W. 巴可夫. 公共和第三部门组织的战略管理：领导手册[M]. 陈振明，等译校. 北京：中国人民大学出版社，2001.

5. [美]弗雷德·R. 戴维. 战略管理(第10版)[M]. 李克宁，译. 北京：经济科学出版社，2006.

6. [美]迈克尔·A. 希特，R. 杜安·爱尔兰，罗伯特·E. 霍斯基森. 战略管理——竞争与全球化(概念)(第9版)[M]. 吕巍，等译. 北京：机械工业出版社，2012.

7. [美]乔治·斯坦纳. 战略规划[M]. 李先柏，译，北京：华夏出版社，2001.

8. [英]科林·M. 克拉克-希尔，基思·W. 格莱斯特. 战略管理案例(第2版)[M]. 余慕鸿、汤建人、匡小平，译. 北京：经济管理出版社，2000.

第三章　学校组织运营

1. 理解几种主要的组织理论。
2. 把握学校组织的基本特征。
3. 掌握学校组织变革的约束条件。
4. 能够运用相关组织理论，分析学校组织变革问题。

开篇案例：

情境案例 1

　　章校长刚刚从一所公办学校退休，来到一家民办教育集团担任总校长。这所学校当时处境非常艰难：教学质量滑坡、招生萎缩、教师倦怠、学生厌学……在短时间（寒假将至、年关临近）内，章校长有一大堆工作要做，如高中部、初中部、小学部期末要考试，要巩固率，要稳定，要结束工作，要布置假期家访，要招生，还要认识师生，取得认同感，等等。工作千头万绪，到底应该做哪些事情？是该先抓校风、学风、教风、工作作风，还是该先抓纪律、卫生、食堂管理、寝室管理、校容校貌、财务整顿、对外影响？这些工作到底该怎样切入，又该由哪个部门负责？这些问题着实令章校长费神。

情境案例 2

出于校长轮岗的需要，谢校长最近从一所名校调入一所力量相对薄弱的学校。该校存在的问题较多，在管理上显得比较松散。谢校长发现大部分老师对学校的现状颇有微词，例如不知该听哪个领导的工作安排，个人工作能力也得不到提高。这期间，学校正好要组织人员参加一个区级教学比赛，负责该项工作的教务处长却反映工作很难推进，让校长找年级组长或副校长推动，还说以往这些工作就是他们负责的。谢校长想打破各种工作的僵局，于是强制性地开展大刀阔斧的改革，但激发了各种人员的不满。

情境案例 3

F 小学短短四年内就在 L 市闻名遐迩，从对该校邓校长的访谈了解到，学校依靠的是一种文化管理模式，强调组织共同学习和教师自治理念。F 小学构建了独有的"三层三式三级"的培训模式，在科组层面实施"分享协作式培训"、年级层面实施"咖啡沙龙式培训"、学校层面实施"互动体验式培训"。F 小学突出了人在组织中的中心地位，通过丰富多彩的参与式培训，通过激发教师的创造力，促进教师进行自我培训、自我管理、自我提升；使每一位成员的融入都构成组织的凝聚力与向心力，形成整体的强大合力。正是这一管理方式，使得一支毫无经验的教师队伍在短短的四年间迅速成长为专业性强、师德水平高、教学业绩优的教师团队，使得 F 小学的教育教学取得累累硕果。

从以上案例可以看出，学校组织设计是否合理，权责利关系是否清晰，规章制度是否健全，对于学校的健康长远发展至关重要。学校可以看作由个体、结构、文化、政治等要素构成的整体，行为是结构、个体、文化、政治诸要素在环境力量约束下互动的函数，如果其他条件相同，那么系统的这些要素之间的一致性越强，系统效率越高，组织实现其目标的可能性越大。因此，学校组织建设与变革是学校管理的一项重要内容。本章即围绕学校组织运营的相关问题而展开。

组织是开展管理活动的前提和载体，学校组织架构系学校教育及其管理活动的重要依托。本章主要讨论学校组织的相关理论、学校组织变革与创新，以及学校组织内部领导体制改革与完善等问题。这些内容亦为学校组织管理得以展开的重要前提和基础。

第一节　学校组织理论概述

////////////////////

学校组织理论是在一般组织理论的基础上发展起来的。本节先简要介绍一般组织理论；然后再来分析学校组织的相关特征；最后，在了解学习型组织理论的前提下，分析"学习型组织"这一新概念对学校管理的借鉴意义。

一、一般组织理论简介

（一）对"组织"概念的理解

对于"组织"概念，不同理论流派的理解各不相同。理性系统观认为组织是实现具体组织目标的正式工具。理性是组织并实施一系列行为，以最大的效率实现预定目标的程度。持理性系统观的人认为目标作为组织中的重要因素，是指导组织行为的预期结果。目标的具体化有利于细化任务、进行资源配置、管理设计决策的理性化。形式化服务于组织理性化的目标，产生了工作绩效标准与规章，形成了可见的组织关系结构。同时对于如何创建和设计可以有效地完成任务的结构，理性系统理论家提出了分工、标准化、形式化、专业化、狭窄的控制幅度、权力等级体系和例外原则。自然系统观认为组织是在特定环境中为了适应和生存而形成的社会群体。自然系统观认为正式组织与结构在组织中真正发挥不了多少作用，而强调非正式组织，强调人以及人的需要。组织中的个体在与组织中其他个体交流时，带有自己独特的价值观、动机和知识结构，并因此产生了非正式的地位结构、沟通网络和权力关系等。自然系统观强调个体比结构重要，持"无组织之人"的取向。

开放系统观认为组织不是独立于外部环境，而是依赖于外部环境的开放系统。组织同时受到理性因素与自然因素的影响，这些理性因素与自然因素随环境的变化而变化。开放系统观强调组织的动态性，组织为了生存下去必须适应环境，并根据环境的变化做相应的调整和变革。

"人类发明论"的组织实在观认为，组织是人在不断理解和反思的过程中发明与创造的社会现实，是人的价值和意志的集中表现，而非客观存在的事物；组织依人的意志而运行，并非目标导向；组织与环境都是主观的存在，都是人的观念和行动的产物；权力是组织的灵魂，组织的权力来自人们对他人目的的承诺，人们在互动关系中创造出权力，并成为那些享有公认支配权的人达成目的的工具。①

综上所述，我们认为组织是依据目标与人的意志运行的、受客观因素与主观因素影响的开放系统。

(二)与组织相关的概念

1. 组织目标

组织目标作为组织一定时期内所要达到的预期效果，对组织以及组织成员具有导向功能。目标影响组织资源配置，指导组织任务分工，作为组织发展的指南针，调节不利于目标实现的行为。目标的长远性和清晰可操作性有利于组织作出理性的决策，同时使组织实际运作也受到具体目标的指导和调节。

2. 组织文化

组织是由人构成的，是在发展历程中逐步形成的，因此每个组织都有自己的价值观和行为方式。组织文化是组织必不可少的部分，会影响组织的结构和运营方式。威廉·大内(William Ouchi)认为，组织文化是指"借以将组织的潜在价值观和信念传递给组织成员的符号、礼仪、典故"。② 斯蒂芬·罗宾斯(Stephen P. Robbins)认为组织文化是"组织成员共享的一套能够将本组织与其他组织区分开来的意义体系"。③ 组织文化关注的是员工如何认识组织文化的特征，而不是他们是否喜欢这些特征。埃德加·沙因(Edgar H. Schein)认为组织文化应保留"更深层次的基本假设、价值观和信念"，这些因素为组织成员所共享，并被认为是能保证组织不断取得成功的重要因素。沙因认为，组织文化是"特定组织在适当处理外部环境和内部整合过程中出现的种种问题时，所发明、发现或发展起来的基本规范。这些规范运行良好，相当有效，因此被用作教导新成员观察、思考和感受有关问题的正确方式"。由此可以看出，组织文化是组织成员所共同认可的一套价值观；它是稳定的、客观的、深层次的，不是个人可以决定和改变的，而是组织成员共同创造和默认的。

3. 正式组织与非正式组织

正式组织是通过组织设计而建立的正规的组织架构、部门和权力体系，正式组织的活动以成本和效率为主要标准。非正式组织是组织成员在情感需要的基础上产生的，服从于组织成员的情感需要。正式组织与非正式组织在组织中客观存在，在

---

① 张新平：《教育组织范式论》，260~268 页，南京，江苏教育出版社，2001。
② ［美］韦恩·K. 霍伊、塞西尔·G. 米斯克尔：《教育管理学：理论·研究·实践》(第 7 版)，范国睿主译，160 页，北京，教育科学出版社，2007。
③ ［美］斯蒂芬·罗宾斯、蒂莫西·贾奇：《组织行为学》(第 16 版)，孙健敏、王震、李原译，409 页，北京，中国人民大学出版社，2016。

组织存在与发展过程中，以各自的方式发挥作用。

要使非正式组织与正式组织相配合、发挥其积极作用，必须承认非正式组织存在的必要性和客观性，不反对正常的非正式组织的存在。建立和宣传健康良好的组织文化，即通过宣传乐观进取、积极向上的价值观、情感和行为规范，潜移默化地影响非正式组织成员，有利于成员树立积极正确的工作和生活态度，使正式组织对非正式组织产生凝聚力，进而促进正式组织与非正式组织之间的协调。

(三)组织理论的演进

组织理论的发展经历了以下过程：从以工作为中心的古典组织理论，到以人为中心的新古典组织理论，到以环境和系统为中心的系统组织理论、权变组织理论，再到关注组织内部自我更新的组织更新与发展理论。

1. 古典组织理论

古典组织理论强调规则、能力和知识。以泰勒(F. W. Taylor)为代表的科学管理学派主要关心的是提高组织下级作业层的效率，提出了组织管理中计划管理和例外理论。以法约尔(H. Fayol)为代表的行政管理学派则把重点放在组织的上层，追求自上而下的管理合理化，并认为分工和调整是组织管理的核心要素。古典官僚制学派的韦伯提出了科层制模式，主要包括明确的职责分工、建立自上而下的等级系统，奉行理性原则，遵守规则和纪律等。具体有以下特征。

第一，劳动分工。在科层制模式中，工作任务是根据组织目的和工作类型划分的，职责范围十分明确。劳动分工导致专业化的产生，使员工成为每一个特定岗位上的专家。对职位承担人员的选拔、聘用和提升以技术能力为依据。

第二，等级制度。在科层制组织中，组织按照等级制度原则、职权关系垂直分布，形成严密的上下级关系，每个员工都受到高一级员工的控制和监督，每个员工都有明确的权利与责任。最高领导层的主要职能是作出重大决策；中级管理层的主要职能是贯彻领导层的重大决策并拟订实施方案，将基层的意见反映给上层领导；基层的主要职能是依据上级的指示，从事实际工作。

第三，规章制度。在科层制组织中，规章制度规定了每个职位的权力与义务，使组织成员的活动与关系受到规则的制约，任职者不能滥用职权，从而促进了非人格化取向的产生，使组织成员的个人观念和倾向不影响组织的理性决策，组织成员都遵守严格的规章制度对待工作，以确保组织目标的实现。

第四，效率和纪律性。劳动分工和专业化造就了专家，而非人格化取向的专家会依据事实在技术上作出正确、合理的决策。一旦作出合理的决策，权威等级体系就会保证对指令的规训化服从，并遵守规章制度，形成一个协调优良的执行系统，保证组织运行的统一性和稳定性。① 在精确性、稳定性、严格的纪律性方面，科层制模式比其他形式要优越，更具效率。

2. 新古典组织理论

基于古典组织理论的一些缺点而提出了一系列观点的新古典组织理论，主要有组织与环境相关的理论、经验主义理论，以及人际关系理论。

帕森斯（Parsons）从生态的角度，将组织与社会整体的功能相联系，并根据组织对社会的功能划分了组织类型。巴纳德（Barnard）用社会学的概念分析经理人员的职能和工作过程，并重点对组织结构进行了逻辑分析，提出了组织存在的基本条件。戈斯（Gaus）则在研究政府行政时提出了"生态"概念，从而促进了组织与环境相关的理论研究。塞尔兹尼克（Selznick）则认为，组织既有正式的一面，也有非正式的一面，而且组织结构受组织成员和环境的影响。

经验主义理论的代表人物西蒙（Simon）主张，只有依靠严格区分价值和事实的逻辑实证主义的经验主义方法，才能促进组织学的发展。价值与事实的区别，对于保证政策制定和政策实施之间的正确关系，具有根本的重要性。②

梅奥（Mayo）是人际关系理论的创始人，他认为工人不是单纯追求物质的"经济人"，而是有社会方面的、心理方面的需要的"社会人"，因而满足人的动机就能够提高组织的生产性。人是作为团体而不是个体而存在的，因而团体对个人履行职务有着重要作用。由于此种原因，组织不仅承担技术的和经济的功能，也具有非正式的功能。这一理论开创并促进了有关组织中人的理论及非正式组织的研究。

斯科特（Scott）等人以古典组织理论为基础，吸收行为科学理论，修正古典理论后，提出了对组织的看法。他主张采取扁平型组织结构，摒弃科层制的高耸型结构；提倡部门而非个人专业化，允许人员流动，更富于人情味；提倡更多采用分权和参与决策的方式，而非集权，以调动下级的积极性；重视对非正式组织的研究。

3. 系统组织理论

卡斯特（Kast）和罗森茨韦克（Rosenzweig）把组织看作一个与环境相互作用的开放系统。组织系统包含目标与价值子系统、技术子系统、结构子系统、社会心理子系统和管理子系统。组织的一般环境包括文化、技术、教育、政治、法律、自然资源、人口、社会、经济等。具体环境则是指与个别组织的决策相关联的更具体的力

① ［美］韦恩·K. 霍伊、塞西尔·G. 米斯克尔：《教育管理学：理论·研究·实践》（第7版），范国睿主译，83页，北京，教育科学出版社，2007。
② ［美］赫伯特·西蒙：《管理行为——管理组织决策过程的研究》，杨砾、韩春立、徐立译，190页，北京，北京经济学院出版社，1988。

量。系统与环境在信息和能量及资源方面不断进行交换，即组织把这些输入的信息、能量、资源等转换成某种组织产品，并把它输出到环境中。① 正因为这样，这一方法认为组织是一个动态的过程。根据系统观点而提出的有关概念有多种组织目标、组织边界或边界、组织环境、投入与产出、组织结构设计、等级层次、反馈等。系统组织理论还提出了权变观的概念模型，认为不同类型的组织都有合适的关系模式，具体分为稳定性机械式组织和适应性有机式组织。

4. 权变组织理论

权变组织理论以菲德勒(Fiedler)的领导权变理论为基础，菲德勒研究发现领导方式的有效性与情境因素密切相关，并且不存在一种绝对的、最好的领导形态。这种理念也深刻地影响了组织理论的演进。权变组织理论致力于在组织与环境之间建立最大的一致性，从而实现组织目标。一个组织的结构和职能要根据组织所处的环境和内部条件的发展变化而变化，固定的组织结构和职能是行不通的。另外，菲德勒认为组织变动源于领导者或管理者对各种权变因素(组织环境、组织战略、组织目标、技术、规模、发展阶段、成员素质等)主观选择的结果。劳伦斯(Lawrence)认为，没有一个普遍适用的组织结构，有效的组织结构应与组织的外部环境相适应。外部环境较稳定的组织细分化程度低，可采取以工作为中心的一体化方法；而外部环境变动较大的组织细分化程度高，可采取以人为中心的一体化方法；当各个子环境差异较大时，可以在组织内各部门采取不同的组织结构类型。② 路桑斯(Luthans)提出了组织与环境的函数关系，把存在于组织之外的环境因素界定为自变量，而内部环境就是正式组织系统，是函数关系中的因变量，包括组织结构、决策程序、联系与控制、科技状况等。③ 伍德沃德指出组织的结构因技术而变化，组织的管理因组织目标而变化。④ 洛希(Lorsch)阐述了以权变理论为基础的组织结构理论，认为组织结构是一个复杂的变量，组织结构设计包含两个基本概念：一是差异或差异化，二是综合或整体化。既要建立鼓励差异化的运行机制，也要建立促进综合和协调的奖励制度与工作标准。⑤

---

① [美]弗莱蒙特·E.卡斯特、詹姆斯·E.罗森茨韦克:《组织与管理——系统方法与权变方法》(第4版)，127页，北京，中国社会科学出版社，2000。
② 方振邦:《管理思想百年脉络——影响世界管理进程的百名大师》，317页，北京，中国人民大学出版社，2007。
③ 方振邦:《管理思想百年脉络——影响世界管理进程的百名大师》，320页，北京，中国人民大学出版社，2007。
④ 方振邦:《管理思想百年脉络——影响世界管理进程的百名大师》，323页，北京，中国人民大学出版社，2007。
⑤ 方振邦:《管理思想百年脉络——影响世界管理进程的百名大师》，326页，北京，中国人民大学出版社，2007。

5. 组织更新与发展理论

组织更新与发展理论主要研究组织改革的过程和战略，认为组织不再是被动地适应环境，而具有自我发展的能动性，通过自我学习与自我更新，重视组织内部自身要素的相互作用以及对组织的影响。组织结构的变革更多是考虑如何提升组织自身的学习能力和自我更新能力。在这一理念影响下，出现了一些譬如生态型组织、网络型组织、学习型组织等新型组织结构。组织更新理论强调，自我更新的出发点不是强迫每个组织进行有效的变革，而是寻求发展内部能力来持续解决问题，包括提高感知和识别新问题的能力，确定目的和优先事项的能力，设计有效替代解决方案的能力，执行选定方案的能力。① 富兰(Fullan)定义了自我更新学校成功改革的要素：利用领导联盟，不懈地专注于少数目标；具有高期望；通过发展集体和个体的能力来改进教学；利用数据来确定非惩罚性干预策略。②

每个组织都要灵活地适应不断变化的环境，这种提高组织学习和适应能力的过程被称为组织发展。其主要目标是改善组织自身的功能，以便对影响组织结构、任务、技术使用、人力资源使用和目标的事务作出更高质量的决策。组织发展和组织改进概念的最大区别在于前者可持续自我更新。目标并不只是克服眼前问题并达到一种新的"冻结"的组织运行状态，还是在组织系统汇总形成环境、技能、过程和文化子系统，从而促进组织的持续发展。其关注点在于组织文化，因为它构成组织氛围的特征，并通过信念影响行为。③

二、学校组织特征分析

学校是一种有计划、有组织地进行教育教学活动的社会组织。其基本特征表现在以下几个方面。

(一)劳动分工和半专业性

教育任务很复杂，学校组织必须通过劳动分工来提高工作效率。分工主要涉及学科分工和水平分工。学科分工是指将学习的科目分为语文、数学、英语等，水平分工是指将学校分为小学、初中、高中等。由于学校的使命是育人和传递文化，在这一过程中，教师专业权威的影响力更大，因此表现出非行政性的特征。同时学校

---

① [美]罗伯特·G.欧文斯、托马斯·C.瓦莱斯基：《教育组织行为学：领导力与学校改革》(第11版)，吴宗酉译，301页，上海，华东师范大学出版社，2021。
② [美]罗伯特·G.欧文斯、托马斯·C.瓦莱斯基：《教育组织行为学：领导力与学校改革》(第11版)，吴宗酉译，302页，上海，华东师范大学出版社，2021。
③ [美]罗伯特·G.欧文斯、托马斯·C.瓦莱斯基：《教育组织行为学：领导力与学校改革》(第11版)，吴宗酉译，302~304页，上海，华东师范大学出版社，2021。

又不是标准的专业化组织，传统的行政力量与学术权威经常会产生较量。阿米泰·埃齐奥尼就将中小学校定性为半专业组织。在一个半专业组织中，专业人员渴望并确实拥有一定的话语权，这一特点会对组织特性产生关键的影响作用。①

(二)学校组织文化

学校组织文化的分析可以通过研究文化的表述、文化的内容和主要的沟通方式进行，而偶像、故事和礼制作为学校文化的符号有助于识别学校的组织文化。偶像是指发挥交流文化的物质性的人造器物(理念、格言和奖品)；故事是指在真实事件的基础上改编的叙事，用以服务于学校文化的建立；礼制是指组织中重要的标志性的理性意识和惯例。大多数学校文化体现在课程计划、学校环境布局、学生学习活动与实践活动、教师会议、师生关系等方面。学校组织文化可以划分为信任文化、调控文化等不同类型。

信任文化主要涉及教师与学生、校长与教师、校长与中层管理者、教师与家长、教师与教师等的信任。信任对于学校文化，甚至学校的各方面都起着非常重要的作用。例如，当学生对教师的信任度很高的时候，学生会相信教师是可靠的、善良的、负责任的，更易于接受教师施加的影响；当校长对教师的信任度很高的时候，校长会相信教师是积极进取的、能按时完成布置的任务、对工作认真负责等，校长更易于对教师采取比较宽松的政策，给教师更多发展的空间；当教师对校长的信任程度很高的时候，教师更容易相信校长制定的制度方针的合理性，更加积极主动地配合校长展开工作；当教师之间的信任度很高的时候，教师更易于分享自己的工作心得和工作经验，从而促进教师的专业化成长；而当校长对中层管理者的信任度不高时，不利于中层管理者对政策的执行，阻碍了政策落到实处；当家长对教师的信任度比较低的时候，容易对教师产生负面情绪或者误解教师，不积极配合教师的工作，同时这种态度也会影响学生对教师的评价，阻碍了学生与教师信任关系的建立。

调控文化主要涉及校长和教师对学生学业的发展、人生观和价值观的培养等。调控文化是所有组织的共性文化，对于学校文化而言，主要可以划分为以控为主的文化和以调为主的文化。以控为主的学校文化强调用刻板的制度和传统对学生进行高度控制，把学校看成师道尊严的场所，学生必须无条件服从教师的命令和安排，教师不必去了解学生的需要和差别，只需要把学生当成待加工、没有主观意愿的物品，这样学校就成为等级制度森严的场所。以调为主的学校文化把学校看成民主社

---

① [美]彼得·布劳、马歇尔·梅耶：《现代社会中的科层制》，马戎、时宪民、邱泽奇译，201页，上海，学林出版社，2001。

会的一部分，看成培养学生民主能力的场所。教师认为学生有自觉学习的态度和积极向上的品质，教师的强权控制被学生的自我约束所取代，教师与学生之间的交流更多以沟通与合作的方式进行，学校充满信任和谐的氛围。

（三）学校正式组织与非正式组织

学校的正式组织是按照韦伯的科层制模式建立的。学校的管理层级是垂直分布，每一级管理者都受到上一级管理者的监督和控制，在学校中由上到下体现为校长、主任、年级长、教师。严密的上下级关系确保了下级对上级命令的服从，有利于学校组织的任务落到实处。为了确保科层制的实施，学校有相应的规章制度进行约束。规章制度规定了每个职位的权利和义务，如服从上级的命令、完成上级交给下级的任务、及时向上级报告工作情况等。

在学校正式组织展开活动的过程中，学校成员认可在其他同事身上存在的自己所具有、所喜欢、所欣赏的特点，从而加深对其的认识，并建立工作以外的联系，最后在学校正式组织以外形成了一些与正式组织相联系又独立于正式组织的小群体，这些小群体即学校非正式组织。学校中非正式组织的互动方式主要表现为以非正式组织的领导为中心的纪律网络、非正式的沟通渠道等，同时非正式组织也建立了共享价值和信念。

学校非正式组织作为一个群体，能够给成员提供归属感，满足成员心理上的需求；学校非正式组织对信息的传递速度快，且比较真实，这些信息往往反映了教师的观念、态度以及工作进展情况，可以促进校长和主任等管理者了解组织内的真实情况；同时非正式组织促使其成员加深对组织目标的了解，激发对组织目标的认同感，促进学校教育目标的实现。

（四）学校组织中的权力

任何组织都必须对其成员进行控制，这对于学校组织而言更为重要，因为它承担着培育下一代的重任。学校通过设置目标、建立层级制、确立规章制度、管理和监督教师与学生的行为，确保教育目标的实现。学校中的权力主要包括强制权力、奖励权力、合法权力、魅力权力。

强制权力是校长等管理者通过惩罚不合要求的行为而影响下级的能力。惩罚主要包括对教师的解雇或降级、正式与非正式的批判、对基本权力的限制等。强制权力是组织授予并依据规章制度进行的处罚，组织有强制权，下级有服从义务。

奖励权力是学校管理者以奖励为手段来影响下级的能力。这种权力的效果取决于奖励是否能满足下级的需求、需要投入的时间精力是否与奖励相匹配。例如，想要鼓励教师积极进行科学研究、提高专业素养，校长可以为有能力和有意愿的教师提供出去学习的机会，对表现突出的教师给予物质奖励或者精神奖励等。

合法权力建立在学校规章制度的基础上，是学校管理者凭借正式职务而影响下级的能力。下级并不是服从于某个具体的人，而是服从于规章制度，所以管理者所实行的合法权力只局限在这一职位的权限内，而非学校管理者个人的魅力。

魅力权力是指由于下属对管理者的能力或道德等方面具有认同感，从而使学校管理者对下级具有影响的能力。魅力权力属于感性范畴，主要依靠管理者的个人素质能力以及人格魅力等。例如，校长对于工作认真负责的态度会影响教师对工作的态度和热情。

（五）学校组织的结构

韦伯式学校结构是一种专业化和科层化互相补充的结构类型，主要涉及专业结构、权威结构和混乱结构三个方面。

专业结构是专业人员作出重要决策的结构。专业人员主要是指具有相关专业知识、有实力作出组织决策的专业人员。在学校组织中，教师的权力比较大。

权威结构强调科层制，而忽略专业性。该结构形成结构严密的上下级关系，确保下级对上级命令的服从；同时，有规章制度服务于科层结构，规定具体职位的权利和义务；采取非人格化取向，而不是凭感觉。

混乱结构是一种科层化与专业化都低，容易产生混乱和冲突的组织结构。

此外，也有一些学者把学校看成"松散耦合系统"或"有组织的无政府"状态。这种观点认为，学校的组织目标模糊不清，所用技术不明确，组织过程的参与者不断流动，各种活动不协调，各种结构性要素松散地联系在一起，组织结构对组织活动的结果几乎没有什么影响。因为教师在教学过程中拥有广泛的专业自主权，不受管理者和其他教师的控制和监督，如教学方法、课程内容的安排等；在学生问题上，同样具有广泛的自主权。此外，迈耶和罗恩还认为，教育工作者通常把组织结构从教育活动及其结果中"脱耦"出来，并付诸一种所谓"信任逻辑"。[①]

三、学习型组织理论简介

（一）学习型组织基本理论

1. 学习型组织的概念

著名管理学者彼得·圣吉（Peter M. Senge）认为，学习型组织是这样一种组织：在组织中，大家能够不断突破自己的能力上限，创造真心向往的结果，培养全新、

---

① ［英］托尼·布什：《当代西方教育管理模式》，强海燕主译，170～176页，南京，南京师范大学出版社，1998。

前瞻而开阔的思考方式，全力实现共同的抱负，以及不断学习如何共同学习。他提出，创建学习型组织要通过自我超越、改善心智模式、构建组织共同愿景、团队学习和系统思考这"五项修炼"来完成。马奎特指出，系统地看，学习型组织是能够有力地进行集体学习，不断提高自身收集、管理与运用知识的能力，以获得成功的一种组织。派得乐指出，学习型组织是促使组织中的每个成员都努力学习，并不断改革自身的组织。加尔文指出，学习型组织是指善于获取、创造、转移知识，并以新知识、新见解为指导，勇于修正自己行为的一种组织。沃尔纳认为，学习型组织就是把学习与工作系统地、持续地结合起来，以支持组织在个人、工作团队及整个组织系统这三个不同层次上的发展。①

2. 学习型组织的"五项修炼"

彼得·圣吉提出的学习型组织的"五项修炼"，具体内容包括：

第一，自我超越。自我超越是指通过个人成长和学习的"修炼"不断扩展自身的能力。学习型组织的精神在于组织成员不断学习、充实自我，因此组织应充分意识到组织成员的全面发展是组织实现目标的重要影响因素，积极创造鼓励个人发展的组织环境，员工通过学习认清什么对我们是真正重要的东西，同时不断学习如何更清晰地观察现实。

第二，改善心智模式。心智模式不仅影响人们理解世界，还影响人们的行动，组织可能存在共享的心智模式。改善心智模式的修炼要求组织检查和修正以往以局部或静态思考的方式为主的心智模式，向以注重互动关系与动态变化的思考方式为主的共同心智模式转变。同时，不一定寻求观点的协调一致，允许不同观点的存在，而且每个员工都能包容他人的不同观点。

第三，建立共同愿景。共同愿景是组织成员普遍认同的价值观。共同愿景是学习实践的焦点，也是其动力来源，主要表现在：共同愿景能激发人们的热望和抱负；能激励组织成员勇于承担风险，勇于探索。

第四，团队学习。团队学习是协调校正的过程，是开发团队能力的过程。团队学习涉及三个关键方面，即对复杂问题的深入思考和清晰理解、创新和协调的行动、团队成员对其他团队所起的作用。团队学习的"修炼"主要通过深度会谈和商讨的实践艺术进行。

第五，系统思考。要求团队成员树立全局的观念，把问题置于系统中思考，从

---

① 宿恺、袁峰：《企业管理学》，61页，北京，机械工业出版社，2019。

动态发展的各种要素中寻求新的动态平衡。①

(二)学习型组织理论的现实意义

1. 创造良好的学习氛围

学习型组织的精神在于组织成员不断学习、充实自我。基于组织成员的全面发展是组织实现目标的重要影响因素,学校组织应为教师和学生提供一个支持和鼓励学习的环境,使学校成为教职工和学生能全身心投入并创造持续增长的学习力的组织。为此,校长必须对学习持有良好的态度,营造一种支持学习者的氛围;积极提供各种学习工具;深入了解教师和学生的学习方式,用知识推进学习;鼓励每个教职工成为终身学习者;鼓励教职工之间虚心学习;使用多样化手段鼓励教职工积极学习,并对学习效果进行评价;了解那些阻碍学习的因素和促进学习的因素,趋利避害。

2. 拥有共同愿景

学校组织的共同愿景是学校组织以及学校组织所有成员所预期创造的。它来自教职工和学生的内在需要,是学校组织成员乐意达到的目标,而非由外在强制施加的组织目标。学校组织的共同愿景的作用在于使不同个性、不同理想的人凝聚在一起,为学校共同的目标而奋斗。事实上,人们寻求建立共同愿景,部分是出自学校组织成员希望能够归属学校这一重要任务。如果没有共同愿景把学校组织成员拉向真正想要实现的目标,维持现状的力量将牢不可破。学校组织的共同愿景涉及学校组织的个性化的教育理念。学校组织的长远目标与近期目标,涉及学校领导人的教育哲学以及每一位教师的教育哲学,这种教育哲学包括每位员工的基本教育理念、学生观(儿童观)、课程观、教学观等哲学层面的理念与意识,也包括每位员工对于学校办学目标的具体认识以及个体对自己的组织角色的认识等。②

3. 转变学校领导原则

确立以人为本的管理原则。以人为本就是指以人的本性和身心特点,以人的全面的、自在的发展为核心,创造相应的环境、条件,以个人的自我管理为基础,以组织共同愿景为引导的一整套管理模式。这种管理突出人的地位,把人的心理和生理上的需要满足感作为"第一因素",在管理中做到关心人、理解人、尊重人、激发人和发展人。学习型组织理论的核心内容就是强调"人本"。这就要求学校管理者树立以人为本的思想,建立组织成员之间平等的、和谐的、互助的新型人际关系。

---

① [美]彼得·圣吉:《第五项修炼:学习型组织的艺术与实践》,张成林译,7~14页,北京,中信出版社,2009。
② 范国睿:《走向学习型组织的现代学校》,载《教学与管理》,2001(2)。

4. 开放学校组织

学习型组织是一个开放的系统，学校内部因素与外部因素相互联系。因此，学校组织成员必须进行系统而全面的思考。学校应加强与社区的联系，使学校能在一定程度上满足社区的需要，为社区服务。学校应广泛吸引社会力量对学校进行投资，同时要广泛调动社会各方面的力量参与办学，从而提高学校的办学质量。学校可以开设网络课程，使自身的优质教育资源惠及更多有需要的人，产生更大的效益，同时提升学校的知名度。

5. 重构学校组织结构

学习型组织的结构不同于传统的科层制和等级制的组织模式，它强调横向与纵向相结合的联系与沟通方式，强调权力下放，同时表现出适应性强、反应灵活的特点。因而在建设学习型学校时要根据学习型组织的特征改造和重构学校组织，营造合作的组织氛围，建立知识和信息沟通渠道。由于现行的学校管理模式过分强调竞争与控制，使学校的信息流动性较差，教师之间很少合作，造成工作的重复，学校管理总体水平不高，因此，增加信息流动性、建立分享与合作机制显得尤为重要。鼓励教师营造一个尊重所有学生的环境，鼓励师生积极参与教育决策，从而形成"以师生为主"的扁平化的学校组织结构。学校要削减不必要的部门或者合并功能重叠的部门，同时减少学校决策层与操作层之间的间隔层次，实现扁平化管理。

第二节　学校组织变革与创新

///////////////////

任何组织都有自己的生命周期，都会面临衰老和死亡，在竞争激烈的市场环境下，组织要么通过变革获得新生，要么慢慢走向死亡。

一、组织变革理论简介

(一)组织变革的概念及其内容

关于"组织变革"(organization change)的概念，不少学者都提出了自己的观点。哈格(Hage)认为组织变革是指组织形式的改变和转变，以使组织能够在环境中更好地生存；乔治(George)和琼斯(Jones)认为组织为了提高效率，改变现有状态并朝预期状态不断前进而进行的一系列活动即组织变革。[1][2] 这些定义指出了组织变革的目

---

① ［美］理查德·H.霍尔：《组织：结构、过程及结果》(第8版)，张友星、刘五一、沈勇译，203页，上海，上海财经大学出版社，2003。

② ［美］珍妮弗·M.乔治、加雷思·R.琼斯：《组织行为学》(第5版)，于欣、章文光等译，513页，北京，北京大学出版社，2010。

的，但显然都没有说明组织变革的条件、内容等。

我们认为，组织变革是组织为了实现自身的生存和发展目标，根据外部环境和内部环境的变化，对组织的结构、人员、技术、文化等方面进行的调整、改变和创新过程。组织变革的内容主要包括以下几方面。

1. 结构变革

组织的正常运行，要求有与之相应的运行载体，即合理的组织结构。变化中的环境要求组织的结构作出相应改变，变革一般包括变动组织的部门或单位、调整组织的权责体系、协调各部门之间的关系以及向下授权等。

2. 人员变革

人员变革的目的是帮助组织中的个体和群体更有效地工作。变革的内容包括通过满足成员的各种合理需求来改变个体的观念与态度，通过加强沟通交流、鼓励成员参与管理及完善领导方式来发展个体和群体的行为方式。

3. 技术变革

技术变革包括两个层次：一是直接工作技术的变革，即更新生产设备，采用新工艺、新方法和新技术；二是管理技术系统的变革，如现代化的信息处理系统的引进、新的程序管理方法的使用等。

4. 文化变革

组织文化是组织成员共有的信仰、价值观和行为准则。组织成员的知识结构、技术水平、价值观念、思维方式会随着环境的变化而不断更新，组织文化也会随之改变。在学校中，制度主要是外部的、强制性的调节，而文化主要是内部的、柔性的引导。组织文化从深层次制约和影响着每一个体的思维方式和行动模式。

(二)组织变革的类型

根据有无计划性和目的性，组织变革可分为有计划的变革（planned change）和无计划的变革（unplanned change）。前者是深思熟虑后进行的变革；后者是强加给组织的变革，而且常常是不可预见的。[1] 有计划的变革可按照诊断变革问题、制定变革方案和实施变革计划三个步骤来进行。其中，实施计划步骤又包括发布和动员方案、实践中调节方案、及时解决新问题和巩固变革成果四个环节。

根据速度和范围的不同，组织变革可分为渐进式变革（evolutionary change）和激进式变革（revolutionary change）。前者是一种局部的、递增的、强调逐步变化的变

---

[1] [美]斯蒂芬·罗宾斯、蒂莫西·贾奇：《组织行为学》（第16版），孙健敏、王震、李原译，611页，北京，中国人民大学出版社，2016。

革，后者是一种快速的、剧烈的和范围广泛的变革。①

组织变革的第三种类型是战略性变革（strategic change）和基层式变革（grassroots change）。前者指由行政长官、高层主管、顾问等作出的抉择，行动具有广泛而深远的影响；后者指那些发生在地方或街道层面上的变革，组织中的中层领导、基层管理人员及在一线工作的员工都要参与变革。②

（三）组织变革的机制分析

组织变革的机制涉及组织变革的动因、阻力及消除阻力的策略三个方面。

1. 组织变革的动因

变革的动因有许多，有些是外部的，有些是内部的。外部环境包括经济、政治、社会、文化、人口、市场、自然环境等，任何一种因素都可能成为促使组织变革的强大力量，对组织的发展产生深远的影响。从组织内部来看，促使组织变革的因素主要有以下几个方面：组织运行状况不佳，效率和效益下降；组织战略的改变；组织结构存在缺陷；组织规模的变化；人力资源的变化；价值观的变化。譬如，对于价值观这一因素，有学者认为组织变革完全是因为价值观。我国还有学者基于教育变革伦理问题提出了"当代中国中小学组织变革的价值范式研究"的课题。这些都会促使组织进行变革，以提高对内外环境的应变能力。

2. 组织变革的阻力

斯蒂芬·罗宾斯从个体和组织两个层面对组织变革阻力进行了区分，其中个体阻力被认为来自基本的人类特征，主要包括习惯、安全感、经济因素、对未知的恐惧、选择性信息加工这五个方面。③ 除了上述五个阻力源，里基·W. 格里芬等人认为还有第六个社会因素，即人们可能会因为担心他人的看法而抵制变革。④

制约组织变革的阻力中有一部分是来自组织自身的，因为组织就其本质来说是保守的。这些阻力源又有六种。第一，结构惰性。组织拥有的内在的机制很可能会充当变革的反作用力。第二，有限的变革关注。子系统中的有限变革很可能会因更大的系

---

① ［美］珍妮弗·M. 乔治、加雷思·R. 琼斯：《组织行为学》（第 5 版），于欣、章文光等译，519 页，北京，北京大学出版社，2010。

② ［美］罗伯特·B. 登哈特、珍妮特·V. 登哈特、玛丽亚·P. 阿里斯蒂格塔：《公共组织行为学》，赵丽江译，373 页，北京，中国人民大学出版社，2007。

③ ［美］斯蒂芬·罗宾斯、蒂莫西·贾奇：《组织行为学》（第 16 版），孙健敏、王震、李原译，612～613 页，北京，中国人民大学出版社，2016。

④ ［美］里基·W. 格里芬、格利高里·摩海德：《组织行为学》（第 8 版·精要版），刘伟、狄红秋译，489 页，北京，中国市场出版社，2011。

统问题而变得无效。第三，群体惰性。即使个体想改变自身的行为，群体规范也会成为约束力。第四，对专业知识的威胁。组织模式的变革可能会对特殊群体的专业知识构成威胁。第五，对已有权力关系的威胁，使既得利益者反对变革。第六，对已有资源分配的威胁。组织中控制一定数量资源的群体，常常把变革视为一种威胁。①

3. 消除阻力的策略

认识到组织变革的阻力后，如何消除阻力呢？斯蒂芬·罗宾斯同时提出了可以使用的六种策略。第一种是教育和沟通，通过个别交谈、小组讨论等方式进行沟通，使变革的阻力降低。第二种是参与，即把持反对意见的人吸收进决策过程中来。第三种是促进与支持，通过提供大量的支持性的措施来减少阻力。第四种是谈判，同具有强大影响力的个人和部门进行谈判。第五种是操纵和收买，前者指的是暗地里施加的影响力；后者同时包括了操纵和让反对者参与两种方式。第六种是强制的手段，即直接对抵制者实施威胁和压力。②

总体来说，采用系统观点可将组织变革策略概括为三种。一是权力—强制策略。假设人们总是回避变革，那么强制或诱导战略是必要的。变革最初是凭借强制和权力进行的。法律和规章的使用，奖优罚劣的计划，招聘方面的变革等措施都被认为是必须的。二是理性—经验策略。假设人类是能被"客观性"知识说服的理性群体，那推动变革的人应该努力凭借实验等方式来展示变革的力量，进而去说服变革的潜在受益者。三是规范—再教育策略。该教育策略认为变革更应该发生在个体的态度、信仰、标准、价值观等内在层面。当组织内部的价值观一致的时候，变革成功的概率便会大大提高。因此，变革最重要的工作是通过更新人们的意识，营造愿景，激发动力，形成文化。③

在变革时，不同的阶段任务需要选择不同的策略。权力—强制策略主要用在变革过程中行政管理制度的制定上。比如骨干选拔制度、教师的奖惩制度、各种资源的再分配制度、人事制度、工资制度等。理性—经验策略可用于变革初期引导组织人员感知变革的动因、可能带来的益处，有助于树立进一步变革的信心。规范—再教育策略可用于变革全过程。变革初期通过吸引行动者共同参与变革方案确定统一

---

① ［美］斯蒂芬·罗宾斯、蒂莫西·贾奇：《组织行为学》(第16版)，孙健敏、王震、李原译，614～615页，北京，中国人民大学出版社，2016。

② ［美］斯蒂芬·罗宾斯、蒂莫西·贾奇：《组织行为学》(第16版)，孙健敏、王震、李原译，615页，北京，中国人民大学出版社，2016。

③ ［美］罗伯特·G.欧文斯、托马斯·C.瓦莱斯基：《教育组织行为学：领导力与学校改革》(第11版)，吴宗酉译，288～294页，上海，华东师范大学出版社，2021。

价值观，营造共同愿景。变革中期通过民主工作流程再造，更新人员意识，激发工作动力。变革后期通过协调各方面利益，形成文化。

(四)组织变革的模式

组织变革是一个复杂、动态的过程，需要有系统的理论指导，影响比较大的理论模型有以下几种。

1. 卢因的三步模型

库尔特·卢因(Kurt Lewin)认为，成功的组织变革应该遵循以下三个步骤：解冻(unfreezing)现状，移动(movement)到新状态，重新冻结(refreezing)新变革使之恒久。(见图 3-1)

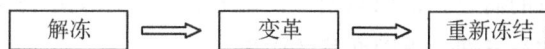

解冻 ⟹ 变革 ⟹ 重新冻结

图 3-1　卢因变革模型

现状可以被视为一种平衡状态，要打破这种平衡状态，必须先"解冻"，它可以通过以下三种方式实现：一是增加引导行为脱离现状的力量；二是减少阻碍偏离现有平衡状态活动的力量；三是以上两种方法的结合。一旦变革付诸实施，要想成功，还需要重新冻结新形势，使它长久保持下来。卢因的三个变化步骤将组织变革视为对组织平衡状态的打破，变革是必不可少的。[①]

2. 行动研究模式

行动研究指的是这样一种变革过程：它首先系统地收集信息，然后在信息分析的基础上选定变革行为。行动研究包括五个阶段：第一是组织，发起变革前，需要从组织成员那里收集变革需求方面的信息进行诊断；第二是分析，将有关信息综合成人们主要关心的问题、问题的范围及可能采取的行动；第三是反馈，即让员工分享前两步发现的问题，由员工需要实施变革的行动计划；第四是行动，包括人力、物力、财力等资源的优化配置、组织重构和确定发展战略等；第五是评价，以收集到的原始资料为标杆，对活动计划的有效性进行评估。行动研究的有利之处是着眼于问题，由所发现问题的类型决定采取何种行动。另外，行动研究中包括员工的参与，所以减弱了变革的阻力。[②]

---

① ［美］斯蒂芬·罗宾斯、蒂莫西·贾奇：《组织行为学》(第 16 版)，孙健敏、王震、李原译，616～617 页，北京，中国人民大学出版社，2016。

② ［美］斯蒂芬·罗宾斯、蒂莫西·贾奇：《组织行为学》(第 16 版)，孙健敏、王震、李原译，618 页，北京，中国人民大学出版社，2016。

3. 系统变革模型

系统变革模型是在更大的范围内解释组织变革过程中各种变量之间的相互联系和相互影响关系。这个模型包括输入、变革元素和输出三个部分。输入部分包括内部的强项和弱项、外部的机会和威胁，其基本架构是组织的使命、愿景和相应的战略规划；变革元素包括目标、人员、社会因素、方法和组织体制等，组织需要根据战略规划，组合相应的变革元素；输出部分是指变革的结果，应从组织、部门群体和个体等方面增强组织的整体效能。组织必须在稳定性、持续性、适应性、革新性之间保持一个动态平衡。

从上述理论模型可以看出，组织变革的程序步骤一般有以下方面：研究组织的内外环境，确认变革的需要；认识问题，找出差距；提出变革行动方案；实行变革，评定变革的效果；实行反馈，巩固变革的成果。

(五)组织变革的趋势

国内外企业组织架构已经或即将发生的变化的主要趋势可概括为：扁平化、弹性化、网络化、开放化。

扁平化趋势：传统的组织结构多为金字塔形，其优点是分工明确、便于监控等。但其缺点也很明显，主要表现为机构臃肿、效率低下等。所谓扁平化，就是减少中间层次，增大管理幅度。管理层次的减少，缩短了上下层的距离，提高了信息传递的速度和办事效率；管理幅度的加大，迫使上司适度授权，对发挥员工的创造性极为有利。

弹性化趋势：指一个组织适应变化的能力和灵活性。组织为了实现某一目标而把在不同领域工作，具有不同知识和技能的人集中于一个特定的动态团队之中，共同完成某个项目，等项目完成后团队成员各回各处。这种机动团队的优点是灵活机动、博采众长、集合优势，不仅可以大大降低成本，而且能够促进人力资源的开发。

网络化趋势：指的是组织各部分之间是平等、互利的协同关系。企业形式集团化，众多企业之间的联系日益紧密起来；企业组织架构日趋扁平，横纵向的联络增多；信息技术的发展，信息交流越来越无差别、无层次，这些都促进了企业内部组织的日趋网络化。组织不再像传统直线式设计那样，设置太多太细的中层机构，而是构建纵横交错、充分合作的网络型机构。

开放化趋势：组织规模日益庞大和复杂将使部门的划分更细，专业化程度也将更高，各部门会拥有较高的独立性和自主权，并将作为独立的单位对外开放。在高度智能化和信息化的今天，组织与外界的沟通也日渐无缝化，呈现出更大的开放性。

开放性的经营管理需要完善和变革组织机构，这是发挥组织内外管理资源的有力保障。以学校来说，要允许社会各界人士和学生家长通过家长委员会等，列席学校各项会议，参与学校决策和活动，为学校的发展建言献策。

二、学校组织变革理论

学校是担负教与学双重任务的服务型组织。与其他类型的组织相比，学校的最终目的是学生的学习，学校更应该成为学习型组织。要成为有效的学习型组织，学校必须以适当的方式建构可持续的、支持教与学的结构；发展开放、合作、自我管理的组织文化；吸引办事可靠、有效及敢于变革的个体；建构促进共同决策和持续沟通的机制，以提高组织的适应性。总而言之，学校组织作为组织的一类，也应该随着环境的变化而进行组织变革。

学校组织变革是指学校整体转型，是学校为了适应外部环境和组织内部改善，有目的、有计划地改变学校组织的目标与信念、结构、管理、领导与教学等，促使师生主动发展与学校效能提升的过程。

(一)学校组织变革理论的代表性观点

1. 霍伊(Hoy)与米斯克尔(Miskel)的观点

继霍尔运用组织量表测量了科层结构的六个核心特征之后，霍伊与米斯克尔进一步将六个特征划分为两大系列：一为"科层的"，二为"专业的"。如果将每一种模式一分为二，组织的科层性和专业性就整合成了学校组织的四种结构类型，如表 3-1 所示。[①]

表 3-1　学校组织结构类型的专业模式

科层模式	专业模式	
	高	低
高	韦伯结构	权威结构
低	专业结构	混乱结构

韦伯结构是一种专业化和科层化相互补充的结构形式；权威结构则是在牺牲专业性的同时强调科层权威，权威是建立在职位和等级制度基础上的；专业结构是由专业人员作出重要决策的结构，这一群体的成员被认为是拥有专业知识的专业人员；

---

① ［美］韦恩·K. 霍伊、塞西尔·G. 米斯克尔：《教育管理学：理论·研究·实践》(第 7 版)，范国睿主译，94~97 页，北京，教育科学出版社，2007。

混乱结构是一种科层化水平与专业化水平都很低的组织结构。

学校的四种结构在特征属性上有所不同，对学校组织发展的影响也有积极和消极之分。霍伊与米斯克尔据此进一步揭示了学校结构变革的趋向，如图 3-2 所示。①

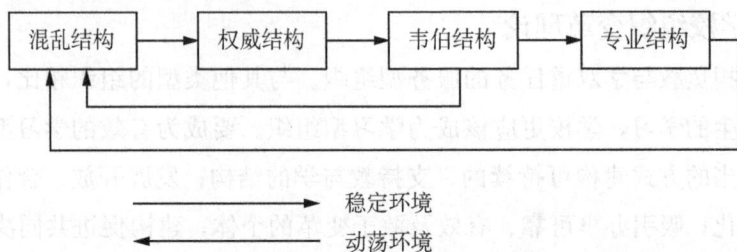

图 3-2 学校组织结构变革的趋向

第一，由混乱结构转向权威结构。由于学校结构中的混乱结构毫无效能可言，强大的压力会促使它向其他结构形式转变。相对而言，从混乱结构转向权威结构比较自然，也比较容易。要使混乱局面变得有秩序，变革者会转向严格的科层程序与权威程序，以维持秩序。

第二，由权威结构转向韦伯结构。权威结构中预期的冲突虽然低于混乱结构中的冲突，但高于韦伯结构与专业结构中的冲突。在韦伯结构中，组织的正式特征与非正式特征融为一体，在简单而又稳定的环境中能最有效地发挥作用。因此，学校结构发展的下一个逻辑阶段是转向韦伯结构。

第三，由韦伯结构转向专业结构。作为一种工作，教学变得更为专业化；在稳定的、复杂的环境中，专业组织具有高效能的潜力，一些学校的结构从韦伯结构转向专业结构。

在霍伊和米斯克尔提出的学校发展模式中，学校逐渐从混乱结构转向权威结构，再到韦伯结构，再转变为专业结构。但他们也指出，由于环境混乱、变化多端，这些学校有可能会倒退回原来的混乱结构。

2. 明茨伯格的观点

明茨伯格将结构描述为组织根据任务进行劳动分工并促使员工相互协调的方式。这些协调方式有五种：相互调节、直接监管、工作过程的标准化、产出标准化及工人技能的标准化。另外，他还界定了组织的五个主要构成部分，即操作核心、战略

---

① [美]韦恩·K.霍伊、塞西尔·G.米斯克尔：《教育管理学：理论·研究·实践》(第7版)，范国睿主译，97～99页，北京，教育科学出版社，2007。

顶层、中间层、技术结构、支持人员。① 将组织的五个构成部分与五种协调机制结合起来，就构成了五种基本的组织结构，表 3-2 列出了五种基本的学校组织结构。

表 3-2　五种基本的学校组织结构

结构类型	关键部门	协调机制	特征
简单结构	战略顶层	直接监管	非科层化、高度集权化
机械科层制	技术结构	工作标准化	科层结构、运作标准化、充满控制
专业科层制	操作核心	技能标准化	科层结构、分权化、标准化、扁平化
简单科层制			高度集权化、高度科层化、专业化有限
政治组织			与权力有关，是一种功能障碍的结构

在五种组织结构中，理想的形式是专业科层制，组织变革的方向是专业化。组织常常在开始时以简单结构或临时体制形式出现，根据设计变量或权变因素而转为其他组织形式。但是并不存在最佳的组织结构，只有与权变因素形成匹配关系并在组织中具备一贯性的组织，才可以获得成功。

3. 霍伊和斯威特兰的观点

霍伊和斯威特兰根据学校中的形式化（规则、制度与程序系统）与集权化（权威等级体系），将学校结构分为促进型学校结构（enabling school structure）和阻滞型学校结构（hindering school structure）两大类。两种学校结构在形式化、集权化、过程、情境等方面具有不同特征：促进型学校结构是发现帮助教师取得成功的方法，而不是监视教师的行为以确保服从，通常可以提高管理效能，促进学校良性运作。与此相反，阻滞型学校结构使教师有一种权力失落感，易产生角色冲突，并服从于规则和等级制度，从而导致消极后果。在对学校结构进行变革时，要及时检视现有的结构具有的阻滞因素，实现由阻滞型学校结构到促进型学校结构的转变。

(二)学校组织变革的理论基础

从上述学者的研究理论来看，无论是对学校的结构类型进行划分还是对学校结构变革趋向进行讨论，都离不开对学校组织中科层取向和专业取向的关系的探究。学校组织变革的理论基础就是组织中科层取向与专业取向的融合。按照科层制和专业性两个维度划分，我们已经知道，学校中可能至少有两类基本组织：一类是负有

① ［加］亨利·明茨伯格：《卓有成效的组织》（珍藏版），魏青江译，16 页，北京，中国人民大学出版社，2012。

制度与管理职能的科层组织；另一类是专业组织，负责实际的教与学的技术过程。在学校组织中专业性和科层制之间存在差异与冲突：专业行为的根本基础是专业知识；而科层行为的最终辩护是它与组织规章制度的一致性以及上级的同意。这一点就成为科层和专业之间的矛盾冲突——"专业知识和自治"与"科层纪律和控制"之间的冲突——的主要来源。①

尽管存在着冲突，但两种取向的趋势是相互融合。第一，学校组织中若只有机械的科层制、硬性的规章制度，而缺乏共同的目标、愿望及主体意识、民主意识等，那么就无法进行有效的管理活动。第二，学校组织要常葆生命力，关键在于组织中的人。学校组织中的主体之一——教师，有着自己的需要和追求、自己的情感和意志，在组织决策过程中也应当拥有较大权力。第三，从事实层面来看，现行的学校同时存在两个权力系统，一个是科层的，一个是专业的。只是每所学校在处于科层化多一些还是专业化多一些的发展状态上程度不一。我们可以预测，专业化与科层化的结合需要一个最适当的水平，只有在这一水平达到平衡时才有可能获得理想的管理效果。尤其是在学校结构变革中，更要追求这样一种融合：在学校结构基本上是带有权威特点的科层制的基础上，使学校组织多一点专业性。上述组织变革理论共有的一条线索，就是对学校组织中的两种取向——科层取向与专业取向之间的相容共生作出的尝试。

(三)学校组织变革的影响因素

在组织的结构变革中，理想的学校是专业模式，但是大多数学校并非专业组织。这是因为学校组织同其他组织一样，变革会受到许多因素的影响。

1. 学校规模和办学时间长短

随着学校规模的扩大，学校中的非正式关系和直接监管很有可能被形式化和科层控制所取代。②

2. 学校的目标任务

学校的组织结构是为实现学校的目标任务服务的，如果学校的目标任务发生变化，组织结构也将随之发生变化。课程改革、教学改革、教师发展等都将带动学校组织的适应性改变。

---

① [美]韦恩·K. 霍伊、塞西尔·G. 米斯克尔：《教育管理学：理论·研究·实践》(第 7 版)，范国睿主译，115 页，北京，教育科学出版社，2007。
② [美]韦恩·K. 霍伊、塞西尔·G. 米斯克尔：《教育管理学：理论·研究·实践》(第 7 版)，范国睿主译，110 页，北京，教育科学出版社，2007。

3.学校的办学条件

学校的硬件资源对变革效果有重要影响；学校的管理技术与手段也在影响着学校的组织结构。信息技术发展使学校组织网络化，网络化扩大了学校组织的信息资源，使学校组织结构趋于扁平化。

4.学校的外部环境

一个组织的结构必须与它的环境相适应，组织受外部控制的程度决定了组织的集权化和科层化程度，就是说组织越是由外部控制，就越有可能走向集权化和科层化。经济全球化推进社会结构的转型也将深刻影响学校组织，信息化正在改变人们的思维方式，也可能会改变学校组织传递知识的方式。

5.学校中人的因素

学校中人的因素对组织结构的影响是客观存在的，并且无法回避。学校管理者及教师的文化价值观影响着学校的组织结构。

6.学校中技术的因素

学校中技术的因素主要涉及技术体系的复杂性与常规性程度。如果认定技术体系是复杂的，那么就需要高度专业化的人员，并要求决策分权化；而如果认定技术体系是常规性的，那么就可以通过科层程序来规范技术体系。

三、学校组织结构创新

影响学校组织变革的因素十分复杂，构建富有成效的组织结构要求该结构与组织目标、环境、技术和人员等相匹配，并平衡一些由既要秩序又要自由这一基本的组织两难问题导致的相互抵触的力量。①

(一)学校组织结构的一般模式

要实现组织结构创新，需对学校组织结构的一般模式有所了解。

1.直线型学校组织

这类组织由一位上级领导负责指挥，命令从上至下层层下达，形成直线式指挥链条。② 这是一种金字塔型的结构，是学校组织发展的早期形式，权力高度集中。领导者实行的是没有职能机构的"个人管理"，他必须处理学校中的一切事务(如教学、德育、后勤等)，并承担责任，如图 3-3 所示。

---

① ［美］韦恩·K.霍伊、塞西尔·G.米斯克尔：《教育管理学：理论·研究·实践》(第 7 版)，范国睿主译，81 页，北京，教育科学出版社，2007。

② 陈孝彬、高洪源：《教育管理学》，345 页，北京，北京师范大学出版社，2008。

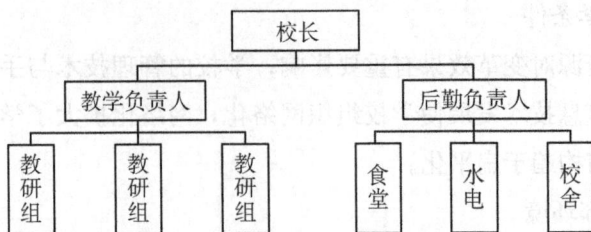

图3-3 直线型学校组织结构

2. 职能型学校组织

这是一种典型的分权结构，在学校管理中层设教务处、德育处和总务处等分工负责的职能部门。各职能部门各司其职，在其职能范围内，直接指挥下级单位的工作，同时监督同级其他职能机构的工作，如图3-4所示。

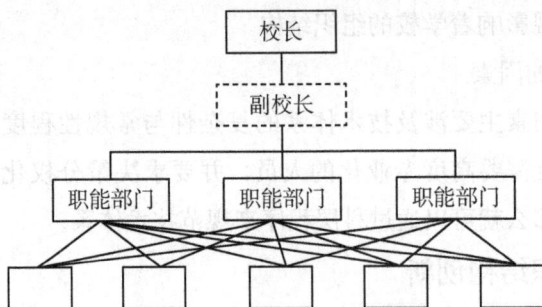

图3-4 职能型学校组织结构

3. 直线职能型学校组织

直线职能型组织是直线型组织和职能型组织的结合体。在保证直接指挥的前提下，能够充分发挥各职能部门的专业优势，对其他部门的工作给予指导、提出建议，起到一定的参谋作用。直线职能型学校组织具体来说有四种结构，如图3-5至图3-8所示。

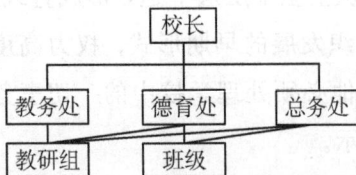

图3-5 直线职能型学校组织结构一

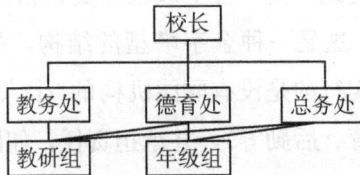

图3-6 直线职能型学校组织结构二

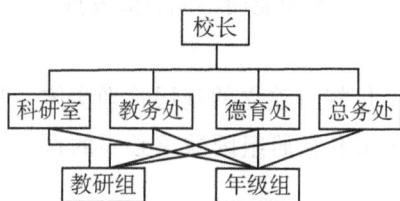

图 3-7 直线职能型学校组织结构三

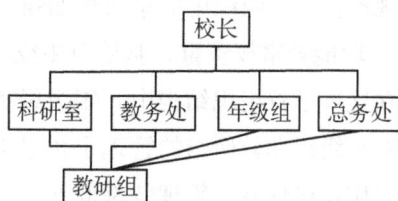

图 3-8 直线职能型学校组织结构四

4. 事业部型学校组织

这是一种用分权形式来管理学校的组织形式，以工作性质与内容为基准进行部门的划分和组合。如在学校总组织下设小学部、初中部、高中部等事业部，又如在一个超大规模学校，把每个年级分成 2~3 个独立分部。各事业部都独立运作，享有具体的经营管理权，如图 3-9 所示。

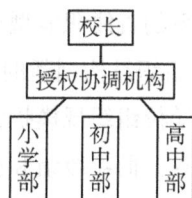

图 3-9 事业部型学校组织结构

(二)传统学校组织结构模式的弊端

传统学校组织形式的结构性能在不同程度上都表现出有限性。如直线型组织因为结构简单只适用于小型学校，当工作头绪繁杂时，领导者容易陷入日常行政事务而无法集中精力研究学校的重大问题；职能型组织由于存在着不同职能部门的多重指挥而容易产生冲突；事业部型组织存在重复设置管理机构、人员的情况，会造成学校管理成本增高和各事业部的本位主义倾向等。我国现行主要的学校组织形式是直线职能型组织，即实行"校长—职能部门—年级组、教研组—备课组—教师"的五级管理体制。虽然几经变革，但依然没有能够摆脱其局限，具体表现在以下几个方面。

1. 组织层次过多，工作效率低下

逐级的金字塔型组织结构，层次过多，导致信息的流通延缓和失真；加之行政管理人员与职能部门的职责权限难以明确区分，因而容易造成多头领导的情况，使下级单位与个人无所适从，从而影响工作效率和工作质量。

2. 缺乏沟通，容易造成冲突

不仅上下层职能部门之间缺乏沟通，平行组织之间也缺乏一定的横向交流与协作，各职能部门之间不易沟通，协调困难，易产生冲突。

3. 行政事务比例大，专业发挥受限制

直线职能型组织在组织的科层取向与专业取向之间更易倾向于科层取向，由于学校规模扩大,组织中的集权化加强,如此,教研组的职能便不能有效发挥。

4. 职能处室权责重,基层自主权不足

在这种学校组织结构中,年级组和教研组不是相对独立的基层管理实体。职能处室对年级组和教研组的管理干预过多,而年级组和教研组因缺乏必要的自主权而导致工作积极性差、管理效率低下。

(三)学校组织结构创新动向

由于国家多项政策因素的强力推动,学校的规模呈扩张趋势,传统的五级科层管理体系的直线职能型组织无法适应大规模学校的有效运行,组织结构亟待创新。

1. 组织结构创新的重点

当学校组织规模扩张时,学校会设置"年级组"(或"年级部")来分担学校中层机构的任务。而年级组和教研组由于在科层性和专业性上具有不同的取向,又难免会产生摩擦和冲突。在一些组织运转不够协调的学校,年级组认为教研组是一个教学研究组织,不具有行政权力,无权评价教师工作;教研组则认为年级组由同一个年级的各个学科教师组成,没有学科专业性,因此,年级组和教研组对立起来。事实上,年级组与教研组不应该、也不可能被偏废。在学校组织变革之中,如何确定教研组、年级组在整个组织结构中的位置,找到纵向控制和横向协调之间的平衡点,是当前学校组织结构创新的重点所在。

2. 组织结构创新的模式

组织结构创新的几种模式包括:委员会结构、矩阵型结构、虚拟网络结构、全体共治型团队结构。

委员会结构是相对于单一制组织结构来说的,在这种结构中,直接承担领导责任的不是某一个人而是一个委员会。委员会制是一种由委员会的成员以同等的地位参与合议并作出决策的制度,不同于单一等级制。其特点是决议与执行分离,决议部分的组织由委员会组成,执行部分的组织则与直线制类似。一经决议,就由相关负责人代表委员会去全权执行。英国中小学实行的校董会领导下的校长负责制,就是委员会制的典型代表。

矩阵型结构意味着一个组织采用项目结构和职能结构相结合的组织形式。项目系统是为完成某一任务而设,由项目负责人进行组织管理;职能系统由职能部门进行管理。两套系统纵横交错,构成一个矩阵形式,其组织成员同时归属于这两个系统,同时向这两个系统的管理者报告工作。各职能部门具有从上而下的同样性质的功能,而项目部门的功能是以不同性质为中心来探讨新的问题。如图 3-10 所示。

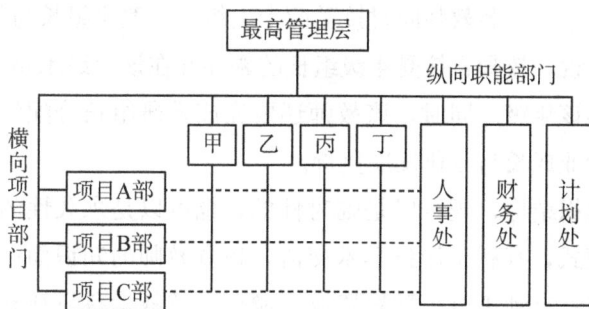

图 3-10　矩阵型结构

虚拟网络结构是一个集群，其组成部分既相互独立，又松散地联结在一起。部门是为了共享信息、完成任务而通过电子化方式联结在一起的独立组织。部门可以分散在世界的各个角落，而不一定必须集中在同一个地方。如图 3-11 所示。

全体共治型团队结构是新的部门组合方式。[①]　在这种组合中，整个组织由自我管理团队构成，每个自我管理团队由完成特定任务或活动所需的人员组成。

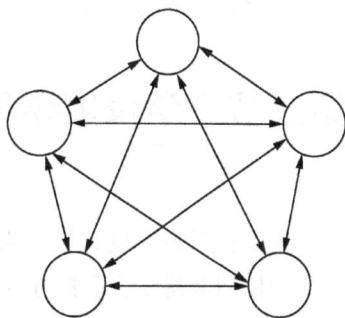

图 3-11　虚拟网络结构

就学校组织结构来说，变革既要符合组织结构的扁平化趋向，又要达到组织中科层取向与专业取向的融合，因此，可以尝试建立组织的矩阵型结构，既保持学校组织原有的纵向直线职能结构，又以年级组为单位进行横向交流与协作。具体而言，就是做到教研组与年级组的有机结合：纵向以学科为导向，由教研组长实施管理，缩短教师与校长之间的距离，使校长直接了解教学动态，教师直接体验校长的决策智慧；横向按年级进行组织，由年级组长实施管理，设立备课组，加强不同学科之间的教学协作。如图 3-12 所示。

图 3-12　学校矩阵型结构

---

①　［美］理查德·L.达夫特：《组织理论与设计》（第 13 版），王凤彬、石云鸣、张秀萍等译，116页，北京，清华大学出版社，2022。

在矩阵型结构中，一名教师同时接受两个上级——教研组长与年级组长的领导。从科层隶属关系上说，教师直接受年级组长的领导并在该年级承担教学、科研工作，在编制上直接归属该年级。同时，该教师还要完成教研组长分配给他的任务，教研组长要对教师的专业成长与专业发展负责。

建立矩阵型组织结构，既可以是临时性的，也可以是永久性的。实行矩阵型学校基层教学管理模式，有利于加强学术交流，拓宽教师的知识面；有利于教师的科学发展和知识创造；有利于合理配置资源，避免学校教学科研活动中的浪费；有利于学校教学质量的提高。在现阶段，它能够有效地协调年级组与教研组之间的关系，使二者获得平衡与发展。

第三节　学校领导体制改革

在现代学校制度建设成为学校改革重点内容的今天，重新审视学校领导体制成为现代学校制度建设的重要内容。新中国成立以后，公立中小学的内部管理体制屡经变化。直到1985年5月27日《中共中央关于教育体制改革的决定》颁布，才确定了我国中小学长期实行的内部领导体制。2022年，为了适应时代发展和学校治理需求，我国对学校领导体制进行了一次新的变革。

一、中小学学校内部领导体制的演进

新中国成立以来，在不同历史时期，我国学校内部的领导体制出现过不同的形式，现简述如下。

（一）校务委员会制度（1949—1952）

新中国成立初期，学校内部普遍实行校务委员会制度，规定由进步的教职工代表和学生代表组成校务委员会，校长则由政府委派。

（二）校长责任制（1952—1958）

1952年，政务院批准实施校长责任制。同年3月，教育部颁布试行《中学暂行规程（草案）》和《小学暂行规程（草案）》，其中规定：中小学实行校长责任制，设校长一人，负责领导全校工作，校长由省、市人民政府任命。于是，中小学内部建立了校长责任制的领导体制。但是，由于这种体制没有规定相应的监督机制，因此，在学校的实际运作中出现了一些弊端，如滋长了校长独断专行的风气。

（三）党支部领导下的校长负责制（1958—1963）

整风运动之后，国家提出在中小学设立党支部，实行党支部领导下的校长负责

制。这种体制以党代政，使得行政机构和行政负责人无法在学校领导中发挥作用，导致学校管理效率低下，无法保证教育质量水平。

（四）地区党委和教育行政部门领导下的校长负责制（1963—1966）

1963 年 3 月，教育部颁布相关条例，对学校领导体制做了新的规定。《全日制中学暂行工作条例（草案）》和《全日制小学暂行工作条例（草案）》规定："校长是学校行政负责人，在当地党委和主管的教育行政部门领导下，负责领导全校的工作……学校党支部对学校行政工作负有保证和监督的责任。"这种体制明确了学校党支部的职责，使行政部门的作用得到了发挥，在一定程度上提高了学校的教学质量。但是，以党代政的现象并没有得到彻底解决。

（五）革命委员会制（1966—1978）

1966 年到 1976 年，以校长为首的行政组织机构被取消。这造成了学校领导体制的混乱，使原有的学校领导体制遭到严重的破坏。

（六）党支部领导下的校长分工负责制（1978—1985）

1978 年，教育部修订了《全日制中学暂行工作条例（草案）》。其中，第 41 条指出："实行党支部领导下的校长分工负责制。学校的一切重大问题必须经过党支部讨论决定。校长是学校行政负责人，要贯彻执行党的教育方针，执行上级党委、教育行政部门和党支部的决议。"但是，这种体制依然没有解决以党代政问题，因此仍然没有提高学校的管理效率。

（七）校长负责制（1985—2021）

1985 年 5 月 27 日，《中共中央关于教育体制改革的决定》颁布，其中明确规定："学校逐步实行校长负责制，有条件的学校要设立由校长主持的、人数不多的、有威信的校务委员会，作为审议机构。要建立和健全以教师为主体的教职工代表大会制度，加强民主管理和民主监督。"①这一体制不仅明确了要在中小学实行校长负责制，而且主张建立校务委员会作为审议机构，并且提出了健全民主管理和民主监督机构的要求。

1993 年 2 月 13 日，中共中央、国务院正式印发了《中国教育改革和发展纲要》，其中第 17 条规定："中等及中等以下各类学校实行校长负责制。校长要全面贯彻国家的教育方针和政策，依靠教职员工办好学校。"《中国教育改革和发展纲要》不仅肯定了 1985 年《中共中央关于教育体制改革的决定》中关于"实行校长负责制"的规定，

---

① 《关于教育体制改革的文件》，17 页，北京，人民出版社，1985。

而且进一步扩大了校长负责制的实施范围，重申了加强党的领导和依靠教职工办好学校的重要性。

第二次修订后的《中华人民共和国义务教育法》第二十六条明确规定："学校实行校长负责制。校长应当符合国家规定的任职条件。校长由县级人民政府教育行政部门依法聘任。"从此，我国义务教育学校实行校长负责制就有了明确的法律依据。

《国家中长期教育改革和发展规划纲要（2010—2020年）》规定，要完善普通中小学和中等职业学校校长负责制；《依法治教实施纲要（2016—2020年）》指出要健全校长负责制。由此可知，新中国成立以来，学校领导体制几经更改，中小学"校长负责制"的内部领导体制自1985年起实行了30余年，影响深远，并持续演进。

（八）党组织领导的校长负责制（2022年至今）

党的十八大以来，着眼新时代的现实需要，在坚持和加强党的全面领导的总方针下，国家开始调整中小学校领导体制，有计划地在一些地区开展前期探索，逐步强化党组织参与中小学治理的职能和权限。

2016年6月，中央组织部、教育部党组发布的《关于加强中小学校党的建设工作的意见》，虽然沿用"政治核心"定位，并未直接改变校长负责制，但增加了党组织"参与决定重大问题"的表述，扩展了党组织的职权范围。

在2018年7月的全国组织工作会议上，习近平总书记指出，"在中小学、医院、科研院所，党组织领导的校长（院长、所长）负责制还没有建立起来"①，首次提出在中小学建立党组织领导的校长负责制的要求，并明确中小学党组织的核心职责是"把方向、管大局、保落实"。2019年6月，国务院办公厅印发的《关于新时代推进普通高中育人方式改革的指导意见》规定："要加强普通高中学校党组织建设，发挥党组织把方向、管大局、保落实的领导作用。"同月，中共中央、国务院印发的《关于深化教育教学改革全面提高义务教育质量的意见》规定要"充分发挥学校党组织领导作用"。

2022年1月，中共中央办公厅印发《关于建立中小学校党组织领导的校长负责制的意见（试行）》（本章以下简称《意见》）②，标志着中小学领导体制的正式变革。在新阶段，不断健全中小学校党组织领导下的校长负责制成为健全党对教育工作全面领导的制度体系、完善中小学管理体制、建立健全立德树人系统化落实机制的必然要求。

---

① 习近平：《在全国组织工作会议上的讲话（2018年7月3日）》，12～13页，北京，人民出版社，2018。

② 《关于建立中小学校党组织领导的校长负责制的意见（试行）》，载《人民日报》，2022-01-27。

二、党组织领导的校长负责制

作为一项新的内部领导体制，不同于校长负责制下校长是学校各项工作的领导核心这一点，学校党组织领导的校长负责制的实质是，既确立中小学校党组织在学校中的领导核心地位，又充分发挥校长在行政工作中的关键作用，并协调好党组织领导与校长负责的关系。下面将从制度缘起、重点内容与目标效能三个方面对其展开全面剖析。

（一）制度缘起

校长负责制本身显现的多重问题以及现代中小学校办学模式的变化等原因，决定了校长负责制已不能胜任新时代使命，只有党组织领导的校长负责制才能回应诸多艰巨挑战，真正抓住发展机遇。

1. 校长负责制显现多重问题

（1）激励机制不足，难以激发个人作为

从新制度经济学的理论视角[①]出发，在校长负责制下，公立中小学校长实质上就是政府授权或委托经营管理学校的代理人。而要使这种"委托—代理关系"稳定长效，就必须同时解决两个方面的问题：一方面，要建立一种稳定有效的激励机制，即解决代理人为产权人谋取最大利益的积极性问题；另一方面，要建立一种对代理人行为的有效约束机制，以有效降低代理人损害产权人合法权益行为发生的概率。[②]

就各地的情况看，除各种精神激励外，公立中小学校长的合法经济收入，主要来源于两个方面：一是校长以普通教师身份，获得的与其专业职务（职称）相应的工资及福利待遇；二是校长担任学校领导岗位时，获得的校长岗位津贴。就前一方面看，校长的收入与一个同等资历和职务的专任教师并无差别；就后一方面看，即使是在经济发达地区，校长的岗位津贴每月也难以突破千元大关。这点岗位津贴，相对于校长的劳动和贡献而言，不过是一种象征性的报酬而已。

在物质性激励不足的情况下，校长可能有以下几种精神状况：一是校长精神境界高，不计报酬，甘于清贫，乐于奉献；二是校长感觉自己的贡献远远大于政府给予的回报，于是精神上开始懈怠。合法的物质激励需求得不到满足，有可能导致个别校长在管理中不作为或谋取私利等不良现象的产生。不难发现，校长负责制的实行总的来说与政策预期理想存在一定差距，校长个人在实践中未能充分发挥主观能动性，真正引领一所学校达成发展的既定目标。

---

① 葛新斌：《现行校长负责制变革思路之探讨——从"委托—代理关系"的视角出发》，载《教育科学研究》，2006(4)。

② 胡代光：《西方经济学说的演变及其影响》，391页，北京，北京大学出版社，1998。

(2)监控机制不严,难以约束不法行为

校长负责制属于一长制或首长制,校长集权责于一身,如果不建立相应的制约机制,就会给校长实行家长制或独裁制提供方便。分析了政府与校长"委托—代理关系"中激励措施的现状后,再来分析一下维持"委托—代理关系"稳定长效的第二个方面,即有效的监控机制。就各地实际情况而言,在校长负责制下,无论是内部监控还是外部监控作用均比较有限。学校内部的监控机制,主要包括学校内部设置的党支部、教代会、工会和校务委员会四种机构。但在实际运作中,学校内部的监控机制较难真正有效约束校长的权力。

而从外部监控来看,教育局代表政府(国家)或全体人民,行使公立中小学的财产权和管理权。但在实际运作中,由于存在以下两大难以克服的障碍,教育局的监控能力大打折扣。一方面,从管理学的角度看,大多数县级教育局面临着管理幅度过宽的问题。另一方面,从信息经济学的角度观察,教育局与校长之间存在着严重的"信息不对称性"。这是因为目前教育局获取学校方面的信息,不外乎以下几种:一是自上而下的开学、期中和期末等例行检查;二是从下至上的例行报表、总结和汇报;三是非常规性的教职工检举、揭发和上访等。在上述三种信息渠道中,校长至少可以有效地控制前两类信息通道中所传输的信息内容。

由是观之,校长负责制之下的外部监控机制,同样难以达成有效约束校长权力的预期效果。

(3)权责不明制约学校办学自主权

在校长负责制之下,学校的办学自主权未能得到完全的落实。《教育法》第二十九条明确规定,学校具有以下各项权利:按照章程自主管理;组织实施教育教学活动;招收学生或者其他受教育者;对受教育者进行学籍管理,实施奖励或者处分;对受教育者颁发相应的学业证书;聘任教师及其他职工,实施奖励或者处分;管理、使用本单位的设施和经费;拒绝任何组织和个人对教育教学活动的非法干涉;法律、法规规定的其他权利。

从法律的角度讲,我国的公立学校被授予了相当充分的权利和权能。但是从"学校权利"与"校长权力"的关系来看,校长的权力是不足的。从民法角度看,"学校权利"肯定大于"校长权力"的范围。校长仅仅是学校的一个"法人机关",作为一类社会组织的学校,其整体性的"学校权利"会大于其中一个组成部分的"校长权力"。

从法制的实际实施来看,校长负责制在实施过程中存在法律依据不明确和制度安排不完善问题,国家出台的相关法规存在对校长负责制的概念、校长的法律地位及法定权力指向不明问题。校长负责制不能在法律层面有效地保障校长获得充分权力去履行职责。

学校虽然拥有充分的"办学自主权"，但往往还没有被充分看作从事专业活动的机构。一些地方的教育主管部门在管理学校时，干预学校的课程表制定、教案检查、周程安排、考试时间和次数等一些细微的教育教学活动，如此容易模糊"教育教学组织权"的范畴。可见，为了落实学校的办学自主权，我们亟须打破"校长负责制"的法制困境，使政府能真正放心把权力下放至学校。

2. 办学模式变迁的时代现实需求

21 世纪以来，中小学办学模式发生巨大变化。在"小校并大校"和"集团化办学"改革浪潮中，中小学合并增多，规模不断扩大，师生和党员数量显著增加，"规模大，权力多"成了办学模式新特点，中小学内部领导体制也越来越需要党组织领导的校长负责制。

第一，规模扩大使学校内部治理事务大幅增加。例如，基建、采购、机构设置和干部任免等重大事项大幅增加。另外，"权力下放"是当前教育改革的主导趋势。校长单独负责如此繁重的事务越来越力不从心，中小学迫切需要更完备和更规范的决策、领导机制。

第二，学校领导决策不当将影响国家与社会稳定。民众对教育越来越重视，招生等问题日益成为全社会焦点，并与其他治理难题交织相伴。在校长负责制下，上述事务完全由校长个人决策，缺乏制衡和监督，容易滋生腐败。这不仅会将中小学置于风口浪尖，稍有不慎更可能对国家治理和社会稳定造成系统性影响。

3. 全面加强党对教育工作领导的需要

办好中国的教育，关键在党。[①] 习近平总书记在全国教育大会上提出了教育改革发展的"九个坚持"，其中放在首要位置的就是坚持党对教育事业的全面领导。中共中央、国务院印发的《关于深化教育教学改革全面提高义务教育质量的意见》明确规定党组织要发挥领导作用。当前我们正面临百年未有之大变局。要破除西方势力对我国的围堵和遏制，实现中华民族的伟大复兴，培养时代新人，就必须全面加强党的领导。2021 年 4 月，习近平总书记在清华大学考察时重申："广大青年要肩负历史使命，坚定前进信心，立大志、明大德、成大才、担大任，努力成为堪当民族复

① 王炳林：《党对教育事业全面领导的科学内涵和基本路径》，载《马克思主义理论学科研究》，2020(5)。

兴重任的时代新人。"①习近平总书记对于培养担当民族复兴大任的时代新人的反复强调,是在新时代党和国家事业发展总体布局和战略布局思考下,提出的重大目标和重要任务。而中小学实行党组织领导的校长负责制,既是题中之义,也是新发展阶段切实办好基础教育的需要。

(二)重点内容

在党组织领导的校长负责制下,党组织作为整体嵌入学校治理结构,履行"把方向、管大局、作决策、抓班子、带队伍、保落实"的领导职责,主导治理过程。其重点在决策机制和人事安排两方面作出了系统调整。

在党组织领导的校长负责制下,学校中的党委、党总支或党支部则成为最高领导机构,主持党组织工作的书记成为最高领导者。《意见》指出:"中小学校党组织全面领导学校工作"。这就明确指出,在实行新体制后,学校的最高权力机构和决策中心发生了转移,即由校长过渡到了学校党组织,学校工作中重大问题的决策,包括事关学校改革发展稳定的工作、事关教育教学和行政管理中的"三重一大"问题,事关学校章程等基本管理制度的制定出台,事关干部的教育、培训、选拔、考核和监督,事关教师等人才的培养、招聘、使用、管理、服务以及职称评审和奖惩等,均应由党组织决定。

校长依然担负着领导学校教育教学和行政管理工作的重要责任。《意见》指出:"校长在学校党组织领导下,依法依规行使职权,按照学校党组织有关决议,全面负责学校的教育教学和行政管理等工作。"同时指出,"实行中小学校党组织领导的校长负责制,必须发挥党组织领导作用,保证校长依法依规行使职权,建立健全党组织统一领导、党政分工合作、协调运行的工作机制。"这就清楚地表明,在新体制下校长依然是学校管理工作中的关键人物,承担着全面负责学校教育教学和行政管理工作的职责。党组织领导学校不是具体管理学校,必须支持校长依法行使管理职权。

可以看到,这些规定对学校的决策机制和人事安排产生了直接影响。党组织是学校的决策中心,涉及学校发展的所有重大问题,比如办学方向与办学特色确定、重要岗位设置和人事任免、重大项目实施等都需要由党组织集体、民主讨论,党组织对决策负责。校长负责落实和执行党组织决策,在具体实施过程中,如遇到有争

---

① 人民日报社:《江山就是人民 人民就是江山:习近平总书记系列重要论述综述(2020—2021)》,238页,北京,人民日报出版社,2022。

议的问题，由校长召集校务委员会进行民主决策，校长对决策的执行负责。决策流程如图 3-13 所示。[①]

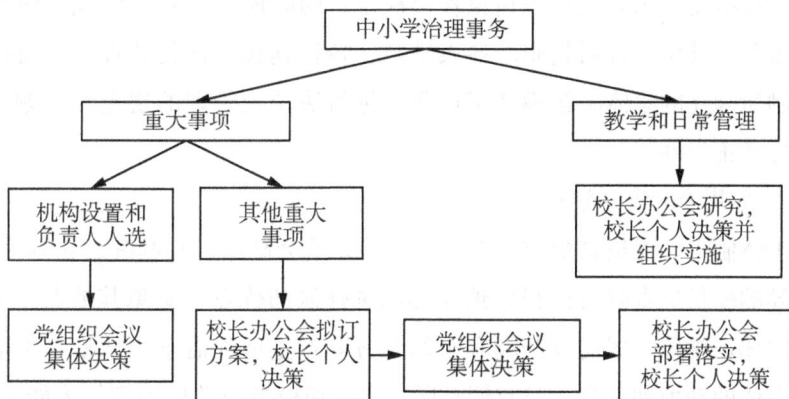

图 3-13　决策流程图

人事安排上的重要调整是党员副校长进入党组织班子。《意见》规定："学校行政班子副职中的党员一般应当进入党组织班子。"这意味着党组织班子人员构成乃至中小学治理结构的基础性变革。在校长负责制下，书记作为个人参与学校治理，但党组织作为整体并不承担太多治理任务，特别是不参与重大事项决策，其主要职责是党务工作。与之相应，在书记之外的党组织班子成员选配上，就是以做好党务工作为出发点，一般安排有一定特长且教学任务较轻的年轻教师。与过往不同，在党组织领导的校长负责制下，党组织班子成员是学校领导班子成员，侧重让党员副校长进入。

（三）目标效能

习近平总书记多次强调，"着力从制度安排上发挥党的领导这个最大的体制优势"，中小学建立党组织领导的校长负责制的目的即在于此。具体来看，体现了三个方面的效能。

1. 以集体领导弥补个人不足

党组织领导的校长负责制实质上是一种集体领导和个人分工负责的结合模式。在学校管理中实行合议制，最大的好处是可以发扬民主，广开言路，有益于集思广益、群策群力作出科学决策。但它也存在不足和弊端，就是容易造成权力界限不明、

---

① 强舸、徐正全：《"中小学校党组织领导的校长负责制"的变迁历程、治理结构与新时代的现实关切》，载《公共治理研究》，2022(5)。

责任边界不清,即谁都理事谁又都不管事、人人都有责任但人人又都不全担责任。为此,《意见》明确规定"学校党组织实行集体领导和个人分工负责相结合的制度",意即重大问题由党组织会议集体讨论作出决定,同时还要对党组织成员做到明确分工,让大家各在其位、各司其职、各谋其政、各行其权、各负其责。党组织领导的校长负责制所确立的集体决策模式可以很好地解决学校管理的规范性问题,提高决策的科学性和正当性。

2. 以民主共治落实办学自主

在组织体制上,无论是单纯的首长制还是委员会制都各有利弊。在制度设计上,党组织领导的校长负责制可以很好地兼顾两种体制的优点,避免其缺点。学校是一个利益共同体,学校发展需要兼顾和平衡各方利益主体的需求,学校办学活力也取决于各个主体的动力和智慧,只有调动所有主体积极参与学校治理,才能集思广益,创新办学。党组织领导的校长负责制能够充分调动校长、管理干部、党员教师和群众参与到学校治理实践中,构建一种多主体参与的民主共治模式。党支部作为政治核心,能够监督学校校长和学校其他领导的权力不被滥用;教师组成教职工代表大会,以职工代表的形式参与学校管理,发挥教师的潜能。赋予权力的同时赋予监督和责任,可以让校长走在阳光下,带领学校走向特色化自主办学,完成国家规定的教育任务,切实为国家培养出优秀人才。

3. 以下放权力激发学校活力

党组织领导的校长负责制,并没有削弱校长的教育教学决策权,相反,倡导地方教育行政部门下放权力给学校内部。可见,在坚持党组织领导核心地位的基础上,校长对党组织负责,同时也还是学校行政事务的最终决策者。校长可以运用战略管理工具,实现纵向关系、水平关系和内外关系的互动协同,实现整合,从而充分发挥中小学校的积极性和创造性,形成党组织充分发挥领导作用、富有效率、更加开放、激发学校活力的治理模式。

三、学校领导体制问题与完善策略

党组织领导的校长负责制是一种具有新时代中国特色的崭新领导体制,必须积极稳妥落实并长期坚持,而这就要求细致分析其在历史经验和理论上可能出现的疑惑或者问题,并提出完善策略。

(一)学校领导体制问题

党组织领导的校长负责制是一种新的治理模式,中小学校在理解和实施中可能面临许多新情况,主要表现在三个方面。

1. 认识问题

长期实行校长负责制所形成的思维惯性，加之各地各校管理情境存在的差异，导致一些认识上的困扰还可能留存。以往的校长负责制，是把决策权、监督权委于一人的管理制度；党组织领导的校长负责制，是把决策权授予某个组织，这就有可能要求决策、监督、执行和履责主体在一定程度上加以分离。在党组织领导的校长负责制下，人们对于党组织所发挥作用的认识可能尚未突破以往单一监督职责的局面，这就多少会影响到党组织真正核心职权与功能的落实。

2. 权责问题

从制度层面来看，党政权责如何妥当配置，可谓是一个"老大难"问题。《意见》是指导全国的宏观性文件，带有一定的概括性和原则性，在具体实施时会遇到各校理解不一的情况。过往经验表明，由权力边界不明、职责界限不清造成的党政分歧或党政不合问题，时常困扰着学校内部管理工作人员。譬如，《意见》规定涉及学校的"三重一大"事项必须提交党组织会议讨论确定，但对于不同规模和层次的学校来说，"三重一大"的具体内涵可能会有所不同。这些都可能在一定程度上影响党组织领导的校长负责制的顺利实施。

3. 功能问题

在党组织领导的校长负责制之下，党组织已经不再是仅仅发挥履行监督的职责，而是要发挥全面领导的作用。这样一来，学校内部的组织关系将会变得更加多元和复杂，它将涉及党组织与教代会、党组织和校务委员会的关系，校长与党组织、教代会和校务委员会等多种双边和多边关系样态。而且，伴随着教育高质量发展的要求，家校关系也将变得尤为重要。如何统筹与协调这些主体和组织的角色和功能，充分发挥其在学校治理中的作用，如何处理这些主体和组织间的关系，必将直接影响到这一体制的运行成效。

(二)学校领导体制完善策略

通过上述对党组织领导的校长负责制面临的新情况新问题的分析，可以厘清未来实践的路径思路。具体而言，为进一步落实党组织领导的校长负责制，可考虑实施以下方法策略。

1. 梳理思想认识

首先，必须从思想上明确党组织领导核心的概念，主要包括以下几个方面。首先，要把握"培养什么样的人""为谁培养人"的办学方向，其中党组织起到了领导核心作用。领导核心不同于政治核心，体现为全面领导、全面负责，作出重大决策而不仅是参与重大决策。① 其次,学校党组织是一个领导集体,而非个人。如果把党组织领导的校长负责制,演变成党组织书记领导的校长负责制,就使得集体领导的委员会制变成了个体领导的首长制,容易出现"书记领导"与"校长负责"的分离。再次,党组织实施全面领导,同时也保障校长行使管理职权。党建工作和学校业务是密切联系的,前者提供保障,后者是检验前者实效的重要方式。为了实现"大党建"思维融合带动教育教学和学校管理工作,党组织要加强舆情搜集研判工作,建立意识形态工作清单,定期开展思想政治工作专项调研,狠抓价值观塑造,打造学校思想文化阵地。最后,要有遵循教育规律的意识。要树立正确的教育观、政绩观、人才观,坚决克服短视行为和功利化教育倾向。

2. 厘清党政权责

首先,通过制定权力清单,明确权限。除了明晰共通权责,还要进一步厘清书记、校长双方的主体权责,重大政治问题由校党组织书记负责,学校业务由校长负责。但是双方都必须遵循议事规则。党组织要按照集体领导、民主集中、个别酝酿、会议决定的原则制定相应程序;校务会或校长办公会作为学校行政议事的决策机构,要部署落实由党组织讨论决定的重大事项,研究处理有关教书育人等工作。通过协调好党政联席会、校务委员会、校长办公会、教职工代表大会等机构的关系,使学校在思想政治工作、学生德育工作、人力资源管理、学校安全保障、纪律监察等方面,实现党政高效协同。例如,对于学校人员都很关注的评奖评优等,可以采用"民主推荐—学术委员会评审—校长办公会审议—党组织委员会审定",或"民主推荐—学术委员会评审—党政联席会审定(党组织委员会、校长办公会)"等议事程序完成。可以一校一案,也可以有一些试点,形成学校个性化工作体系。其次,以教育性发挥为主旨重构党政关系,进一步理顺上级党委和教育行政部门与中小学的关系。上级党委和教育行政部门过往对中小学班子建设的监督、管理、评价、指导不够,客观上可能存在多头管理、管不过来或管得不深、不细、不实等现象。最后,要建立健全多种机制。应当抓紧组织修订各中小学校章程,调整和完善学校的基本制度;要制定落实学校领导的相关重要制度,包括党组织领导职责、书记工作职责、校长工作职责、党组织抓思想政治工作职责和议事规则等;要修订、完善学校其他内部规章制度,如学校人事管理制度、学校财务制度等,保证其与新的学校领导体制一

---

① 代蕊华:《实施中小学校党组织领导的校长负责制需要处理好的关系》,载《江苏教育》,2022 (42)。

致；还要建立校长执行情况报告制度、党组织书记述职评议考核制度等①；要建立党组织内外部监督机制，加强教职工代表大会对学校工作的监督。

3. 发挥领导功能

首先，增强民主参与意识。领导要带头发扬民主，端正工作作风。在日常的学校管理工作中，要平等待人、平易近人，充分听取和尊重班子成员的意见。其次，注重差异性领导。学校党组织统一领导学校党建、行政、学术、民主党派、群团等各方面工作，但针对不同性质的组织，领导方式要有差异性和针对性。最后，重视情感治理。贯彻落实党组织领导的校长负责制，需要运用情感治理的方式对学校组织运转过程中的各类情感问题予以回应和解决。校长应当坚持走群众路线的工作方法，倾听了解学生、教师、家长的声音，了解群众情感需求。针对学生可以建立"学生—班主任—学校"的反馈机制；针对教师可以建立"教师—教导主任—学校"的反馈机制；针对家长，可以增强学校内部以及"家—校—社"之间的情感团结。校长还需要整合校内外资源，加强校园内部的公共空间建设。例如，建立谈心室、活动室，增加操场上的运动设施等，以此提供师生互动的空间基础。同时校长还要通过文化宣传、文化培育和文化活动等多种形式，加强校园文化建设，提高师生的文化认同，建立成员之间的情感联结。

> **案例：P 校组织结构变革②**
>
> P 校创办于 1995 年，坐落于普陀区东部，是普陀区唯一一所民办十二年制半住宿制学校，2015 年拥有 52 个教学班，学生 2000 多人，教职工 151 人。当年学校成功完成第一轮上海市民办特色学校的创建工作，并顺利获得了第二轮上海市民办中小学特色校的创建资格。
>
> 这是一所欣欣向荣的学校，也是一所管理难度很大的学校。学校人员复杂，教师待遇比起公办学校没有明显优势；学校经费紧张，来源渠道单一；学校事务多元，涵盖小学、初中、高中三个学段，提供住宿和校车服务，场地有限但允许学生走班选课……这些都大大增加了 P 校管理难度。但是经过不断探索和变革，P 校在强手如林的上海民办中小学中占有一席之地。其学校改革的成功与组织结构的变革关系密切，总结来看，大致经历了以下阶段。

---

① 褚卫中：《加强中小学校党的领导：价值意蕴、工作要点与方法策略》，载《教育理论与实践》，2022(32)。

② 案例改编自王漪：《新公共服务理论视野下的学校内部组织结构变革研究》，博士学位论文，华东师范大学，2020。

（一）第一阶段的变革

P校2013年版发展规划中提出的管理目标有四方面内容：实现管理服务的"协作互动"；实现质量保障的"持续改进"；实现机制运作的"优质高效"；实现学校品牌的"特色发展"。将四个方面的内容整合起来能够发现其指向一个目标：通过管理提升教师专业发展自觉性，实现办学理念"卓越的教 快乐的学"。摆在面前的核心问题是：如何实现机制运作的"优质高效"？什么样的学校组织结构指向合作共赢？据此，学校梳理了第一阶段的变革思路。（见图3-14）

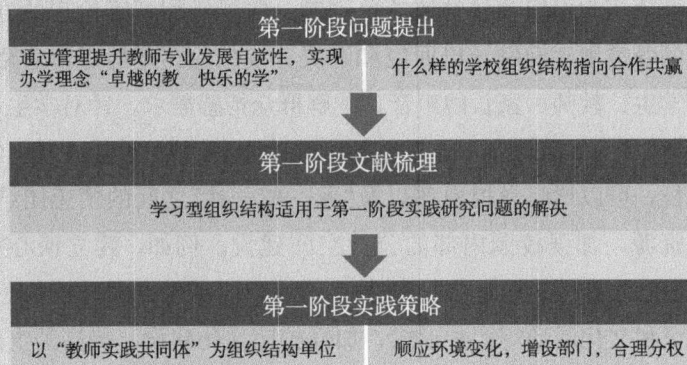

图3-14 第一阶段变革思路

与之相应，P校的组织结构在原有直线职能型的基础上进行了微调。在校级层面组建了管理实践团队，在中层管理层面增设了课程研发部、师资管理评价中心和教师发展培训中心，在基层组建了大大小小的教师实践共同体。如图3-15所示。

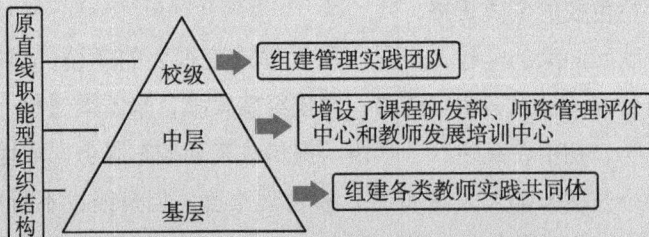

图3-15 第一阶段变革后的组织结构

第一阶段的变革是就校内问题寻找策略层面。主要反映在对环境及学校战略的影响主动思考不够，等到出现问题了才被动应对。学校组织的变革还是从上至下进行。从结构图来看，学校内部层级关系依然很明显，校长室是总设计者，教师拥有的是总框架内的有限自由。

（二）第二阶段的变革

2016 年 10 月，P 校原校长调离原校，另有任用，新调任的是一位经验丰富的校长。此外，P 校所处的内外部环境也在发生变化。2016 年是学校规划制定的起始年。2017 年启动民办学校分类管理以及民办小学公民同招等系列政策。校内资金又遇到突如其来的五险一金增长，资金出现大缺口。难题归结为一句话：当面临内外部发生的变化时，学校内部组织结构又该如何调整？据此，学校制定了第二次变革思路。（见图 3-16）

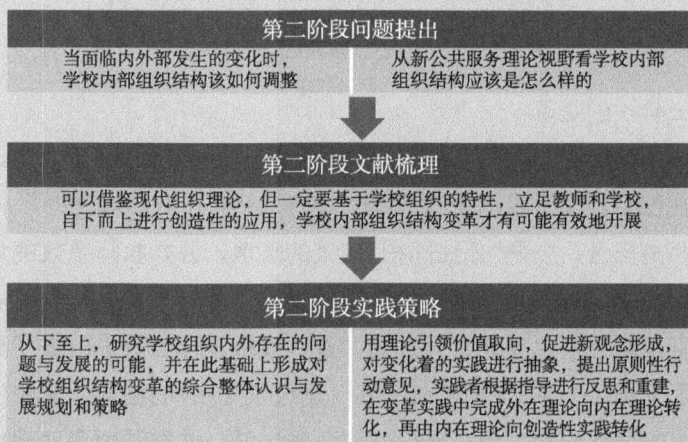

第二阶段问题提出	
当面临内外部发生的变化时，学校内部组织结构该如何调整	从新公共服务理论视野看学校内部组织结构应该是怎么样的

第二阶段文献梳理
可以借鉴现代组织理论，但一定要基于学校组织的特性，立足教师和学校，自下而上进行创造性的应用，学校内部组织结构变革才有可能有效地开展

第二阶段实践策略	
从下至上，研究学校组织内外存在的问题与发展的可能，并在此基础上形成对学校组织结构变革的综合整体认识与发展规划和策略	用理论引领价值取向，促进新观念形成，对变化着的实践进行抽象，提出原则性行动意见，实践者根据指导进行反思和重建，在变革实践中完成外在理论向内在理论转化，再由内在理论向创造性实践转化

图 3-16 第二阶段变革思路

2017 年 3 月起 P 校再一次进行学校组织结构变革。中学部、小学部和总务部三大部门成为执行部门。校长室对其合理授权。各部门制定目标责任书，自主安排常规事务，对于重大事件与校长室沟通后执行。校长室两位副校长由管理转变为服务，不再分管学部和总务部，只需从专业角度牵头德育、教学。其余专业部门提供支持与保障。学校在原有组织结构基础上设立保障支持委员会（含家长自治委员会、学生自治委员会），把原有教师专业发展师资管理评价中心和教师发展培训中心升级为学术专业委员会。P 校形成了"一中心、四系统"的组织结构。（见图 3-17）

在这一阶段的变革中，从下至上寻找发展可能，从上至下形成整体规划。学校组织结构的理念由"支配"转向"服务"，继续采用第一阶段行动计划中以"教师实践共同体"为核心的学习型组织结构，在管理上采用矩阵式结构。三年中学校先后获得上海市安全文明校园、上海市民办特色创建校、上海市依法治校标准校、上海市心理健康达标校、上海市消防安全标准校、上海市民办中小学数学学科基地等荣誉称号。

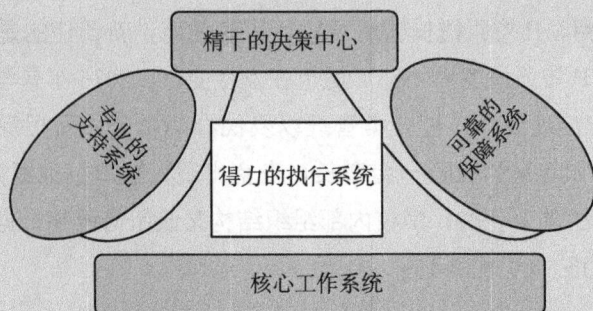

图 3-17 "一中心、四系统"的组织结构

(三)第三阶段的变革

第二阶段的变革使学校的专业组织力量觉醒，但影响力仍然较小，实际中横向专业管理往往会让位于纵向行政管理。从 2018 年开始，对民办学校发展影响重大的政策相继出台，先是"公民同招"政策的落地，公办教师绩效的增加；再是"公参民"办学主体的梳理；还有 2019 年的重磅政策，"民办入学摇号"的启动。学校的内部环境也在发生变化。为加强力量，校级管理团队中引进了新人，整个校级领导班子形成了"1＋3"(即校长一名、副校长三名)的格局。学校中层管理队伍发生变化，加强科研室力量，新任命科研室主任，并委派两名助理协助。办公室原主任退休，新提任一名有中层管理经验者担任办公室主任。增设学生发展中心，提任一名主任。学校的支部委员会也进行了换届，根据民主选举的结果，工会主席兼科研室主任、中小学部主任成为支委会成员。随着学校扁平化管理的推进，各学部主任学段内统管的意识和任务加重，学校根据新组织结构中责任与要求的变化，将两个重点部门的主任的待遇升为副校级。

这一阶段变革的核心问题为：如何通过内部组织结构变革释放组织成员自我主动发展的空间。组织结构变革打破了旧有习惯，涉及利益关系的调整。尽管在这轮调整时个人物质利益没有受损，但是影响到了一些人的职权。出于对自身职权的维护，有些人会反对变革。为此，学校制定了第三次变革思路。(见图 3-18)

从 2019 年的 3 月起，P 校在原有的"一中心、四系统"组织结构基础上做了调整。决策中心由原本的"书记、校长"调整为"董事会"，体现了新型学校组织结构的特征：一是由个人决策转变为集体决策，二是规范了校长的职权范围，三是体现了民办学校"董事会领导下的校长负责制"特征。支持系统由原先的科研室、德育领导小组等统整为研究开发与对外联络部。研究开发部下设学生发展部、课

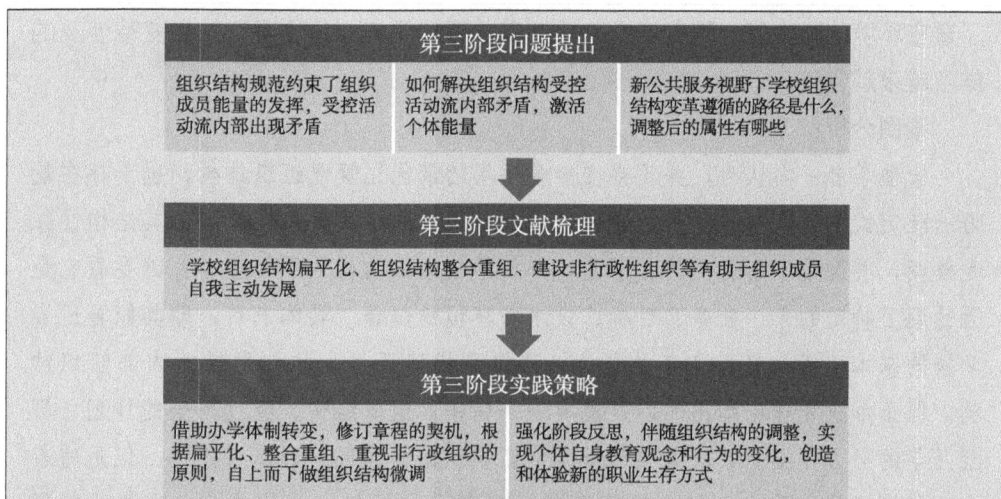

图 3-18　第三阶段变革思路

程研发部、教学研究部。对外联络部下设家委会、校友会、合作交流办公室，由一名副校长牵头负责，定期向校长汇报。保障系统由原先的人事、办公室、总务等部门统整为综合管理部。下设行政管理部和运营维护部，由一名副校长牵头负责，定期向校长汇报。执行系统由原先的中小学部统整为事业发展部，由校长牵头负责。工作系统由原先的年级组、教研组统整为年级部，由中小学主任牵头负责。现有学校组织结构如图 3-19 所示。

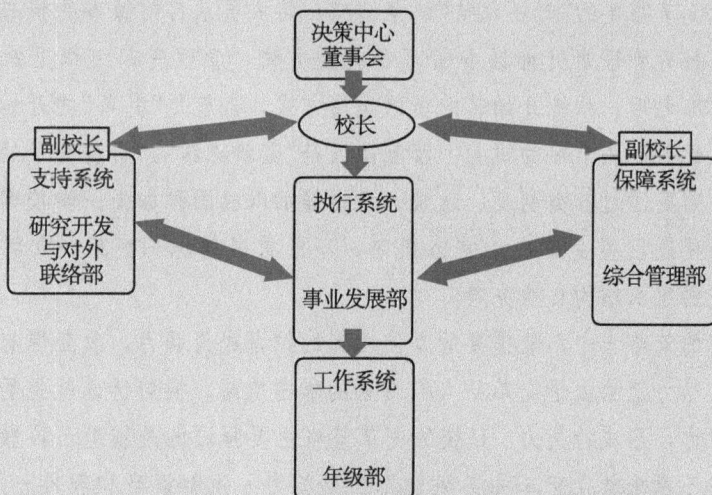

图 3-19　P 校现行组织结构

综上可以看到，在第三次变革中，P 校为应对不利的外部发展环境，以及内部存在的矛盾，再次通过内部组织结构的调整来释放内部成员发展的空间，提高了适应环境的弹性度。随着三个阶段变革的逐步深入，P校组织结构变革涉及的维度越来越完整。

案例分析：

管理学者一向认为，并不存在普遍适用的最优化管理组织结构，也不存在最好的既定式变革流程。特别是学校这类松散耦合联结的复杂性组织，其结构往往是模糊，甚至是不断变化的。因此，分析学校组织结构是否合理，关键要看它是否达到了特定的人、任务、目标、技术与环境的契合。具体来看，即其能否适合学校的基本校情。经过几年的努力，P校寻找到了适合学校发展的内部组织结构。但正如权变理论指出的，从没有一个完美的组织结构。经过周全的计划，历经几年的努力，接受数次调整而诞生的新组织结构在现下看起来不错，但是随着内外部环境的变化，它极有可能又出现阻碍学校组织发展的苗头，需要不断调整，不断修正。这就涉及一个研究问题：随着新的环境与形势发展的要求，学校内部组织结构与环境的动态匹配问题。这也就是组织结构问题虽然是个老话题，却能历久弥新的原因。

从P校的三次变革中，我们可以看到其变革进程采用的是以计划型变革为主线、改良型变革有机补充的方式。计划型变革属于有准备的变革，按照组织调研—设计方案—开展实施—评估调整的思路有计划、有步骤地推进。P校组织结构变革的路径，也符合勒温提出的变革三阶段的模型。变革首先需要"解冻"，在群体中生成变革需要的"时不我待"的紧迫感，将成员从目前做事的状态中"解冻"出来；同时教育管理者开始改变管理和行为方式，尝试变革组织里的某些结构等。完成解冻之后，系统开始转向新的运转方式，也就是"变革"的开始，在这个过程中可以运用互相学习的机制。第三阶段是"重新冻结"，新改变了的条件和状态很脆弱，需要通过各类制度、政策、举措等加以稳固和加强。学校需要不断地审视自身，使改良型变革成为常态机制，不断重复解冻—变革—重新冻结的流程，使学校的组织结构日益完善。

在变革的策略当中，最需要的是使内部的拉力成为动力，改变惯有的思维和行为模式，尽力消除由于变革给人们带来的焦虑情绪。换句话说就是要整合推动力，消除阻力，形成持久力。P校的变革策略主要强调的是规范—再教育策略类型，但这并不意味着在变革的实践中不需要权力—强制策略和理性—经验策略。事实上，在变革中不同的阶段任务是需要选择不同的策略类别的。

另外，组织结构的外部形态都好解决，最难的也是最关键的是内部的人际关系的问题。要让每一个岗位的人都认为自己是被重视的，从而形成认同感，积极投入工作，难度相当高。突破的关键可能还在于各级领导风格的转化。这便涉及另一个研究问题：学校内部组织结构与领导风格的匹配问题。这些都是学校管理领域应当持续关注和不断改进的重要问题。

本章思考题：

1. 学习型组织理论有何特点？

2. 学校组织的主要特征是什么？

3. 学校组织变革的制约因素有哪些？

4. 校长负责制有何弊端？

5. 如何完善中小学领导体制？

推荐阅读：

1. [美]罗伯特·G. 欧文斯，托马斯·C. 瓦莱斯基. 教育组织行为学：领导力与学校改革(第11版)[M]. 吴宗酉，译. 上海：华东师范大学出版社，2021.

2. [美]理查德·L. 达夫特. 组织理论与设计(第13版)[M]. 王凤彬，石云鸣，张秀萍，等译. 北京：清华大学出版社，2022.

3. [美]斯蒂芬·罗宾斯，蒂莫西·贾奇. 组织行为学(第16版)[M]. 孙健敏，王震，李原，译. 北京：中国人民大学出版社，2016.

4. [美]詹姆斯·L. 吉布森，约翰·M. 伊万切维奇，小詹姆斯·H. 唐纳利，等. 组织：行为、结构和过程(第14版)[M]. 王德禄，王坤，等译，北京：电子工业出版社，2015.

5. 《新编学校管理制度全集》编委会. 新编学校管理制度全集(全3册)[M]. 北京：光明日报出版社，2022.

6. [美]里基·W. 格里芬，格利高里·摩海德. 组织行为学(第8版·精要版)[M]. 刘伟，狄红秋，译. 北京：中国市场出版社，2011.

7. [美]珍妮弗·M. 乔治，加雷思·R. 琼斯. 组织行为学(第5版)[M]. 于欣，章文光，等译. 北京：北京大学出版社，2010.

8. [美]J. 史蒂文·奥特，桑德拉·J. 帕克斯，理查德·B. 辛普森. 组织行为学经典文献(第3版)[M]. 王蔷，朱为群，孔晏，等译. 上海：上海财经大学出版社，2009.

9. [美]罗伯特·B. 登哈特，珍妮特·V. 登哈特，玛丽亚·P. 阿里斯蒂格塔. 公共组织行为学[M]. 赵丽江，译. 北京：中国人民大学出版社，2007.

10. [美]彼得·圣吉. 第五项修炼：学习型组织的艺术与实践[M]. 张成林，译. 北京：中信出版社，2009.

11. [美]韦恩·K. 霍伊，塞西尔·G. 米斯克尔. 教育管理学：理论·研究·实践(第7版)[M]. 范国睿，主译. 北京：教育科学出版社，2007.

12. [美]理查德·H. 霍尔. 组织：结构、过程及结果(第8版)[M]. 张友星，刘五一，沈勇，译. 上海：上海财经大学出版社，2003.

13. 方振邦. 管理思想百年脉络——影响世界管理进程的百名大师[M]. 北京：中国人民大学出版社，2007.

14. 本书编写组. 习近平总书记教育重要论述讲义[M]. 北京：中央文献出版社，2022.

15. 习近平. 在全国组织工作会议上的讲话(2018年7月3日)[M]. 北京：人民出版社，2018.

第四章　学校教师管理

🔘 **本章学习目标：**

1. 了解和掌握教师管理的基本理论依据及其对教师管理实践的启示意义。

2. 理解教师工作的特点及相应的管理诉求。

3. 能够运用教师激励和评价的相关理论分析当前教师管理实践中的问题。

4. 掌握教师职业生涯发展的相关理论并分析相应的管理策略。

5. 理解学校组织和教师个体在职业生涯管理中的不同角色及相互关系。

🔘 **开篇案例：**

经校教代会讨论，某校制定了完整的升学奖分配方案，方案中明确规定将升学奖分为两部分：50％为工作量兑现奖，50％为升学质量奖。质量奖重点奖励"两率一分"（及格率、优秀率、平均分）优秀的任课教师。方案规定：若"两率一分"三项排名均在第八名之后，则取消该任课教师的质量奖。某届学生成绩两极分化比较严重，学校领导在毕业年级教师会上重点强调抓升学，以确保升学人数不减少，对"两率一分"则没有作过多的强调和要求。然而，高考成绩公布后，学校进行中考升学奖评选时却出现了问题。

年级主任制作升学奖励表格时将质量奖平均分配。校长看后没有签字，理由是奖励没有按升学奖方案执行，要求年级主任按方案规定分配奖金。这一事件引起教师们的争论，部分"两率一分"排名较差的教师认为他们是按校长的要求增加升学人数，而没有重视"两率一分"，因此排名自然就低。年级主任重新制作分配表，将质量奖分为三等，但是仍没有按原方案执行。校长组织召开校务会就此事进行专门研究，认为原有方案是公平的，最终决定按升学奖方案规定执行，但"两率一分"较差的教师对奖励方案仍有异议。①

奖励薪酬是现代学校管理的重要内容之一。在现代学校自主性加强的背景下，为激励教师，很多学校会设立奖金，奖励教师的教学教育成果及贡献。学校奖励薪酬是一种一次性发放的薪酬，是教师在达到某个具体目标或业绩水准时所获得的收入。案例中的升学奖是奖励薪酬的一种，一方面，学校鼓励教师积极完成工作量；另一方面，激励教师培养更多的拔尖人才。奖励薪酬对教师行为有导向作用，激励教师行为向学校期待的方向发展。同时，它也是一把双刃剑，使用不当，会挫伤教师的积极性，不利于团队的合作与发展。

---

① 程凤春：《学校管理的50个典型案例》（第2版），215页，上海，华东师范大学出版社，2018。

　　教师管理是学校管理的重要内容。科学的教师管理需要基于科学的理论和教师工作自身的特点。教师管理的核心是通过有效的激励和评价，激发教师的工作潜力，促进教师自我价值的实现。在教师管理过程中，教师个体具有主体性作用，需要依据自身的生涯发展阶段进行积极的自我管理；同时学校也需要组织创造有利的条件和环境，促进教师的专业成长和专业发展。

第一节　教师管理的理论依据

　　进行科学有效的管理需要有所依据。教师管理的主要依据就是教师管理的一般理论和教师工作的特点。教师管理依据的主要理论包括人际关系理论、需要层次理论和双因素理论。教师工作的特点主要表现为工作性质的专业性、工作内容的复杂性、工作方式的个体性、工作成果的集体性、工作时空的无边界性。

　　管理的本质是通过各种方法和途径实现人的目的性存在，也就是实现人的完满的自我价值和社会价值。在学校组织中，教学是中心工作，教师则是完成这一中心工作的主体。因此，在这一意义上，学校中的教师管理既要实现教师个体的价值，同时也要实现学校教育的价值。因此，对教师的管理始终需要确立的一个价值理念就是学校组织价值与教师个体价值的和谐统一。在这一价值观念下思考和选择管理理论和管理模式，从而实现目的与手段的统一。

　　在具体的教师管理实践中，人们往往依靠的是直接管理经验的积累。然而，科学的管理应该基于科学的依据。教师管理的依据一般包括两个方面：一是教育管理理论；二是教师职业自身的特点。教育管理理论将为教师管理实践提供思想的源泉和观念的支持，而教师职业自身的特点是教师管理的现实基础和思维的起点。因此，对管理理论的把握和对教师职业特点的理解是做好教师管理工作的两个方面，共同支撑起有效的教师管理实践。

一、教师管理的一般理论

　　在教育管理理论中，与教师管理相关的管理思想较为丰富，并且形成了不同的流派和理论体系。这里主要介绍能够提供较为清晰的理论支持的三种管理理论。

(一)人际关系理论

　　人际关系理论由哈佛大学心理学家埃尔顿·梅奥（Elton Mayo）等人创立。1927—1932 年，梅奥等人进行了著名的霍桑实验。该实验旨在确定工作条件对生产效率的影响，以便找到提高劳动生产率的途径。研究发现，生产效率不仅受到物理因素、生理因素的影响，而且受到社会因素、心理因素的影响。梅奥认为，工作条件、休息时间以至工资报酬等都不是影响生产效率的首要因素，首要因素是管理当局同工人之间以及工人相互之间的社会关系。人际关系状况与生产效率之间具有直接的因果关系，它包括管理人员如何尊重工人，发扬民主，关心工人健康和疾苦，给工人以表现自己的机会等。之后，研究小组进一步展开更为广泛和深入的研究，提出了完整的人际关系学说。

1. 人际关系学说的主要观点

第一，霍桑实验的结论证明，人不仅是"经济人"，还是"社会人"。工厂中的工人不单纯追求金钱收入，还有社会、心理方面的需求，追求人与人之间的友情，追求安全感、归属感和受人尊重等。工人士气(即工作积极性、主动性、协作热情等)的提高取决于其社会、心理方面的需求是否得到满足。梅奥认为，工人在他们的工作生活中找不到令人满意的表达其个人问题和不满情绪的渠道，这种状况使得工人悲观失望并对个人问题有一种怨愤情绪，表现为对企业管理当局持疑虑态度，限制产量，以及其他多种降低士气和效率的行为。正是这样的社会性需要不能得到充分满足的工业生活造成了一种个人无能为力的感觉，从而导致社会失调和各种偏执失常行为的产生。因此，对人的管理不应只是依据经济逻辑，只注重物质刺激，还应遵循人与人之间合作的社会规范逻辑，通过合理的管理和组织，促进人与人之间关系的和谐以及组织目标的实现。

第二，在正式组织之外，还存在非正式组织。正式组织和非正式组织是组织的两种类型。正式组织是指根据一定的目标，运用一定的规章制度建立起来的组织机构。非正式组织是指组织成员在共同工作的过程中产生共同的爱好、志向和情感，从而形成志同道合的群体。人际关系理论认为，非正式组织能够满足工人一系列在正式组织中难以表达和实现的需要，如它使个人有表达思想的机会，可以成为正式组织的一种补偿形式，可以提供人与人之间的温暖以及减少厌烦感等。在管理过程中，既要认识到非正式组织的作用，又要在把握其与正式组织之间的差别的基础上，处理好两者的关系。梅奥指出，正式组织是以效率逻辑为准则的，即为了提高效率，企业内部各成员必须保持形式上的协作；非正式组织则是以情感逻辑为准则的，它要求成员遵守非正式组织的行为标准，并对非正式组织保持忠诚等。

2. 人际关系学说在学校管理中的应用

将人际关系学说应用于学校管理的最重要的代表作是美国学者威尔伯·约契(Wilbur A. Yauch)于 1949 年出版的《改善学校管理中的人际关系》一书。约契主要强调了学校管理中民主管理和团体领导的实现。约契认为"民主是一种对人的信任"。

他强调每个个体都应重视自己的权利、所有人都应有表达自己观点的机会、尊重和拥护多数人的意见、通过协作来解决共同生活中的共同问题、所有人都可以根据自己的意愿作出自由选择。[1]

这样一种民主管理方式在学校管理中的实现，需要遵循七项原则。

第一，民主是人际关系中最根本的原则。

第二，人际关系中的问题往往有多种模式可供参考。当团体中出现摩擦与意见分歧时，校长应从人际关系领域寻找原因和解决办法。

第三，学校职能部门是实行民主最自然、最有效的单位。学校职能部门应该充分发挥其满足个体的需要、欲望和能力的优势，避免使学校成为缺乏真正的人际关系的"人造的机械的组织"。

第四，校长是把学校从专制统治转向民主自由的关键人物，因此，在对职能部门的领导中，校长处于最有利的地位。

第五，职能部门是复杂的社会集体，可聘请专家管理，以实现其职能的最优化。

第六，校长最主要的职责是调节职能部门的关系。

第七，受决定影响的每一个人都必须参与决定它的性质和形式。[2]

对教师的管理，往往是面对教师团体的管理。"由于密切的关系、共同的工作目标、拥护相同的权威，教师们以自己的形式和内容构成一个紧密连接的社会组织。"而这种教师团体"决不是散漫个体的简单集合，而是通过它所组成的人的相互关系发展起来的"。[3] 所以，首先需要了解团体的结构以及内部关系，才能实施正确的管理策略。

基于此，约契提出在学校管理中，可以通过五个基本阶段来实现团体行动，从而"使团队成员们的生活更愉快"，增强教师团队的凝聚力。

第一，提出教师真正感兴趣的问题；

第二，从各个角度评论问题，以便了解问题的所有细节；

第三，尝试性提供一些解决办法，并及时评价以发现各种可能的成功机会；

第四，选择最有希望的一个试验策略，看是否奏效；

第五，评价行动的效果，并根据相关证据进行修正和完善。

---

[1] W. A. Yauch, *Improving Human Relations in School Administration*, New York, Harper and Brothers, 1949, p. 57.

[2] 陈如平：《效率与民主——美国现代教育管理思想研究》，30 页，北京，教育科学出版社，2004。

[3] 陈如平：《美国教育管理思想史》，174～175 页，海口，海南出版社，2000。

通过这样民主的团队行动过程，校长给教师创造一种自由的、诚实的思考和行动的精神，这是合作性团体过程的实质所在。①

教育是一种人与人之间的活动，是在人际关系中完成的，此外，教育过程是教师团体共同协作、共同完成的，是集体劳动的结晶，无法进行个体性的分割。教育过程的这一特点决定了人际关系管理在学校管理中的重要意义。在人际关系管理中，校长具有举足轻重的作用。"学校全体教师士气的高涨是和管理人员帮助他们每个人在工作中获得的满足所能达到的程度直接联系在一起的。"②因此，校长的主要责任就在于促进每名教师的行动。人际关系学说的发展者美国学者格里菲思（Griffiths）进一步明确了校长在学校人际关系管理中的角色。校长应该是学校工作的"发起者"、教师活动的"协调者""帮助者"以及团体才能的"认识者"。

在我国的学校管理实践中，面向教师的人际关系管理是一项重要的工作。如何将狭隘的、内耗型的人际关系转变成开放的、凝聚型的人际关系，将非正式组织的价值取向与正式组织的价值目标协调起来，从而振奋士气、凝聚潜力是学校管理需要解决的核心问题。而人际关系理论为此提供了科学的研究基础和启发性的研究结论，学校需要结合具体的管理实践进行科学而大胆的尝试和运用，通过人际关系的改善和团队建设促进教师的发展和学校管理目标的实现。

（二）需要层次理论

亚伯拉罕·马斯洛（Abraham H. Maslow）的需要层次理论被认为是"理解人类动机的最有效和最为持续的方法之一"。罗伯特·欧文斯认为，人们由内在激励来实现他们全部的成长潜力，即达到自我实现的状态。人的需要从生存开始，然后按照一个有序的层次模式不断成长和发展。马斯洛提出了人的五个层次的需要：基本生理需要（包括饮食、衣服等）、安全需要（包括身体安全、经济安全等）、社会交往需要（包括爱、归属、被他人认可等）、尊重需要（自尊、为伙伴所重视等）、自我实现需要（能实现个人的一切潜能）。马斯洛需要层次理论的价值在于不仅揭示了人的需要的层次性，而且揭示了需要之间的"优势"关系，即个人直到低层次的需要被满足后才能够被高层次的需要所激励。在各个层次的需要中，生存需要处于优势地位，除非生存需要首先被满足，否则人们不会关心更高层次的需要。

此外，马斯洛根据不同层次需要在满足方面的特征，将其区分为缺失需要和成

① 陈如平：《效率与民主——美国现代教育管理思想研究》，33页，北京，教育科学出版社，2004。
② Griffiths, *Human Relations in School Administration*, New York, Appleton Century Crofts, 1956, p.146.

长需要。四个较低层次的需要属于缺失需要，自我实现需要属于成长需要。缺失需要往往通过外部条件得到满足，成长需要则需要从个体内部得到满足。成长需要不同于缺失需要的一个重要特征是成长需要不会被全部满足，"对成长需要的反应导致了成长的增加，个人成长的循环似乎是无止境的"。① 也就是说，成长需要的满足会让人更加了解自我的潜能和价值，从而激发出更高的自我期望和成就动机，进而形成新的成长需要。

马斯洛需要层次理论对于教师管理具有重要的启示意义。在学校管理中，学校管理者需要对教师的实际需求有清晰的了解，并且通过管理制度和管理方式的调整尽可能满足教师不同层次的需要，从而激发和调动教师的工作热情。而马斯洛对于需要层次之间"优势"需要满足的条件作用的揭示，提示学校管理者要充分重视教师缺失需要的满足，如通过绩效工资的合理分配、法律法规的健全和遵守以及宽松、民主的人际氛围的创造等，从外部满足教师低层次的需要。在此基础上，要通过各种评价和激励机制以及培训和研修机会，激发和满足教师的自我实现需要，使教师个体和群体的潜能和智慧得到充分的实现。

国外学者针对教师群体的需要问题进行了专门研究，结果显示，对教师这样的专业人员来说，"他们似乎感到尊重是最为缺乏的、有效的需要层次"。他们需要"能感受到职业特长的自我价值、胜任和尊重；被越来越多的人认为做出了成就；在工作岗位上是有影响力的专业人员；今后成为有机会发挥更大能力的人；成就感"。② 此外，他们还发现了教师需要层次变化的年龄特征。例如，年轻教师（20～24 岁）似乎更关心尊重；稍微年长一些的教师（25～34 岁）所有的动机需要都没有被满足；而那些最年长的教师（45 岁及以上）所感到的需要是最少的。对老教师需要较少的解释是"随着岁月流逝，他们并不是获得了更多的满足，而是他们的期望值下降了，期望值似乎随着年龄的增长而大大降低。教师们变得更为'现实'和听其'自然'了"。③ 中年教师因为生活的压力和职业期待的旺盛而感到各种需要都没有被满足，老教师则在一种无奈的情绪中保持了"知足"的状态。这样的差别令人深思，尤其是学校管理者需要对此有更多的关注和思考，从而针对不同年龄阶段教师的心理状态实施更有

① ［美］罗伯特·G. 欧文斯：《教育组织行为学》（第 7 版），窦卫霖、温建平、王越译，465 页，上海，华东师范大学出版社，2001。
② ［美］罗伯特·G. 欧文斯：《教育组织行为学》（第 7 版），窦卫霖、温建平、王越译，468～469 页，上海，华东师范大学出版社，2001。
③ ［美］罗伯特·G. 欧文斯：《教育组织行为学》（第 7 版），窦卫霖、温建平、王越译，468～469 页，上海，华东师范大学出版社，2001。

针对性也更具人文性的管理策略。

（三）双因素理论

双因素理论是由美国心理学家弗雷德里克·赫茨伯格（Fredrick Herzberg）提出的。20世纪50年代末，赫茨伯格在美国的厂矿通过一系列问题做了调查，如："什么时候你对工作特别不满意""不满意的原因是什么""什么时候你对工作特别满意""满意的原因是什么"。调查发现，处理不当的公司政策、行政管理、工作条件、上下级关系、地位、监督、安全等是引起员工不满的主要因素。赫茨伯格把这类因素称为"保健因素"或"维持因素"，因为改善这类因素，只能消除员工的不满，还无法使员工感到满意，也无法激发职工的工作积极性，促进生产率的增长。调查同时发现，工作富有成就感、工作成绩得到认可、工作具有挑战性、肩负重大责任、获得职业发展等是使员工感到满意的主要因素。赫茨伯格将此类因素称为"激励因素"，因为改善这类因素，能够激发员工的工作积极性。

赫茨伯格将管理的激励因素分为两类：维持因素和激励因素。在这两类因素中，维持因素是激励因素发挥作用的前提条件，当维持因素不充分时，职工会对工作不满。但是此类因素的满足却不能起到充分激发员工工作积极性的作用。激励因素则能够使员工在工作中产生更大的内在动力，实现充分的满足。因此，在学校管理中，运用双因素理论的基本原则就是：第一，减少或消除教师的不满足感，通过满足维持因素为激励因素作用的发挥奠定基础；第二，创造可能激励员工的条件，激发其对于职业发展以及内在成就感的追求。

双因素理论的另一个重要观点是，人们往往认为，工作的满足是与成功、工作的挑战、成就和认可等内在因素相关的，同时，人们还认为，不满足是与工资、监督和工作条件等外在因素相关的。也就是说，人们把激励的特性归因于人们自身，而把不满足的特征归因于组织。基于此，赫茨伯格提出了在实际管理中运用双因素理论的三个方面的观点。

第一，充实工作内容：用能够发挥出每个组织成员的潜力的方法，重新设计工作职责。包括使工作变得饶有趣味、更富有挑战性、提供更多的奖赏。

第二，增加工作自主权：给予员工更多的工作自主权，使员工更多地参与与工作相关的决策等。

第三，加强人事管理：这要求突破强调维持因素的传统，将人事管理的重点放在增强工作中存在的激励因素的作用上。

20世纪60年代，托马斯·萨乔万尼在教师中重复了赫茨伯格的研究，得到了具有启发意义的研究结果。他的研究结果表明，对教师来说，成就、认可、工作本身、责任感、发展可能性，这些都是非常重要的激励因素。引起不满的因素则是：日常家务琐事、出席会议、日常的文书工作、午餐值日、迟钝的或不恰当的监督、令人不快的管理政策、与同事和父母的关系不好。这些影响因素的发现对于学校管理者更好地消除消极影响因素、强化激励因素、促进教师工作积极性和工作效率的提高都提供了可资借鉴的理论依据。

在实际的教师管理实践中，管理者可以借鉴双因素理论对影响学校管理质量的因素进行诊断性分析，明确导致管理问题的具体因素，并且对这些因素进行不同的属性归类。将影响因素具体明晰化的过程为教师管理的改进奠定了基础。继而，可以根据赫茨伯格的建议，通过让教师的工作更富挑战性和吸引力，让其在工作中有更多自由、自主的体验和参与学校管理的民主权利等实现教师职业生活质量的提升。

（四）自我决定理论

自我决定理论（Self-Determination Theory）是由美国心理学家爱德华·德西（Edward L. Deci）和理查德·瑞恩（Richard M. Ryan）提出的关于人类行为的动机理论。该理论从有机辩证的角度阐释了外部环境促进个体内部动机及外部动机内化的过程，揭示了社会环境因素、个体心理需求、个体动机和人类行为之间存在的有机辩证关系，是一套较为成熟的动机和人格的理论体系。所谓"自我决定"，即一种关于经验选择的潜能，是在充分认识个人需要和环境信息的基础上，个体对行为所作出的自由选择。[1] 自我决定理论将人类个体看作积极的有机体，认为个体本身具有成长、发展与整合自我倾向的基本心理需求。自我决定理论认为，当外部环境因素满足个体基本心理需求时，个体将朝向积极健康的方向发展，并对工作满意度、工作绩效产生积极影响；当环境因素未满足个体基本心理需求时，个体将朝向消极方向发展或产生功能性障碍。

德西和瑞恩经过多年的研究和实验，对自我决定理论体系多次进行了修正和完善，扩展了自我决定理论相应的六个分支理论，即基本心理需求理论、认知评价理论、有机整合理论、因果定向理论、目标内容理论和人际关系动机理论。其中，基本心理需求理论是自我决定理论的核心，该理论确定了人的三种基本心理需求，即自主需求、胜任需求和关系需求，且这三种需求能否顺利实现，受制于外部环境。自主需求是指个体的自我管理程度和自由感，是人们遵循个人的意愿自由选择行动的需求，强调"我"的选择性。胜任需求是指人们需要体验到自己有能力去完成困难

---

[1] E. L. Deci and R. M. Ryan, *Intrinsic Motivation and Self-Determination in Human Behavior*, New York, Springer, 1985, p. 2.

和具有挑战性的任务，侧重表现为个体的掌控感、成就感。关系需求是指从个体的归属感出发，人们渴望成为团体的一员，并与他人建立爱、理解、尊重和联系的需求。① 这三种需求是人类先天固有的、普遍存在的，且社会情境满足个体这三种需求时，能让个体更长久地坚持某项活动，保持积极的心理状态，产生更积极的行为结果。②

根据自我决定理论，如果个人在特定的环境中，能得到他人对其自主需求的支持，那么他的自主动机就有可能被激发。这种自主需求支持主要是通过他人的感受和理解，以及所配相关性和选择性支持条件来获得的。除了外部条件的支持，自我决定理论还强调自我实现的重要性。瑞恩指出，一个人真实自我的实现是自主动机行为体验的核心。根据瑞恩的说法，当人们深度参与到他们的行动中，并体验到发自内心的自我时，他们会觉得自己以一种真实的方式实现了自己。综合而言，自我决定理论认为当外在的支持性使个体感觉到足以胜任当前的工作，以及满足个体的胜任需求与关系需求时，外在的价值与规则开始内化，外部动机则会内化为教师的内部动机，从而形成一种内在的驱动力。

自我决定理论认为，每个个体都具有一种与生俱来的积极发展的自我意识和倾向性，学校管理者给教师营造一种尊重教师和教学的氛围，并通过改善外部环境来满足对教师的自主支持，在一定程度上可以增加教师的工作动机。从自我决定理论的有机整合观点以及三大基本心理需求的理论出发，教师个体的动机受到个人因素和环境因素的双重影响，也就启示我们对于教师的管理既要关注教师的内部动机，也要关注教师的外部动机；激发教师的工作动机既需要通过教师个体的自我实现与超越，又需要从政策制度和管理措施等外部因素入手，为满足教师的基本需求提供外部支持。

基于自我决定理论，学校应该着力营造激发教师内在工作动机的开放自主的支持性组织环境。相关研究发现，学校的自主支持环境对教师工作动机中的自主性动机有显著的正向预测作用。此外，相关研究表明，支持型和研究型的学校氛围能够激发教师的内在潜力，促进教师自我价值的实现，而严厉的学校氛围会使教师产生

---

① 转引自杨丽：《高绩效与关系型人力资源管理实践对员工职业成功影响机制研究——自我决定理论视角》，博士学位论文，西南财经大学，2019。

② 林高标、林燕真：《动机的自我决定理论及其对教师专业发展的启示》，载《教育发展研究》，2013(4)。

控制性动机，降低工作热情，产生倦怠感和无力感。① 教师职业工作任务繁重，学校应尽可能为教师提供自主开放的支持环境，满足教师专业发展的自主需求，提高教师的教学自主性和工作满意度。提供自主开放支持的工作环境包括教学方式、教学任务和目标以及个人发展和人际关系等多方面内容，学校给予教师自主支持的工作环境会增加教师的自主性工作动机，会促进教师在工作中投入更多的热情。②

自我决定理论特别强调对教师的自主需求、能力需求和关系需求这三大需求的满足。学校管理者需要特别关注教师的自主需求，多关心教师的工作、学习、生活健康发展需要，而不仅仅注重工资与奖金等外在激励因素；营造民主管理的氛围，让教师积极参与到学校的管理活动中，针对不同教师的个性特征实行个性化管理，设置不同的参与形式，提升教师的工作成就感；教育管理者可以通过建立更多的自下而上的教师参与机制，形成专业学习共同体，为教师的专业发展提供成长平台，让教师在工作当中体验到成就感和价值感，以此增强他们对学校管理工作的信心。学校教育管理者还应营造关怀取向的管理氛围，以人性化的激励方式增强教师对学校组织的认同感和归属感，帮助教师建立友好融洽的人际关系，满足其获得关系支持感的内在需要。

二、教师工作的特点

教师管理的核心是对教师工作的管理，对教师工作进行科学管理的前提则是对教师工作特点的准确把握。遵循教师工作特点和规律而实施的教师管理能够为教师提供一种理解、尊重、使其感到精神舒展的学校氛围，促进教师以良好的精神状态工作，进而创造优良的工作业绩。反之，忽视对教师工作自身特点的关注而进行盲目的管理，则会挫伤教师的工作积极性，削弱工作的质量和效果。

(一)工作性质的专业性

伴随教师专业化趋势的发展，教师工作的专业性特征越来越得到人们的认同。同时，教师作为专业人员的工作身份也逐步得到确立。教学工作的专业性意味着"在专业范围内有自主决断权；以一套标准来对提供的专业判断和专业行为等专业服务项目负责任""行政管理人员要为专业人员的工作与自由发展提供方便"。③ 也就是说，教师工作的专业性最重要的内涵是教师在自身工作中专业自主的确立。因为"教

---

① 转引自马子媛：《基于自我决定理论的中学教师工作动机研究》，博士学位论文，哈尔滨师范大学，2021。
② 转引自马子媛：《基于自我决定理论的中学教师工作动机研究》，博士学位论文，哈尔滨师范大学，2021。
③ 刘捷：《专业化：挑战21世纪的教师》，59页，北京，教育科学出版社，2002。

师是否拥有相当程度的自主决策的权利，是学术自由和教师专业的一部分，也是衡量教师专业化水平的一项重要指标"①。教师工作的专业性并非自然达成，而是需要教师的持续努力。因为，"专业化的工作就是要把人的态度、才智、能力和技能转变成能够带来荣誉或尊重的行为"②。

教师的专业自主突出表现在课堂教学中。教师在课程设计、教学过程、学生管理和评价等方面享有"法理"的权威。因此，教师专业自主的实现一方面与外在管理提供的环境相关；另一方面与教师自身的专业素养有关，专业素养越高，专业自主实现的可能性越大。

在学校管理中，对教师工作专业性的认识和尊重意味着在管理中，要处理好行政事务管理与教学管理的关系。这是因为专业人员总希望通过自己训练有素的知识和判断力，在自己职责范围内有较大的自主权，能独立开展工作，不受外界或行政的干预。这样，学校管理中就可能出现教师与教育行政人员发生冲突的情形。例如，很多学校要求教师上课前要有精心准备的教案，并进行教案检查和评比。而一些教师则认为上课好坏与教案无关，没有教案照样可以上好课，因此造成一种较为紧张的管理关系。针对这种情况，专家建议塑造一种"平等模式的集体"，让教师在教学过程中享有自主权，允许他们按自己的方式组织教学。"每个教师都有权去发展教育内容，只要他或她感到这样能使课堂最舒畅、最能获得成功。我认为只要能取得好的结果，就应该给他们较大的自主权。如果突然这种方式发生故障，或是学生有什么意外，这时才是管理者起作用的时候。"③也就是说，行政管理和教师自我的教学管理应该有责任和范围的区分，各司其职，各尽其责。为此，有专家提出了相应的组织结构改变的策略和方法，建议将一个组织的内部结构分成两种形式：一种是"封闭和惩罚为主的结构"，另一种是"开放和人际关系为主的结构"。前者适合处理组织中理性的事务和活动，制定行为决策；后者适合处理组织中的专业事务和活动，制定专业决策。在前一种结构中，行政人员起决定性作用；在后一种结构中，专业人员起决定性作用。学校可以通过这样的组织结构改变来减少专业人员与行政人员之间的摩擦，在保护教师专业自主的同时形成和谐的学校管理氛围。

(二)工作过程的伦理性

教师所从事的是关涉伦理的事业。因为，教师的工作对象是人，教育是在关系

---

① 刘捷：《专业化：挑战 21 世纪的教师》，73 页，北京，教育科学出版社，2002。
② [美]Lynda Fielstein，Patricia Phelps：《教师新概念——教师教育理论与实践》，王建平等译，228 页，北京，中国轻工业出版社，2002。
③ M. Hanson, *Educational Administration and Organizational Behavior*, Boston, Allyn and Bacon, 1990, p. 100.

中发生,并受到关系本身的教育性影响的。赫尔巴特提出,应将教育学建立在实践哲学和心理学的基础之上,前者说明教育的目的,后者说明教育的途径、手段与障碍。① 教育本身的伦理关涉性决定了教师工作的伦理性。教师工作的伦理性可以从两个方面进行解释——"道德地教"和"教以道德"。② 教师承担着立德树人的神圣使命,而培养道德的人需要确保教育教学过程本身的道德性,换言之,唯有道德的教育过程本身才能培养道德的人。这种隐性教育过程,要求教师以身作则,身正为范,在教学过程中始终谨慎地注意自己的一言一行对学生产生的影响。"教以道德"则是指教师要有意识地承担起影响学生道德世界的责任,自觉地在教育过程中渗透正确的价值观,深刻地影响学生的精神生活,为学生提供情感支持,让学生的学校生活充满爱和意义,这正是教师作为"人类灵魂工程师"的核心价值所在。真正的教育能够实现"道德地教就是教道德"的内在统一,以教育过程本身的道德影响力去塑造学生的品格。

教师工作高度的伦理关涉性意味着教师自身对此独特工作内容和性质的理性自觉和使命担当,同时需要管理者给以支持以确保这一工作价值的充分实现。在目前的教师职业生活中,很多教师因为繁重的工作任务,尤其是繁杂的非教学性事务而没有时间关心学生,和学生谈心,了解学生的精神和情感世界的需求。过度忙碌和功利性的工作取向会导致师生关系的冷淡。因此,教师应高度重视工作的伦理性,将关怀、尊重、公正、体谅等伦理价值充分实现于工作之中,在工作的全部过程中自觉地实现对学生的积极道德影响。

(三)工作方式的个体性

教师的工作基本上是通过个体形态来完成的,虽然教师们可能面对着同样的教材、同样的教学目标、同一年龄阶段的学生,但是每个教师都以自己个性化的方式现实地实施着教育过程。教室是教师的舞台,教学过程是教师以自己对教育的理解而展开的、独特的对学生产生影响的过程。因此,不管外界有多少制度性规范和管理,教师自身的主体性以及其工作对象的主体性都决定了教师工作的个体性,决定了教师工作个性化的、不可复制的特征。对教师的管理应当以对个体性的尊重为前提,因为"管理上如果在空间、时间上以集体的形式将教师活动统死,将不利于提高教师劳动的质量和效率。""管理上越注意尊重这种个体形式,就越有可能取得实质上

---

① [德]赫尔巴特:《教育学讲授纲要》,李其龙译,3页,北京,人民教育出版社,2015。

② 王凯、[加]伊丽莎白·坎普贝尔:《当代西方教师伦理研究新进展》,前言3页,福州,福建教育出版社,2019。

的集体协同的效果"①。与教师工作的个体性相对应的是教师工作的主体内在性，教育教学工作需要教师调动自身独特的内在精神力量来完成，用美国学者帕克·帕尔默（Parker J. Palmer）的话来说，就是需要"教师个体自我心灵的力量"——"当与学生面对面交流时，惟一能供我立即使用的资源是：我的自身认同，我的自我的个性，还有身为人师的'我'的意识——如果我没有这种意识，我就意识不到学习者'你'的地位"②。然而，帕尔默也指出了一种令人深思的现实状况："在匆忙的教育改革中，我们忘记了一个简单的事实：如果我们继续让称职的教师所如此依赖的意义和心灵缺失，仅仅依靠增加拨款额、重组学校结构、重新编制课程以及修改教科书，改革永远不能够成功。教师确实应该得到更多的补偿，从官僚制度的困扰中解脱出来；我们应赋予其学术管理方面的职责，为他们提供尽可能好的方法与材料。但是，如果我们不能珍惜以及激励作为优秀教学之源泉的人的心灵，提供上述所有这一切都不能改变教育。"③帕尔默提示人们要珍视和保护教师工作的内在自由，而不要只关注外在的显性条件的改变。因为"优秀的教学不能被降格为技术，优秀教学源自教师的自我认同和自身完善"。这就需要学校管理者和教师个体共同努力，为优秀教学的实现创造必要的客观和主观条件，实现教育应有的心灵自由和精神完整的状态。

（四）工作成果的集体性

教师工作的成果是学生的全面发展，而一个学生素质的全面发展并非某一个教师所能完成的，是所有教育这个学生的教师集体劳动的结晶。因此，教师劳动的成果是无法进行绝对意义上的个体性分割的。在学生发展的横向结构上，学生对各科知识的掌握以及在德智体美劳各个方面的发展是担任各门学科的教师共同教育的结果。此外，在纵向上，学生的成长和发展是由其各个学习阶段的教师的教育和培养累积形成的，如小学教师的教育和培养会为学生中学乃至大学的发展奠定基础。

教师工作成果的集体性意味着教师往往无法清晰地界定自己的劳动效果，这就在一定意义上要求教师保持内在的评价标准，以自己认为正确有效的方式教育学生，依照良心的呼唤实施教育，而不是因为教育成果无法对应到自己身上而懈怠自己的教育职责。

---

① 李旷、潘源琛：《教师劳动的一般特点》，载《教育研究》，1985(7)。
② ［美］帕克·帕尔默：《教学勇气——漫步教师心灵》，吴国珍、余巍等译，10 页，上海，华东师范大学出版社，2005。
③ ［美］帕克·帕尔默：《教学勇气——漫步教师心灵》，吴国珍、余巍等译，4 页，上海，华东师范大学出版社，2005。

教师工作成果的集体性意味着在学校管理中应当通过适当的机制和文化促成教师合作文化的形成和教师团队的建立。引导和提倡各任课教师之间、任课教师与班主任之间、教师和教师之间形成相互配合、共同协作的文化氛围。尤其需要通过评价机制的改变，注重对团队集体成果的评价，而不是过分强调个人之间的竞争性。此外，学生教育的阶段性之间的衔接也要求学校管理者引导教师以更负责任的方式实施本阶段的教育，完成本阶段的培养目标，为学生顺利地成长尽到应尽的教育职责。例如，可能会出现小学阶段基础没有打好，中学教师还要从头补课，中学阶段的知识学习不完整，高中阶段的教学困难重重的问题。如果每个阶段的教师都能有对学生长远发展负责的眼光和态度，着眼于学生未来的发展，为学生构建完善的知识和能力结构，那么，教育就会形成一个可持续的发展系统。这需要管理者的观念引导和制度规约，从主客观等多个维度促成教师集体成果的教育实现。

（五）工作时空的无边界性

教师工作时空的无边界性是指教师的工作在时间和空间上都具有很大的弹性和延伸性，无法通过外在的规定作出明确而精细的规定。教育的魅力就是教育能够将无限的可能性转化为现实性，而这种改变是依靠教师在时间和精力上的投入实现的。教师投入越多，学生改变和成长得越多，教师的潜力被激发出来的就越多，而且没有最好，只有更好。因此，如果一个教师对教育抱有深厚而坚定的信念，怀有持久而热烈的激情，他就会调动更多的时间投入教育当中，他工作的空间就不限于教室和办公室，他会走进学生的家庭、学生的宿舍以及带领学生走向更宽阔的社会空间之中获得锻炼和发展。教师工作的"无边界性"意味着对于教师的管理不同于对工人的管理，不是依靠外在的控制来实现工作的效率，而是在外在时空上给教师更多的自由弹性，最重要的是调动教师的工作激情和内在动力。

教师工作时空的无边界性带来了教师的职域与责任的无限制扩大，牵涉儿童学校生活的一切问题都被作为教师的责任担当起来。这正是教师遭遇的"责任泛化"现象，"空幻的杂务"威胁着教师的职业意义和自我认同感。因此，为教师"减负"，使学校事务"简化"成为客观需求。佐藤学提出应将不断向外扩散的教师职域，重新向中心统整。为此而提出了以"3C"为中心组织教育内容和教师职责——为他者的幸福操心的"关爱"、智慧地考察牵涉自己与他者生活的社会事件的"关切"、恢复同自然界的和谐关系以及同他者人生之亲和的"关联"。[①] 这样的聚焦和统整，能够使教师

---

① [日]佐藤学：《课程与教师》，钟启泉译，213页，北京，教育科学出版社，2003。

从无意义的事务性工作中解脱,更充分地实现教师职业的内在意义,从而重建职业认同感。

第二节 教师激励与评价

教师工作积极性的调动和潜能的发挥需要有效的激励和评价。教师激励不仅需要遵循其内在的机制,还要运用适当的方法。教师激励的主要方法包括薪酬激励、目标激励、领导激励和工作激励。就教师评价而言,存在两种不同的价值取向的评价制度,即奖惩性教师评价制度和发展性教师评价制度。教师评价的常用方法包括绩效考评法、教学档案袋评价法、教师增值性评价和自我评价法。

一、教师激励

"感人心者,莫先乎情。"教师激励在本质上是在学校管理中对教师情绪和情感力量的激发和维持。人是一种蕴藏着无限可能性的存在。这就为成功的管理留下了发挥作用的空间。教师激励就是将教师个体的潜在能量激发出来,激起教师的进取心和奋斗精神,使其在教育教学工作中展示饱满的精神面貌并实现自我价值。在日常的学校管理中,人们往往注重外显行为的规范和要求以及事后的奖励和惩罚,而忽视内在的情感力量的调动,忽视精神驱动机制在管理中的价值,这会造成管理的滞后性和被动性,从而造成人才的浪费和管理的低效。

加拿大学者卡罗琳·希尔兹描述的"无望学校"正是缺乏对教师的激励和鼓舞,缺乏关心和动力的学校所呈现的状态。

(一)教师激励概述

法国古典管理学家亨利·法约尔指出:"激励是管理的核心。"对于学校管理而言,教师管理的本质就是对教师进行有计划、连续持久的激发和鼓励,使教师不断发挥潜能与主动性,进而实现学校的育人目标,也实现教师的人生价值。

1. 激励的内涵

人们对激励内涵的理解是一个逐渐变化的过程,这一变化过程也反映出人们对人类自身认识的不断深化,对管理本质理解的不断清晰。在科学管理理论盛行时期,人们普遍认为激励是"A使B做A希望B做的事"。这种认识,包含着一种浓厚的强制色彩和役使性质。随着管理心理学和组织行为学等学科的发展,人们对激励的理解越来越具有主体色彩,被激励者的反应引起了人们足够的重视。麦格雷戈(Mc

Gregor)认为，激励就是利用情绪的力量。[①] 而麦格金森认为，激励就是引导有各自需要和个性的个体或群体，为实现组织的目标而工作，同时也要达到他们自己的目标。从这些对激励的定义可以发现，激励与个体内在的需要有关，并且个体内在的需要构成了激励的起点，而组织的目标构成了激励的牵引力量，是激励的终极指向。在需要和目标之间的过程就是管理者努力的空间，涉及需要管理者进行设计的一系列制度、方式、途径等过程性因素，这些因素通过满足需要，进而引发行为并实现目标。在学校管理实践中应具体分析需要到底是什么，所要实现的目标是谁的目标，是组织的目标，还是教师个体的目标，两个目标之间的一致性如何，什么样的激励手段是适合的并且是最有效的。这些就涉及将对激励的理解具体化为管理实践中的激励机制和方式，进而形成实际的管理效果。

2. 激励的要素

在学校管理中有效实施激励的前提是对激励要素的完整理解。激励作为一种管理活动主要包括四个要素：需要、动机、行为、目标。在建立激励机制的过程中，需要清晰把握四个要素的内涵及其相互之间的关系。

(1)需要

需要是激励的起点。一般认为，需要是由未满足的欲望、要求或由剥夺引起的人的内部紧张状态。由此可以发现形成需要的两个前提条件：一是个体感到缺乏什么，有不足之感；二是个体期望得到什么，有求足之感。基于此，需要往往具备两个基本特征，即对象性和动力性。也就是说，需要总是指向特定的对象，而且为了得到期望的对象，会产生一种内在驱动力量。因此，在对教师的激励中首先要做的工作就是进行需求评估，了解教师真实的工作和生活状态，进而了解其真实的需要和追求。

(2)动机

动机是直接引发、推动和维持人的活动以实现某种目标的内在动因。动机产生于内在的需要。需要转化为动机是这样一个心理过程：当需要得不到满足时，个体内部就会产生动机。动机作为一种信念和期望，总是指向一定目标并引发有指向性的行为。动机作为一种内在的驱动力量具有特定的功能，主要表现为始发功能、选择功能和维持功能。对教师的激励需要充分发挥动机的功能，让教师在高层次动机的激励下明确自身的目标和方向，并且为目标的实现作出持久的努力。

(3)行为

行为是需要和动机的外在表现。人类行为具有自身的独特性，即目的性和可塑

---

① 胡永新：《教师人力资源管理》，199 页，杭州，浙江大学出版社，2008。

性。管理的目标总是通过管理对象的具体行为实现，即有效行为实现有效管理。因此，利用行为目的性和可塑性的特点就可以通过目标牵引和行为塑造等具体的管理方式实现既定的管理目标。此外，需要注意的是，虽然动机与行为关系密切，但是行为与动机之间并非一一对应关系，不同的动机有可能外显为同样的行为，而相同的动机也有可能表现为不同的行为。这就需要学校管理者在具体的管理实践中善于把握动机与行为之间的关系，通过内在的引导矫正动机的性质，通过各种评价提升外在行为的有效性等。

（4）目标

目标是人们内心的希冀，是行为追求的结果，是与一定需要满足相联系的客观对象在主观上的超前反应。目标代表着个体对自我和生活的希望，是一种指向未来的重要的内在牵引力量。伟大的目标产生伟大的激情，人类就是生活在一个个的目标之中，通过目标调动自我的激情和动力，去改变现有的状态，达到一种更高的人生境界。但是，并非所有的目标都能产生积极的驱动力量，人们在选择和确定目标时，往往需要考虑多种因素，只有恰当的目标才能发挥最佳的牵引作用。人们在确定目标时会主要考虑目标的价值性、实现的可能性、实现的成本等多个维度，最终确立一个值得追求、愿意为之付出的目标。

激励的四个要素是实施激励机制过程中需要综合考虑的因素，它们之间并非各自孤立或者是一种机械性的关系，而是一种相互影响、交错互动的复杂的关系。

◈ 案例：美国中小学校长如何激励教师

在美国，很多中小学校长都非常重视通过一定的管理技巧调动教师的工作积极性。当然，由于各个校长在管理上存在差异，因此在做法上也就各有千秋了。比较常用的做法主要包括贴条子、送小礼物等。

Teri校长和学校的其他管理者仔细观察每一位教师，他们每月至少听每位教师两次课，这些课往往不是事先安排的。在听完一个班的课以后，他们会很快地在小纸条上写上一两句表扬性或鼓励性的评语。在走出教室的时候，他们会把条子贴在教师的桌子上或教室的门上。

而Stokes校长则通常会在教师的信箱中或桌子上放些小礼物。有一年，她给学校的每位教师都发了一个"生存袋"，袋中放了一些看似零碎实则有特殊意义的东西。

Kostik 校长也会像 Teri 校长一样到各个班级去听课，并且会通过贴条子的方式为任课教师及时留下她对该堂课的意见。然而，除了贴条子，Kostick 校长还经常向地方电视台提供学校中一些作出特殊贡献的教师的名单，邀请电视台记者对这些教师进行采访。

上述这些看似简单的做法，不仅有效地帮助教师树立起了自信心，而且在客观上提升了教师的工作积极性。

在中小学里，校长在对所有教师进行鼓励的同时，还应对那些工作突出的教师进行褒奖。美国中小学校长经常采用如下方法对教师进行表彰和奖励。

1. 利用常规的教工会议、电子邮件等方式对那些勇于探索并作出突出贡献的教师进行表扬。Jeff Castle 校长就经常利用上述形式表扬那些勇于探索新方法的教师。按他的话说就是，想通过这种手段来鼓励教师走出自己的教室，多与其他年级甚至其他学校的教师合作，以改进原有的教学方法。

积极性是使教师集中精力工作并感到自己的工作有价值的关键。因此，通过表扬和奖励，可以有效地提高教师工作的积极性。在认识到这一点的基础上，Larry Davis 校长在学校里专门设立了用于表彰业绩突出教师的"金苹果"奖。除了口头表扬，相当一部分美国中小学的校长还会在学校的预算中留出一小部分钱用于表扬有突出贡献的教师，如为他们购买电话卡或礼品等。

2. 将学校所获奖励分解给有突出贡献的教师。美国的很多州和一些学区都会对那些在标准化考试中成绩有所提高的学校给予奖励。于是，一些学校为了提高教师的工作积极性，便采取了把学校所获的奖品再奖给那些有突出贡献的教师的做法。

3. 与当地的饭店、体育中心、电影院、艺术中心或其他企业取得联系，由它们提供奖品对那些业绩比较突出的教师进行褒奖。这一做法也在很大程度上提高了教师工作的积极性。

(二)教师激励机制

激励机制指的是由相互关联、相互作用的激励要素共同构成的一个整体，通过一套理性化的制度来反映主体与激励客体相互作用的方式。学校管理中的教师激励，旨在通过调动和激发教师的工作热情和潜能，实现学校组织的价值目标以及系统、动态的制度设计和安排，是将激励的各种要素整合起来，发挥整体效能的过程。教师激励的内容主要包括以下几个方面。

1. 诱导因素集合

诱导因素是指能满足人们需要的、感兴趣的、能够引发其工作行为的、包括物质与精神的所有奖酬资源。学校组织中对教师的诱导因素是非常丰富的。例如，物质方面的因素包括工资、奖金、福利待遇、办公条件等；与教师个人发展相关的因素包括晋升机会、工作成就感、培训进修、荣誉评价等；与工作本身有关的因素包括教学的价值、专业自主的实现、工作的丰富性和挑战性等；与学校组织氛围有关的因素包括上下级关系、同事关系、管理制度、沟通渠道、学校发展前景等。在每一所学校具体的管理实践中影响教师工作积极性的诱导因素都不尽相同，有的学校可能主要的问题在于薪酬分配的不公平，而有的学校可能在于人际关系的不和谐。因此，教师激励过程中需要管理者通过调查分析进行诱导因素的筛选和提取，区分出积极的诱导因素和消极的诱导因素，消除挫伤教师工作积极性的不利因素，强化激发教师工作热情的有利因素，从而使教师激励过程更为清晰明确，也更加富有实效。

2. 行为导向制度

行为导向制度是组织对其成员所期望的努力方向、行为方式和应遵循的价值观的设定。在学校组织中，由诱导因素诱发的教师行为可能在价值上是多元的，不一定都与组织的价值目标相一致，甚至可能与组织的目标相悖，这就需要组织确立主导的价值取向，对教师个体的价值发挥导向作用。管理学家巴纳德在论及组织目标和个人目标时曾言，对员工而言，组织目标是外在的、非个性的、客观的目标；而个人目标是内在的、个性化的、主观的目标。因而，每个人都会有组织人格和个人人格，这样的双重人格之间不可避免地存在矛盾。[1] 因此，学校管理者需要确立学校的核心价值取向，并通过宣传、学习、榜样示范等多种方式实现教师对学校价值目标的接纳和认同，并在此基础上实现价值的观念内化和行为外显。教师个体对学校价值的认同具有持久的激励作用，这是由教师的身份特点决定的。因为，作为"知识型员工"的教师更倾向于对精神层面的激励因素的追求和确认。

3. 行为幅度制度

行为幅度制度是指对由诱导因素激发的行为在强度方面的调控。这种调控是通过改变一定的绩效与奖酬之间的关联性以及奖酬本身的价值来实现的。根据斯金纳(Skinner)的强化理论，按固定的比率和变化的比率来确定奖酬与绩效之间的关联性，会对人的行为带来不同的影响。因此，激励的过程应该是动态变化的，而不是

---

[1] 胡永新：《教师人力资源管理》，250页，杭州，浙江大学出版社，2008。

静止固化的。而且，激励的幅度与激励的效果需要维持一种科学合理的关系，否则会事与愿违。因此，在教师激励过程中，可以通过合理的制度安排将教师的努力水平调整到一定的范围和恰当的水平，以防止因奖酬过高出现成本太大、行为强度过大而失控的状态；也可以调控因奖酬太少，对行为推动不起作用而降低行为效率的现象。

4. 行为时空制度

行为时空制度是指奖酬制度在时间和空间方面的规定。这方面的规定包括特定的外在性奖酬与特定的绩效相关联的时间期限，使教师明确接受与一定的工作相结合的空间范围与时间限制的约束。建立这样的制度规范，可以防止工作目标的短期化，使期望行为前后具有一定的持续性，并在适当的空间中进行。

（三）教师激励的主要方法

无论是激励理论还是激励机制都需要通过具体的激励方式和方法来实现。教师激励的方法从不同的角度可以分为不同的种类，每一种分类都是一种理解教师激励的方式，能够带给人不同的启发和思考。例如，从激励的内容划分，可以分为物质激励和精神激励；从激励的主体划分，可以分为领导激励、团队激励和自我激励；从激励的性质划分，可以分为正激励和负激励等。这里介绍的激励方法不遵循某一种单独的分类，主要从教师管理实践的实用性和重要性的角度选择了几种常用的激励方法进行介绍。

1. 薪酬激励

薪酬激励是最基本、最常用的激励方式。然而，在实际运用过程中，由于未能处理好奖励与成绩、成绩与努力之间的关系，这一激励方法的效果并不尽如人意。在很长一段时期内，我国教师的薪酬是根据教龄、职称、行政职位等外在标准制定的，对于教师个体的工作努力程度和工作业绩不能通过灵活的薪酬体系及时作出准确的反应，从而形成有效的激励。而在实施绩效工资之后，由于制度合理性、资金保障性等问题的影响，也没有达到预期的激励效果。因此，一种激励方法是否达到理想的激励效果，最主要的原因并非方法本身，而是方法背后的观念体系以及方法的具体实施过程。基于此，薪酬激励法的有效实施需要管理者从教师工作的实际出发，通过对教师实际工作状态的了解和评价实施公正合理的薪酬分配，尤其是学校层面的奖金以及福利的分配，让教师体验到工作付出的回报和对自身价值的认可，从而获得内在的认同感和积极心理体验，积蓄进一步努力工作的精神和情感力量。

2. 目标激励

在教师激励中目标激励包括两个方面，即学校组织层面的目标和教师个体的目标，这两个目标若内在一致就能够发挥最佳的激励效果。目标在本质上是一种能够牵引人的、令人向往的愿景，使人形成对未来的积极的希望，个体在不断超越自我实现目标的过程中能够感受到自我的价值和成长。一个充满活力的学校组织总是能够形成吸引其成员的发展目标，并且能够将组织的发展目标落实到教师个体的目标之中，通过激发教师个体实现自我目标，进而达成组织目标，这是一种和谐的目标激励状态。这种状态的达成需要满足一些具体条件。

第一，目标的价值合理性。无论是学校组织目标还是个体目标都需要满足一个内核性的要求，即在价值上的正当合理性。在复杂的社会背景下，个别学校和教师的价值追求发生扭曲，所制定的发展目标违背了教育自身的价值追求和内在规律，这样的目标难以形成内在的认同感，也就难以发挥激励效果。因此，制定一个值得追求的目标，一个在精神层面上能令人感到充实满足的目标是最基本也是最重要的。

第二，目标的现实合理性。能够发挥激励作用的目标一定是具有现实性的目标，通过一定的努力可以实现。很多时候，由于好大喜功或缺乏自我认知，一些学校往往会制定不切实际的目标，"遥远"的目标很容易被人视为是与己无关的目标。因此，现实合理性、可操作性、可实现性是目标发挥激励作用的前提条件。

第三，目标的具体明确性。一个笼统的目标往往因为找不到切入点而被逃避和拖延。因此，能够对教师产生激励作用的目标需要进行一系列具体化处理，以清晰明确、现实可行。目标的具体明确化，一方面，需要在任务上进行细分；另一方面，需要在时间上期限化，设定明确的时间路线。这样的目标不再高不可攀、无从下手，时间上的终止期限因为增加的时间压力而形成一种督促的力量。在现实生活中，人在目标压力和时间压力下往往能激发出令人惊叹的潜力，这从另外一个角度说明了目标的激励价值。

第四，目标的反馈及时性。在实现目标的过程中，人们需要不断地获得反馈性的信息，从而维持自己的自信心以及对目标的信心。这种反馈既包括过程性的反馈，也包括结果性的反馈，尤其是目标结果的兑现，更能够强化人们的行为。教育过程中隐性的、延迟性的教育效果往往因为不能及时显现并得到承认和认可而影响教师的工作积极性。在此过程中，领导者应对教师的努力以及达到的阶段性效果给予及时的反馈和认可，激发其趋向最终目标实现的持久动力。

3. 领导激励

在中国传统管理文化中，领导的个人魅力和工作方式能够产生很大的激励作用。正如孔子所言"其身正，不令而行；其身不正，虽令不从"。荀子也指出，"君子至德，默然而喻，未施而亲，不怒而威"。领导自身的道德修养和行为示范能够使教师在潜移默化中进行效仿。比如一个尽职尽责的领导"身先士卒"的工作作风往往能够使教师们心悦诚服地效仿。美国学者萨乔万尼提出的"道德领导"的概念强调了学校领导者自身道德对教师群体和整个学校的影响力。经由领导者"道德权威"的确立以及"有德行的学校"的建构，激发教师更具内在性的教育激情和工作状态。相关研究发现，尽管教师在学校中遭遇种种困境，但召唤感、使命感、对职业和社会的承诺已足够支持教师，尤其是与学生相处中所得到的爱。道德领导的内在假设为教师"是受道德、情感以及社会契约驱动"而从事教育工作的。① 领导激励作用的存在提醒学校管理者要严格要求自己，要求教师做到的自己先做到，那么，就能够收到较为理想的管理效果。此外，领导激励还可以通过领导对教师提供的工作支持、情感沟通和荣誉奖励等具体的方式实现。也就是说，有效的领导激励需要通过校长的个人魅力和行政权力的使用两种途径实现。

4. 工作激励

作为"知识型员工"的教师对工作本身的创造性、自主性、丰富性以及价值性等都是非常看重的，因此，源于工作本身的激励对于教师而言是一种更为内在和基础的激励。工作激励的作用发挥需要一定的外在制度环境的支持，为其理想工作状态的实现创造必要的条件。比如，一些学校实行的过度量化和烦琐的管理方式不仅会抑制教师在工作中的自主性和创造性的发挥，而且会使教师的工作陷于事务性的琐碎，削弱工作本身的丰富性和价值性，这些都会使教师陷入一种被动应付的消极的工作状态。因此，对教师的工作过程赋权增能，使教师有权力并且有能力驾驭自己的工作，创造性地实施工作过程和实现工作成果是非常重要的激励方式。工作激励发挥作用的另外一个对象层面就是学生和家长的认可，学生在教学过程中的积极配合，取得的优异学业成绩以及家长给予教师的尊重和感谢都会成为教师宝贵的精神财富，使其对自己的工作形成坚定的信念，从而产生持久的激励作用。学校管理者要善于提供各种沟通的渠道和方式，使教师能够及时获得源自学生和家长的积极反馈，消除彼此之间的隔阂和误解，为教师达到更大程度的自我实现创造有利条件。

二、教师评价

教师激励和教师评价具有密切的联系。教师评价往往是教师激励的具体实现，通过评价方式和评价结果在管理中的运用，达到现实的激励效果。在学校管理中，教师评价是一个备受关注而又问题重重的管理课题，往往涉及每一个教师的切身利

---

① ［美］托马斯·J. 萨乔万尼：《道德领导——抵及学校改善的核心》，冯大鸣译，29～30页，上海，上海教育出版社，2002。

益和主观感受，涉及教师团队的人际和谐和工作状态，因此需要管理者充分重视、谨慎选择和使用科学恰当的评价方式。

(一)两种不同价值取向的教师评价制度

教师评价并不只是一个技术操作层面的问题，评价背后的价值取向以潜隐的方式渗透在评价的整个过程当中，影响着评价的性质和方向。因此，澄清和反思教师评价的内在价值取向是教育管理者需要做的首要工作。教师评价的价值取向需要回答"为了什么而评价""为了谁而评价"的问题。也就是说，要明确评价的终极目的，为评价的实施确立内在的价值导向。

在教师评价发展和完善的过程中，逐渐形成了两种不同价值取向的评价类型，即侧重于绩效管理的奖惩性教师评价和侧重于专业发展的发展性教师评价。

1. 奖惩性教师评价制度

奖惩性教师评价制度又称绩效管理型教师评价制度或行政管理型教师评价制度。奖惩性教师评价制度以加强教师绩效管理为目的，根据对教师工作的评价结果，作出解聘、晋升、增加奖金福利等决定。也就是说教师评价的目的是作出行政管理决策，进行相应的等级浮动和利益分配。这种教师评价贯彻的是一种管理和控制教师的价值取向。这种内在的价值取向与其所依据的理论假设密切相关。在管理者的思想中如何理解人和人性，决定了其对待人的方式和态度。奖惩性教师评价制度深受西方科学管理理论的影响。科学管理理论把人视为为追求最大经济利益而工作的"经济人"和被动工作的"机器人"。由此可见，奖惩性评价所依据的理论假说忽视了人性中更为积极和高尚的部分，是一种在较低层次上展开的评价方式。

奖惩性评价制度在教育领域的推广和实施与查尔斯·博比特(Charles Bobbitt)的工作有关，他一直致力于在企业和学校之间建立一座桥梁，将广泛运用于企业的科学管理理论移植到学校管理中来。在他看来，学校可以通过运用科学管理理论和方法，培养出可以预见的更加完美的学生，为此就需要对教师实施奖惩性评价，使教师实施有效教学，从而确保教育目标的实现。然而，学校在本质上不同于企业，教师和学生的关系也并非"工人"和"原材料"的人与物的关系。因此，对于企业管理评价方式的照搬在学校实际管理中暴露出种种弊端和局限性。以绩效管理和行为控制为目的的奖惩性评价难以充分调动教师的工作积极性，反而比较容易引起教师的反感和抵制。因而，教师评价需要一种更能激发教师内在的工作欲望和发展欲望，更符合教育自身特质，更具有建设意义的制度。

2. 发展性教师评价制度

发展性教师评价制度又称为专业发展性教师评价制度。它始于 20 世纪 80 年代中期，首先出现在英美等国。这种教师评价模式是伴随教师专业化的发展而受到人们的关注和认可的。发展性教师评价制度以促进教师的专业发展为目的，在没有奖惩的条件下，通过实施教师评价，达到个人与组织共同发展的双赢结果。

发展性教师评价受到人际关系理论、需要层次理论以及双因素理论等管理理论的影响。因此，该理论从"社会人"的角度出发理解人的本质，从人的潜能和价值的角度对人的发展抱以积极乐观的态度，相信人的自我实现的内在驱动力量。

整体而言，发展性教师评价制度重视教师在学校发展中的主体性作用，认为教师是学校的第一要素，只有调动教师的积极性并促进教师的发展才能实现学校的变革和发展。因此，发展性教师评价强调"发展才是硬道理"，注重通过发展解决教师管理问题。因为，教师专业发展是学校发展的基础，具有最稳定、最持久的动力。此外，该制度基于对人的个体性的尊重，强调在评价中对个体差异的尊重，实施差异性评价，鼓励教师以自己的方式和自己的程度实现进步和发展。可见，发展性教师评价具有浓厚的人本色彩，将评价过程转变成一个具有鼓舞性的过程，并且构建了宽容、信任、民主、和谐的组织氛围。

3. 两种教师评价制度的比较

奖惩性教师评价制度与发展性教师评价制度作为两种不同价值取向的评价制度虽然区别明显，却也有相似之处。通过对两种评价制度的比较，可以更为清晰地把握其特点，从而在具体的教师评价过程中理性选择和运用，而通过对两者可能的联系的分析，也可以使教师评价兼具两者的优点，使评价过程更具现实性和艺术性，实现一种理想的评价效果。

具体而言，可以从以下几个方面对两种评价制度的特点进行比较和分析。

第一，评价目的。奖惩性教师评价制度以加强绩效管理为目的，它主张高度集权，从严管理，依据教师评价的结果，对教师作出奖励或惩罚，从而提高管理效率；发展性教师评价制度以促进教师的专业发展为目的，主张适度分权，民主参与，通过教师评价促进教师个体的专业发展，为学校的发展奠定基础，在学校和教师的共同发展中提高办学质量。

第二，评价功能。奖惩性教师评价制度特别注重甄别与选拔功能，通过评价，筛选出少数优秀教师和不合格教师，予以相应的奖惩。在具体实施中，奖惩并举的评价模式演化为四种不同的形式："只奖不惩""奖多惩少""惩多奖少""只惩不奖"。发展性教师评价制度弱化甄别和选拔功能，强化促进全体教师发展的功能，通过对教师个体发展的引领和推动，实现教师与学校的共同发展。

第三，评价方向。奖惩性教师评价制度是一种面向过去的教师评价制度，特别关注教师在评价前的工作结果是否达到了预设的标准,以便进行奖惩;发展性教师评价制度则指向未来,注重教师专业发展目标的实现。

第四,评价主体。奖惩性教师评价是由单元主体实现的,通常由校长、教研员等上级领导或专家担任。这种评价存在评价信息较为片面、评价过程缺乏民主性、评价对象缺乏知情权和参与权等弊端。发展性评价较多使用多元评价,主张由专家、领导、同事、学生和家长以及评价对象自身共同担任评价者实施评价。主体多元的评价过程使评价信息更为全面、评价过程更为开放透明,也为评价对象提供了自我参与和反思的机会,因此,会对评价对象产生更大的内在的激励效果。

第五,评价关系。奖惩性评价是自上而下实施的,评价者与被评价者之间是一种支配者与被动接受者的关系。评价结果将作为对教师进行奖惩的依据,因此评价过程拒绝被评价者的介入,形成了一种戒备、防范甚至敌对的关系。这样,评价者与被评价者以及被评价者之间缺乏沟通和交流,也就缺乏理解和合作,评价结果难以得到教师的认同,甚至有可能导致教师对评价结果的反感和抵触。发展性教师评价则非常注重评价对象对评价结果的认同,要求评价对象最大限度地接受评价结果,并通过自我总结和反思,将其作为未来发展的起点和借鉴。评价目的与评价对象自身发展的内在统一以及评价过程的多元化和开放性,使得在发展性评价中,评价者与被评价者之间容易形成和建立一种彼此接纳、民主和谐的关系。

以上对两种评价制度的比较都是相对而言的。奖惩性评价制度通过操作性较强的绩效管理,使优秀教师得到应有的奖励,不合格教师得到相应的惩罚,但是在一定程度上忽视了教师的自我诊断和自我发展,忽视了教师的主体性作用;发展性教师评价促进了教师的专业发展,但是在一定程度上会削弱一些教师的危机意识、竞争意识和责任意识。因此,在实施教师评价的过程中需要取长补短,充分发挥不同评价制度的优势,实现理想的评价效果。

(二)教师评价的主要方法

1. 绩效考评法

(1)绩效考评法的内涵

绩效考评法是一种常用的教师评价的方法,是指学校在一定时期内,运用定性与定量的方法,对教师的工作结果和工作表现进行考核和评价的方法。一般而言,对教师的绩效考评包括两个方面:教师的工作表现和工作结果。

工作结果又称任务绩效,是相对于教师承担的工作而言的,即教师完成工作的结果或履行职责的结果,如出勤率、教学时数、学生成绩、发表论文篇数等。工作结果是绩效考评的最基本的部分,其考评通常采用可以量化的评价标准。工作表现又称周边绩效，是指教师履行职责过程中的行为、态度和素质，如工作敬业、态度认真、关心集体等。这些是内隐的、不易量化的，其考评通常采用质性的评价标准，主要依靠评价者的主观判断。

(2)绩效考评法的流程

绩效考评法的操作流程通常包括制定考评方案、确定考评周期、确定评价者、制定评价标准、选择考评方法、收集数据信息、开展考核评价、解析评价结果八个阶段。

在这些流程中，具有关键意义的是制定评价标准。这里需要指出的是评价标准有绝对评价标准和相对评价标准之分。绝对评价标准是以客观事实为依据，不以评价者的主观意志为转移的标准。这一标准主要用于对较易量化的教师工作结果的评价。相对评价标准是指相互比较的、较为抽象的、不易量化的评价标准，具有一定的模糊性、隐蔽性，需要经过观察和必要的推断才能得出结论。这一标准主要用于对难以客观量化的教师工作表现的评价。在实际的评价过程中，需要根据教师工作的性质和特点科学合理地制定和使用评价标准，实施绩效考评。有学者基于实践提出了教师评价标准应具有的四个属性①：一为阶梯性，以适应教师成长的阶段性；二为差异性，以适应不同学科教师的不同要求；三为多维性，以适应新课程对教师的多元化要求；四为模糊性，以适应教师教育工作的特殊性。"实践出真知"，教师评价标准应该伴随教育改革和教师队伍专业化发展的实际不断发展和完善，以求对教育和教师自身的发展发挥切实的作用。

2. 教学档案袋评价法

教学档案袋评价法要求教师建立自己的过程性、结果性和展示性教学档案，通过开放的多层面的评价，充分感受自己的进步和成长，从而提高教师的反思能力，促进教师的专业发展。教学档案袋评价法的主要意义在于：承认教学工作的复杂性；教师获得主动参与评价过程的机会和权力；有利于评价者和评价对象之间的合作；促进教师的自我评价和反思，进而促进其专业成长；为教师申请奖项或晋升职称等提供依据。

依据档案性质的不同，教学档案袋一般分为过程性教学档案袋、结果性教学档案袋和展示性教学档案袋三种类型。教学档案袋内的资料及其收集方法主要取决于教学档案袋的评价目的。过程性教学档案袋旨在说明教师成长和发展的过程，结果性教学档案袋的目的是证明教师实现目标的程度，展示性教学档案袋是为了展示教师的最佳业绩。

---

① 费世汲、汪立丰：《教师评价标准的"四性"》，载《教学与管理》，2010(4)。

教学档案袋评价法适用于教师专业发展的不同阶段，在具体使用过程中需要激发教师专业发展的内在需求，并且形成教学反思和交流的习惯及团体氛围。这样才能为教学档案袋的有效实施奠定主体性的条件。

3. 教师增值性评价

教师增值性评价兴起于英美国家，是目前在一些发达国家应用于教师人事实践管理的一种较新的教师评价模式。这种评价模式主要以增值为理念，分析教师因素带来的学生学业成绩的变化，将教师对学生成绩进步的单独贡献分离出来，关注学生的学业成绩进步，着眼于教师和学生的共同发展与成长。在20世纪70年代，经济学中的"增值"（value-added）的概念被引入教师质量评价体系中，以评价教师对学生学业投入的真实贡献程度。这种评价模式具有促进教师专业发展、关注学生进步以及促进教师人力资源管理等方面的优势，对于当前我国的教师评价具有重要参考价值。

增值性评价来源于经济学领域中的增值概念，它要求在评估"产出"（output）时考虑"投入"（input）的多少，降低成本、提高收益，追求增值最大化。教师增值性评价旨在对教师效能（teacher effect）进行评价，教师效能是指在对教师进行评估时，通过追踪教师所教学生在一段时间内学业成绩的变化，运用科学的统计模型和分析方法排除对学生成绩有影响但不受教师控制的因素（如学生的家庭背景、人口学因素、原有成绩水平等），分析教师因素所带来的学生学业成绩的变化，即教师对学生成绩增值的"净效应"。[①]

教师增值性评价具有更为客观、评价实施更为简单易行等优势。

第一，教师增值性评价以学生学业成绩的增值来对教师进行考评，不设置统一的成绩划线标准，关注所有学生的学业成绩进步空间，激励教师根据不同学生的需求采取相应的教学优化策略来促进每个学生的进步。

第二，教师增值性评价可以更好地促进教师的专业发展和教师专业培训。通过统计和分析教师效能可以对每一个教师的效能值进行评估，让教师明确自己工作的利弊得失，以便更有针对性地调整教学策略，发挥教书育人的作用，促进自己的专业发展。同时这种评价模式可以让学校针对已入职的教师开展更有效的教师专业培训，以高效能教师为学习对象，督促教师进行自我反思、自我改进，帮助教师明确个人发展需要，制定未来的专业发展目标。

第三，增值性评价在一定程度上能促进区域内教育质量的均衡发展。教师增值性评价关注学生的进步情况，生源质量与教师评价并无直接关系，以学生学业表现

的增值为评价教师效能的依据。也就是说当学生的学习取得进步时，教师也可以在评价中取得好成绩。这在一定程度上缓和了学校之间的生源大战，有利于促进区域教育质量的均衡。

综合来说，教师增值性评价旨在客观地测量教师教学与学生学业成绩之间的因果关系，其区别于传统教师评价的方面主要有两点：一是关注学生学业成就的成长与进步，即通过控制学生的初始学业成绩来计算学生学业成绩的进步，排除学生自身学习能力对教师教学效果的影响，比单纯运用标准化测验分数来评价教师更为科学、合理；二是测量教师教学的"净效应"，即将教师对学生成绩增长的影响与其他影响学生学业成绩的因素区分开，在一定程度上保证了评价的公平性和科学性。但是以学业成绩为导向的教师增值性评价的缺点在于简化了教学的复杂本质，难以捕获教师质量的全貌，可能会出现教师将精力集中在以提升学生学业成绩为目标的教学活动中，从而减少对学生的非认知技能的教学投入。因此，在推进增值性评价实践和运用时，应避免单独使用分数增长作为教师评价的依据，综合考虑多方面的评价证据，构建科学合理的教师评价框架。[①] 教师评价的目的主要在于促进教师的专业发展和师生的共同成长，教师评价需要关注评价之后的专业反馈意见，强调评价结果的诊断、激励和提升作用。

4. 自我评价法

教师管理最终需要教师的自我管理，而教师的自我评价正是教师自我管理的重要方面。自我评价法是指教师按照一定的评价标准对自己的工作进行评价，通过自我诊断和自我反思，实现自我激励和发展的评价方法。自我评价法既可以作为一项独立的评价方法，也可以作为其他评价方法的一个组成环节，发挥教师在评价中的主体作用。自我评价法的特点是容易操作、省时省力，能够调动教师的主体性，促进教师的专业发展。

自我评价法在实施过程中主要有三种类型，即诊断性自我评价、形成性自我评价和终结性自我评价。这三种不同类型的评价方法对应于教师的工作时间分布。诊断性自我评价在每学年的开学前使用，教师对照评价标准进行自我诊断，评估自己的优点和不足，明确自己的目标和努力方向。在学年中，运用形成性自我评价，教师对自我的工作过程进行跟进性评价，不断督促自己趋近于评价标准，同时不断进行自我调整，制定更优的自我改进方案。在每学年末，实施终结性自我评价，教师本人对照评价标准，结合自己工作中的进步和成绩、经验和教训进行评价和打分，

---

① 梁文艳：《探索教师质量的增值性评价：国际经验与本土展望》，载《教育科学研究》，2022(4)。

在总结中明确自己的成长和不足，为新的评价周期的开始建立清晰的起点。

在实施教师自我评价的过程中需要注意两个问题：一是需要对教师进行培训，提升其自我评价的能力。由于教师自身在观念认识、专业能力等方面的局限，很多情况下他们对自我的评价可能不够专业和深入。因此，需要对教师进行必要的培训，让教师在专业发展过程中实施自我评价，反过来进一步促进专业发展。二是如何在实施自我评价过程中避免出现主观偏差问题。主观偏差是一种客观存在，难以彻底消除，然而，可以通过制定较为客观的评价标准和操作性较强的实施程序在制度层面建立保障机制，从而使自我评价法的优点得到最大程度的发挥，缺点得到最大程度的削弱。

案例：澳大利亚教师的专业标准

澳大利亚教师的专业标准分为四个等级，分别是合格教师、熟练教师、高级教师和导师教师。该标准与《澳大利亚青年教育目标墨尔本宣言》一同作为国家及各省制定教学行动规划和政策的参考依据。

该标准主要分为三个类别：专业理论、专业实践以及专业投入度。三个类别有七条标准。专业理论方面：了解学生及其学习，了解教学内容及其教法；专业实践方面：有效教学的计划及实施方面，安全、积极的学习环境的营造与维持方面，学生学习的评估、反馈与报告；专业投入度方面：投入专业学习和反思，对学校和专业群体的贡献。以下是关于合格教师的具体要求和评价内容。

标准一：了解学生及其学习

1. 了解学生的文化和社会背景的多元性及其对学习可能的影响；2. 了解最新的学生发展理论；3. 了解学生的阶段性发展特征(如认知、社会性、情绪、生理和心理等)及其对教学的意义；4. 能够确定学生的经验、知识、技能、兴趣和学习困难，并在备课时注意这些因素；5. 了解关于读写和计算的基本理论，理解读写与计算能力对学习的影响；6. 能意识并照顾到所有学生(包括资优生和有特殊需要的学生等)的学习需求。

标准二：了解教学内容及其教法

1. 了解教学内容、过程、技巧，学科特定的读写和计算要求，以及所教课程的核心问题；2. 选择适合不同发展阶段和文字与计算能力的学习内容；3. 了解关于特定内容有效教学的最新研究成果，以及学习这些内容时可能遇到的普遍性困难；4. 能有效沟通，激发学生对学习内容的兴趣；5. 通过学生感兴趣的方式组织和安排教学内容、技能和概念；6. 了解各种评估方法并能选择有效而可信的方法测评学生的学习情况；7. 知道有助于教学的可用资源与办法，能利用ICT技术帮助学生学习；8. 了解对教学内容和不同学段学生的课程、考查和学业报告的要求；9. 了解澳大利亚的历史、环境和人民，特别是原住民及其文化，理解变革社会对教学的影响。

标准三：有效教学的计划及实施

1. 设置适合整体学生发展阶段的明确而有挑战性的、可达到的教学目标；2. 挑选能促进学生计算、读写能力发展的教学内容和技能并通过教学达到目标，注意结合学生之前的经验、兴趣和其他可能影响因素；3. 根据学习理论和有效教学的研究成果及课程要求设计每节课和教学过程；4. 选择和使用一定策略，如问题解决、批判性和创新性思考、资源策略等激励学生达成学习目标，能在德育或环境教育中，结合本地、全国和全球因素；5. 在计划时，注意学生目标达成度的因素；6. 自我反思和调整教学行为。

标准四：安全、积极的学习环境的营造与维持

1. 尽可能创设一个环境，让学生受到礼遇，被善待，能得到公正、关爱和有尊严的环境；2. 根据学生情况，创设激励的、物质丰富的、自然和安全的环境；3. 明确告诉学生正确的方向及对他们的预期，并对学生的行为作出反馈；4. 制定学生、资源和空间的管理的常规，以保证学生学习效果最大化；5. 在学校、教育系统和法规要求的范围内，促进学生的幸福和安全。

标准五：学生学习的评估、反馈与报告

1. 选择和使用有效的评估方法，包括正式的、非正式的、过程性的和终结性的评估；2. 根据学生的学习目标，设置评估标准并向学生说明；3. 参考学习评估的数据分析，制定未来的学习方案、干预措施和教学活动调整方案；4. 及时向学生口头和书面反馈其学习目标达成度；5. 坚持记录准确和真实的学生学习情况；6. 有策略地向家长或监护人说明学习情况报告的原则和实践；7. 理解修正学习评估方案。

标准六：投入专业学习和反思

1. 定期以专业标准评估自己的理论、实践和投入度，以指导自己的专业学习；2. 寻求自己在理论和实践方面的专业建议，并能接受改进教学的建设性意见；3. 参与持续性的专业学习，包括采用相关的实证研究结果和核心教育文献，与同事合作探究热点教育问题和参与集体学习。

标准七：对学校和专业群体的贡献

1. 理解并遵守行政部门、教育系统和学校制定的师德和教师行为规范，形

成与学生、同事和家长或监护人之间和谐的专业关系；2. 理解并遵守关于师生
权利与责任方面的法规政策，包括职业健康和安全、多元差异、儿童保护、危机
管理和劳动协议等；3. 理解并对行政的、管理的和专业的责任作出响应，如参
与学校事务、校园文化建设以及课程开发等；4. 理解家长或监护人，懂得自己
孩子的重要性；5. 热衷于专业团队的活动。

第三节　教师的职业生涯管理

////////////////////

　　教师管理的主要目标是促进教师的专业成长和专业发展，而这一目标的实现需
要对教师整体的职业生涯进行管理。教师职业生涯发展理论是教师职业生涯管理的
依据。教师的职业生涯管理需要调动教师自我的主体性，实施自我管理需要学校组
织发挥组织优势，提供必要的条件和环境，实现组织与个体的和谐互动。

一、教师职业生涯管理概述

　　传统的教师管理停留在对一时一事的管理上，学校组织和教师之间是一种管理
者与被管理者的关系，这种关系潜在的假设是管理是"为了学校"的管理，对教师进
行约束和评价是为了组织目标的实现，个体的需要往往被忽视或得不到足够的重视，
教师的自我发展往往在组织目标的遮蔽下无从实现。教师职业生涯管理则是为了人
力资源的价值最大化而实施的管理，是面对教师一生的价值实现和幸福完满而实施
的管理，这样"为了教师"的管理找到了管理最真实的起点以及个体和组织目标的最
佳契合点。因为，组织中每个个体的成长与发展必然凝聚和转化为组织的发展，在
两者的统一中达成一种自然的和谐状态。因此，教师职业生涯管理对学校的管理和
发展具有重要意义。

(一)教师职业生涯管理的内涵

　　教师职业生涯管理的前提条件是对教师职业生涯及其发展的理解和认识。因为，
教师职业生涯管理的本质目的是促进教师职业生涯发展。

　　1. 教师职业生涯发展

　　生涯在最宽泛的意义上可以理解为人的一生的存在历程，其中包括生活的轨迹、
职业的变动等。教师职业生涯特指一种与职业相关的生命历程，是指选择了教师职
业的人所经历的外在的时间过程和内在的心理历程。职业生涯的实质就是将自我的
生命安放在一种职业上，也就是人们所说的"安身立命"，这正是职业选择的意义所

在，也是研究职业生涯的意义所在，使个体生命在这一职业上能够更加绚烂地绽放，实现自我独特的人生价值。因为，虽然作为群体的教师可能在外在的时间历程，如教龄上会相同，但是内在的体验和经历却具有强烈的个性色彩，从而各不相同。教师管理的目的就是要改善伴随时间进程而进行的内在的职业发展和自我发展的问题，使每一个教师在职业生涯中能够有更多的积极体验并实现自我价值。

教师职业生涯发展是指教师的职业素质以及资格、职位等随时间轨迹而发生的变化过程及相应的自我职业心理体验变化和发展的历程。可见，教师的职业生涯发展包含两个维度：一是客观的时间维度，包括自然年龄和教龄等；二是主观的领域维度，包括职业观念、职业认同、专业知识、教学能力以及职业幸福感、倦怠感等职业心理体验。哈格里夫斯和富兰认为，教师发展可以从知识与技能的发展、自我理解、生态改变三个方面来理解。这是对主观领域的另一种解释，通过对自我理解和生态改变的强调，他们将教师职业生涯发展由个体自身扩展到对周围环境的影响。

此外，学者袁志晃从横断的角度剖析教师专业发展，将其分为一般性生活发展和特殊性专业发展两种。[①] 这是一个富有启发性的分析角度，使人们对教师职业生涯发展的理解更为完整，尤其是将完整的生活与职业放在人生的整体中进行理解和对待，解除工作与生活的对立，改变为了工作业绩而牺牲生活质量的不可持续的发展观念。他将一般性生活发展具体分为六种"生活"与"职能"任务，分别为家庭生活、学习生活、人际生活、职业生活、休闲生活、社群生活。这种理论启发人们意识到"工作是生活的一部分，工作是为了更好地生活"，从而建立一种职业生涯发展的和谐状态。

另外一位学者林幸台从个人和组织两个方面探讨了教师职业生涯发展的问题。就个人而言，教师教学技能的进步、专业精神的提升、良好人际关系的发展、师生关系的建立以及教师自我实现的达成等都是教师专业发展的内涵；从组织来看，学校提供教师在职进修的机会、提供教师发展的相关信息、协助教师进行生涯规划与设计、发展多重生涯路径以及建立教师人力资源管理系统等均是教师生涯发展的重要课题。[②] 可见，教师职业生涯发展的实现是在个人与组织、个体与环境的交互作用中实现的，既需要个体自我的内在发展意愿和素质基础，也需要组织和环境提供的条件和支持，是两个系统和谐统一达成的结果。

2. 教师职业生涯管理

教师职业生涯管理是指学校组织根据自身发展的战略需要，有组织、有计划地

---

① 袁志晃：《再谈"教师生涯发展"的题旨——释疑与释义》，载《教育研究资讯》，2001(4)。
② 李艳红：《东乡族女教师生涯发展研究》，博士学位论文，西北师范大学，2007。

开展促进教师职业生涯发展的一系列管理活动。教师职业生涯管理包括教师职业生涯设计、目标选择、路径设置、状态评估、信息反馈和行为改进等一系列综合性的活动和过程。通过教师和学校组织的共同努力与合作，使每名教师的职业目标与组织发展目标相一致，使教师的发展与学校的发展相吻合。因此，教师职业生涯管理事实上包括两个方面，即学校组织实施的教师职业生涯管理和教师个体实施的职业生涯管理。这两个方面的管理是相互关联、相互促进的关系。

(二)教师职业生涯发展理论

教师职业生涯发展理论是伴随人们对教师职业的理解和认识的不断深入而逐步完善的，是一个由现象到本质、由静态到动态、由一维到多元的发展过程。教师职业生涯发展理论对教师职业发展规律的揭示，能够使管理者更加科学理性地把握不同专业发展阶段教师的需要，了解不同阶段教师的职业发展制约因素等，从而更好地实现专业引领和组织支持。

1. 伯顿(Burden)的教师生涯早期理论

伯顿主要研究了教师职业生涯早期阶段的特征，并且提出了相应的支持策略。

从教第一年为存活期，教师主要关注的是他们在班级控制的维持、学科的教学、教学技能的提高和教学内容的了解方面的适当性。在这一时期，教师会考虑是否坚持从事这份职业。

从教第二年到第四年为调整期，教师对教学有了进一步的了解，能够轻松处理学科问题，与学生的相处更加开放和真诚，更能满足学生的需求。但是在因材施教、满足每个孩子的个性化需要方面，还感觉有压力。

从教五年以上为成熟期，教师在教学活动中有了安全感，能更加游刃有余地处理教学事件，重视与学生的关系。但在学校规则和教育期盼等方面担心自己不能满足需要。

针对不同时期的压力和需求，伯顿还提出了相应的支持性条件，帮助教师顺利完成每一阶段的发展。他认为第一阶段的教师需要直接的监督，与他们互动的过程中要直接、现场演示和强化一些教学技能。第二阶段的教师需要合作性的监督，以展现、辨析、倾听、问题解决和商讨的方式进行监督。第三阶段的教师需要间接的监督，多倾听、鼓励、辨析和展现，以帮助问题的解决。[①]

2. 富勒(Fuller)的关注水平阶段论

富勒对教师的教学关注进行了探究，提出了教师教学关注发展的四个阶段。

一为任职前关注阶段。此阶段是师资养成时期，师范生仍在扮演学生角色，对

---

① 朱旭东：《教师专业发展理论研究》，303页，北京，北京师范大学出版社，2011。

于教师角色仅处于想象阶段，因为尚未扮演教学角色，没有教学经验，所以只关注自己。而且，对他们的教师常常持敌意的态度而不是同情。

二为早期生存关注阶段。此阶段是初次实际接触教学工作，所关注的是作为教师自己的生存问题。他们关注班级管理、教学内容以及指导者的评价，因此，此阶段的心理压力较大。

三为教学情境关注阶段。此阶段所关注的是教学情境的限制和挫折以及对他们各种不同的教学要求，较为重视教学所需的知识、能力与技巧，以及尽其所能地将自己所学运用到教学情境中。此时，所关注的是自己的教学表现而不是学生的学习。

四为关注学生阶段。虽然许多教师在职前接受师范教育时就能表达对学生的学习、品德和情绪需求的关注，但没有实际行动，因为他们不知道如何去做。当师范生真正成为教师后，他们才能从实际工作中学会如何克服困难和胜任繁重的工作，开始真正地关注学生。他们要在学会应付自己的生存问题之后才能转向对学生的关注，继而对学生的需求作出恰当的回应。

富勒对于教学关注的研究对于教师的入职教育具有重要的启示意义。

3. 费斯勒（Fessler）的教师生涯循环论

美国学者费斯勒通过对典型个案的研究形成了独特的教师职业生涯理论。他的理论突破了对教师职业生涯发展的线性的理解。他认为教师职业生涯发展的各个阶段与年龄和教龄之间没有必然的联系，而是与个人的生活环境、组织环境等密切相关。"既要应对个人环境的影响，又要反馈组织环境的影响，教师职业生涯很可能会经历高潮和低谷，从而在各阶段来回转换。"[1]因此，费斯勒为人们提供了对教师职业生涯的更为完整的动态的理解。此外，费斯勒不但描述了教师职业生涯周期中各个阶段的特征，而且揭示了环境的影响以及个体的需求、激励措施和支持体系等，这些有价值的研究结论将为学校管理者提供重要的理论依据。

费斯勒将教师职业生涯分为职前期、职初期、能力建构期、热情与成长期、职业挫折期、职业稳定期、职业消退期和离岗期。[2]

职前期是特定角色的准备阶段，这一阶段的重要成长需求是学习和应用新理论与尝试新的实践，希望与资深教师一起探究并得到指导和反馈，此时良好的工作前景和工资收入以及为社会作出贡献的认识都是重要的激励措施。需要指出的是即使

---

①　[美]Ralph Fessler and Judith C. Christensen：《教师职业生涯周期——教师专业发展指导》，董丽敏、高耀明等译，229页，北京，中国轻工业出版社，2005。

②　参见[美]Ralph Fessler and Judith C. Christensen：《教师职业生涯周期——教师专业发展指导》，董丽敏、高耀明等译，230～239页，北京，中国轻工业出版社，2005。

是资深教师在进行调动进入新的学校后，也会进入职前期，需要进行导入培训，这是容易被忽视的。

职初期是新教师在学校组织中完成社会化的时期，在这一时期，教师为获得学生、同行以及领导和家长的接纳而努力，但在理想和现实发生冲突时，会出现某种幻灭。教师的成长需要主要表现为需要个别化的指导以获得更多的实践知识和智慧。此时，给予教师积极的反馈和认可，并且提供校外学习机会为最有效的激励措施。

能力建构期可以说是教师整个职业生涯的"专业化发源地"。在这一时期，教师会将工作视为挑战，会寻找新的教学方法并找机会观摩其他教师的教学，进而努力形成自己的教学风格。良好的工作环境，提供教学观摩的机会以及与资深教师合作并通过额外工作获得额外收入是满足这一时期教师的需要，并激励其专业成长的主要措施。

热情与成长期的教师，其教学能力已经到达较高水平，他们充满活力和热情，希望在专业上进一步发展。这是教师职业中最为理想的阶段，教师热爱工作，渴望每天去学校，具有充分的工作满意度和高度的工作责任感。处在这一时期的教师希望获得进修和带薪休假的机会，得到各方面的赞扬和认可，具有更为灵活自主的工作时间。此时的教师产生了领导需求，希望获得指导教师或团队领导者的身份。如果能够满足教师的这些成长需求，将会产生良好的激励效果。

职业挫折期是教师在教学上遭受幻灭和挫折，工作满意度降低的时期，此时，教师会质疑自己的专业选择，进入一种危机期。职业倦怠是这一时期的典型特征，教师压力较大，可能会逃避工作。这一时期的教师需要通过改进教学技能、探索新的职业发展路径以及专业化的咨询帮助，平稳度过生涯发展的低谷期。职业挫折期有可能出现在不同的教龄阶段，这一点需要引起管理者的注意。

职业稳定期是教师职业生涯发展的高原期，在专业发展中出现了停滞。这一时期教师的行为方式较为封闭，不愿参加集体活动。这一阶段的教师希望获得更多的尊重，在协商式管理氛围中工作，获得带薪休假机会和更为宽松的工作时间。因此，需要组织增加专业帮助和提供更多出任领导的机会，激发其工作热情和自我发展的动力。

职业消退期是教师准备离开教学岗位的时期，教师的职业生涯体验可能是积极的，也可能是消极的，并且需要面对未来生活的变化以及不确定性。这一时期的教师需要职业成就的认可、优厚的退休待遇以及参与学校管理和决策的机会。

离岗期是教师因退休或其他原因离开岗位的时期。需要注意的是，职业消退期有可能是因为裁员引起的年轻教师的离职，也有可能是年老教师因到了退休年龄而离职，这两种情况存在明显差别，需要区别对待。如果离岗是被迫的，教师会有受挫感并盼望职业的改变。而如果是正常的退休离岗则有可能会因为自己长期的投入和有回报的职业生涯而感到满足。对于前者，管理者需要提供就业援助，而对于后者则可以提供机会使其在专业组织或其他团体中发挥余热。

准确把握每一时期教师发展的特殊需要，并且从组织和个人的角度进行激励和支持，能够促进教师职业生涯的持续发展，使教师获得美好的职业生涯体验。

二、教师职业生涯的自我管理

教师个体在自身的职业生涯发展中并不只是被动的角色，不同的人对于职业生活的期待和设计能够构建出不同的职业生涯轨迹。因此，教师个体确立自我职业生涯管理的意识并且掌握相关的方法和策略，能够提升职业生活的质量，进而使承载于职业之上的人生价值得到更充分的实现。

（一）教师个体在职业生涯管理中的主体地位

教师职业生涯发展是在个体与组织的互动中实现的，既需要个体的主动意识和自觉行动，也需要组织提供的环境氛围和支持援助。内因是事物变化发展的最主要的动因。因此，教师个体要意识到自我在职业生涯发展中的主体地位，不被动适应环境，不盲目追随别人的背影。在自我内在力量启动和发挥过程中，对自己的教师职业生涯担负起责任，进而使自我在组织和团队中发挥引领作用，促成自我和组织更为理想化的发展。

在教师的职业生涯发展中个体自我发挥着"职业锚"的核心导向作用。美国麻省理工学院教授施恩（Schein）在论述职业生涯管理时提出了"职业锚"的概念。这一概念是指职业生涯主线或主导价值取向，是人们职业选择和发展所围绕的中心。[1] 另一位学者薛恩进一步将个人职业自我观定义为"职业锚"，认为它对个人的职业发展起着定位、限制和指导作用。职业锚包括三大部件：自我感知的才干和能力——以各种作业环境中的实际能力为基础；自我感知的动机和需要——以实际情境中的自我测试、自我诊断以及他人的反馈为基础；自我感知的态度和价值观——以自我与雇佣组织及工作环境中的行为规范和价值观之间的实际冲突为基础。[2] 薛恩的理论强调个体自我在职业生涯中的主体性作用，启发人们在职业选择和职业发展过程中关注自我内在的需要和自我实际的知识、能力储备情况等。因此，教师职业生涯管理的基础是内在自我主体意识的觉醒，也就是说首先要确立自我职业管理的意识。

① 胡永新：《教师人力资源管理》，334 页，杭州，浙江大学出版社，2008。
② 胡永新：《教师人力资源管理》，335 页，杭州，浙江大学出版社，2008。

(二)教师个体职业生涯管理策略

教师对自我职业生涯的管理不仅需要主体性的意愿,还需要掌握相关的策略和方法,使具体的生涯发展目标能够得到有效落实,从而现实地推进职业生涯的发展。

教师自我职业生涯管理是从教师自我生涯规划开始的,生涯规划是教师个体对整个职业生涯的设想和谋划。其基本步骤包括以下几个方面。

1. 自我分析与定位

"知人者智,自知者明。"教师的生涯规划首先要基于对自我的认识和把握,进而实现对自我的完善和超越。自我剖析与定位就是对自己进行全面分析,正确认识、了解自己,准确地为自己定位。具体的自我分析和评估可以通过对五个问题的自我反思来实现:

Who are you?（你是谁?）

What do you want?（你想干什么?）

What can you do?（你能干什么?）

What supports can you get?（你能获得什么支持?）

What can you be in the end?（最终你能成为什么样的人?）

第一个问题是对自我的整体性的探索和定位,寻求自我作为个体的角色和价值,是回答其他问题的基础。第二个问题是教师对职业价值的反思:这一职业能否承载自己的人生,能否带给自己想要的人生? 这一问题是对职业性质的客观审问。第三个问题是对自身能力素质的追问,我能否胜任这一职业,能否在这一职业中游刃有余地发挥自己的特长和优势? 这一问题是对自我胜任力的评估。第四个问题是指向外部环境的,是对环境中的支持条件的分析。我的职业选择能否得到环境的支持? 这些支持或者否定对我意味着什么? 这一问题指向职业选择与发展的环境条件,是一种现实性的拷问。第五个问题是在前四个问题的基础上进行的回答,是对第一个问题的现实呼应,这一职业究竟能够实现怎样的生命状态,能够把我引向什么样的社会地位或专业地位? 最终的结果是不是令我无怨无悔? 在叩问内心、反思自我和环境的过程中,职业生涯规划的核心问题能够得到较为清晰的梳理,从而为进一步的选择和实施明确方向。

2. 发展机会评估

发展机会评估主要是分析内外环境因素为自己职业生涯发展所提供的可能性,以及这些可能性与自我职业定位之间的关系,进而确定自己取舍的过程。学校组织的相对封闭性、教师职位晋升空间的狭小性等都使得教师职业生涯中的选择机会较为稀缺。这就需要教师形成更为开阔和开放的视野,除了关注组织内部的机会,还要善于寻找其他的专业发展机会，用内在的专业提升，确立自己的专业权利和专家身份，超越自身所在的学校组织而获得更多的发展空间和价值实现的机会。

按照薛恩的理论，个体在组织中一般沿三个方向发展，即纵向发展、横向发展和向核心部位发展。纵向发展是个人在组织内部沿垂直层级的阶梯向上发展，一般指向职位的晋升；横向发展是个人在组织的各种平级职能部门之间发展和变动，其发展的领域与个人的知识、技术和经验相关，通过不同职责部门之间的轮换所获得的经验往往会成为最后提升为全面性管理职位的基础；向核心部位发展是个人由组织外围逐步向组织内核方向变动，向核心部位发展是个人在组织中的实质性地位和作用的体现，很多时候可能与职位无关，而与个体的专业地位有关。因此，教师在进行自我生涯管理的过程中，一方面，需要评估外部的发展机会；另一方面，还要明确自己的发展方向和轨迹，两方面相结合才能获得最佳的发展模式。

3. 发展目标的确定

教师的职业生涯发展需要目标的牵引和具体路线规划的指引，因此，目标的确定是关键性的环节。发展目标选择和确定的过程就是教师确定自己的职业发展目标和发展方向，以及通过何种途径实现发展目标的过程。目标的选择需以自己的才能、性格、兴趣以及环境条件的支持等为依据。

教师的发展目标通常分为长期目标、中期目标和短期目标。长期目标的时间设定要适当，过长或过短都不能达到预期的效果，因此，一般以 10 年为宜。长期目标的确定要具有长远的发展眼光，并且结合自己的专业发展阶段来进行。长期目标的制定往往不能一次完成，需要根据主客观条件的变化做适时的调整。教师在确定长期目标之后，要将长期目标分解为一个个短期目标，短期目标是长期目标和中期目标的阶段化和具体化，一般为 1～3 年。有效的短期目标具有以下特征：目标切实可行，清晰明确，符合学校实际和教师个人实际，并且与长远目标相一致。这样的目标才能发挥激励和调动作用，一步步推动长远目标的实现。

4. 职业目标的践行

没有行动的目标只能是空中楼阁。因此，对目标的具体执行和落实是保证职业生涯成功的实质性步骤。职业目标的践行是指为实现职业发展目标而制定和实施各种措施和行为。在职业生涯目标践行的过程中需要综合考虑个人与组织之间的关系，既要通过行动实现个体的发展目标，还要考虑自己的行动对组织的价值和贡献，只有协调好两者的关系，才能实现整体的和谐发展。

在具体的行动过程中，教师需要贯彻"在行动中反思，在反思中行动"的原则，保证行动的方向和价值。教师需要考虑实现职业目标需要什么知识和能力，如何获

得这些知识和能力，需要学校组织以及同事提供哪些指导和帮助，如何营造和谐融
洽的人际关系，如何克服职业倦怠以及自我心理问题保证对目标的持续的动力和追
求？这些问题是对外部因素和内部因素的整体反思，这些反思有助于自己更加理性
地采取行动，从而有效达成职业目标。

5. 调整与完善

教师的职业生涯并非一帆风顺地线性发展，而是充满了变化和不确定性，包括
其自身的变化和外界环境的变化。因此，教师需要根据情境的转变对职业生涯规划
进行修正和完善。也就是说在实现职业生涯目标的过程中，教师个体需要根据实践
的效果不断总结经验、教训，修正自我认知，调整职业生涯策略，以便更好地实现
生涯发展目标。此时，教师需要保持开放的心态和积极的自我意识，能够克服职业
倦怠、对教育变革的抗阻等困难，超越自我的发展阶段，适应教育的变革和发展，
在对内外部因素的主动调整和积极适应过程中，实现更为和谐的职业生涯发展状态。

三、教师职业生涯的学校管理

(一)教师职业生涯的分阶段管理

近年来，国外学者基于不同的研究视角和实证研究过程，提出了教师职业生涯
发展阶段的解释模型。(见表4-1)对职业生涯发展阶段的澄清是实现职业生涯发展和
管理的前提条件和基本依据。

表 4-1　职业生涯发展阶段模型[1]

研究者	阶段划分模型
苏博(Super)(1957，1980)	五阶段模型：探索—尝试—巩固—保持—准备退休
卡茨(Katz)(1972)	(幼儿园教师发展)四阶段模型：生存(第1、2年)—巩固(持续至第3年)—提高(持续至第4年)—成熟(第5年以后)
安如和特纳(Unruh &Turner)(1970)	三阶段模型：专业入门—关注自我和教学状态—成熟
格里格(Gregore)(1973)	四阶段模型：生存—成长—成熟—完全行使职责
雅格和莫顿斯(Yarger and Mertens)(1980)	四阶段模型：初始教师—发展教师—实践教师—有经验教师
费曼和弗罗登(Feiman and Floden)(1981)	四阶段模型：生存—巩固—提高—成熟
麦克唐纳(Mcdonald)(1982)	四阶段模型：过渡—探究—试误—专业教学

---

[1]　赵萍：《论当代西方教师职业生涯发展研究的三个理论取向》，载《比较教育研究》，2016(4)。

续表

研究者	阶段划分模型
塞克斯(Sikes)(1985)	五阶段模型：进入成人世界(21～28 岁)—30 岁过渡期(28～33 岁)—安定期(30～40 岁)—分化期(40～50/55 岁)—退休期(50/55 岁)
欧嘉和斯穆兰（Oja and Smulyan）(1989)	四阶段模型：防卫—从众—考虑道德伦理—自主
伯顿(Burden)(1990)	三阶段模型：生存(第 1 年)—调试(第 2～4 年)—成熟(第 5 年)
罗尔斯和普罗博格（Rolls and Plauborg)(2009)	三阶段模型：专业入门与初入职场—专业能力养成(职中期)—职业生涯末期

1. 入职阶段管理

入职阶段管理的主要对象是初任教师，主要任务是帮助他们顺利完成由学生到教师的角色转变，并且在教学和班级管理等方面克服困难，建立专业自信。因此，入职阶段的管理主要是进行入职教育，促进初任教师的顺利适应和成长。美国教育界认为，入职教育"是一个专门为在学校工作至少一年的新教师提供系统性、支持性辅导为目的的有计划的过程"。[①] 入职教育的价值在于通过提供有针对性的培训和指导全面提升新教师的专业素质，进而减少新教师的焦虑感和受挫感，有效缩短其社会化和组织化的过程，使其能够建立深刻的职业认同感，满怀信心和憧憬地进入新的职业发展阶段。

在入职阶段，初任教师的学习主要包括四个方面。

第一，定向性学习：包括学习的目的、学习的内容以及学习的对象等。

第二，了解性学习：包括对组织目标、价值观和相关政策的学习。

第三，技能性学习：包括必要的教学技能以及班级管理技能等。

第四，社会性学习：包括规范、角色的学习，人际关系处理技巧和方法的学习。

这些不同方面的学习可以增强初任教师的自我认同感与对学校组织的认同感和归属感，从而顺利完成入职适应。

通过不同方面的专业培训和学习，新教师入职教育需要达到一定的目标。英国学者卡蒙斯基(Kormanski)认为，初任教师的入职教育应达到以下几个方面的目标：①促进有效教学；②发展有效解决问题的能力；③留住有潜力的教师；④确保有力的专业社

---

① 许明、黄雪娜：《从入职培训看美国新教师的专业成长》，载《教育科学》，2002(1)。

会化过程；⑤提供心理支持；⑥建立持续专业发展的良好基础。①

初任教师是一个特别需要关注和帮助的群体，如何帮助初任教师尽快融入学校，顺利实现职业社会化过程而走向成功，是学校管理者可以大有作为的空间。美国学者麦克伊万指出了校长给予初任教师有效帮助要做的"最重要的事"。②

入职仪式。在开学之际，为新教师举办正式隆重的入职仪式，让新教师宣读入职誓词，请经验丰富的老教师给予回应，能够收到意想不到的效果。

为新教师投资。从教师发展基金中预算出一些经费投在新教师身上，让他们购买自己需要的物品和材料。

新教师图书馆。汇集能够给新教师带来特别帮助的图书。

经常出现并给新教师以微笑和鼓励。刚开学的几周里，校长应该经常出现在新教师的班级里，经常对新教师微笑并和他们交谈，有意识地给以评价和表扬，让他们感觉到校长就在自己身旁，并且非常认可自己。

传递愿景并承担学校发展使命。通过故事和展示将学校的文化和发展愿景传递给新教师。与新教师一起交流学校的使命和改进计划，并让他们意识到自己在其中扮演的角色，让他们知道你把他们看成实现这一愿景的重要组成部分。

帮助新教师学会与家长相处。找几个富有经验和表演才能的教师模拟家长—教师座谈会，让新教师观摩学习"优秀教师"的风采。指导新教师如何举办一个积极的家长—教师座谈会，如何应对生气或有敌意的家长，以及当他们感到威胁和受到攻击时应该做什么。

建构支持性学校文化。建构一种鼓励教师相互交流、共同协作，并始终互相支持的学校文化。在全校范围内形成一种乐于支持新教师的同事氛围。

2. 能力建构期管理

能力建构期的教师正处于专业发展的重要的上升阶段，对于职业生涯充满了热情和期待，希望能够进入更高的发展阶段和达到更高的专业发展水平。因此，对这一阶段教师的管理最为重要的就是给予其强有力的发展助推力。这就要重视采取适当有效的激励措施，如创造条件参加各种专业技能的评比或展示活动，使其能够更好地确认自己的素质和能力；及时提供物质和精神奖励，对其在教学和班级管理中的进步和成绩予以认可；提供外出学习和交流的机会，开阔其专业发展视野，激发其更大的专业发展动力等。总之，恰如其分的认可和专业发展机会的提供是这一阶

① 胡永新：《教师人力资源管理》，71页，杭州，浙江大学出版社，2008。
② 参见[美]伊兰·K.麦克伊万：《培养造就优秀教师——高效能教师的十大特征》，胡荣堃等译，138~147页，北京，北京师范大学出版社，2007。

段的教师最需要的。学校管理者需要做的就是维持其发展热情，推动其进一步发展，为优秀教师的脱颖而出创造最佳的组织环境和支持系统。

3. 高原期管理

教师职业发展的高原期是一个危机阶段。所谓教师职业生涯高原，是指教师在其职业生涯发展的某一阶段中出现的由进一步增加工作责任与挑战有关的职业进步如晋升、流动等的缺失所引发的心理与行为状态。[①] 教师职业生涯高原期包括层级高原、中心化高原、内容高原、职级高原四个维度。其中，层级高原指教师在组织中感觉到自己未来进一步晋升的可能性很小，中心化高原指教师感觉到自己向组织中心靠拢的可能性很小，内容高原指教师认为不提升专业知识和专业技能也能满足目前的工作需要，职级高原指教师认为自己评上更高级职称的可能性很小。[②] 教师一旦遭遇职业生涯高原现象，就可能导致职业承诺动摇、职业情感萎缩、职业角色模糊与紊乱等后果。因此，对这一阶段教师的管理需要管理者的特别关注。

具体而言，对处于高原期的教师的管理可以从以下几个方面实施。

首先，提供必要的心理援助和咨询。处于高原期的教师往往职业倦怠感、压力感以及负面情绪等都比较强烈，因此，需要对教师提供有针对性的心理咨询和疏导，帮助教师重新认识职业的价值和使命，确立内在的职业认同和自我认同。

其次，帮助教师确立新的职业发展目标。教师进入高原期的一个重要影响因素是发展目标的迷失，因此，从专业发展、职位晋升、荣誉追求等不同层面帮助教师寻找和发现新的奋斗目标，激发其新的斗志，是实现高原期突破的重要途径。

最后，实施柔性管理，进行情感激励。处于高原期的教师往往伴随着教学情感和组织情感的冷漠，因此，实施内含人文关怀的柔性管理，从情感方面给教师温暖和关照，唤起其对于教学工作和学校组织的积极情感是非常重要的。此外，这一阶段的教师往往面临家庭、健康等各个方面的压力，通过具体的物质支持和制度设计帮助其解决实际问题也是帮助其建立积极情感的重要方面。

4. 离职阶段管理

处于离职或离岗阶段的教师，进入了教师职业生涯的消退阶段。在这个阶段，由于要面临个人生活环境和状态的巨大变化，教师易形成复杂的情绪和心理状态。此时，学校组织需要在以下几个方面给予关注和支持，为其职业生涯画上圆满的句号。

[①] 寇冬泉、张大均：《教师职业生涯"高原现象"的心理学阐释》，载《中国教育学刊》，2006(4)。

[②] 寇冬泉：《教师职业生涯高原：结构、特点及其与工作效果的关系》，博士学位论文，西南大学，2007。

第一，运用各种不同的方式表达对即将离职的教师的尊重和认可。老教师在自己的工作岗位上付出了青春岁月，付出了热情和辛劳，在进入离退休年龄之后，特别需要外在的认可，从而产生一种无怨无悔的平衡的心理状态。因此，学校组织、工会组织以及同事等可以通过不同途径和方式，满足其渴望被认可的心理需求，如举行学生答谢会、为其颁发荣誉奖励、举办退休仪式等。正如费斯勒在对离职阶段的教师进行研究之后所指出的，"不让即将离开专业的教师感到孤独与绝望，这是一个基本的要求。过多消极的情绪会造成消退期教师的机能失调，也会导致他们教学绩效下降。所有与这个阶段教师相关的人都必须协助防止这种现象的发生"。[1] 也就是说，学校组织以及同事团队都要努力使即将离职的教师感受到温暖而不是凄凉。

第二，解决教师的后顾之忧。离职阶段的教师伴随着年龄的增长和健康状况的变化，会对未来的生活产生顾虑。因此，需要组织通过提供养老保险、退休金等消除其对未来生活的忧虑。

第三，为其寻求发挥余热的机会。离职阶段的教师往往积累了丰富的教学和管理经验，如果健康状况允许，他们会有在新的专业组织或岗位上确认自身价值的强烈需求。因此，学校组织和相关专业组织应该积极为其寻求发挥价值的平台，使老教师的价值得到充分的发挥。

（二）教师职业生涯的分层管理

最有效的管理往往会走向差别化和个性化，因此，对教师的管理应该突破"一刀切"的粗放型管理模式，根据教师群体的差异特征进行分层管理，提升管理的针对性和实效性。在教师群体中根据其专业发展积极性以及价值观、能力素质等方面的差别，分层管理主要可以从以下几类教师的差异化管理入手。

1. 骨干教师管理

骨干教师是教师群体中的中坚力量，对于整个群体具有示范和引领的作用。因此，保护这部分教师的工作积极性，为其工作热情的释放和专业能力的发挥提供广阔的平台是学校管理者应该着重考虑的问题。骨干教师不缺少热情和能力，但是，他们需要公平、公正的评价和认可。此外，骨干教师往往比较注重学校管理者的理解和信任。学校如果在管理和重大决策过程中，能够充分重视骨干教师的意见和建议，实施民主、开放的管理模式，将会进一步激发骨干教师参与学校管理的热情，而这种热情也会投射到他们的工作中，形成一种良性循环的状态。另外，骨干教师

[1] ［美］Ralph Fessler and Judith C. Christensen：《教师职业生涯周期——教师专业发展指导》，董丽敏、高耀明等译，188页，北京，中国轻工业出版社，2005。

往往具有比较强的求知欲和上进心，抓住适当的时机为其提供校外培训、进修以及学术交流的机会，都会实现其进一步的专业成长和自我定位。只有做好以上这些方面的工作，才能使骨干教师成为带动全体教师发展的"领头雁"，防止骨干教师的流失，使学校人力资源价值得到充分实现。

2. 中间层教师管理

"抓两头，带中间"是教师管理中常见的原则和模式，领导者往往会把主要精力放在对优秀教师和后进教师的管理上。重视对优秀教师的管理是为了用拔尖人才的工作业绩扩大学校的影响，对后进教师的管理则是为了避免这些教师在学校的各项工作中拖后腿，而处于中间层的教师往往会被学校管理者"遗忘"。然而，就实际情况而言，无论是骨干教师还是暂时较为后进教师一般都只占学校教师的五分之一左右，更多教师处于中间地带。这部分教师因为得不到必要的关注和积极的对待，没有奖励也没有督促，所以，往往处于一种比较松懈的工作状态，潜力得不到激发，能力得不到施展。因此，学校管理者应该注重对中间层教师的管理，通过为他们创造展示自我、外出学习交流的机会等让他们受到激励，从懈怠状态进入积极进取的状态，进而从"中间教师"成为"中坚教师"。

3. 后进教师管理

"先进"和"后进"都是相对而言的，后进教师只是在一定的阶段或情境下进入一种消沉状态而已。进取之心，人皆有之，教师们都希望在自己的职业生涯中有所建树。但是，由于主客观因素的影响，有的教师可能暂时处于相对落后的状态。对于这些教师，学校管理者首先要理解他们的工作状态和处境，了解他们遇到的问题和困难，了解产生这些问题和困难的根源。在此基础上，学校管理者所要做的不应该是批评和责怪，而应该是指导和帮助，指导其获得专业上的成长，帮助其解决个人生活中的困难，使其产生积极进取之心，并获得积极进取之力。后进教师往往有专业生活和个人生活受挫的经历，因此，对于他们来说，关怀取向的管理方式能够产生较好的激励效果。

后进教师还包括一类个性比较强的"另类教师"，他们往往专业素质和能力都比较强，但是其人生态度与主流观念不符而形成一种悖于常理的行为方式或处世态度。对于这类教师，学校管理者一方面要给予足够的精神上的尊重，保护他们在专业和学术领域中的独特个性；另一方面，要善于做较为深入的思想工作，从职业角色和价值取向上进行深入沟通和交流，使其重新树立教师的职业认同感和自我价值认同感，从更为积极的方面释放自己的能量，施展自己的才华。在具体的方面，学校可以从发挥他们的特长入手，通过举办讲座、论坛、研讨会的方式，引导这些学识丰富、个性鲜明的教师展示自己的能力和才学，从而改变周围人对他们的认识，也改变他们对自我的认识。

本章思考题：

1. 结合你对教师工作的理解，谈谈教师工作有哪些独特性，这些特点对管理者提出了哪些挑战，需要管理者作出哪些回应。

2. 结合目前学校绩效工资实施的实际情况以及教师激励和评价的相关理论，谈谈教师的激励和评价应该注意哪些问题，理想的激励和评价方法应该满足哪些要求。

3. 结合我国教师职业生涯发展的现状谈谈学校组织和教师个体在职业生涯管理中各自应扮演什么样的角色，两者之间理想的关系状态应该是什么样的。

推荐阅读：

1. [苏]B. A. 苏霍姆林斯基. 帕夫雷什中学[M]. 赵玮，王义高，蔡兴文，等译. 北京：教育科学出版社，1983.

2. 叶澜，白益民，王枬，等. 教师角色与教师发展新探[M]. 北京：教育科学出版社，2001.

3. 朱旭东. 教师专业发展理论研究[M]. 北京：北京师范大学出版社，2011.

4. [加]卡罗琳·希尔兹，马克·爱德华兹. 指南[M]文彬，译. 北京：教育科学出版社，2009.

5. [美]Lynda Fielstein, Patricia Phelps. 教师新概念——教师教育理论与实践[M]，王建平，等译. 北京：中国轻工业出版社，2002.

6. [美]Ralph Fessler, Judith C. Christensen. 教师职业生涯周期——教师专业发展指导[M]. 董丽敏，高耀明，等译. 北京：中国轻工业出版社，2005.

7. [美]伊兰·K. 麦克伊万. 培养造就优秀教师——高效能教师的十大特征[M]. 胡荣堃，等译. 北京：北京师范大学出版社，2007.

8. [美]帕克·帕尔默. 教学勇气——漫步教师心灵[M]. 吴国珍，余巍，等译. 上海：华东师范大学出版社，2005.

9. [美]托马斯·J. 萨乔万尼. 道德领导——抵及学校改善的核心[M]. 冯大鸣，译. 上海：上海教育出版社，2002.

10. [日]佐藤学. 课程与教师[M]. 钟启泉，译. 北京：教育科学出版社，2003.

第五章　学校学生工作

本章学习目标：

　　1. 结合学习者的学校生活体验，认识学生工作在学校管理与学生发展中的地位与价值。

　　2. 了解学生工作战略领导的内容与具体的学生工作开展，能初步辨析当前学生工作实践的合理性。

　　3. 针对学校学生工作实践问题，具有学生工作实践改革的基本立场与清晰思路，初步具有改革与研究的意识与能力。

开篇案例：

　　2023 年的寒假即将开启，这是一个新的起点，将开启一段特别的人生旅程。在这个"特殊"的寒假里，学生、家长和教师如何继续保持学习状态？如何通过全民终身学习来有效促进身心健康、持续提升素养？就这些问题，2023 年 1 月 7 日晚，常州市新北区龙虎塘实验小学利用 12 月家委线上论坛，联合华东师范大学上海终身教育研究院举办了 2023 年"你好，寒假！"项目启动会，聚焦终身学习，分享经验，激发活力，协同发展。龙虎塘实验小学的校领导、全体班主任、家委代表、学生代表参加会议。会议由龙虎塘实验小学家委会会长张先生与华东师范大学上海终身教育研究院李家成教授联合主持。

第一个议程是在疫情防控政策调整期间，教师、家长和学生学习、工作的分享。龙虎塘实验小学家委会副会长王先生代表家委会进行了学期工作总结，拉开了活动的序幕。总结中，相关成员对2022年下学期活动情况进行了统计并对典型活动做了分享，还对2023年活动做了规划。从总结中可以看到，学校2022年下学期组织玩伴团活动共计172次，比上半学年增长了49次，且文化类和隔代互学类活动呈增长趋势，这也体现了家校社多方对终身学习、互学共进的重视。玲珑护航青少年成长中心骨干志愿者李女士和龙虎塘实验小学三(8)班窦同学分别分享了自己的生活和学习状态。李女士参与到一些志愿活动当中，她认为言传不如身教，做志愿服务的时候，不仅是做公益服务，也是一种积极的家庭教育。窦同学分享了自己的亲身经历，并表示要好好珍惜这次教育机会，呼吁大家在积极、科学地保护好自己的同时，尽自己所能去照顾家人、帮助他人，以爱携手，共渡难关。

第二个议程是全国各地"你好，寒假！"项目组代表互动交流。其中，常州市龙虎塘实验小学学生发展中心潘老师以"龙娃虎妞慧集六福'兔'，互学共玩创享学习'家'"为主题，探讨了共建"学习型家庭"的话题。潘老师从"为什么要共建学习型家庭""怎样共建学习型家庭""如何评价学习型家庭"这三个方面层层递进，对"共建学习型家庭"这个话题进行了详细分享。

全部议程结束之际，龙虎塘实验小学陈副校长做了会议总结。陈副校长从"大千世界，精彩而复杂""大教育者，俯仰兼可爱""小小主题，兼容亦有效""小小变化，跬步至千里"四个方面进行了总结。她提出："让我们共同引领无数个孩子、无数个家庭重建健康美好向上的生活秩序，为了幸福可持续，我们一起有理想、有方法、有担当！"[①]

---

① 常州市新北区龙虎塘实验小学：《朝向终身学习，慧策幸福寒假》，常州市新北区龙虎塘实验小学公众号，2023-01-09。

学生工作事关每位学生的全面发展和健康成长，与每位家长及相关社区人士、社会机构相关，充分体现着学校教育的开放性、复杂性，也具有充分的教育性，直接体现着综合育人的特征。它是学校管理的重要内容，也是实现学校教育价值的重要载体，更是学校特色发展的突破口与典型代表。本章基于当代中国丰富的学校学生工作实践，讨论学生工作的战略领导、学生学校日常生活建设、大型学生活动开展三大主题，透析相关实践状态，形成相关理论认识。

第一节 学生工作的战略领导

学生工作需要有战略领导意识，在尊重、理解其价值的基础上，开展整体规划，形成具体的目标与内容体系。学生工作中的制度建设，需要在组织整合、机制创新等方面着力，凸显本领域制度建设的独特性。学生工作是学校文化建设的重要构成，在品牌活动形成、教师文化发展、综合特色形成等方面，有很大的潜力。就班主任队伍建设而言，需要遵循管理的逻辑，在骨干培养、群体发展、综合融通等方面分阶段开展研究，实质性促进班主任队伍发展。对于学生工作负责人而言，则需要以富有专业性的行为方式、思维方式和强大的精神力量，投入学生工作变革之中，让自己成为专业领导者。

学生工作特指中小学内与课程、教学工作并列的，为促进学生发展而开展的各类学生制度建设工作、文化建设工作与具体活动等。学校内除与教学直接相关的工作之外，与学生发展相关的比赛、仪式、社会活动、家校合作、班级建设、团队辅导等，都是学校学生工作的内容构成。其上级主管部门主要为教育行政部门内的德育处、德育科及地方共青团、少工委等组织。在不少学校，它是以"德育管理"为名，以分管副校长、德育处主任、班主任等为主要责任人开展的。

在欧美国家，这一领域主要存在于"学生指导"、学生俱乐部、学生会以及其他学校统筹、组织开展的课外活动中，是不同于课堂教学，并对学生发展有重大影响的、有其自身独特性的教育领域。如在一部纪录片（*Two Million Minutes：A Global Examination*）中，一位美国高中生的发展，充分体现了如何将个人发展目标具体渗透到学科学习和大量的课外活动中。这位名为 Neil 的高中生，参与了橄榄球队、学生会、学校报社、环境俱乐部、餐厅、同伴互助组等组织。

在本书中，为清晰学校管理的领域划分，强化这一领域的教育性，突出这一领域的中国个性，我们用"学校学生工作"一词命名它。学生工作的战略领导是指将学生工作视为一个复杂系统，以战略的视野与立场而开展的全局性、长程性、发展性领导。

一、整体策划

在学校管理视野下，中小学学生工作富有中国特色，部分活动也有着轰轰烈烈的外部表现。但若把学生工作与学校课程领导、教学领导等相比较，很快就能发现：当前这一领域的工作方式更多以上传下达为特征，工作内容散点而缺乏有机性，工作策略缺乏智慧性，工作价值主要停留于工作任务的完成，对学生的影响也较多停留在基本常规的培养和部分精英学生的发展上。

有学者认为："无论是对于一所学校、一个学区、一个联合体还是其他相关的教育组织，今天的教育领导应富有前瞻性，有策划变革的能力，有政治的敏感性，有对于学习的敏锐性，并长于管理该组织的日常运作。"①当前我们确实需要对学生工作进行整体性的反思，以战略领导的视野对其进行重新定位。

(一)价值定位

价值定位是指对某一事物价值的认识、理解，并在具体的工作策划中形成的价值取向。对于学校学生工作的价值，当视之为课程与教学的补充时，维持现状即可；当视之为学生道德发展的重要构成时，会强调德育管理的价值；当视之为学校存在与发展的必要构成时，会自觉地从维护学校荣誉、创建学校特色的意义上开展工作。学校管理者必须直面这一问题，并形成清晰、合理的认识。正如有管理学者所强调的：卓越的成就对你来说究竟是指什么？你是否找到了标杆？你是否在不断改善？如果没有，为什么？为了实现远大的目标，你应该怎样加快前进的脚步？② 对于学校学生工作领域而言，我们需要将学生工作定性为学校教育的基础性构成，并应努力实现它促进学生成长、教师发展、学校转型的重要价值。③

其一，学校学生工作是学生发展不可缺失的构成部分。"教育是直面人的生命、通过人的生命、为了人的生命质量的提高而进行的社会实践活动，是以人为本的社会中最体现生命关怀的一种事业。"④关注学生发展，是教育工作者不应忽略的使命。学生的发展在其生命实践中实现。学生的日常生活中，诸如同伴交往、换座位，非

---

① James W. Guthrie and Patrick J. Schuermann, *Successful School Leadership*: *Planning*, *Politics*, *Performance*, *and Power*, London, Pearson Education Inc, 2009, p. vii.

② [美]吉姆·柯林斯：《从优秀到卓越》(社会机构版)，余江译，17~18页，北京，中信出版社，2006。

③ 李家成：《论学生工作性质的当代定位》，载《河南大学学报(社会科学版)》，2012(1)。

④ 叶澜：《"生命·实践"教育的信条》，载《光明日报》，2017-02-21。

正式群体中的交往，诸如一次典礼、一次社会实践活动等，都充满着育人资源，能够促成学生综合素质的提升。日常生活的内容与方式迥异于学科学习，学生能够自主参与其中，甚至创造属于自己的生活。对于学生来说，担任少先队的学生干部或项目组的负责人，承担学校仪式的主持工作，负责学代会、团代会的组织工作，担任各类型的志愿者等，都意味着发展资源的获得。

尤其是面对公共健康危机、重大事件时，学校学生工作会直接回应学生的成长需要，直接体现时代的特征。随着新时代国际国内形势的发展，有研究强调，在 20 世纪，公共教育的基本目标是通过对儿童和青年的强制义务教育支持培养国家公民意识和国家发展。但在人类及其居住的星球都面临严重危机的今天，我们必须紧急重塑教育以帮助我们应对共同的挑战。这种重新构想意味着要共同努力，去创造休戚与共且相互依存的未来。[1]

而在当前学校学生工作的现实中，这一价值意识尚比较模糊，较多工作停留在按部就班地工作、被动地应对上。学生指导工作应有清晰的"标准"指导各所中小学的具体工作；而"标准"的本质，就是价值取向。学校学生指导的国家标准具体包括学术发展、专业发展、个人与社会性发展三个领域，每个领域内又有清晰的区分与表述。[2]

当教师、学校管理者将自身的生命历程作为体验与反思的内容时，完全可以回答这一问题：学生工作对于"我"到底意味着什么？在曾经的小学、初中、高中生活中，"我"在学生工作中实现的发展到底在哪里，实现了怎样的发展？事实上，学生工作负责人只有以如此的生命体验与理解面对这一领域，才能真正建立起学生工作的教育价值观；其对学生工作的领导，才可能是建立在内心与灵魂之中的。

其二，学校学生工作是学校教师发展不容忽视的领域。教师的专业发展、生命成长，已经越来越成为当代学校管理需要面对的主题。在所有类型的教师中，班主任队伍是规模很大的一支队伍；学校学生工作也往往是教师精力投入、生命付出较多的领域。那么，这一领域是否只是消耗性的领域？

事实上，学生工作领域是教师素质发展与生命境界提升不可缺失的构成，而绝不只是教师道德付出与体力、精力消耗的领域。这一领域直面学生的生命，通过学生的生命而实现价值，并直接体现为学生作为生命体的综合发展。因此，学生工作

---

[1]　联合国教科文组织：《一起重新构想我们的未来：为教育打造新的社会契约》，2 页，北京，教育科学出版社，2022。

[2]　Carol A. Dahir, School Counseling：Moving Toward Standards and Models/Hardin L. K. Coleman and Christine Yeh, Handbook of School Counseling, London；New York, Routledge, 2008, p. 39.

对教师之学生立场的综合培养，具有重要的价值。这一领域没有确定的教材，没有成熟的操作模式。因此，对教师综合建构教育内容、实现动态生成的教育过程的能力提升，具有学科教学难以企及的价值。这一领域需要自觉应对与课程、教学的关系，自觉应对各类外部要求与本校学生发展的关系。因此，将极大锻炼教师与管理者的综合融通能力。这一领域综合挑战着教师与管理者的教育理念、信仰、能力，综合生成着教师与管理者的生命内涵，因此，能促进教师与管理者独特的人生境界的形成。

反之，如果没有上述价值理解，学校学生工作如何能够富有创造性、整体性、长程系列性、综合融通性？如何能够高质高效地培养出一批批优秀的班主任？如何能够提升学生工作负责人的专业素养与人生境界？

其三，学校学生工作是学校办学质量的集中体现。作为学校内涵不可缺失的构成，学校学生工作直接体现着学校的办学理念、办学特色、管理水平。当我们直面学校里的各类大型学生活动、学生组织建设，直面学校家庭社会协同育人工作，直面学生的交往方式时，就能够清晰地体悟到学校文化、学校制度、学校个性的存在。学生工作领域以其特有的丰富性，往往会培育出学校的特色项目，丰富和发展学校的办学特色。

学生工作对于学生的发展，有着明显的效应。借助学生发展的综合融通性，学生工作往往能够促成学生学习兴趣与能力的提升，能够为教学改革提供特殊的支持与帮助。因此，从学校管理的角度看，学生工作与学科学习是两个不可相互替代、但可以融通与相互促进的领域。

进一步从学校与社会沟通、互动的意义上看，学生工作清晰、丰富地呈现出沟通、互动关系，各类社会资源、自然资源会转化为学校学生工作的资源，融入学校的发展与更新中。而且，高质量的学校学生工作，能够促成当代家庭、社区的发展，能够以人才培养、文化精神形成、活动介入等方式，直接影响社会发展。

没有上述价值观的自我澄清，没有对学生工作价值观的理性认识与生命体悟，不可能有自觉的、高质量的学生工作，更不可能凸显这一领域的中国特色与教育意蕴。

(二)整体规划

学校学生工作的整体规划既是价值观综合渗透的需要，也是以策划之力，推动工作整体发展的需要。有政治家倡导："现在是将长期分析、规划和思维方式置于国家治理和多边体系的中心位置之时了。必须让我们的思维和机构具有长期观。"①也有学者指出："战略计划(strategic plans)是指那种应用于整个组织，为组织设定总目标，并且依据环境对组织进行定位的计划。战略计划能够促使组织为达到目标而努力。当组织中的这些计划被筛选、细化之后，战术计划的基础便形成了。"②以三到五年为周期，学校学生工作负责人需要以第一责任人的身份，组织、开展学生工作的规划工作。

学校管理者要以具体的规划行为来开展工作，将规划制定作为具体展开的管理过程。无论是深度的个案研究、访谈研究，还是大规模的问卷调查；无论是多元的座谈会，还是个体的深思熟虑，都需要综合运用多种类型的研究手段，启动、展开规划研究。而且，规划制定的过程不是一蹴而就的，需要在多元互动、策划形成、完善更新的意义上，经历一个长时段的过程。

学校管理者要形成具体的规划文本。类似于学校发展规划的文本，其内容应包括对原有工作基础的深度分析、对新目标的整体设计、对具体改革领域的清晰建构、对具体工作策略与评价体系的初步建构。这一文本将成为学校学生工作长期发展中的重要指导性文件。

学校管理者还需要通过规划，实现清晰理念、明晰目标、凝聚人心、形成特色的工作目标。在规划的制定过程中，可以进一步普及相关教育理念，促成更多教师思考学生工作；可以进一步促成相关组织与队伍建设，形成学生工作的核心力量与骨干队伍；可以进一步清晰本校基础与可能的发展特色，从而打开一扇扇发展之门。

自然，学校管理的过程也是不断直面、应对不确定性的过程。各类型的公共卫生危机、气候变化等，都可能给学校管理带来极大的挑战，往往首先要承担责任的就是学生工作领域。这也就需要不断调整规划内容，乃至于制定专项规划(计划)，提升危机领导力，从而保障学校教育适应各类新情境。③

（三）目标与内容确定

学生工作更多以具体的学年、学期、月、周为单位。作为独立的领域，学生工作负责人必须尊重自己学校的独特性，将学校视为综合整体的研究单元、实践单元，

---

① 《我们的共同议程——秘书长的报告》，44 页，纽约：联合国，2021。
② ［美］斯蒂芬·P. 罗宾斯、大卫·A. 德森佐：《管理学原理》(第 5 版)，毛蕴诗主译，91 页，大连，东北财经大学出版社，2005。
③ 李家成、顾惠芬：《提升危机领导力：疫情防控期的校长必修课——基于疫情防控时期教育领导实践的观察与思考》，载《中小学管理》，2020(3)。

努力实现与上级要求、社会需要、班级特点、学生多元差异之间的综合对话。

在价值观明晰的基础上,综合形成学生工作的目标体系,是不可缺失的。而且,这一目标体系绝不能照搬照套上级文件,不能满足于年复一年的重复。目标体系的内容构成,包括具体时段内学生发展目标、教师发展目标、具体工作目标等构成。在不同时段内,应体现继承与发展的关系。在具体的形成策略上,必须回归到将学生工作作为学校教育内在构成的思路上,面对具体综合的学校状态,形成本校的学生工作目标。

在目标清晰的基础上,就需要具体考虑工作内容的构成。针对当前学生工作较多停留于散点性内容构成方式、过度强化常规管理等问题,学生工作负责人需要自觉地从学校内涵发展、学生日常生活重建的意义上,认识内容领域构成,并结合学校特点,有重点、分阶段地进行有机设计。

> **案例:上海中学2024届学子开展"一程一粟"生存训练·学农研学社会实践活动**
>
> 　　2022年11月1日至11月5日,上海中学全体高二学生赴青浦东方绿舟开展"一程一粟"生存训练·学农研学社会实践活动。
>
> 　　夜幕低垂,开营仪式隆重举行。校德育处轮岗主任刘育琦老师、东方绿舟国际交流与教育研发部蔡淑琴部长、学生代表分别致辞。学生们以深情的诗歌朗诵,展现出蓬勃向上、砥砺前行的青年意志。全体学生齐声合唱《我和我的祖国》,抒发对祖国的拳拳热爱之情。最后,东方绿舟教官向各连授旗。
>
> 　　夜间,随着一声哨响划破寂静,5公里拉练拉开序幕。次日上午,同学们前往公共安全实训馆,聆听安全知识讲解后,通过场景模拟,融理论于实践,学习了AED急救,以及火灾、电梯事故等场景下自我保护的正确方法。
>
> 　　11月1日晚,陈云纪念馆的房中博士结合馆藏文物和文献史料,为同学们生动讲述了陈云的生平故事,号召大家向陈云学习,争做新时代好青年。
>
> 　　11月2日下午,结合青浦当地资源,学校分地理、生物、历史、政治四个学科方向,共设置10条研学线路,分组进行课题考察。地理组赴九丰农博园、西虹桥北斗产业园、莲湖村开展课题调研。生物组赴章堰科技农业园、九丰农博园、莲湖村开展生态农业调研。历史组聆听青浦博物馆王辉馆长讲座,追寻上海历史根脉;赴张马村开展口述史研究,听老书记讲述美丽乡村的发展之路。政治组赴林家村、张马村、章堰老街考察乡村振兴的建设与发展。

> 11月3日至4日，同学们分批前往薛间村与东方绿舟野花田进行劳动体验。正值金秋时节，同学们在村民的指导下，割下稻子、捆扎、搬运，并抽打脱谷。将稻穗变成谷粒的过程不乏艰辛，但难掩收获的喜悦。野花田里，同学们精心挑选心仪的插花材料，以一支青翠的竹筒为舞台，尽情发挥艺术想象力。[1]
>
> 值得重视的是：目标与内容设计应成为自我评估工作实效的重要载体。每一阶段具体的目标制定与内容设计，都必须建立在前期工作基础上，形成清晰的发展感；在具体的活动总结、学期与学年总结中，应借助预期目标与内容设计，实现反思与重建，从而形成学校工作的完整回环结构，实现自我更新。

二、制度建设

"学校制度是学校教育不可缺失的构成，也是学校变革中不可忽视的重要力量。"[2]有研究者认为当前学校德育的低迷在很大程度上正是源于德育系统所出现的生态性危机，具体体现在管理体制的刻板化，忽视生命个体的多样性；管理关系的对立化，造成德育共同体关系的不和谐；管理环境的封闭化，引起德育生态系统的断裂。[3]

上述问题与发展方向，在学生工作中的制度建设方面，表现尤为突出。当前我国中小学内的学生工作，不是没有组织机构，而是相对来说缺乏整合、缺乏领导力；不是没有运行机制，而是有点缺乏创生、缺乏动态、缺乏有机；不是没有教育价值，而是在一定程度上缺乏自觉。结合中国基础教育改革实践，学生工作领域中的制度建设这一"短板"必须尽快补上。

（一）组织整合与创建

首先是学校学生工作领导机构的整合。在理念引领与整体策划的基础上，当前学校学生工作领导机构迫切需要加强整合，提升整体领导力。许多学校都建立有德育处、学生工作部（处）等，但往往同时有大队部、团委等机构。它们直接与教育局、共青团两类行政与群团组织对应。这看似衔接合理，但一旦转换到对学校内部的管理，很快就暴露出问题：班主任与中队辅导员往往是同一个人，却常常接受两条"线"的领导，甚至类似的工作要求会由不同的组织下达，工作中的重复性、繁杂性

---

[1]　上海市上海中学：《上海中学2024届学子开展"一程一粟"生存训练·学农研学社会实践活动》，上海市上海中学公众号，2022-11-09。

[2]　吴遵民、李家成：《学校转型中的管理变革——21世纪中国新型学校管理理论的构建》，168页，北京，教育科学出版社，2007。

[3]　戴岳：《生态视角下学校德育管理观的变革》，载《当代教育科学》，2008(17)。

可想而知。针对这一问题，必须尊重学校学生工作的内在整体性、有机性要求，在学校组织层面首先实现整合。部分学校将两类组织合二为一，统一领导；或清晰界定两类组织的关系，要求两类组织在工作策划与开展中加强沟通、交流，减少重复性工作安排。

其次是年级组建设。在部分高中，年级组的职能涉及教学、学生工作、教师管理等多领域。在更多的中小学里，年级组往往直接负责学生工作，与教研组主管教学改革相对应。此时，年级组的建设就事关学校学生工作的整体质量。就改革走向看，需要凸显年级组对本年段学生成长需要的研究，自主策划、组织本年级学生活动，创造性地建构本年级学生工作的教育系列。与此同时，年级组要直接面向各班级，在班主任配置、培养，组织学生工作研讨，整体参与学校大型学生活动，形成年级个性等方面，多加着力。

再次是班主任专业团队建设。相对于年级组这一行政组织，班主任工作室、课题组等是更为专业的组织类型，而且其人员构成表现出综合交错的特征，参与者的专业发展目标相对清晰，发展资源相对聚焦。在上述基础上，班主任、学生工作负责人等还可能形成以共同的专业兴趣与追求、共同的专业活动为基础的教师非行政组织，如班主任联谊会、跨学校的同行交往等。相对于我国成熟的教研组织建设，学生工作领域中这一类型的组织建设长期处于缺失状态，这直接反映出部分学校管理者对学生工作专业性的漠视或忽视。学校需要通过专业组织建设，在专业性的实践活动中，培养专业队伍，推进学生工作专业品质的提升。

最后是班主任与学科教师合作团队建设。在学校中，教师团队绝不限于教研组、备课组、课题组。如果回归到学生立场上，对于学生发展最有影响的团队，是以班主任为关键人和领导者的、与本班级学生直接交往的教师团队。[①] 这一团队建设的目标不仅仅在于加强学科教师之间的协调与沟通，也不仅仅在于加大学生工作对学科教学的支持力度，更在于通过这一团队建设，强化"班级"这一学校内的微观细胞建设，为学生的健康成长提供生态性滋养，并同时促成教师综合素养与专业品质的提升。在具体的建设方式上，可以通过理念的清晰、文化的倡导，形成班主任与学科教师合作的文化氛围，促成相互间的多元交往；可以通过合作开展班级计划与总结工作，共同参与学生班级日常生活建设活动，共同开展面向学生的专题活动等，实现团队的不断形成与发展；也可以通过相关制度建设，如部分学校尝试的以班主

---

① 李家成：《论班主任作为教师团队的关键人——基于学生立场的教师团队建设之思考》，载《教育研究与实验》，2010(5)。

任为责任人选聘本班级任课教师、加强以班主任为负责人的联席会议制度等，直接推动团队的发展。

（二）机制创生与发展

机制是事物运行与发展的内在规则，直接决定事物的存在方式与表现形态。在学生工作领域，长久以来重复性、上传下达式的运行机制，已经极大影响该领域的内涵发展；创生富有教育学内涵与学校个性、促成学生工作健康发展的机制，势在必行。

一是专人负责与民主参与机制建设。学生工作领域有其责任人；在具体的内部分工上，也需要责任清晰，如班主任之于班级建设，年级组长之于年级组建设，项目负责人之于具体活动等。我们可以视学生工作负责人（政教主任、德育室主任、学生发展部部长等）为学校学生工作的"第一责任人"，他们对学生工作的整体质量负责。同时，班主任、年级组长等是不同层面的"第一责任人"。由此在学校学生工作内部，就会形成专人负责的系统格局。伴随着责任人的明晰，教师的主动性、创造性得以发挥，学生工作与责任人之间的"关系"得以建立。与此同时，基于群体合作的需要，学生工作要建立民主参与机制，改变"一言堂"现象与"家长制"作风。学生工作的策划、组织、评价全程，要自觉吸收各类主体介入，在学生工作负责人的组织下，汇集力量，尊重价值的多元性，实现学生工作的价值。学生工作中的民主参与，要吸引学生、家长、社区等力量介入，这也将在更具挑战性的意义上，彰显学校民主管理的品质。

二是分工管理与沟通协作机制建设。学生工作本身具有超级复杂性，参与的主体多元，资源丰富，过程感强。这要求形成分工管理的机制，学生工作各个层面、各个项目都明确自己的第一责任人，在各自的领域中，独立、自主地开展工作、承担责任。通过纵横交错的分工管理，建立学生工作领域中多元丰富的工作格局。而各层面、各项间又需要沟通协作。以运动会为例，不少学校是以学校体育组为核心领导机构；但如果从对学生多元价值的实现意义上看，其核心领导机构应该是学生工作部门。在活动的组织过程中，学生工作部门必须与体育组密切合作，与各年级组相互协调，与后勤管理部门通力合作，与教导处、校长办公室等综合协调。在具体的活动过程中，更需要管理干部之间、管理干部与师生之间、管理干部与外部社会力量之间的沟通协作。

三是评价反馈与激励完善机制建设。学生工作的自我更新，需要通过具有学生立场和专业内涵的评价反馈来实现自组织。在具体的时间段内，以具体的内容开展为对象，聚焦学生与教师发展，通过对学生工作开展过程的质量评估与发展空间的不断认识，形成评价反馈的内容体系和多元的评价方式。如果说评价反馈更多面向已经形成之事或人，那么激励完善机制更强调对未来发展之事、之人的召唤与推动。在学生工作领域中，学校经费的投入，精神的激励，荣誉制度的建立，学校文化的形成，师生之间、管理干部与班主任和年级组长之间的多元互动，都会成为唤醒教师内动力、形成发展自觉的重要力量。

四是常规保障与研究创新机制建设。学生工作领域不缺常规——常规的黑板报检查、升旗仪式、卫生评比、上报困难家庭数据、组织学生去社区做好人好事。可是，这些常规保住了底线，可能丢掉了发展；突出了常规，可能失去了对学生年段特征的把握和对学生成长需要的动态理解；形成了秩序，可能缺失了创造与特色。当前需要重建常规——学生工作负责人与教师关注、研究学生的常规，依据本校、本年级、本班实际而自主策划与组织活动的常规，相互交流、合作、共同学习与发展的常规，制订计划、过程互动、总结反思的常规等。与此同时，又需要借助研究创新机制，不断推动学生工作的开展。这一机制鼓励专题研究，鼓励富有研究意识与能力的教师与学生工作负责人的发展，强调教师与学生工作负责人在研究性变革实践中成长。这一机制保持了学生工作本身的开放性，在鼓励教师与学生工作负责人的探索、实践方面，提供多元开放的空间。这一机制还能通过高质量的互动、敏锐的提炼与推进，吸收发展过程中的创新元素，推动系统的整体更新。

三、文化生成

(一)品牌活动形成

学校学生工作具体化为活动，有着形成品牌活动的诸多资源。就内容构成而言，不同类型的活动，在内涵的挖掘、持续的发展、多元的影响中，都可能形成品牌活动。以华东师范大学第二附属中学的"n 个百分百"育人模式为例，就包括 100％的学生做 100 课时志愿者，100％的学生参与学校社团活动，100％的学生学会游泳和太极拳，100％的学生参加"晨晖讲坛"等。这类品牌活动的形成，历经实践的检验，享有较高的社会美誉度。

就过程而言，品牌活动的形成是探索、发展、提炼、综合、对话的结果。它可以是全新的创生，也可以是原有基础上的更新，但大都经历上述过程。而且，品牌活动需要在学校之间、乃至于区域之间实现对话，才可能凸显个性。对于学校管理者而言，就需要以开放的视野、积极的心理、高质量的对话，实现本校品牌活动的形成。

就价值而言，品牌活动集中体现出师生发展、学校转型的品质。一个品牌活动得不到本校教师与学生的认可，是难以想象的。为此，与其追求虚名，莫如深入本质，着力提升活动的育人价值。在此，我们再一次遇到价值观的挑战：学生工作负责人是否清晰重大活动的育人价值、教育价值？

案例：“沉浸式探究云南生物的多样性”

结合时代背景及云南独特的地理条件，此次我们的“你好，寒假！”实践活动主要围绕着“沉浸式探究云南生物多样性”大主题进行策划。

此次活动策划一共经历了三个阶段。

第一阶段（启动）。2022年12月13日召开校级启动会，部门、校长室及年级组长就各年级子主题进行商定。部门初步计划为：一、二年级，沉浸式体验；三、四年级，沉浸式学习；五、六年级，沉浸式宣讲。

第二阶段（推进）：2022年12月14日—21日，各年级组长根据子主题，利用年级会、班队活动，组织组内全体教师和学生确定活动的具体内容、时间、跟进方式、呈现形式。

第三阶段（推进）。2022年12月30日，明晰活动任务，结合各班实际情况，细化活动计划，做好活动前期准备。我校各班级在各班主任老师的带领下，在线上开展了“你好，寒假！”最后一次推进活动。

首先，教师们再次回顾了“你好，寒假！”实践活动的目标、内容及开展形式。然后，让学生在线上以个人或小组为单位进行探讨，制订实践活动的具体计划。

其次，在确定了假期实践任务后，学生在小组群内集思广益，热情高涨，教师在群里进行及时的引导点拨，生成了假期小组活动实践的初步具体计划。学生在教师的组织下积极地向大家介绍自己或者小组的计划，教师及时放大亮点、资源，引导学生生成更加完整的活动计划。

最后，学生利用活动剩余时间，迁移运用制作活动实践计划的方法，规划了自己寒假的生活。

虽然教师和学生是隔着屏幕相见，但依然抵挡不住学生的策划热情。通过“你好，寒假！”活动方案自上而下、自下而上地策划，日积月累地实践，学生的策划能力不断提升，活动方案的周全性、可操作性不断增强。长此以往，我们坚信“你好，寒暑假！”系列实践活动的育人价值能在学生的不断实践中落地、生根。[①]

（二）教师文化发展

学生工作负责人和班主任的行为方式、思维方式、精神世界，具有文化性；学生工作的存在本身，体现着教育文化。在当代中国社会转型和教育变革的背景

---

① 昆明市武成小学华夏御府校区：《“沉浸式探究云南生物的多样性”——昆明市西山萃智御府学校2023年“你好，寒假！”推进会》。引用时作者做了文字整理。

下，学生工作以其对一系列根本问题的关注、基本立场的坚守、坚实而富有智慧的实践、渗透于当代教育者灵魂深处的方式，逐步彰显其文化精神，并在班主任和学生工作负责人身上凝聚。

学校学生工作彰显着对育人的追求。在没有考试甚至对升学没有直接帮助的情况下，它以人的成长为核心指向，以研究各所学校、各年段学生的成长需要为基础，努力在现有时空背景、现有发展水平的基础上，实现学生更全面、更综合、更可能的"成长"。

学校学生工作彰显着对内涵的追求。学生工作坚持在日常生活中育人，坚持重建学生的日常生活，其所坚守、所开发、所催生的教育力量，反映的是对内涵的关注，体现了关注内涵、坚守本真、崇尚本体的文化精神。

学校学生工作彰显着对创造的追求。作为教育工作的构成之一，它需要面对发展着的学生、变化着的教育资源，不断追求实践本身的创造性回归。正如有学者所强调的："学校创造的性质是教育创造，不同于社会其他行业的创造发明。它是为生命发展、新人培养而作研究，是对已有理论、实践、经验与教育习俗的改造，是对学校新问题的答案寻找，也是具有教育学意义的创造。"[①]学生工作以其意料之外，理性与激情蕴藏于其中的方式，体现着一种崇尚创造的文化。

学校学生工作彰显着对自觉的追求。学生工作以其对思想、实践、改革、主体的多重自觉的追求，提醒我们保持清醒，增强主体力量，敬畏文化自觉。这种教育的自觉，能在学校变革实践中成为重要的力量，也将支持着教师的教育创造与可持续发展。

(三)综合特色形成

一所学校的学生工作总有其特有的形象，一旦形成相对稳定的风格、相对清晰的理论与实践体系，渗透为师生的日常生活方式、思维方式与精神气质，则一所学校学生工作的综合特色即得以形成。

当学生工作实现了类似的整体变革，在具体的活动项目、制度运作、个体发展中，都整体反映着一所学校学生工作的独特性与丰富性时，综合特色就已经形成。这一综合特色将作为新的土壤、新的平台，滋养更多更具特色的项目发展，促成更富魅力的文化积淀与发展。

四、班主任队伍建设

教育行政部门在努力推进班主任队伍建设，班主任个体也是不可缺失的发展主

---

① 叶澜：《"生命·实践"教育的信条》，载《光明日报》，2017-02-21。

体。从学校管理的视角看，班主任是促进学生发展的重要的责任人与主体。班主任队伍建设是学校教师队伍建设的重要构成。当代中国中小学普遍开展的班主任工作，对于世界教育改革有着重要的意义。从一定意义上说，美国教育学家杜威（John Dewey）所倡导的将学生建成一个"微型的社区和萌芽的社会"①的思想，在中国的班级建设中，有着充满创造性的回应。有学者早就指出："我们经常会问：中国教育理论的特色在哪里？中国对世界教育理论的贡献在哪里？其实，我们可以自豪地说，班主任理论就是有中国特色的教育理论之一。"②

学生工作负责人就是这一队伍的领导者与同行者，在和他们一起创造伟大和神奇。

（一）骨干培养

鉴于班主任队伍建设本身的薄弱性，在整体提供发展资源、形成文化底色、建立基本规范的基础上，班主任队伍建设的当务之急在于培养学校内的骨干班主任。

骨干培养的前提在于解读班主任的发展状态与成长需要，根据成熟度、发展需要、个性特征等，分类型地研究本校班主任，厘清其发展基础与成长可能。在这一基础上形成的骨干培养对象，就可能代表不同类型的班主任，进而通过骨干培养，带动全校班主任的发展。这一培养对象的选择，需要建立在透明的过程、清晰的理念、坚定的文化追求基础上，需要建立在与所有班主任积极互动的基础上，也需要建立在培养对象本人有发展内需、愿主动尝试、敢反思重建的基础上。

骨干培养的核心，在于促成班主任在日常工作实践中成事成人。学生工作负责人要组织力量，支持、鼓励、帮助骨干培养对象实现其实践内涵的丰富，推动他在工作实践中研究、创造、反思与重建。从这一意义上说，学生工作部负责人需要是这一领域的专家，能够为班主任实践变革提供真实、有效的引领、点化与支持。

骨干培养的平台，需要在理论与实践的对话、人际的互动、主题活动的开展等方面拓展。针对当前班主任相对缺乏本领域的理论基础、较多停留于操作层面的现实状态，学生工作负责人应推动班主任学习理论、与理论对话，并在自己的工作实践中形成个人知识、发展教育理论。班主任的专业成长，也通过与学生、家长的互动，通过与同行、专家的专业对话而实现。不仅城市班主任可以实现高质量的专业发展，乡村班主任也可以。有研究发现，驱动乡村班主任专业发展的是"热爱"与"学习"；教育

---

① John Dewey, *The Child and the Curriculum & The School and Society*, Chicago, The University of Chicago Press, 1959, p. 18.

② 鲁洁、班华:《总论：21世纪的教育与班主任工作》，8页，见戴联荣、薛晓阳:《小学班级文化建设》，南京，南京师范大学出版社，1999。

管理者需要意识到,唤醒教师的钥匙是"信任"与"支持"。[1] 这就意味着学校要将上述发展资源提供给班主任,促进班主任主动建立互动关系。在骨干班主任的形成过程中,学校组织专题的现场研讨、思想交流等专题活动,能快速提升班主任的专业自觉,帮助其形成良好的发展生态。

(二)群体发展

当本校内发展起真正能够发挥引领作用的骨干之后,通过骨干的力量实现整体队伍的发展,进而生成更丰富的骨干类型,就可以进入第二阶段。

班主任的群体发展,需要借助骨干的资源。通过年级组、课题组等正式组织的力量,将骨干资源汇聚其中,在工作策划、组织、反思与重建的全程中,实现更多班主任与骨干班主任之间的信息交流、精神沟通,推动班主任群体去吸收、借鉴已有经验并主动探索与创新。在具体实现方式的选择上,可以通过班级建设工作研讨、专题学习、计划与工作总结等方式来开展。

班主任的群体发展,需要借助于学校的文化建设。通过不断清晰学生工作的价值观,通过制度建设与活动开展,学校形成尊重班主任的专业成长、敬畏班主任的生命境界、鼓励班主任创新与发展的文化和制度基础,从而实现对所有班主任的熏陶。

班主任的群体发展,还特别需要学生工作负责人善于发现新资源、新空间。班主任工作本身充满复杂性,而不同的个体都充满着发展的潜能。学校管理者需要敏锐地捕捉到班主任成长与发展过程中的诸多资源,善于判断资源的价值,并吸收、组织、辐射资源,从而提供每位班主任自主成长的可能性。这样,班主任队伍建设本身就可能充满动态生成性,骨干班主任的形成与发展具有了更多自组织的良性机制。

(三)综合融通

班主任是班级建设领域的第一责任人,其工作内容可以分布于班级岗位建设与学生干部培养、班级文化建设、班级活动开展、班级参与学校相关学生活动、班级与社会的互动等诸多领域。[2] 上述内容本身的丰富性,从一定意义上说,会成为专业发展水平尚待提升的教师的主要发展障碍。但也只有实现上述工作的综合融通,才能解放班主任的实践,汇聚班主任的智慧,促成班级建设质量的提升与教师个体的成长。

同时,班主任也是某一具体学科的教师。不少班主任困惑于自己发展方向的选

---

[1] 邓睿:《共塑新时代的乡村教育智慧——读〈扎根乡村大地的教育研究:乡村班主任研究者的自述〉》,载《上海教育》,2022(31)。

[2] 李家成、张永:《"新基础教育"学生发展与班主任工作指导纲要》,北京,北京大学出版社,2019。

择，担心班主任工作会影响自己在学科教学方面的发展。而从教师整体素养提升的意义上看，无论是侧重班级建设领域的发展，还是侧重学科教学素养的提升，班主任工作都有着不可替代的、促进教师综合素养提升的价值。这尤其体现在教师学生立场的形成，资源开发、动态生成、系统建构能力的提升，综合融通、生命自觉的工作境界与人生境界的实现等方面。

当更多班主任的综合融通能力提升后，不仅将极大提升班主任的专业素养，促成教师队伍的良性发展，而且也将更综合地融入学校的教学改革、整体发展之中。学生工作作为学校改革中不可替代的一部分，以其独特性重新融入学校整体，丰富和发展着学校教育、教师发展的内涵。

五、学生工作负责人专业成长

学生工作负责人的专业发展状态，直接影响该领域的实践质量；同时，其专业成长的核心力量，也就是实践本身。在当前背景下，尤其需要关注学生工作负责人的专业成长。

(一)行为方式更新

行为方式指的是主体以怎样的方式展开自身的行为。如果满足于上传下达式的工作方式，发展的空间有多大？如果满足于重复性的工作，发展的可能在哪里？如果满足于一时的轰轰烈烈，发展的根如何能扎下？如果满足于个体式的成就，又能走多远？学生工作负责人的专业成长，需要在富有发展内涵的专业实践中实现。这就需要学生工作负责人实现如下实践品质的提升。

一是走向研究性实践。学生工作负责人需要将研究的意识渗透到工作之中，从整体策划到具体活动的开展，都需要研究本校的基础、资源与空间，需要研究本校教师与学生的独特性，需要尊重学校与师生的发展需要。也只有在研究性实践的过程中，学生工作负责人的研究意识与能力才能得到内涵性的提升。

二是走向创造性实践。学生工作不应该成为"重复"的代名词，学生工作负责人不能满足于依照常规来开展工作。学校、教师、学生、社会都在变化与发展，学生工作本身应充满丰富性，应以创造性为特征。在工作中，这可以是内容的创造、方式与方法的创造、思路的创造。而且，当前我国学生工作的整体状态，需要更多创造性的实践来引领、推动和改变。

三是走向合作性实践。学生工作负责人需要与本校教师、学生合作，唯有如此，才能既培养学生与教师，又实现学生工作本身的内涵提升。学生工作负责人需要与社区、家长合作，学生工作本身的开放性，需要在合作中体现与发展。学生工作需要与教育行政部门与党团组织合作，从而融入区域性教育发展之中。多种类型的合作，充满着发展资源，学生工作负责人可以在合作中，实现个体素养的提升、发展空间的拓展。

四是走向日常性实践。唯有凝聚为个体的生存方式，生活实践的育人价值才能最终实现。同时，日常生活中个体的生存方式，可以成为人之发展的核心资源。学生工作负责人的成长资源，就渗透在日常生活中，他们可以在每一天、每一周的工作中，在时时、处处的工作实践中，开展研究、努力创造、体验合作。唯有如此，学生工作负责人的成长之根，才深扎在学校教育实践之中；也唯有如此，专题的培训、外出的参观、学历的提升，才能进一步丰富这一"主根"，才能促成学生工作负责人富有生命性的发展。

(二)思维方式发展

思维方式的合理性，直接影响人与世界的互动关系。有研究者曾针对班主任的思维品质提升，提出要从被动应对式思维走向主动探索式思维，从封闭、自我中心式思维走向开放、互动式思维，从单一性思维走向两重性的辩证逻辑思维，从散点式思维走向整体结构性、序列性思维，从静态式思维走向动态过程性思维。鉴于学生工作负责人有着不同于班主任的工作层面与内容基础，其思维发展主要体现在以下几方面。

其一，形成整体性结构思维。学生工作的内容丰富，但同时也会陷于凌乱状态，更容易被点状思维所控制。而整体结构能够整体地认识具体的工作，清晰地界定具体工作在整体中对于整体的价值。作为学校的管理者，学生工作负责人需要形成整体性结构思维，整体建构，尊重有机，实现"点"与"面"、与"体"的相互对话，促成学校学生工作整体性的形成与发展。

其二，形成长程性动态思维。学生工作在实践中存在与发展，充满动态生成性。同时，学生的成长是一个长期的过程，需要持续的教育的介入，需要尊重学生在不同阶段成长的特殊需要与整体的连续性。如此，小至一次学生干部会议、一次升旗仪式，大至学校学生工作规划、长达十年或二十年的特色项目形成，都需要学生工作负责人在长时段的视野内认识与建构；活动与项目的展开，将实现基于学生年段特征的具体建构；一次具体的工作，将以前移后续的方式实现内涵的发展；定位具体过程的动态性，促成资源生成与过程重建，并反馈于活动、项目的长程重建。

其三，形成融通性关系思维。学生工作本身就处于多维关系之中，其内部也存在多维关系。融通性关系思维强调的是通过将各项工作有机融通，实现整体设计和提升综合效益。在思维品质上，就需要善于发现核心问题与核心元素，善于建立联系，实现人与事、人与人、事与事、个人与群体、学校与社会之间的融通关系。

其四，形成介入性主动思维。学生工作存在于具体的环境之中。当前学校管理与教育行政支持力量并不强大，社区与家庭的介入方式与介入内容有待改进，学生工作内部的基础亦不够完善。而变革除了外部生态的改变，还需要学生工作负责人的主动推动。为此，面对具体的情境而努力发现其积极的因素，尊重条件但不放弃自我的责任，努力争取外部支持但更积极于自我的力量呈现，就成为学生工作变革中重要的思维方式。

（三）精神力量积淀

学生工作的开展，离不开有精神力量的教师，也同时滋养着教师的精神力量，彰显着当代学校转型与管理变革中的教师新形象。

有管理学家充满激情地写道："我们并非环境的囚徒。我们不被运气或生活所固有的不公平性所困。我们不被压倒性的挫折、自我造成的错误或曾经的成功所限。我们不被我们所生活于其中的时代、每一天我们所度过的小时数，甚至是我们短暂生命中所能拥有的时光所禁。归根到底，对于发生在我们身上的一切，我们所能控制的仅仅是那么一小片。而即便如此，我们依然是自由的，因为我们能选择，我们能通过选择而实现卓越。"①

也有国际组织强调，"每一次新的危机都提醒我们，当人们的能力、选择和对未来的希望破灭时，他们的国家和地球的福祉就会受到损害。现在让我们反过来想象一下：如果我们扩大人类的发展，包括人民的能动性和自由，我们的国家、我们的星球会变成什么样子？这将是一个全新的世界：我们的创造力将得以释放，重新想象我们的未来，更新和适应我们的制度，创造我们是谁和我们重视什么等系列故事。这不仅仅是一个不错的选择。当世界处于持续的、不可预测的变化中时，这将是一个必然的选择。"②

从一定意义上说，这类精神力量也是当前我国学生工作负责人和班主任等所拥有的，也是需要持续地体验和发展的。

一要有教育的理想。学生工作极易陷入烦琐的日常事务之中，原本很丰富的教育资源常常处于流失状态，本真的教育往往被忽略。在这一背景下，学生工作负责人更需要以教育的理想指导自己的工作，为自己的教育理想而努力。学生工作者的理想，与教育的本源相通，也在日常的学生工作中体现与实现。

二要有开拓的勇气。学生工作领域的变革是艰巨的，它是一个开发的过程，一

---

① Jim Collins and Morten T. Hansen, *Great by Choice：Uncertainty，Chaos，and Luck—Why Some Thrive Despite Them All*，New York，Harper Collins Publishers，2011，p.183.
② Achim Steiner：《2021/2022年人类发展报告（摘要）》前言，纽约，联合国发展计划署，2022。

个面对可能性的过程，一个迎接不确定性挑战的过程。因此，敢想敢为，具有极强的进取心，即使面对困难、失意、挫折，也百折不回、勇往直前，这些就成为强大的精神力量。

三要有实践的自信。相对于课程与教学领域而言，学生工作负责人往往底气不足。但改革实践本身，需要并将滋养其底气。学生工作负责人将能自信于自己工作的教育价值，自信于对教育工作复杂性的体悟，自信于自己及所有班主任、年级组长的工作能力与专业水平。

四要有发展的内需。学生工作负责人的成长是一个无止境的过程，工作的变革也会向其提出新的挑战。此时，发展的内需就成为发展水平的重要基础。有发展内需的学生工作负责人，能够在工作实践中学习与发展，能够在交往中学习与发展，也能够在与理论的积极对话中实现成长。

五要有生命的自觉。学生工作负责人需要体悟到自己生命的意义，感受到学生工作带给个体的生命的发展，从而尊重自己生命的价值。这种生命自觉，将建立学生工作负责人与其工作、与其所在的世界的生命关系，丰富其生命体验，增强其生命内涵，提升其生命质量。

第二节 学生学校日常生活建设

学生工作需要着力于学生学校日常生活建设。就学生组织建设而言，要开发不同层面学生组织的育人价值，促成学生组织的不断完善；就学生文化发展而言，可以在文化标识形成、学生基础素养提升、文化精神生成等方面加以探索，改变现有工作中定位过低、缺乏文化品位等问题；就学生学校生活时空优化而言，需要在校内生活空间拓展，学校与家庭、社区互动，学校学生年历等方面探索与形成。

学生的发展除了在学科学习中实现，还在日常生活中变为现实。甚至在更根本意义上，学生的日常生活决定着学生的生存方式，决定着学生的生活质量与发展水平。杜威所提出的"教育即生活""教育即生长""教育即经验的改组与改造"等观点，值得当代中国学生工作者再思考和再理解。当代也有国外学者针对公民教育主题，明确指出，公民素养是在儿童、年轻人和成人每天日常生活的过程与实践中，并通过这一过程和实践而学习到的。[1]

---

[1] Gert J. J. Biesta, *Learning Democracy in School and Society：Education，Lifelong Learning and the Politics of Citizenship*，Boston，Sense Publishers，2011，p. 1.

有学习科学研究者强调："人不是学习的被动接受者，即使人并不总是意识到学习过程正在发生。相反，通过在这个世界上的行动，人们会遇到各种情境、问题和想法；通过处理这些情境、问题和想法，他们拥得社会的、情感的、认知的和身体的经验，并适应下来。"①事实上，在国际比较的视野下，中国学生在学校中的生活时间与空间安排、组织方式、关系形态等，有着不同于西方国家的特殊性，体现着中国教育的独特性，也综合性地促成学生的学习和发展。②

学生工作就承担着建设学生日常生活的重任。

一、学生组织建设

（一）班级建设与年级建设

班级是学生学校生活的细胞，也是学生成长不可忽视的土壤。年级则是学校管理中的一个基本层面，直接面对各班级的工作。学生工作负责人针对班级与年级建设的管理工作，主要表现为以下几个方面。

一是指导建立班级、年级工作的整体结构。这既包括形成班级与年级建设的内容结构，也包括方法与策略结构。对于当代中国班级建设改革而言，其内容构成包括岗位建设与小干部培养、班级文化建设、班级活动开展、跨班级交往、与学科教学的整合、与社区和家庭的互动等。对于年级建设而言，直接和学生发展相关的内容，包括跨年级交往、年级学生自我管理、年级主题活动开展等。上述结构能够帮助班主任和年级组长形成清晰的工作内容，改变散乱无章的工作状态。就方法与策略结构而言，则要指导班主任与年级组长在重心下移、结构开放、动态生成、评价反馈等方面，形成适合学生年段特征与成长需要的教育方式与方法。

二是鼓励、支持班级、年级的教育实践活动。内容结构只有进入实践体系中，才能真正实现育人价值。学生工作负责人要通过研究、交流、合作等方式，通过具体的研讨活动、观摩活动、评价活动的开展，鼓励、支持班主任与年级组长的工作变革。特别值得重视的，是提供智力支持，以专业的力量帮助班主任、年级组长做成事。

三是推动实现资源的汇聚与辐射。学生工作负责人有可能、也有责任在学校层面整体认识各班级、各年级的独特之处，捕捉发展中形成的新资源，汇聚为学校层面的核心资源，培育学生工作改革与发展的新基质；进而通过管理和领导活动，实现资源在本校乃至本区域内的辐射。这既为班主任、年级组长的发展提供学校的平台，促成积极的反馈；也能以内部的生成，不断发展本校的综合特色，推动形成更

---

① ［美］科拉·巴格利·马雷特等：《人是如何学习的Ⅱ：学习者、境脉与文化》，裴新宁、王美、郑太年主译，12页，上海，华东师范大学出版社，2021。

② 李家成：《美国 Locker·中国教室》，载《班主任之友（小学版）》，2012(4)。

为整体、丰富的学生工作变革。

(二)学生会与团少部建设

学校学生组织特指在学校层面策划、组织、开展各类教育与管理活动的学生组织，如少先队、学生会、团委、学校大型活动的组委会等。我们主要针对学生会和团少部这两大学生正式组织展开讨论，这两大组织也是学生工作中核心性的学生组织。

首先，要清晰定位学生组织的性质，清楚其育人价值。作为学校层面的正式学生组织，它们与学校内的教师组织并列为学校组织的构成部分。它们是全体学生自我策划、自我组织、自我评价、自我发展的组织，并且能够对全校学生生活与活动开展产生重要的影响。对于当代学生适应未来大学生活与社会生活的需要，它们也具有不可忽视的价值。学校管理者对之要有清晰的价值理解，能够从学校内涵发展、学生成长乃至社会转型的意义上，认识学生会与团少部建设的独特性。

其次，要关注学生组织运行的全程，实现全程育人。学生组织在运行中实现育人目标，实现对学生学校日常生活的影响。从学生组织的换届、竞选、上岗开始，学生组织就开始渗透进学生生活之中。学校管理者需要支持、帮助学生会、团少部以民主、开放、透明的方式组织上述工作，努力凸显过程中的育人因素，使竞选、上岗、评议等工作成为民主生活与学生成长过程的一部分。在学生会与团少部的运行中，要关注其对学生生活的介入，指导其进行有内涵的活动策划和有质量的组织实施。在相关活动开展过程中，学校管理者要以支持者、对话者的身份有限但有效地参与，还活动的策划、组织与评价权给学生组织。

再次，要关注学生小干部的培养，为未来培养领导人才。国外有学者指出："如果我们真的要改变这个世界，让它变得更加美好，我们就不能坐视不理，不能让少数拥有权力和优势的人根据自己的标准来塑造世界。我们每个人都要承担起塑造世界的责任，而这要从学校和社区中开始。"[1]作为学校层面最有影响力的学生组织，学生会与团少部是未来领导人才培养的重要组织。这就要求强化对学生小干部之角色理解的研究，帮助、指导相关人员形成富有时代气息的学生干部观；要求关注学生小干部的工作实践，提升实践质量，促成"成事与成人"的结合；还要求关注学生小干部本身的学习意识与能力培养，唤醒他们的成长自觉。上述对"人"的培养，将重新作为决定性的力量，反馈到学生会与团少部的工作之中，进而整体提升学生组织的质量。

---

[1] Hilarie Owen, *Creating Leaders in the Classroom: How Teachers Can Develop a New Generation of Leaders*, London; New York, Routledge, 2007, p. viii.

最后，要将学生组织有机整合到学校管理中，丰富当代学校的内涵。学校管理中的重大决策，需要吸收学生组织介入。如学校的发展规划、每学年的工作计划，需要传达给相关学生组织，甚至吸收学生组织参与相关讨论，使之成为重要的决策者之一。要鼓励、支持学生会与团少部自主开展学校管理活动，尤其是学代会、团代会、少代会等重要会议；学校管理者不仅需要参与，更要学会倾听学生的意见，坚定办学中的学生立场，回应学生代表提出的各类问题。各类重大事件、关键事件，应成为学校管理中不可缺失的构成。在日常办学中，也需要将学生组织的活动策划、运行经验等作为办学资源，运用到学校活动设计与管理运行中，进而影响教师组织的运行与发展，实现资源的转化。

（三）学生社团建设

这里所讨论的社团，特指在学校层面形成的、面向学校所有学生开展活动的学生兴趣组织。这种规模相对较大、运作方式相对较复杂、自主性相对较强的团体的运行本身，对学生自主的创生性行为方式、复杂性的思维品质、富有生成力的精神品质以及学生的综合学习能力有极大的锻炼。

第一，要努力使社团的组建成为学生自主成长的重要契机。社团是更富学生自主色彩的学生组织，其创建本身，就充分体现了学生的自主性。作为学生兴趣、爱好、个性的凝聚体，社团是学生自主设立、自我运行、自由选择的学生组织。学生可以根据自己的兴趣爱好，选择愿意加入的社团，甚至成立新的社团。对于学校管理而言，一般需要建立基本的运行规则，如社团建立的基本要求，但创建权属于学生，创建行为或参与行为本身，就是学生自主成长的重要契机。

第二，要鼓励、支持社团的自主运行。社团的运行既包括人员的不断补充、更换，也包括日常活动的开展。如上海市育才中学组织的一次自主招生面试中，有一道试题如下：

新学年开始了！
社团一年一度的招募活动也开始了！
假如你们几位是某个动漫社的骨干成员，
正在思考如何扩大动漫社在全校的影响，招到更多的新成员。
请模拟一下你们是怎样策划招募行动的，
并把你们认为的关键问题写在黑板上。
时间二十分钟。

这样的试题，呈现出的是社团成员如何面对自身的"新陈代谢"问题。在紧张的学习之余，如何保证社团活动的时间、空间、经费、指导力量？上述问题都需要社团成员面对，而解决问题的过程，正是学生发展的过程。为此，学校需要提供力所能及的指导，更需要在学校时空安排、教师介入等方面，实现学校管理的自我更新。

第三，要为社团发展提供多元的平台。这主要指在校内建立社团展示、交流制度，通过组织"社团周""社团展示会"等，呈现社团发展成果，实现对社团发展的反馈与评价。学校还可以帮助学生社团拓展空间，使社团发展的资源与影响拓展至兄弟学校、家庭与社区，乃至介入城市与地区的发展之中。

二、学生文化发展

(一)文化标识形成

第一，学生工作参与形成学校整体文化标识，尤其是校歌、校徽、校旗等。它们作为学校的文化标识，具有鲜明的象征性。学生工作直面学生的成长需要，可以参与甚至主持形成相关文化标识。另外，学校里的证书设计、学习材料搜集、道路与楼宇命名等，都可以成为学生工作参与的文化活动。例如，以下证书、奖状、徽章、笔记本封面等，都是上海市育才中学的自主创造(见图5-1)。

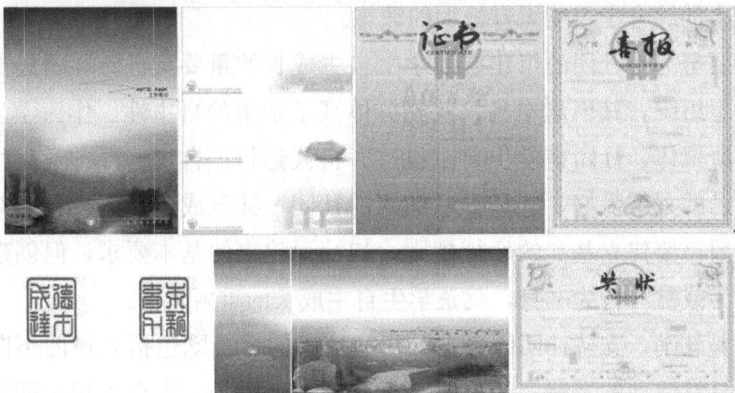

图5-1 学生的设计作品

第二，学生活动骨干的培养。学生活动骨干可以是学校学生组织的负责人、社会活动中的志愿者、科技创新活动中的骨干等；可以是通过重大活动或相关契机，成为外界熟知的学生代表。他们以较强的学生认同为基础，以综合的领导力为突出素养，是学生的典型代表，是一所学校的形象代言人，更是学校文化的具体承载体。对于学校而言，在学生群体发展的基础上，努力创造条件，促成学生活动骨干的出现，将强有力地推动学生文化的发展，并不断更新相关发展生态。要拓展学校评价体系，通过多元评价内容的形成、多元评价方式的展开，促成多元学生活动骨干的出现。

第三，相关专题总结、研究成果等。通过相关研究，学生工作领域可以形成基于品牌活动的品牌观念、理论、策略与运行模型。上述内容不仅是学校学生工作自我更新的重要保障，而且可以通过学术性传播，产生相关学术影响或社会影响。这就需要学生工作负责人不仅能够敏锐地发现、判断，更要促成相关研究成果高质量地提升、形成与传播，从而为本校学生工作发展创造优良的外部生态、为当代中国学校学生工作的整体发展作出贡献。

(二)学生基础素养提升

学生的日常行为规范、仪容仪表等，是学生工作领域的基本内容构成，在部分学校甚至会成为核心内容构成。就学校管理而言，如果只停留于常规管理，则很容易陷入呆板的操作、规训的思路中。如果从学生文化建设的意义上来策划与组织，则会具有新的育人价值。

第一，要重视相关规范、要求的形成过程。要自觉地吸收学生力量，参与讨论、选择、形成与传播。要自觉地将相关规范、要求与学校文化沟通起来，提升其文化品位，促进其融入学校文化建设之中。这样，能形成规范、要求与学生的自我教育和学校文化建设的有机关系。

第二，要重视相关规范、要求的实现过程。依赖部分教师与学生的检查，以计分、扣分、扣教师奖金等方式来实施，是无法长久的。换言之，当学校管理者自觉地将规范、要求等与学生文明素养的提升沟通起来，视之为提升所有学生基础性素养时，必然要意识到：这是一个教育的过程，而不仅仅是一个管理的过程。这样，就需要通过学生工作与教学工作等，全面提升教育意识。

第三，要在不断的变革中，动态调整对学生基础性素养的要求。随着经济全球化、信息化的到来，随着中国基础教育改革的深化，对学生基础性素养的要求也在不断变化。这就需要学校管理者保持动态生成意识，关注时代发展与教育变革，关注学生发展中涌现出的新资源，动态调整相关规范与要求。

(三)学生文化精神生成

学生文化精神的生成，在学生行为中实现。学生文化精神与学生行为实践是合二为一的。学校能够通过学生工作，促成学生形成相对稳定的行为方式与思维方式。学生的交际、探究、合作等实践和学生的校园内外生活，都能体现学生的文化精神。在当前，具有创新精神、实践能力和社会责任感，以高质量的学习实现发展，是学生工作中可以特别关注的学生文化精神。对学生文化的评价，也需要借助对学生实践的理解而实现。

学生文化精神的生成，在日常生活中实现。文化精神相对稳定，是在长时段的日常生活中体现，也同时需要在其中形成与发展。学生工作不仅要重视重大活动的开展，而且要关注活动开展的前移后续，关注其实践效应和综合效应的实现；另外，还要关注日常的熏陶、陶冶,在学校物质环境的创设、日常管理中,彰显文化精神。

学生文化精神的生成,在学生自觉中实现。学生文化原本就是学生自己的文化,不是成人依靠灌输、规训的方式能够形成的。在学生工作中,需要尊重学生的现实性,在积极的对话中,通过欣赏的力量、对话的力量、榜样的力量,使学生形成对文化的自觉。也只有当学生有了文化自觉,学生文化的生成与发展,才清晰了自身的逻辑。在不同届别的学生之间,通过传承与创新的力量,能使学生文化保持内在精神的相通与形态、内容构成的丰富与发展。

三、学校生活时空优化

(一)学校内生活时空拓展

学生在校生活时空为学生发展提供直接的条件。如果学生每天一入校就必须朗读、写作业,如果学生只能在自己班级内活动,那么,这一局促、狭隘的生活时空很难培养出大气、灵动的学生。

生活时空的拓展,体现在物理时空的拓展上。这要求将学生入校后至上课前的时间还给学生,允许学生自由交流;将课间时间还给学生,保障学生休息、调整的时间;保障学生自主活动的时间,尤其是学生社团活动时间、体育活动时间等。就空间而言,学校体育场所、文化场所要向学生充分开放,提倡学生借助学校丰富的教育设施来学习和发展,同时学校需要提升设施的教育品质,基于学生立场来设计与运行。寄宿制学校还可以将学生寝室作为教育的重要空间,借助这一特殊的生活空间,提升学生自治自理的意识与能力。针对学校缺乏与外部世界互动的空间格局,除了走出校园开展教育活动,还可以在校园内通过植物园、动物角、科技创新实验室等特殊场所的建设,将社会与自然资源引入校园之中。

生活时空的拓展,体现在交往时空的拓展上。学生在校内的交往对象,除了本班级同学,还要建立与不同班级、年级乃至不同学段学生的交往关系。跨年段的交往中,蕴含着丰富的育人资源。同时,学生与教师的交往,对学生而言有着多元的价值。学校管理者要努力成为学生交往的对象,并要通过文化建设、平台搭建,促成师生多元交往状态的形成。

生活时空的拓展,体现在虚拟空间的开发上。在数字化转型的整体背景下,我们需要重视数字空间、元宇宙等重大主题。持续提升当代中国学生的数字素养,已经迫在眉睫。学生工作负责人、班主任要以积极的方式拓展数字空间,通过班级、年级、学校网站、微博、公众号等多种数字平台或新媒体开展工作,促进学生之间以及学生与外部的交流、对话,使学生创造性地参与其中、受其影响、得到发展。

生活时空的拓展,还体现在精神空间的拓展上。在学生工作中,要鼓励学生想象，打开个体发展与教育变革的一扇扇大门；要尊崇创造，鼓励、指导、帮助学生实现内涵创造性的生活更新；要滋养个性，形成富有生命性的学生与学校生活的关系，提升学生幸福感。上述工作不仅能充实学生工作的当代特征与教育内涵，而且与学校整体发展与文化建设综合融通，形成学校管理变革的重要内容。

(二)学校与家庭、社区协同

对于学校与家庭、社区的合作、互动，学校管理者不仅要从资源获得、管理合作的意义上来认识，而且要努力建立学生立场，关注其育人内涵。国外有学者强调："学校、家庭与社区的合作，必须聚焦于对学生学习与发展的促进。"①而且，学校管理者还需要自觉地从学校功能转型的意义上，认识家校社合作的意义。有研究者指出，由于学校教育体制本身的独特性和保守性，现代学校系统还没有能够对蕴藏在群众中间的巨大学习热情作出敏锐的反应，更没有把提供公共学习服务、指导公众学习行为作为自己的基本任务。从某种程度上说，学校还是社区中的"文化孤岛"，学校与社区教育的一体化还有很长的路要走。②

在基于学生立场的学校与家庭、社区互动中，学生的学习保持着综合性，学生的发展有着综合性的支持与保障。

第一，学校要促进学生在与家庭、社区的互动中，自主吸收与转化社会性资源。大量的社会文化资源是学生生活世界之构成，也是拓宽学生视野，形成学生国家与民族意识，保持对社会发展之敏感性的重要源泉。有研究明确提出："社会性资源的合理开发，能够增强学生的社会性，促成学生综合素养、生命质量的提升。相对于校内生活资源、学科资源而言，社会性资源有着独特的优势。"③通过合理开发，借助调研、社会实践等形式，学校可将社会性资源转化为学生的发展性资源。

第二，要指导学生在主动活动中发展自我。在学生工作与家庭、社会的多元互动中，学生通过主动地乃至创造性地介入，可得到综合素质的锻炼。这包括社会责任感的培养、创新精神与意识的培养，包括实践能力的发展，还包括自我评价、自我重建能力的提升。丰富的家庭与社区资源，提供给学生丰富多元的关系与情境、富有挑战性的实践。在自主活动中，学生的领导力得到提高，全面发展得以实现。

---

① Joyce L. Epstein，*School*，*Family*，*and Community Partnerships*：*Your Handbook for Action (Third Edition)*，City of Thousand Oaks，CA，Corwin Press，2009，p. 2.

② 顾明远、石中英：《学无止境——构建学习型社会研究》，7 页，北京，北京师范大学出版社，2010。

③ 李家成：《实现小教室对大世界的创造性转化——论教育立场下的社会性资源开发》，载《思想理论教育》，2009(18)。

第三，要努力推动学生工作介入家庭与社区的发展。在社会转型时期，家庭与社区结构发生了巨大变化，如何重建家庭与社区的存在内容与存在方式，是全社会的责任。就学生工作而言，有可能通过对学生的培养、对家长的教育与指导、对社区互动活动的策划与参与、与家长和社区的多维合作等方式，产生对家庭、社区的教育影响。在其中，学生领导力、家长领导力能得到充分发展，基于中小学的社区教育也能够得到新的发展。①

案例：社区治理 & 隔代互学——乱堆放治理宣传劝导活动

小区楼道作为公共空间，在玲珑社区内一直存在着杂物乱堆放的现象。这既影响了居民的进出通行和整体卫生环境，也存在一定的安全隐患，深受居民诟病。

在玲珑社区和龙虎塘实验小学家委会的联合组织下，在龙虎塘街道第三届社区"微公益"创投项目的支持下，于2023年1月13日开展了本次社区治理 & 隔代互学——乱堆放治理宣传劝导活动。

活动前期准备

经家委会前期到玲珑社区首次对接后，2022年11月23日，在龙虎塘实验小学玲珑校区，玲珑社区徐书记、丁副书记，龙小顾校长、陈校长、吴校长、潘主任、钱主任，由龙小家委会张会长带领的家委会骨干成员，对于"社区治理 & 隔代互学"活动进行研讨。会议对于活动的教育意义、活动流程、活动人员招募等进行了多方面讨论。

2023年1月6日，出具了活动详细策划方案，明确了活动时间、地点和流程，并面向学生进行了公开招募。

活动主题：劳动教育之社区治理 & 龙小隔代互学——乱堆乱放治理

活动的教育点：

1. 参与活动的学生在进行活动宣传和劝导工作的劳动教育过程中，能够深刻体会到环境保护的重要性、杂物乱堆乱放的危害性，实现劳动教育的目的。

2. 通过祖辈带领孩子进行互动的方式，实现隔代互学的教育目的。

3. 使活动小区的卫生面貌得到有效的改善，对于社区文明共创起到模范作用。

---

① 李家成、匡颖、江娜等：《"社区教育"三大话语体系的起伏与集成》，载《终身教育研究》，2022(5)。

活动时间：2023 年 1 月 13 日

活动地点：玲珑社区、玲珑花园小区

主办单位：龙虎塘街道玲珑社区护航青少年成长中心

活动协办单位：龙虎塘玲珑社区、龙虎塘实验小学

活动招募：龙虎塘护航青少年成长中心

活动前期准备：

1. 问卷调查（堆放原因、人群、实际情况及需求）

2. 活动人员招募，招募对象为龙虎塘实验小学学生与祖辈或其他家长（祖辈最佳）

活动流程：

√8:45—9:00，玲珑社区会议室集合

√9:00—9:30，活动前互学（参加活动学生介绍杂物乱堆放的危害性以及如何堆放可再利用物品，祖辈介绍废物再利用知识）

√9:30—10:20，进入玲珑花园小区，由物业人员带领，开展乱堆放行为的入户宣传和劝导，指导乱堆放的居民如何进行合理堆放，并协助居民对乱堆放物品进行整理

√10:20—10:30，玲珑社区会议室集合，参与活动人员发表活动感悟

√10:30　合影留念，活动结束

活动注意事项：

1. 请参与活动人员按时到预定地点集合，如有特殊情况请提前联系活动组织方。

2. 参与活动人员请注意自身安全，在活动过程中配合现场志愿者的安排，保证活动有序进行。

3. 在入户宣传和劝导过程中，在和居民交流沟通时，请参与活动人员态度耐心真诚，不要发生不必要的冲突。

2023 年 1 月 9 日，公开发布了线上调查问卷。问卷共设计了 15 道题目，从调查对象的家庭成员构成，对开展社区治理 & 隔代互学活动的参与意愿，小区楼道内杂物堆积的基本情况、类别和堆放时长，居民对堆放杂物的态度和建议等方面展开调查。

项目组共收集了 397 份有效答卷。问卷显示：

• 63.22% 的居民家中有祖孙隔代的构成；对于将要开展的社区治理 & 隔代

互学活动，80.6%的调查对象表示愿意参加。

•对于居民所在楼道杂物堆放情况，36.02%的人表示没有，57.93%的人表示有但不多，3.27%的人表示堆放情况严重。

•在楼道堆放的杂物中，35.13%是纸皮、书籍等易燃物，27.44%是家具等日用品，14.87%是电瓶车等充电物，22.56%是其他杂物。

•如果存在堆放现象，那39.04%是暂时堆放，27.18%是阶段性堆放，15.62%是长期堆放。

•对堆放杂物的态度，94.71%的人表示有安全隐患，需要定期清理。仅有2.52%的人表示如果对自己没有影响，就无所谓。

•98.21%的人表示，楼道杂物堆放会引发消防问题。

•71.03%的人表示杂物堆放会影响楼道美观，72.82%的人表示杂物堆放容易引发火灾，57.44%的人表示杂物堆放容易引发邻里矛盾，44.87%的人表示杂物堆放会影响居民健康。

•对于楼道杂物堆放的有效处理方法，86.15%的人表示需要社区加大对楼道杂物堆放的监管力度，74.06%的人表示需要加大消防教育的学习力度，74.06%的人表示需要有关部门制定相关规定，禁止楼道出现杂物堆放问题。

活动现场

2023年1月13日，活动如期举行。按照原定活动方案，参与活动人员首先在玲珑社区会议室集合。龙小家委会张会长宣布活动正式开始。

活动共分为两个流程：一是隔代互学交流环节；二是参与活动人员进入小区进行乱堆放杂物的劝导宣传工作。

在隔代互学交流环节中，首先是玲珑社区丁副书记发表讲话，从社区角度分享了乱堆放杂物治理的意义；然后是龙虎塘实验小学六(7)班曹同学，从学生角度分享了乱堆放杂物的危害；最后是三(2)班黄同学的奶奶从祖辈角度分享了自己在日常生活中垃圾处理的方法，让孩子们对可利用垃圾有所认识，养成勤俭节约的好习惯。

通过互动交流，大家对隔代互学有了全新的认识。它不仅存在于理论中，而且存在于我们生活的点点滴滴中。本次活动，既是对乱堆放杂物的治理，也是对隔代互学新的诠释。学生们通过交流，深刻认识到在楼道内乱堆放杂物的危害，也从祖辈那里学习到了日常生活中垃圾处理的小方法。

　　隔代互学交流环节结束后，张会长将参与活动的人员进行了分组，并由志愿者带队进入小区，实际开展乱堆放杂物的入户宣传劝导工作。

　　在这个环节中，每一个参与活动的孩子都积极投入。从开始的紧张、不知所措，到在志愿者的引领下主动和居民展开对话，让居民配合清理小区楼道内乱堆放的杂物，孩子们实现了自我的突破，小区楼道也因为活动的开展，有了焕然一新的面貌。

　　在活动现场，常州市电视台也对部分参与活动人员进行了采访。受访人员表示，非常感谢玲珑社区护航青少年成长中心组织策划如此有教育意义的活动；隔代教育一直是家庭教育中的薄弱点，今天通过活动才真正意识到教育不仅仅局限于言谈说教，更在于生活中的方方面面；今后将更加重视祖孙间的交流，真正实现隔代互学、共学。

　　活动临近结束，张会长为每个孩子颁发了活动荣誉证书，并进行了集体合影留念。

　　相信在家校社协同育人大背景下，通过社区治理 & 隔代互学的深入研究与实践，会让更多的祖辈参与进来，让多代人共同支持社区治理工作，共建美好家园，让孩子们锻炼成长、全面发展。①

（三）学校学生年历形成

　　学生在具体时空中的生活内容，通过一系列重要活动形成学年性系列，这就是学生年历。对于学校来说，要面对各个年级，形成的年历带有针对全校所有学生和各个年段学生的特征。形成年历，既有助于学校管理工作的开展，能够整体策划学年工作乃至本学段的工作，不断积淀为本校特色项目；又有助于促成学校在不同年段的持续发展，同一学生在本学段内甚至整个小学期间，能够经历的重大教育活动、节点性变化等，都能在学生年历中体现。年历是在不断尝试、总结的基础上形成的，需要在实践中调整与更新。

　　年历的形成，首先要建立在学生研究的基础上。这需要研究本年段学生的基本特点与成长需要。教师要在分析学生生理、心理发展特点的基础上，结合学生生活世界的变化、对若干届学生的回溯研究、对个案的深度分析等，形成对本年段学生

---

① 龙小一(11)班 张右怡爸爸：《社区治理 & 隔代互学——乱堆放杂物专项治理活动》，https：//www. meipian. cn/4l6fwhbf? share ＿ depth ＝ 3&s ＿ uid ＝ 25977275&share ＿ to ＝ group ＿ singleme ssage&first ＿ share ＿ to=qq&first ＿ share ＿ uid=336836745＃，2023-01-15，选入本书时有改动。

综合水平的理解,明晰其成长需要。

年历的形成,需要考虑不同类型活动的针对性。这就必然要求针对全校各年级学生的活动设计,如升旗仪式、开学典礼等,要考虑学生的普遍性;而同一主题性活动,则要具有年段针对性,如春秋游、科技节、体育节等,就需要针对不同年段,形成有针对性的设计。

年历的形成,要考虑时间的配置关系。这一方面要求考虑活动之间的衔接、学生工作与学科教学之间的沟通,努力实现有机的转换;另一方面要求在整体中定位具体活动的开展,如要关注具体年度内的若干关键性节点,关注重点活动的时间保障。如此思考,我们就能理解:为什么有的学校将高三阶段的"成人仪式"、八年级的"14岁生日"以及三年级的"10岁集体生日"等,视为重大活动,充分保证活动的内在丰富性;为什么有的学校要将节庆活动与主题教育活动充分整合。

第三节　大型学生活动的开展

/////////////////

大型学生活动是学生工作中的重要内容。学校管理者需要精心策划,凸显其育人资源,整体综合设计,形成大型学生活动的长程系列。就活动组织而言,要强调主体多元、动态生成与多维保障。学校管理者还要借助综合评价和资源拓展,实现大型学生活动的积淀与提升。

学校层面策划、组织、开展的大型学生活动,如运动会、体育文化节、艺术节、春秋游、针对全体学生的主题教育等活动,对学生成长与学校发展具有重要的价值,但也是常常被忽视的研究领域。对于学校层面的大型活动,要改变习惯性的工作方式,以教育的眼光重新认识活动的价值,改变脱离学生发展需要与可能的状态,将关注外部评价、轰动效应和表演效果,转向关注学生的内在发展、活动育人价值的内在提升上。[1]

大型学生活动有不同的类型。就主体参与方式而言,有必须参与的,如开学典礼、升旗仪式等,也有选择参与的,如各类竞赛;有以个体为单位参与的,也有以群体为单位参与的。就持续时间而言,有长期性、稳定性的,也有短期性、临时性的;有处在起始阶段或发展阶段的,也有处在总结阶段的。就活动存在形式而言,

---

① 李家成、王晓丽、李晓文:《"新基础教育"学生发展与教育指导纲要》,315页,桂林,广西师范大学出版社,2009。

一是仪式与典礼，如升旗仪式、开学典礼、毕业典礼等；二是节庆活动，如端午节、"六一"儿童节等；三是春秋游等社会实践活动；四是各类竞赛、公益活动、文化活动等，如体育节、跳蚤市场、募捐活动、看电影等；五是主题教育活动，如读书节、"幸福教育"等。

一、活动策划

(一)育人资源清晰

大型学生活动有着丰富的育人资源，而学生工作负责人等教育工作者的价值意识与资源理解，直接决定活动的策划重心与价值实现。

第一，要关注大型学生活动的核心性价值。如体育节在提升学生个体的运动意识、增强运动兴趣、提高身体素质、促进全面发展方面，具有不同于科技节的价值；毕业典礼在唤醒成长感、体验成长的快乐、感受生命的力量、明确新方向与新目标等方面，具有不同于春秋游的独特价值。这类价值往往直接体现大型学生活动的主题，在部分主题教育中则更为明晰，如民族精神教育、生命教育、迎国庆活动等。

第二，要关注大型学生活动衍生出的附属性价值。如在体育节活动中，通过比赛能够培养学生遵守规则、公平竞争、团结协作、奋勇拼搏、自我挑战等精神，也能反映班级、学校的整体风貌，彰显班级文化，弘扬学校文化，促进班级、学校文化的发展。这类价值是随着大型活动的组织、开展、呈现过程而生成的，其来源主要不是活动主题，而是过程。

第三，要关注由特殊资源带来的附加性价值。这是由于学生大型活动的内在丰富性而生成的。在学生大型活动中，人、物、事、情境都会以其与世界的丰富联系，带来多种附加性价值。它不同于主题性、过程性的价值生成，而是基于丰富的关系尤其是隐性关系的自觉化而实现。依然以体育节为例，中华优秀传统文化资源、具体城市的历史资源、时代蕴含的人文资源、社区资源、家长资源等，都可以渗透在活动过程中，成为其附加性价值。

上述是从横断面的意义上认识学生大型活动的价值。如果再把活动的全程而不仅仅是具体的活动核心过程作为研究对象，则大型学生活动的时空综合性蕴含着丰富的育人资源。学生参与活动的策划、组织、评价等全程富有育人价值；在过程中，学生交往的质量可能得到提升，学生组织可能得到完善，学校管理领域可能得到发展；学校教育的时空凝聚在大型学生活动中，并随着活动的开展，实现对学校育人价值的影响。

(二)综合整体设计

大型学生活动不能仅仅依靠常规来开展，也不能寄希望于现场的灵感，而需要有综合的整体的设计，尊重其系统工程的性质。

第一，要处理好价值、目的与活动的关系。在学校大型学生活动的策划、组织方面，学生工作要强调"成人"与"成事"的一致性，追求活动价值、目的与手段之间实现双向转换与统一，即"在成事中成人，用成人促成事"。① 大型学生活动的根本价值在于"成人"，努力促进全体学生的健康成长、推动教师的专业发展、提升领导的管理水平。在此基础上，又可以达到"用成人促成事"的效应——当"人"发生了变化，取得了进步，"事"的推进和发展也得以实现。因此，坚持价值引领，关注"成人"与"成事"的转化与生成，是学校开展策划与组织工作的第一原则。

第二，要处理好大型学生活动与学校日常教育工作的关系。大型学生活动的开展，需要建立在学生日常生活的基础上，融入、回归学生生活，"生命是靠全部的学校教育生活滋养而成的"。② 以学生日常生活为根基，将大型学生活动与学生生活进行有机整合，能更好地促进学生的成长。这一方面要求大型学生活动源自学生日常教育工作，无论是主题的形成与发展，还是学生参与方式的选择，各类资源的开发，都自觉建立在前期教育的基础上，实现与学校工作、教学工作、学校整体发展之间的内在沟通；另一方面，大型学生活动还要回归日常，渗透到学生的日常生活之中。如此循环往复，大型学生活动就可能成为学生日常生活更新的关键事件、转换枢纽、更新节点。

第三，要处理好学生与活动的关系。学校管理者要自觉促进学生主动参与活动策划。在学校层面，可以吸收有能力的学生参与策划过程，如主题的确定、活动方案的设计、活动的时间安排、人员分工、项目细节的准备等。在班级和年级层面，可以让学生负责班级内部的策划工作，如组织报名、前期准备等。在大型学生活动的策划中，要力求项目类型丰富，形式多样，为更多学生或全体学生的参与提供空间，从关注个别学生、少数学生转向关注全体学生；还要考虑学生的年段差异，针对不同发展阶段的学生，设计不同的教育内容和方式。

第四，要处理好内容与形式的关系。"真实的教育活动是以综合为特征，并对人的发展具有多方面综合影响的功能。"③为了充分挖掘大型学生活动的教育价值，其

---

① 李家成、王晓丽、李晓文：《"新基础教育"学生发展与教育指导纲要》，82页，桂林，广西师范大学出版社，2009。

② 李家成：《关怀生命：当代中国学校教育价值取向探》，232页，北京，教育科学出版社，2006。

③ 叶澜：《"新基础教育"论——关于当代中国学校变革的探究与认识》，229页，北京，教育科学出版社，2006。

内容构成可以多元丰富，形式也可以灵活多样。如体育节、运动会的策划，除了要精心设计比赛项目，还可以关注更加丰富的内容，如运动会会徽、秩序册封面、运动会口号及宣传用语的设计等。它们都可以构成活动的内容，通过在全校学生中征集的形式来实现。学校还可以提供一些校级的岗位，比如小记者、小播音员、小志愿者和小联络员，让学生自愿报名参与。开幕式上的艺术表演、广播操展示等可以让学生自主排练，允许各班级采用不同的形式，展现本班级的个性文化。各班级的展板、班牌、宣传标语、口号、道具等也可以由学生自主设计，彰显班级特色。

第五，要关注过程逻辑。活动的过程逻辑能够体现出策划者自身的思维发展水平以及整体关系思维的发展状态。因此，需要关注活动前期、中期、后期之间的衔接及有机性，使活动达到系列形成的状态。依然以体育节、运动会为例，一方面，活动的各部分之间要体现出清晰的结构，运动会前期的开幕式，中期的各种项目竞赛，后期的总结、表彰环节，要用主题所内含的精神、思想贯穿起来，给人以流畅且不断升华之感；另一方面，每一环节、板块的内部，也要体现出过程展开的有机性。

（三）长程系列形成

大型学生活动可以形成长程系列。具体的途径，一方面，要考虑不同年段之间的沟通与推进。很多大型学生活动是年度性的，有的甚至以月、周为周期。这使得部分活动能够在长程视野下凝聚、发展为具有学校个性与特色的品牌活动；同时，在不断地发展中，活动的质量能得到保证。有学者指出，每一周都是在前面的工作上累积起来的，累积着人们不断的投入。飞轮已开始以不可阻碍的势能向前运动，这就是人们创造卓越业绩的过程。[1] 也有学者强调："学校的各项工作，都贵在日常，在持续的生命生长中积淀。教育与生命成长协同，是长期、逐步过渡、阶段性跃迁的慢的事业。只有化于现实中的未来，才不是空洞的、令人失望的、造成空心人的未来。"[2]学生工作负责人需要持续开展研究，关注每一次活动的创造与发展，通过每次活动实现对前次活动的超越，进而形成品牌。

另一方面，要关注具体活动的"前移后续"。前移后续指的是对具体活动的开展，既要关注活动前的系列活动，又要形成后续活动。前期活动不仅仅是宣传、布置，还包括一系列具体的教育活动与管理活动。后期活动也不仅仅是总结，还是进一步深化、拓展。以运动会为例，前期活动包括会徽的征集与确定、活动志愿者的招募

---

[1]　［美］吉姆·柯林斯：《从优秀到卓越》（社会机构版），余江译，56 页，北京，中信出版社，2006。

[2]　叶澜：《"生命·实践"教育的信条》，载《光明日报》，2017-02-21。

与培训、比赛项目的设计、学生裁判的确定与培训，班级与年级层面的自主报名、组织建设、文化建设等。在运动会结束之后，又可以有全校性的文化建设、相关社团与组织的建设、对各学科教学的辐射，有班级与年级层面的主题班队会、班级文化建设、班级组织建设等。

二、活动组织

大型学生活动的现场极具复杂性，考验着学生工作负责人等相关人员的管理智慧、教育智慧。

(一)主体多元

大型学生活动中多元主体的参与，使得多维、多层的交往成为可能。主体多元这一独特性使得大型学生活动极富教育性，蕴含着巨大的教育价值。在组织过程中，提升各类主体的参与质量，促成各类主体之间多元、有效的互动，有重要的价值。

在互动现场，以学生发展为基点，学生之间、学生与教师之间、学生与学校领导之间、学生与家长及相关社会人士之间的互动，有着强烈的现场效应，也能促成大型活动价值的实现。互动的方式也可以是多元的，从语言、行为，到文化标识等，都可以融入其中。即便是在大型的庆祝活动中，互动也是值得追求并可能实现的。

在大型学生活动中，可以考虑专门设计互动类项目。如在运动会组织过程中，可以设置一些适合学生、教师和家长共同参与的趣味活动，注重参与性，突出趣味性和娱乐性，让教师、家长和学生一起运动，共同享受运动带来的快乐。类似教师联队和学生联队之间的比赛，或者家长和学生进行亲子接力、拔河比赛等，都可以成为活动项目。

(二)动态生成

在活动过程中，各种资源的动态生成性会不断呈现出来。因此，教师需要有动态发展观，需要不断判断活动的进展状态、发展资源，推动活动的深化与拓展。

学生工作负责人等要具有动态生成的眼光，对于活动进程中不断出现的新情况、新问题有动态发展观，能根据具体情况进行调整和转变。在活动现场的秩序维持、具体流程的展开、意外事件或意外资源的处理、各类情境变化、活动现场的即时评价等方面，学生工作负责人等需要具有动态生成的心理准备，并善于转化资源、重组过程。

此外，动态生成发生在不同的层面、不同的活动情境中。学生工作负责人需要培养全体参与教师的动态生成意识与能力；充满活力、具有内在丰富性的学生大型活动，需要一批高素质的教师参与到现场的组织、调整与教育价值开发之中。

(三)多维保障

第一，物质保障。大型学生活动涉及相关场地、器材、道具等，有些还是一次性消耗器材。信息技术的应用，也会提高活动组织、开展的效能。在确认相关活动价值之后，学校管理者要帮助活动项目组解决相关问题。对于高年级学生来说，还可以自主募集部分活动经费。活动过程中，既需要物尽其用，也需要坚持环保理念，促进资源的循环利用。

第二，组织保障。通过建立专项活动领导小组、工作小组等，动员相关教师、学生与家长，形成核心领导机构。当前的一个趋势是，学生工作负责人对大型学生活动的介入越来越多。如前文中列举的体育节、运动会，原先的领导与组织机构主要为学校体育组；如今综合拓展其育人价值后，学生工作部门成为其中重要的领导成员，甚至是核心领导，全程负责策划、组织与评价。专项组织的建立，对于活动开展、安全保障、动态调整等，都具有积极的意义。

第三，机制保障。在具体活动过程中，更综合地体现"专人负责与民主参与机制""分工管理与沟通协作机制""评价反馈与激励完善机制""常规保障与研究创新机制"等要求，保障大型学生活动的有序、高质运行。从一定意义上说，大型学生活动的运行过程，能够集中体现学校管理的品质。

三、积淀提升

大型学生活动通过不断积淀提升，转化为学生日常生活的内在构成与教师的基本素养，进而融入学校特色项目、文化建设中。国外有实践改革者认为，庆祝活动、典礼和仪式强化着学校的文化，因为它们代表着、呈现着一所学校所看重的内容；而在他们的改革实践中，全校会为每一个学生唱响"生日快乐"歌，并送上祝福卡片。[①] 当有这类自觉意识时，大型学生活动就有可能有机融入学校整体变革之中。

（一）综合评价

第一，评价的目的要明确。评价的宗旨在于激发更多主体参与活动的积极性，让学生乐于参与活动，并通过各种形式的互动，获得各方面素养的提高。同时，评价过程本身就是教育过程，让学生参与到评价过程中，对于其发展具有重要意义。为此，对大型学生活动的评价，就不能仅仅拘泥于具体项目的精彩度、外界的评价，而需要聚焦学生成长本身，关注学生的发展，关注评价过程中学生的参与。

第二，评价的主体要多元。学校领导、教师、学生、家长甚至是社区人员都可以成为活动的评价主体。评价中的主体多元，会形成相互间的互动效应，促成每类主体在互动中清晰自我，通过互动促成评价系统的发展与完善。同时，多元主体的

① Dennis Littky and Samantha Grabelle, *The Big Picture*: *Education is Everyone's Business*, New York, Association for Supervision and Curriculum Development, 2004, p. 50.

参与，有利于形成多元的评价方式，如学生自评、伙伴互评、家长评、教师评等，评价的手段也可以多样化。

第三，评价的内容要丰富。丰富的评价内容能够为学生发展提供一定的平台和空间。针对学校大型学生活动的育人价值，完全可以在主题性评价、过程性评价、衍生性评价等多个维度开展设计，形成丰富多彩的评价内容。每一个评价内容的清晰，都可能会促成具体价值的实现，促成新的发展。

(二)资源拓展

大型学生活动的全程，对于学生而言，充满育人资源；对于学校而言，充满发展资源；对于家长与社会而言，充满拓展资源。在活动后期，学校管理者需要充分实现资源的拓展。

拓展之一是大型学生活动本身的系列形成与经验形成。通过及时地反思与重建，建立本次活动与相关活动的纵向发展关系与横向沟通关系，进一步丰富学校的学生活动系列。通过经验的提炼，形成思想观念的清晰与理念的明晰，建构相关理性认识，从而有助于指导后续活动。

拓展之二是师生成长历程的进一步强化。大型学生活动会产生一系列的关键事件、关键人，是非连续性教育的重要契机。学生会在综合体验与实践中，发现新的成长机会。教师会在学生活动中重新认识学生的丰富与独特，感受教育的本质与魅力。因此，往往会出现这样的现象：在一次重大活动之后，班主任的学生观、教育观都有了质的提升。

拓展之三是学校影响力与办学内涵的同步提升。大型学生活动往往会产生较大的社会影响，展现给家长、社区一个新的学校形象。借助各类信息手段和平台，活动的社会影响力会更大、更持久。而活动的实效，有助于学校管理者进行自我反思与重建，从而以更综合的视野、更理性的方式，开展学校教育及其管理。为此，借助大型学生活动，可以综合推动学校管理水平的提升与教育质量的提高。

案例：上海终身教育研究院在浙江武义主办"你好，暑假！"项目研究交流会

2018年9月11日，由上海终身教育研究院、华东师范大学教育学部青年教师联谊会主办，由武义县教育局和王宅镇中心小学共同承办的2018年"你好，暑假！"成果研讨会，在浙江省武义县王宅镇中心小学举行。来自上海、浙江、江苏、安徽、重庆、广东、山东等省市的校长、班主任，进行了深入的研讨。

王宅镇中心小学于当天上午举行了"首届校园丰收节开幕式暨'你好，暑假！'农博会"，与会代表充分感受了耕读校园文化，并与学生展开丰富的交流。之后，在"你好，暑假！"成果研讨会上，王宅镇中心小学校长雷春伟及班主任团队、学科教师团队为会议代表呈现了丰富的研究成果；下午，来自全国各地的中小学校长、教师，聚焦幸福作业、学科融通、跨省市合作学习、乡土文化、互联网＋、研学旅行等，分享了卓有成效的专题报告。

认真倾听了全部发言和讨论后，叶澜教授提出，今天是个丰收日、成长日和思考日，并从学生立场、教育资源开发、活动综合、形式创生、成效与延伸等层面，强调了暑假生活研究的重要性，并期盼有更多有智慧的班主任投身到教育实践变革与研究中。①

案例分析：

学生工作在持续的努力中积淀，在不断的创新中发展。在上述活动中，参与主体多元，活动内容丰富，研究气息浓厚，教育效应明显。对于学生而言，这类活动会成为学校生活中亮丽的构成，会以非连续性教育的方式对学生发展产生重要的影响。对于学校管理而言，这类活动既能汇总前期成果，也能推动当前工作。全部的策划、组织、评价过程，既是学校管理水平的综合体现，又是锻炼与发展学校管理干部的重要资源。

本章思考题：

1. 请联系某中小学的学生工作负责人、政教主任或班主任，通过调研，尝试剖析当前中小学学生工作的现状、问题，并从学校管理学的视角加以分析。

2. 请回顾自己小学、初中或高中阶段所参与的学校大型学生活动，参考本章内容，对其作出多方面的评析。

3. 依据《学校管理学》的相关内容，如何进一步形成、发展学校学生工作的中国特色？

推荐阅读：

1. 顾明远，石中英. 学无止境——构建学习型社会研究[M]. 北京：北京师范大学出版社，2010.

2. 李家成. 班级日常生活重建中的学生发展[M]. 福州：福建教育出版社，2015.

3. [美]吉姆·柯林斯. 从优秀到卓越（社会机构版）[M]. 余江，译. 北京：中信出版社，2006.

---

① 李文淑、吕聪：《上海终身教育研究院在浙江武义主办"你好，暑假！"项目研究交流会》，https://mp. weixin. qq. com/s/EqEN82rXRRl-RUlVmH-BSQ，2018-09-12。

4. [美]科拉·巴格利·马雷特，等. 人是如何学习的Ⅱ：学习者、境脉与文化[M]. 裴新宁，王美，郑太年，主译. 上海：华东师范大学出版社，2021.

5. Dennis Littky，Samantha Grabelle. The Big Picture：Education is Everyone's Business[M]. Association for Supervision and Curriculum Development，New York，2004.

6. Hilarie Owen. Creating Leaders in the Classroom：How Teachers Can Develop a New Generation of Leaders[M]. Routledge，London；New York，2007.

7. John Dewey. The Child and the Curriculum & The School and Society[M]. The University of Chicago Press，Chicago，1959.

8. 李家成，顾惠芬. 提升危机领导力：疫情防控期的校长必修课——基于疫情防控时期教育领导实践的观察与思考[J]. 中小学管理，2020(3).

9. 我们的共同议程——秘书长的报告[R]. 纽约：联合国，2021.

10. 联合国教科文组织. 一起重新构想我们的未来：为教育打造新的社会契约[M]. 北京：教育科学出版社，2022.

11. 叶澜. "生命·实践"教育的信条[N]. 光明日报，2017-02-21.

第六章　学校绩效管理

本章学习目标：

1. 了解学校绩效管理研究的历史变迁、相关概念以及重要意义，从而能够较为系统地认识学校绩效管理的基本理论问题。

2. 熟悉学校绩效管理的流程和模式，基本掌握关键绩效指标、目标管理、平衡计分卡以及 360 度绩效评估模式的原理和应用。

3. 基于教师薪酬管理的内涵和内容，充分认识教师薪酬管理之于学校绩效管理的重要意义，并且能够在教师薪酬设计原则的指导下，理解薪酬战略制定、岗位评价、薪酬调查、薪酬结构与水平确定、薪酬体系的实施与控制等教师薪酬管理流程。

开篇案例：

绝对考核，扼杀创新[①]

对于如何考核员工，有人认为如果考核者的主观性太强，会造成评价结果失真，这引起了甲与乙两人的讨论。

---

① 姜定维、蔡巍：《奔跑的蜈蚣：如何以考核促进成长》，36～38 页，北京，中华工商联合出版社，2011。对原文略有删减。

甲："不要老板判断，那你用什么方法考核员工？"

乙："我们单位有考核，但也做得不好，我拿了一张考核表，这是行为固定考核法的一种考核量表。"

考核内容	得分权重(每项给出固定分数)		
	1	0.5	0
月工作计划(书面)	月末前2日，审核≤2次	审核>2次	未交
检查考核表到位情况，及时发放绩效考核表	考核前两天	1天	未发放
配合公司整体改革，推广员工绩效考核	工作主动，想方设法	配合工作	不认真
协助部门、车间进行考核，提供咨询、解释	提出要求后3个工作日内	>3个工作日	不闻不问
收集员工绩效考核表	规定日期前1日收集齐	努力后未收齐	未收集
处理投诉，给以书面反馈	5个工作日内	>5个工作日	未处理
计算员工考核最终分，提供工资发放依据	获得考核分后2个工作日内	延期	未提供
各岗位考核点变动跟踪审计统计	所有变动都经许可或已知	考核点不稳定	不知变化
月工作总结，提出有效工作建议	月初5日前，得到上级的夸奖	延期	未交

甲："这个表做得很好，考核的点位都找到了，对谁都可能考，是公平的，就应该这样考核。"

乙："看起来它是一个很好的考核量表，将正负评价法、减点评价法、行为固定考核法等方法结合起来。但我们用了一段时间后，慢慢发现它也存在一些问题。第一，每个岗位做这样一个固定的考核量表有一定难度，要求这个岗位的工作相对固定，并对该岗位了解得透彻。第二，你得找出岗位要求的工作和工作结果的各个方面，但你无法找全。你要是仔细挖掘，可以找到很多考核点，这样我们做考核表的成本就太高了，而工作一变，考核表的内容也得变。第三，这些重要的工作要素找到后，要通过权重表示它们的重要程度。但每个人的优缺点和技能是不一样的，有的工作对某个人来说很好做，但另一个人却总也做不好，而且这样的情况很多，显得考核对员工个性的弱点关注得不够。第四，考核表中有些内容也是需要判断的，像工作主动、达到要求，都有弹性的成分，可能最终考核分都趋于一致或都很高，但实际工作并非很出色。第五，它固定了考核内容，从而也就抹杀了工作中的创新、改善、进步。"

甲："哇，这种方法本来我觉得已经够好的了，叫你这么一说还真是有问题，那还有什么方法呀？"

提到学校绩效管理，人们首先想到的是管理学界的绩效管理思想。目前管理学对绩效管理的理论研究和实践应用均已相对成熟。学校绩效管理也经历了从理论到应用、从不成熟到成熟、从综合研究到专题研究的发展历程，不仅欧美地区研究十分火热，而且我国学界也广为关注。尤其是我国连续颁布《关于印发事业单位工作人员收入分配制度改革方案的通知》《关于义务教育学校实施绩效工资的指导意见》《深化新时代教育评价改革总体方案》《关于进一步激发中小学办学活力的若干意见》等文件后，不仅"绩效工资"一词成为社会各界瞩目的焦点，而且越来越多的教育研究者把目光转移到学校绩效管理上来。但是，目前学校绩效管理还存在不少缺憾，一方面绩效管理政策本身还不够完善，另一方面有些利益相关者因利益和权利受损而形成排斥心理，同时人们对绩效标准还缺少深入研究。[①] 以上重重困境表明，人们对绩效管理的认识还相对有限，对学校绩效管理的基本内涵、理论脉络以及管理设计和实施等问题尚处于探索阶段，对如何寻找出一套适合当前学校变革实际的绩效管理模式还有待科学的理论总结和创新。基于此，本章主要从学校绩效管理的基本理论问题、学校绩效管理的流程和模式以及教师薪酬管理三个方面对学校绩效管理的关键议题进行阐释。

第一节　学校绩效管理的基本理论问题

何谓学校绩效管理？它与学校效能和学校改进之间是什么关系？学校绩效管理经历了怎样的变迁？这些都是学校绩效管理的基本理论问题。尽管学校薪酬管理的实践性非常强，需要在学校应用中不断摸索和调试，但基本理论问题是总体性、根本性、动力性、透析性和方向性的，通过对其他成员观念、思想、方法带来的冲击性影响来促进他们在自己的实践中作出新的创造。[②] 这说明基本理论研究在所有学术探讨中的必要性和优先性，因此在进行学校绩效研究之前，首先要对基本理论问题予以回答。

一、学校绩效管理的历史变迁

如果从20世纪60年代算起，学校绩效管理迄今走过了大约60年的发展历程。这里主要从学校绩效管理的产生背景、学校绩效管理的实践需求、学校绩效管理的

---

① 周彬：《学校绩效管理的困境与出路》，载《中国教育学刊》，2010(11)。
② 叶澜：《思维在断裂处穿行——教育理论与教育实践关系的再寻找》，载《中国教育学刊》，2001(4)。

政策取向和学校绩效管理的价值诉求四个维度进行回溯。

（一）学校绩效管理的产生背景

"二战"时期，为了适应战争的需要，美国涌现了许多旨在培养军人的职业技术学校，导致各级基础教育阶段学校数量减少。"二战"后，美国教育改革的中心议题之一便是基础教育阶段学校的大范围恢复。20世纪以来，虽然美国涌现出永恒主义、存在主义、实证主义等教育思潮，但以杜威为代表的进步主义教育一直是主流。虽然进步主义教育改变了以往对儿童主动性和创造性的压抑，适应了当时工业强国对人才的要求，但其教育质量低下、学生无法学到系统的科学知识的问题也遭到学界的批评。因此，在"二战"后学校恢复运动中究竟运用什么样的教育思想指导学校教育成为当时讨论的热点问题之一。于1956年成立的"基础教育委员会"（Council on Basic Education）宣称："学校的存在是为了提供语言的、数学的和有条理的思维的基本技能，是为了以合理的方式传授文明人的理智的、道德的和审美的遗产。"①同年，以杜威实用主义思想为归依的"进步教育协会"寿终正寝，它标志着指导美国近半个世纪的教育价值观的扭转，更预示着一种新的教育理念将指导人们的思想。

20世纪50年代，美国在科技上的领先优势有被其他国家赶超的迹象，政府开始反思：究竟是什么原因致使美国处于这种局面？最后，美国人认为是教育水平的落后，尤其是对科学和技术训练的忽视，因此必须痛定思痛从源头上进行教育改革。1958年美国颁布的《国防教育法》（National Defense Education Act）就指出"本法的目的在于以各种方式向个人和州及州的下属机关提供实际援助，以保证受培训的人力的质量和数量足以满足美国国防的需要"②，基本精神是将生活适应教育转向科学技术教育，以提高教育水平，加速人才培养，并用"紧急措施"加以保障。③ 这主要体现为两点：一是对"新三艺"（科学、数学和外语）的重视。该法案认为美国之所以在军事竞赛中处于下风，就在于学生在科学、数学和外语等科目上的失败，因此重视各级学校的教育知识学习和整体教育质量提升是教育改革的关键所在；二是对教育进行大额度的投资，无论是基于战略考虑抑或教育发展的内在要求，法案多处明确要求联邦政府增加教育投资且增长幅度要远大于以往。在美国高度重视教育质量并不断加大教育投入的背景下，学校教育的绩效表现就成为美国社会广受关注的议题。

（二）学校绩效管理的实践需求

党的二十大报告提出"教育、科技、人才是全面建设社会主义现代化国家的基础

---

① 滕大春：《外国教育通史》（第6卷），86页，济南，山东教育出版社，1994。
② 瞿葆奎：《教育学文集——美国教育改革》，118页，北京，人民教育出版社，1990。
③ 滕大春：《外国教育通史》（第6卷），89页，济南，山东教育出版社，1994。

性、战略性支撑"，要"深入实施科教兴国战略、人才强国战略、创新驱动发展战略"。在现实中，学校教育能否起到对国家战略的支撑性作用，需要对学校办学绩效进行评价与监控。20世纪50年代末，美国公布《国防教育法》后，学校教育并没有达到政府的绩效期待，于是在20世纪70年代末进行了"战后第二次教育改革"——回归基础运动。针对学校绩效普遍低下的现状，美国政府进行了一系列教育管理体制改革，我们从教育分权化（educational decentralization）和校本管理（school-based management）改革中可以窥见美国学校绩效管理的实践图景。

第一，教育分权化。美国人相信政府是无能的，学校的办学活力一定来自教育举办者。在这种信念下，一场权力下放的管理运动普遍开展起来。教育分权化是将上级政府或教育行政部门的决策权转移到下层部门的过程。在美国一般是指州层面的部分教育管理权向地方学区的下放，或者指学区部分教育管理权向基层学校的下移，但在其他国家则可能指中央政府的部分教育管理权向地方政府或基层政府学校的转移。① 总体来看，教育分权化有三种形式，即分权、授权和放权。不管哪种形式的分权，改革者均期望能减少或免除中央政府或上级政府部门的种种限制，促使下级政府因地制宜地管理本地区的教育事务，提高教育管理效率，增强地方学校教师的责任感和成就感，提供权力和责任对等的激励机制。

第二，校本管理。校本管理也是教育分权化的一种形式，特点是把改革范围局限在学校之内。校本管理理论相信，学校掌握着教育资源需求和效用方面最确切的信息，能够对资源使用作出最恰当的决定，因此把决策权下放给学校有助于提高教育资源使用的合理性和学校管理的有效性；学校专业人员掌握着课程、教学法、学生学习等方面的知识，因此有能力对学校事务和学生学习作出最恰当的决定；如果家长和教师有权代表学校进行决策，就会形成支持学生改进成就的学习气氛；实施校本管理可以增强学校人员的责任感，以吸引更多的人来关注学校改进问题。② 其中特许学校（Charter School）是校本管理的主要模式。特许学校虽然在性质上属于公立学校，经费仍由政府承担，但学校的所有权和经营权已经发生了分离。任何组织和个人只要符合条件都可以来办学，并免受地方学区的制度限制，在经费使用、教师聘任、课程和教学管理等方面进行自主管理。在理论上，校本管理赋予学校更大的办学自主权，可以大大提高学校的个人绩效和组织绩效，但在现实中，赋权与增能必须紧密地联系在一起，否则就会陷入"一管就死、一放就乱"的困境。为此，中

---

① 冯大鸣：《美、英、澳教育管理前沿图景》，143～144页，北京，教育科学出版社，2004。
② 冯大鸣：《美、英、澳教育管理前沿图景》，146页，北京，教育科学出版社，2004。

国实施了"'放管服'改革"和"管办评分离"制度，积极探索有效提高学校绩效的管理体系。

（三）学校绩效管理的政策取向

自提出学校绩效管理概念以来，美国联邦政府及各州教育部门高度重视，在《国家处在危险之中：教育改革势在必行》、《关于美国教育改革的报告》和《不让一个儿童掉队法案》中不断强化学校绩效管理。1983 年美国高质量教育委员会发布的《国家处在危险之中：教育改革势在必行》报告，针对在科技革命背景下"美国正在培养一代科学和技术文盲的美国人"问题，提出了"高质量教育"改革目标，强调"我们必须要求所有的学生，无论是有天才的或天资差的、富裕的或贫困的、准备升大学的还是准备到农场或工厂就业的，都要尽各自的最大努力和作出最好的成绩"。[1] 1988 年美国发布的《关于美国教育改革的报告》认为，"对美国目前的教育状况，人们的一般看法是：你教得好对你也没有什么好处，你教得很差对你也没有什么坏处；总之，教得好坏都是一回事。在这个国家，如果你出售了一个发霉的汉堡包给顾客，你肯定会立刻受到严厉惩罚；但是，如果你一而再、再而三地向成千上万的儿童重复进行那些过时的教育，你却会安然无恙。"对于这种情况，报告义正词严地声称："这种情况必须改变。"但是如何改革呢？报告非常明确地指出要"明智的开支、提供择校自由、监督教学效果和奖励先进"四个选项。[2] 譬如，报告认为大量的教育经费不应投在那些与学校教育无关紧要的地方，而应投在与学生学习成就直接相关的教育教学设备、教师薪酬等事务上，这样才能避免教育浪费、提高利用效率。2002 年颁布的《不让一个儿童掉队法案》不仅建立了提高学生成就的责任制，而且通过高标准和教学效能核定来实现教育平等。该法案的最后一项条款"自由度与绩效核定"提出立法的目的就是为政府和学校在提高学生成绩方面所做的工作进行绩效核定而建立一个相应的体系，包括在绩效评估与消除边缘状况方面为各州和各学区提供特许学校的选择权；在提高学生成就方面进行绩效核定。[3] 2015 年奥巴马签署《每个学生都成功法案》，希望从之前的"地位均衡"向"优质均衡"的方向发展，要求各项教育活动要与各州的挑战性学术标准相一致，要为学生提供全面的教育，采用多种教学策略和评

[1] 吕达、周满生：《当代外国教育改革著名文献·美国卷》（第 1 册），14 页，北京，人民教育出版社，2004。

[2] 吕达、周满生：《当代外国教育改革著名文献·美国卷》（第 1 册），367 页，北京，人民教育出版社，2004。

[3] 吕达、周满生：《当代外国教育改革著名文献·美国卷》（第 1 册），208～209 页，北京，人民教育出版社，2004。

价手段，培养学生批判思维、创造性和问题解决的能力。① 该法案的出台，预示着美国将学校绩效的重要性提升到了新的高度。从中可以看出，无论优质学校还是薄弱学校，无论学业水平高的学生还是后进生，都能在灵活的政策安排下提高组织绩效或个人绩效，这在一定程度上表明学校绩效管理在政策上正在走向成熟。

长期以来，我国基础教育深受"应试"倾向影响，师生多关注考试科目和知识的学习，相对忽视了学生的做人能力、创新能力、实践能力的发展，也引发了学生负担过重、身心素质不佳、创新能力欠缺等问题。2018 年，习近平总书记在全国教育大会上强调"要深化教育体制改革，健全立德树人落实机制，扭转不科学的教育评价导向，坚决克服唯分数、唯升学、唯文凭、唯论文、唯帽子的顽瘴痼疾，从根本上解决教育评价指挥棒问题"，学校教育要在坚定理想信念、厚植爱国主义情怀、加强品德修养、增长知识见识、培养奋斗精神、增强综合素质上下功夫，培养德智体美劳全面发展的社会主义建设者和接班人。为此，2020 年，中共中央、国务院印发的《深化新时代教育评价改革总体方案》，提出改进结果评价、强化过程评价、探索增值评价、健全综合评价，坚决克服短视行为、功利化倾向，坚决纠正片面追求升学率倾向，坚决克服重智育轻德育、重分数轻素质等片面办学行为，促进学生身心健康全面发展，特别强调要"完善中小学教师绩效考核办法，绩效工资分配向班主任倾斜，向教学一线和教育教学效果突出的教师倾斜"。2021 年，中共中央办公厅、国务院办公厅印发的《关于进一步减轻义务教育阶段学生作业负担和校外培训负担的意见》，明确提出要切实提升学校育人水平，持续规范校外培训，有效减轻义务教育阶段学生过重作业负担和校外培训负担(即"双减"政策)，构建良好的促进学生全面发展、健康成长的教育生态。以上政策诉求为我国学校绩效管理提出了新课题和新挑战。

(四)学校绩效管理的价值诉求

正是人们对学校绩效的强烈不满，才引发了政府部门对学校低效问题的高度重视与政策回应。在此背景下，学校绩效管理问题日益引起学界的关注，作为研究议题逐渐由边缘走向中心，学术话语表现在教育问责、有效学校、教育效能与学校改进等方面。

当前学术界对于学校效能研究的发端和流变过程有一个基本共识，认为美国学校效能研究自产生至今，大致可以划分为三个分支和四个时期，三个分支包括学校

---

① 滕珺、王杨楠：《美国基础教育体系真的要大改？——奥巴马政府基础教育新法案〈每个学生都成功〉述评》，载《比较教育研究》，2016(3)。

效果研究(探讨学校对学生所产生的影响)、有效学校研究(探讨有效学校的基本特征)、学校改进研究(探讨将学校变得更好的过程);四个时期包括教育效果研究时期(20世纪60年代中期至70年代初)、有效学校研究时期(20世纪70年代初至70年代末)、学校改进研究时期(20世纪70年代末至80年代中期)和学校背景研究时期(20世纪80年代末至今)。① 这或许可以看成一种"大效能观"。事实上,这也基本代表了学校绩效研究的发展历程。

美国的教育问责运动起源于1966年科尔曼(James Coleman)的《教育机会之均等》(*Equality of Educational Opportunity*)报告。该报告得出的"学校对学生的学业成就几乎没有影响"的结论犹如一颗重磅炸弹,不仅震惊了美国政府,而且引发了美国民众对于公立学校教育存在意义的质疑。一时间,"学校是否有效"成为研究者讨论的重要话题。1970年美国学者伊里奇(Ivan Illich)又推出了自己的惊世之作《废除学校的社会》(*Deschooling Society*),提出"废除学校之社会"的构想。正因为科尔曼报告和伊里奇的著作动摇了学校有效性的固有观念,所以才引发了学界对有效学校的广泛研究。

作为教育效能的组成部分,究竟何谓有效学校(effective school)一直是学界探讨的核心话题。萨乔万尼曾经把它与"好学校"进行比较,认为"有效"与"好"有着重要的区分:从技术上讲,有效学校必须达到一些"标准",如学校纪律良好、教师认真备课、学生努力学习、考试成绩优异等;而"好"学校的指标可能有更多的维度,包括学生对学习的热爱、批判性思维及人际关系的发展等。② 有效学校研究一般倾向于在学校领导、学校氛围、教学过程、教育资源等维度上设计一套标准和指标,只有那些满足标准和指标的学校才可称为有效学校,学生家长一般也会倾向于选择那些满足标准的学校。有效学校研究改变了科尔曼报告"学校无所作为"的悲观论调,它以大量的研究结果纠正了某些传统的误解,肯定了校长在造就"有效学校"中的关键作用,强调校长的首要角色是教学领导者。由于有效学校研究肯定了学校对学生成就的重大影响、校长发挥的关键作用,因而也导致了政府对校长的问责和对学校

---

① 赞同此种观点的学者与论文包括:蔡永红:《美国学校效能研究的回顾与反思》,载《比较教育研究》,2005(11);王刚:《学校效能研究批判及启示》,载《外国教育研究》,2010(5);杨道宇、温恒福:《西方学校效能研究40年的回顾与反思》,载《教育与职业》,2008(33);等等。他们多受到国外学者大卫·雷诺兹(David Reynolds)和查尔斯·特德利(Charles Teddlie)的影响,二人的观点见 D. Reynolds and C. Teddlie *The International Handbook of School Effectiveness Research*,London and New York,Falmer Press,2003.

② 冯大鸣:《美、英、澳教育管理前沿图景》,216页,北京,教育科学出版社,2004。

绩效的考核。① 那么，如何提升学校的教育效能就成为人们普遍关注的议题，从而引发了有效学校研究向学校改进研究的转变。1988年，首届国际学校效能与改进大会(The International Congress For School Effectiveness And Improvement)的召开极大地推动了世界各国对学校效能与学校改进的研究。20世纪90年代中期以来，我国对学校改进、学校变革的研究也如火如荼地开展起来，特别是以叶澜为代表的学校转型性变革、以裴娣娜为代表的学校变革性实践、以朱永新为代表的学校新教育实验、以李子健为代表的香港跃进学校计划、以邬志辉为代表的学校内生性变革等，有力地推进了学校绩效管理研究。尽管一些基于投入—产出模型的学校效能研究遭到了学界的非难和质疑，但学校效能研究作为一个研究方向仍然具有强大的生命力和发展性。

二、学校绩效管理的概念辨识

(一)学校绩效管理的理论意涵

绩效是学校绩效管理中的关键概念，因此对绩效的概念内涵追本溯源十分必要。《新现代汉语双语词典》认为绩效指功绩、功效，如经营绩效、绩效显著。② 虽然这个定义内涵相对简单，但明显包含着"绩"和"效"的双重意蕴。绩效不仅包含着所取得的成绩、成就，而且还包括取得这些成绩、成就过程中的效率和效果。与汉语绩效相对应，英语用"performance"一词来表达，有演出、执行、成就和性能的意思。③ 可以看出，尽管"performance"的外延较汉语中的绩效一词要大一些，但在成就和性能方面的含义基本是一致的。在实际生活中，人们并非全部接受词典中的释义，可能有着不同的解读，这种情况不仅出现在不同的学科中，甚至在同一学科之内也存在着迥异的理解。

在管理学尤其是企业管理学中，绩效是一个经常被提及的术语。早期的管理学一般认为绩效包括两种内涵：一是工作所取得的成就，即工作的成绩和经营的成果，主要指企业在一定时间内利润收益的获得、生产目标的实现等；二是组织和个人在工作过程中的表现。以上两类观点，在管理学中分别被称为绩效成果论和绩效行为论。后来大多数研究者认为绩效不仅指单一的过程抑或结果，而应该是两者的综合。从字面来看，绩效中的"绩"是指业绩，即员工的工作结果；"效"是指效率，即员工

---

① 冯大鸣：《美、英、澳教育管理前沿图景》，215页，北京，教育科学出版社，2004。
② 《新现代汉语双语词典》编写组：《新现代汉语双语词典》，406页，延吉，延边大学出版社，2004。
③ 高凌：《英汉双解大词典》，726页，北京，外文出版社，2006。

的工作过程。① 现代管理学也更倾向于包括过程和结果的观点，即绩效一般用"结果（做什么）＋行为（如何做）＝高绩效"②的等式来表达。

教育学对绩效的关注点有所不同。有研究者立足教育经济学的投入—产出视角认为，教育绩效不仅具有经济性，还具有非经济性，强调在一定投入和努力后达到组织既定目的的程度，是一个包含效率、效益、组织目标与战略、社会公平与价值等多种内涵的概念。③ 不管是经济性还是非经济性投入和产出，侧重点均在绩效过程意义上的"效"，而对结果意义上的"绩"没有过多的强调。还有学者认为，教育绩效就是教育组织或个人在实施教育过程中所表现出的效率和效能，主要体现为教育质量、所培养学生的素质以及教育机构或组织对社会产生的影响。④ 当然，在教育领域，有时"performance"也不会直译为绩效，而只看作表现或成就。2001 年，我国学者李雁冰把比尔·约翰逊（Bill Johnson）的 *The Performance Assessment Handbook* 一书译为《学生表现评定手册》，这里的学生"表现"事实上就是集过程和结果于一身的绩效。在我国，义务教育阶段教师"绩效工资制度"中的绩效也蕴含着教师工作过程和结果的双重含义，在强调教育产出和教育结果的同时，也注重教师在教育过程中的行为表现。

心理学的绩效不仅指结果意义上个体所取得的成就和成绩，也指过程行为。张春兴认为，绩效主要包括四层含义：一指个体实际作出的工作成绩；二指动物试验中所观察到的动物的活动；三指学习情境中个体所表现的正确反应；四指能力测验时受试者所得的分数。⑤ 皮连生在翻译的加涅所著的《学习的条件和教学论》一书的序言中也曾对心理学中经常出现的"performance"一词进行阐释，认为在不同场合可译作行为、表现、运用、表演、（测试）成绩等。⑥ 由此看来，心理学在绩效研究上似乎一开始就表现出其他学科所缺乏的成熟。不过，心理学在谈绩效时很少谈论效率、效能或效益，在过程上大多意指一种直观的表现、表演或反映，是心理学研究者观察研究对象所记录的结果，这与管理学和教育学的理解不太一致。

综上可以发现，研究者对绩效一词大致出现了三种较为明显的区分：其一，绩效代表组织或个人为实现一定的目标所实施的行为和过程；其二，绩效意味着从事

① 陈凌芹：《绩效管理》，4 页，北京，中国纺织出版社，2004。
② 杨明娜：《绩效管理实务》，2 页，北京，中国人民大学出版社，2008。
③ 刘海波：《公共财政视野下的绩效拨款与学校绩效管理》，载《全球教育展望》，2008(10)。
④ 邱白莉：《当代美国中小学教育绩效责任探析》，24 页，广州，中山大学出版社，2003。
⑤ 张春兴：《张氏心理学辞典》，478 页，上海，上海辞书出版社，1992。
⑥ ［美］加涅：《学习的条件和教学论》，皮连生译，序 10 页，上海，华东师范大学出版社，1999。

某项工作之后所取得的成就；其三，绩效既指过程，也指结果。很显然，第三种观点得到了大多数研究者的认同。当前，学界对绩效中"绩"的内涵没有太多的争议，对于"效"的认识则有很大的不同，如效率、效益、效能抑或其他。三者的区别为：效率遵循的是时间原则，是指单位时间内的工作效率，或在既定工作效率下所用时间的多少；效益遵循的是市场原则，是指在拥有市场条件下的效率；效能遵循的是目标原则，是在符合质量目标的前提下的效益。[①] 绩效不仅关注时间原则和市场原则，更关注目标原则，因此绩效中的"效"是包含时间、市场和质量的效能。基于此，我们认为学校绩效是指各级各类学校在一定教育目标指引下，进行教育、教学、管理、改革等活动所取得的教育成就及所彰显的教育效能，它体现了学校组织或个人在教育结果与教育过程上的统一。在管理学中，绩效管理一般指对绩效实现过程中各要素的管理，是基于企业战略的一种管理活动。它是通过对企业战略的建立、目标分解、业绩评价并将绩效用于企业日常管理活动中，以激励员工持续改进业绩，从而最终实现组织战略及目标的一种管理方法。[②] 因此，学校绩效管理是学校管理的重要组成部分，是学校管理者综合利用学校内外的人财物以及信息等各种资源，采用多种途径和方法激励学校全员共同努力，提高学校成就和效能并最终实现学校目标和使命的管理过程。

（二）学校绩效管理的概念关系

学校绩效与有效学校、学校改进、学校效能密切相关，也经常被一并提起，甚至在某种情景下交替使用。但这几个概念之间虽有联系，但也有区别。

1. 有效学校

有效学校是对科尔曼发布的"学校对学生成就影响甚微"观点的回应，在 1970—1971 学年，美国基础教育委员会的韦伯对四所招收贫困家庭子女且阅读成绩高于全国平均标准的城市中心区学校（纽约市 2 所、堪萨斯市 1 所、洛杉矶市 1 所）进行了调查研究，研究结果显示，城市中心区学校前期阅读的失败不是儿童和他们家庭背景的过错，主要责任在学校。[③] 美国哈佛大学城市研究中心主任艾德蒙兹（Ronald R. Edmonds）也坚信，学校在提高社会经济地位低下儿童的学业成绩方面并非无能为力，关键在于学校办得是否有效。为了证明自己的观点，1972—1977 年，他与洛扎特（Lawrence W. Lezotte）等人一起进行了一项城市贫困儿童教学有效性问题的综合

① 邬志辉：《现代教育管理专题》（第 5 版），17 页，北京，国家开放大学出版社，2023。
② 周文、虞涛：《绩效管理》，1 页，长沙，湖南科学技术出版社，2005。
③ G. Weber，*Inner-City Children Can be Taught to Read：Four Successful Schools*，Washington D. C.，Washington Council for Basic Education，1971，p. 30。

研究，其中包括对底特律 20 所学校的研究、对科尔曼报告数据的重新分析、对密歇根州兰辛市 6 所学校的综合研究。他认为，所有的儿童都有良好的接受教育的能力，学校本身的特点对教育质量起着关键作用。他在发表于《教育领导》上的那篇著名文章中说："在承认家庭背景对发展儿童特点、个性和智力作用的同时，我强烈反对那种认为学校可以对贫困儿童教育不负责的看法。我之所以反对这种看法，部分原因是我看到一些学校确实能够将基本技能成功地教授给所有的学生。这些学校之所以成功，部分原因是他们决意要对所有学生负责，不管他们的家庭背景如何。"[1]在综合当时研究文献的基础上，艾德蒙兹提出了有助于提高城市贫困儿童学业成绩的学校组织、教学策略、学校与社区关系等方面的关键因素，即所谓有效学校可感知且必不可少的特征。

①强而有力的教学领导；

②教师对学生成就的高期望；

③和谐进取的学校文化；

④强调基础能力的培养；

⑤对学生学业进步的经常性监控。[2]

我们发现，有效学校与学校绩效存在很多相似之处，譬如都强调学校教育对学生学业成就的影响。但两者的区别也是明显的：第一，学校绩效较少涉及指标的分类，有效学校则重视各种教育指标的达成和有效学校的特征；第二，学校绩效是一个生命力极强的话题，而有效学校则随着学校改进等新学术话语的出现而渐渐淡出人们的研究视野，因为虽然有效学校鉴别和罗列了一系列特征，但没有提供具有可操作性的改进策略与方法。换言之，在"应当如何"和"怎样改进"两个方面，有效学校研究出现了失衡现象。[3]正因如此，在 20 世纪 80 年代末有效学校研究在学校效能与改进运动兴起之后逐渐走向没落。

2. 学校改进

学校改进始于 20 世纪 70 年代。在经济合作与发展组织（OECD）资助的"国际学校改进项目"（ISIP）中，学校改进被认为是旨在改变一所或几所学校的学习条件或内

① R. Edmonds，"Effective Schools for the Urban Poor，"Educational Leadership，1979(10).

② R. Edmonds，"A Discussion of the Literature and Issues Related to Effective Schooling，"Academic Achievement，1979(1).

③ 冯大鸣：《美、英、澳教育管理前沿图景》，218 页，北京，教育科学出版社，2004。

部条件所进行的系统的、持续的努力，其最终目标是有效地实现教育目的①，这是目前发现的对学校改进的最早界定。进入21世纪，我国也逐渐开始了对学校改进的研究。有研究认为学校改进是一种系统而持续的努力，旨在改变校内的学习环境和其他内部环境，最终能让学校更有效地实现教育目标；学校改进是教育变革的一种策略，可以提高学生的学习成绩，同时还能够增强学校应对变革的能力。因此并不是所有对学校进行改变的实践都可以称之为学校改进，事实上它是一个有计划且系统、持久的过程，变革学校的内部环境是教育变革的一项策略，它以增进学生的学业成就、学校应对变革的能力为目的。② 学校改进经过五十余年的发展，迄今仍然是教育管理者热衷的话题。与学校改进相比，首先学校绩效是一个中性的概念，学校绩效管理只是学校发展选择的一种手段或职能，没有任何价值意义上的倾向；学校改进则具有明确的价值判断，它存在的功能主要是提高学生的学业成就，增强学校适应教育改革形势和内外环境变化的能力。其次学校绩效是一个包含过程和结果双重属性的概念，既指在一段时间内学校发展取得的成就，又指学校在取得这些成就过程中的效能；而学校改进更强调"一种系统的持续的努力"的过程，代表着一种动态的变革和发展，虽然也会提到成就和效能，但是很明显在关注的程度上远不及学校绩效管理。

3. 学校效能

1988年，"第一届国际学校效能与改进大会"使学校效能概念走进研究者的视野。孙绵涛教授是较早开展学校效能研究的学者之一，他认为学校效能是指学校合理地利用教育资源，实现教育目标，并能不断满足系统内其他各方面的要求，进而使学校及其成员和社会得到相应发展的特性和有效作用。③ 郑燕祥等人从三个层面剖析了学校效能的内在机理：第一层面指内部效能，关注的焦点是如何提高校内各种行为尤其是教学方法、过程的有效性；第二层面指外部效能，主要关注相关人士对学校的满意度，教育对公众负责；第三层面指面向未来的效能，关注学生对未来的适应，学校教育在个人、组织、社区、社会与国际方面能充分发挥各项功能。④ 学校效能是学校绩效管理的客观要求，事实上是学校绩效的一个组成部分，但学校效能

① P. Mortimore, *The Road to Improvement: Reflections on School Effectiveness*, Amsterdam, Swets & Zeitlinger Publishers, 1998, p. 260.
② 梁歆、黄显华：《从实施策略的视角简述美国学校改进的发展历程》，载《全球教育展望》，2007(8)。
③ 孙绵涛、洪哲：《学校效能初探》，载《教育与经济》，1994(3)。
④ 郑燕祥、姚霞：《世纪初学校效能的新取向——从指向内部、联接外界到面向未来》，载《教学与管理》，2002(13)。

对学校成就的强调程度不如学校绩效。

三、学校绩效管理的重要意义

(一)完善学校发展路径

学校发展过程中经常会在学生管理、队伍建设抑或后勤管理方面遭遇可预测或不可预测的困境。传统的学校管理者面对问题的基本策略是主动寻找原因进而解决问题。现代绩效管理则不仅要找出问题所在,更重要的是在问题尚未造成较大危害之前就把消极因素扼杀在摇篮之中。绩效管理通过自下而上、周期性地提交绩效报告,通过各级管理者的定期评估,能清楚地反映整个组织的重要经营管理活动,实现组织对绩效目标的实时监控,一旦发现问题就可以及时发出信号,避免问题严重化。[①] 在绩效管理理念和技术支持下,学校发展和变革就犹如安装了一套反应灵敏的预警系统,一旦在某一时间段某些部门出现或者可能出现问题,绩效管理系统就会立即拉响警报,学校管理者则能提前进入现场加以解决。同时,学校绩效管理还是学校改进的有力推手,当经过绩效管理计划、实施和评估后,学校就会对当前存在的问题有一个较为完整的认知,还会增加对自身发展诸多优势和未来机遇的理解。这有助于学校管理者改进学校管理、完善学校发展路径。

(二)提高学校绩效水平

科学合理的学校绩效管理能够极大地提高学校绩效水平。一方面,学校绩效管理有助于促使学校管理者、教师和学生提高个人绩效。对学校管理者而言,通过绩效管理过程可大大节约时间成本,减少时间和精力的无谓浪费。作为学校最高级别的行政负责人,校长不仅要管理学校内部人事、财务、教学、科研、后勤等事务,而且还要联系上级教育行政部门和外部社区或家庭。绩效管理理论能够告诉校长该做什么、不该做什么,哪些事是重点,哪些事不需要自己亲力亲为,从而让校长逃离琐碎事务的困扰,集中精力思考关乎学校生存、发展和变革的重大问题。对教师而言,他们在平时的教育教学过程中可能面临很多困惑。例如,自己的教学有没有获得领导的认可,是否有利于学生综合素质的提高,在专业上自己是否还有进一步提升的空间和机会等。绩效管理要求学校管理者定期与组织成员进行工作和生活谈话,通过面对面的交流教师可以清晰地表达自己的所思所想,从而走出各种困惑的樊笼。当学校管理者和教师在绩效管理中能够清晰地认识自我、认识到自己在学校中所处的位置之时,就能为学生营造一个良好的学习氛围,学生的综合素质就会得到全面的提升。另一方面,绩效管理对组织绩效也大有裨益。当前,一些学校还

---

① 马作宽:《组织绩效管理》,13 页,北京,中国经济出版社,2009。

存在缺乏对教师和学生明确合理的奖惩标准、学校发展规划不符合本校发展实际、不能认真对以往的问题进行深刻的总结反思等问题。针对这些问题，学校绩效管理能够帮助学校管理者发现有效的改进路径，为学校发展提供良好的发展平台。例如，学校管理者可能通过对部门的年度绩效考评发现问题，进而通过资源配置方式激发各部门对管理绩效的重视。

(三)转变教育发展方式

近年来，国家把转变教育发展方式放到重要位置。转变教育发展方式必须首先改变传统的教育管理方式，强化对各级政府的政绩考核与问责，强化对政府的激励与约束。① 与宏观的政府教育管理方式转变相对应，微观的学校管理也必须建立起绩效管理体系，整体促进教育管理方式的转变。转变教育管理方式有助于教育管理者形成绩效管理意识，进而把绩效管理作为改变教育发展方式的重要管理工具。学校绩效管理包含计划、执行、评价、应用等流程，规范化的学校管理有助于学校进入发展的良性循环，促进学校的可持续发展。

第二节　学校绩效管理的流程和模式

///////////////////

欲窥视学校绩效管理的逻辑线路和推进特点，还须深入微观的学校绩效管理现场，在实践过程和具体操作中感受真实的学校绩效管理。

一、学校绩效管理流程

学校绩效管理流程包括学校绩效计划、学校绩效执行、学校绩效评价和学校绩效应用四个维度(见图6-1)。可以看出，学校绩效管理是一个不断循环、持续反馈的过程，管理者从中可以随时获悉学校绩效管理的成就和不足，进而采取措施对各个步骤和环节进行完善和改进。

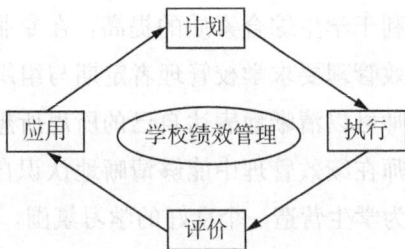

图6-1　学校绩效管理流程图

① 褚宏启：《论教育发展方式的转变》，载《教育研究》，2011(10)。

(一)学校绩效计划

学校绩效计划是绩效管理循环的第一个环节,发生在绩效管理的初始阶段,但对整个绩效管理中的人和事具有统领意义。根据不同的标准可以把学校绩效计划分为不同的类型,如按照时间的长短可把计划分为短期计划、中期计划和长期计划;按照职能分工的差异可将计划分为教学计划、科研计划、工资计划、队伍建设计划等;按照层级的不同可将计划分为高层绩效计划、中层绩效计划和基层绩效计划。

所谓计划就是让组织的日常活动、资源配置等与已经确定的愿景、目标相一致的衔接过程。[①] 学校绩效计划是指在学校发展规划和绩效目标指导下,在一定时期内对教育教学过程中的具体计划体系的设计和解决问题方法的选择,是一个目标和手段相统一的过程。其中,绩效目标一般应符合学校所有成员的共同利益和需求,与成员自身和整个学校的发展息息相关。因此,在制订学校绩效计划时领导者应与组织成员进行充分的交流和沟通,深入了解教师和学生的需求和困境,感受学校教育教学发展的真实现状,从而形成教育发展和变革的共识,并以此作为学校绩效计划的重要参考和依据。

绩效计划的制订是一个关涉学校诸多层面的复杂过程,主要包括绩效计划的准备、绩效计划的沟通和绩效计划的确定三个阶段。具体而言,在绩效计划的准备阶段,要尽可能多地搜集关于学校发展的有效信息和资料,从整体上对学校的优势、劣势有全面的了解。在绩效计划的沟通阶段,要确立沟通的基本原则,对于不同的群体选择适当的沟通途径和方法。同时,学校领导者与师生应就学校发展的目标达成一定的共识,以奠定推行绩效管理的认同基础,因此它是整个绩效计划阶段的重心。学校绩效计划的确定阶段是对以上两个阶段形成的绩效计划进行的最终审定与确认,以保证全校师生对绩效计划内容和形式的认可,从而提高他们与绩效管理的关联度和参与积极性。学校绩效计划不仅能避免诸多浪费和重复,更重要的是能为组织成员指明前进的方向,能让个人行为与学校发展目标有机结合起来,从而使全体成员形成最大的合力。

(二)学校绩效执行

学校绩效执行是绩效管理的行动环节,它直接决定着绩效管理过程水平的高低和作用的强弱。一般地,学界也把学校绩效执行称为学校绩效辅导或学校绩效实施。无论学校绩效计划多么复杂和完美,只有真正付诸实践才有可能实现既定的教育目标,否则计划永远只是水中月、镜中花,因此学校绩效执行直接影响着学校绩效管

---

① 芮明杰:《管理学:现代的观点》(第2版),241页,上海,上海人民出版社,2005。

理的成败。

学校绩效执行主要包括两项任务:其一,持续不断地进行绩效沟通。学校绩效沟通要求校长及相关领导与全体师生、家长以及社会相关人士之间,教师与教师之间就学校绩效管理的方式、途径和内容进行有效的沟通和协商,对绩效执行过程中出现的各种问题进行全面的反馈。绩效沟通要遵循一定的原则:沟通时要把重心放在"我们"上;要让教职员工知道你需要什么、想要什么和期待什么,以便教职员工为此进行准备;不要仅仅看到问题,更要看到成绩,对教职员工的成绩要给予及时肯定和祝贺;鼓励教职员工评价自己工作的进展情况;无论是正式沟通还是非正式沟通,沟通一定要因人因事而异。① 也有人把有效沟通的准则总结为 7 个 C,即可依赖性(credibility)、一致性(context)、有内容(content)、明确性(clarity)、持续性与连贯性(continuity and consistency)、有渠道(channels)、被沟通者的接受能力(capability of audience)。② 以上人际沟通原则有助于加强不同主体之间的信息交流。其二,绩效数据的收集和记录。收集和记录各种信息不仅是为绩效考核环节提供重要依据,更重要的是要发现学校可见和非可见的缺陷,追溯各种问题产生的过程和源头,为后续的学校绩效改进奠定良好的基础。基于学校内部的各种错综复杂状况,为了避免浪费资源和科学合理地开展工作,信息收集工作要遵循之前所制订的计划和绩效管理的规定,以便增强信息收集和整理的针对性。

在现实中,人们对学校绩效执行存在一些误读,从而导致绩效管理出现了一些问题。例如,有些校长认为绩效执行工作是"可为可不为的琐屑之事",它们不但浪费了大量的时间和精力,而且妨碍了学校正常工作的有序进行,有时甚至出现一些学校为了应付各种检查,只在仪式上符合外界的评价标准,而实际工作仍沿用传统的方式和习惯。学界把这种情况归为一种"理性的神话",认为组织融合进来的要素只具有外部的合法性,而不具备效率上的意义,因此常采用外部的或仪式性的评价标准来定义结构性要素的价值。③ 这直接导致了现实中部分学校"明修栈道,暗度陈仓"之怪状。

(三)学校绩效评价

学校绩效评价是相关负责人对学校绩效实施过程和人员表现的全面测量和价值判断,是学校管理者为了提高绩效水平、实现学校发展目标而实施的一项管理活动。

① 陈凌芹:《绩效管理》,136 页,北京,中国纺织出版社,2004。
② 芮明杰:《管理学:现代的观点》(第 2 版),387~388 页,上海,上海人民出版社,2005。
③ J. W. Meyer and B. Rowan, "Institutionalized Organization: Formal Structure as Myth and Ceremony,"American Journal of Sociology, 1977(2).

与评价（evaluation）意义相近甚至经常被混用的概念有评定（assessment）、考评（appraisal）和评估（estimation，有时也译作 evaluation），因此有时也会看到诸如"学校绩效考核""学校绩效考评"等用语。尽管评价与评定、考评有诸多相似之处，但还是有着较为明显的区别。其中，评定用于对学生个体的评价，考评用于对教育者（教师和教育管理人员）个体的评价，评估主要用于对教育机构和教育方案的评价。① 当然，学校绩效评价也关涉"学生个体"和"教育者个体"，然而它更倾向于对一个"教育方案"的评价，是对学校绩效计划和实施的测量和综合判断，学校绩效评估的范围不仅包括学生和教师，还包括教育教学成就、学校管理效能、教育科研管理、学校经费管理等诸多方面，因此本书以下统称为学校绩效评估。

1. 谁来评估：学校绩效评估的主体

"谁来评估"即学校绩效评估主体一般包括学校管理者、教师、学生、第三方、评估委员会等，不同的评估主体有不同的立场和视角，因此即使面对同样的绩效管理方案，他们也有可能得出迥异的评估结论。

第一，学校管理者。学校管理者包括校长、副校长及校长助理等人员，在传统绩效评估中他们是当仁不让的评估主体，尤其校长往往是学校绩效评估的推动者和实施者。因为校长作为学校全局管理者处于观察整个学校的最佳位置，对于学校师生情况和教育教学表现了如指掌，深谙学校发展目标与各项事务之间的联系，而且评估学校绩效实施的权力如果给他人，校长的权威有可能被削弱，同时校长也缺少了监督和观察学校绩效的途径，所以在正常情况下校长会成为学校绩效评估的掌舵者。有些学校管理者即使不直接参与具体的评估工作，也会对评估工作进行必要的监督和指导。

第二，教师和学生。随着评价观念的发展和人们对学校绩效发生机制认识的深化，评估主体逐渐由学校管理者扩展到教师和学生身上。教师和学生作为学校绩效评估主体具有许多优势：他们对学校教育教学活动比较了解，比较熟悉不同群体的绩效表现，能比较客观公正地对学校绩效管理过程进行评估；能够增强他们的主人翁意识，端正其工作和学习态度，提高自我管理和自我发展的能力，形成提高个人成就和实现个人目标的行动自觉；评价视角的转换有助于学校管理者重新审视一些以往未发现的问题，明确一些潜在的风险和危机，对于领导者自身专业发展和工作改进大有裨益。

第三，第三方评估。我国正在积极推进政府职能转变和管办评分离改革，主要

① 陈玉琨：《教育评价学》，25页，北京，人民教育出版社，1999。

目的是破解政府、学校、社会职责不清、角色混乱的问题。在学校绩效评估中,校长不只是评估主体,更是评估对象。如果校长既是办学者又是评估者、既是运动员又是裁判员,那么学校绩效评估就很难做到客观公正,因为校长是学校办学绩效的第一责任人,如果评估结果不好,无疑等于校长对自我工作的否定。有时校长为了自身的政绩考虑,还会夸大办学业绩,从而引发形式主义、官僚主义等管理作风,非常不利于学校的持续健康发展。所谓"第三方"是第一方(被评对象)和第二方(服务对象)之外的一方的统称。在我国,经常把组织的自我评估称为第一方评估,把组织内部上级部门对下级部门的评估称为第二方评估,把独立于组织及下属部门的外部机构对组织或部门的评估被称为第三方评估。一般地,"第三方"与"第一方""第二方"之间不存在行政隶属关系和经济利益关系。第三方评估作为重要的组织外部制衡机制,通常有独立第三方评估和委托第三方评估两种形式,其中"独立性"被认为是第三方保证评估结果公平公正的起点,"专业性"和"权威性"被认为是保证评估结果公平公正的基础。第三方评估主要有高校专家评估、专业机构评估、社会代表评估、民众参与评估等多种形式。当然,我国的第三方评估机构和方式还不够完善,有待进一步大胆探索。

第四,评估委员会。第三方评估的优势是客观公正,而校内评估的优势是熟悉情况。为了综合校内评估和校外评估的优长,建立由校内外全方位参与的委员会对学校绩效进行评估就成了一项重要的选择。一般来说,校内的委员会成员包括学校管理者、教师和学生等,校外的委员会成员包括高校专家、政府部门工作人员、专业人员等。委员会评估有单一主体所没有的优势,如能够减少和避免因为个人感情和人际关系等因素对评价对象产生的消极影响,在多主体观照下客观公正的价值判断更容易在错综复杂的环境中显现出来;评价主体的增加意味着信息量大大增加,正所谓"横看成岭侧成峰,远近高低各不同",各种不同角色能够利用自身特殊的视角和资料优势全方位、系统性地对绩效管理过程进行深度扫描,从而形成全面客观的学校绩效评估结论。当然,委员会评估的优点也可能成为缺点,因此委员会的构成以及内部的协调沟通就显得尤为重要。

当然即使是经过专业培训和理论学习的评价者,也会在不同情境下面临不同考核对象出现偏差。在绩效考核中,考核者经常碰到的主观偏差有晕轮效应、首因效应、类似误差、近因效应、宽厚性错误、严厉性错误、偏见误差、趋中趋势、比较效应以及暗示效应等①(见表6-1)。如果想要尽量减少和消解以上偏差带来的消极影

---

① 杨明娜:《绩效管理实务》,2页,北京,中国人民大学出版社,2008。

响，可以采取关键事件法、目标管理法等。

表 6-1 绩效考核常见误区及解答

序号	常见误区	对策	序号	常见误区	对策
1	晕轮效应	关键事件法	6	严厉性错误	强制分布法
2	首因效应	关键事件法	7	偏见误差	随时提醒自己
3	类似误差	关键事件法	8	趋中趋势	正态分布曲线
4	近因效应	关键事件法	9	比较效应	目标管理法
5	宽厚性错误	强制分布法	10	暗示效应	目标管理法

2. 如何评估：学校绩效评估的原则与方法

学校绩效评估要遵循公开与透明、面向评估目的、真实性、定期化和制度化、可行性、实用性、差别化、定性和定量相结合等原则。[1] 公开与透明原则要求绩效评估标准和水平的制定应上下协商进行，在评估之前一定要公开考评标准细则，减少评估工作的神秘感；面向评估目的原则要求在评估之前应该对评估目的作出检讨，使之明确无误，这样才能保证评估沿着正确的方向作出公正的鉴定，从而避免缘木求鱼、南辕北辙的尴尬；真实性原则强调，尽管主观价值判断是教育评价的重要组成部分，但是这样的判断无疑应建立在客观翔实的资料信息基础之上，实事求是是学校绩效评估的关键性要素；定期化和制度化原则要求绩效评估不只关注过去和现在的行为表现，还要预测未来的行为表现，只有将学校成员绩效评估系统定期化和制度化，才能全面地了解员工的潜能；可行性原则指任何一次评估方案所需的时间、人力、物力、财力要为参与考评各方所处的客观环境所允许；实用性原则指评估方案要依据学校师生的实际进行设计；差别化原则要求针对不同的岗位应该制定出不同的考评标准，尽量避免"一刀切"现象的出现；定性和定量相结合原则强调在绩效评估过程中，定性评估只能反映学校成员的性质特点，但若只进行定量考评又会忽视学校绩效的质量特征。只有将二者有机结合，才有可能对学校绩效作出全面有效的评估。各评估主体应遵循以上原则，并将之贯穿在整个评估过程中。

按照不同标准可将学校评估分为诊断性评估、形成性评估和终结性评估，定性评估与定量评估，常模参照评估和标准参照评估等。具体而言，学校绩效评估常用的方法包括排序评价法、配对比较法、强迫选择量表法、图解式评价法、关键事件法、行为尺度评定量表法、行为观察量表法以及目标考评法。[2] 也有研究者建议采

---

[1] 王怀明：《绩效管理》，177～178 页，济南，山东人民出版社，2004。

[2] 王怀明：《绩效管理》，22 页，济南，山东人民出版社，2004。

用岗位参照法、岗位排列法、岗位分类法、因素比较法、对偶比较法、强制分布法、因素评分法、交替排序法、目标管理法、岗位绩效指数化法、关键事件法、行为锚定等级评估法、海氏三要素评估法以及美世国际职位评估法(International Position Evaluation System,IPE)。[①] 这里只选择三种评估方法进行介绍。

第一,排序评价法。常用在学校人员绩效评价中。例如,在教师评价中,可根据一定的标准把教师从前至后排出顺序。只要确定好具体的标准,这种评估方法易于操作,但由于把成员进行直接对比,容易简单化而引发教师的质疑,甚至影响教师的尊严和士气,因此应谨慎使用。

第二,配对比较法。配对比较法要求对每一评估要素,所有被评估者都要与其他被评估者一一做比较,最后根据被评估者综合指标的高低进行排列。不难看出,这种方法与前者有相似之处,但是在使用中稍微复杂一些,尤其是每位被评估者的比较次数均为 $n \times (n-1) \div 2$(n 是被评估者人员总数),因此只适用于人数较少的学校和部门。

第三,关键事件法。关键事件法是一种定性描述评估,即每一个被评估者都有一本档案袋,由评估者就被评估者平时工作和学习中的主要事件进行记录,既可以是数据记载,也可以是行为和言论描述,一般不出现主观价值判断的批评或者赞许的话语,只是客观事件的真实描述。基于关键事件法的自身特征,它一般与其他评估方法协同使用,是学校绩效评估的有效补充。

3. 评估什么:学校绩效评估的内容

评估内容关乎评估准则,即从不同维度规定绩效评估评什么、不评什么,指标作为评价准则最常用的表现形式,应成为学校绩效评估内容关注的重点。成就(结果)和效能(过程)是学校绩效的两个组成部分,在绩效评估时不应偏废任何一方。成就与效能评估在实践中并非绝对地割裂,很多时候它们是混合在一起的,因此我们把关注点主要放在难度系数较大的效能评估上。有学者把学校效能评价指标分为学校人员发展(学生素质发展、教师素质发展、管理者素质发展)、学校工作开展(教学工作发展、德育工作发展、管理工作发展)、学校事业发展(学校本身发展、社区事业发展、社会事业发展)。[②] 还有学者把学校效能分为结果指标(认知领域、情感领域、运动技能领域)、过程指标(管理因素、教学因素、质量因素)、背景指标(学校背景、学生背景)。[③] 我们认为,学校绩效评估大致包括学生评价、教师评价、课程

① 周文、虞涛:《绩效管理》,178~195 页,长沙,湖南科学技术出版社,2005。
② 孙绵涛:《关于学校效能评价标准和方法的两点认识》,载《教育发展研究》,2007(20)。
③ 汤林春:《学校效能评价研究》,博士学位论文,华东师范大学,2005。

评估、方案评估四个部分。

学生评价是最基本的维度，因为学生学习成就的提高是绩效管理最重要的目标，是学校教育成就的意义源泉。无论国内还是国外，学生评价都非常关注学生的学习成就，但它并非学生评价的唯一向度，学生评价应该是对包括认知、行为和道德情感在内的综合素质的整体考核，这是学校绩效评估的基本价值取向，也是素质教育的内在要求。

教师评价是一个较为宽泛的概念，对象包括教师、学校行政管理者和后勤保障人员等学校发展的所有责任主体，任何个人的成就都与学校绩效有着千丝万缕的联系。教师评价宜采用多元评价方式，诸如管理者评价、同行评价、自我评价以及学生评教等，多个角度评价可以获得更为接近真实情况的评价结论。

课程评估的对象既包括课程方案，又包括教学过程。课程方案评估主要是对过去一段时间内学校实施的课程计划、课程大纲和教科书等进行的评估，既包括显性课程，也包括隐性课程；既包括国家课程、地方课程，也包括校本课程；既包括分科课程，也包括活动课程。课程评估可借鉴和运用国内外各种课程评价量表以提高评价的科学性、合理性。

方案评估是对绩效评估自身的评估，虽然目前研究者很少，但这并不代表它不重要，它决定着学校在下一轮绩效评估中所能取得的成就。方案评估既包括对过去一年实际成就的回顾及评估，诸如收集关键绩效指标或工作目标执行的结果，将实际结果与已设定的衡量标准进行对照，评出分数级别；还包括为下一绩效年度制定或调整关键绩效指标、工作目标及能力发展计划，也包括确定报酬调整和奖励方案等。[1]

（四）学校绩效应用

学校绩效应用是绩效管理流程的最后一个环节，也是实现学校发展目标和个人发展目标的阶段。然而，在现实中学校绩效管理经常有虎头蛇尾的现象——刚开始的时候花费了很多时间、精力和资源开展学校绩效管理，当进入第三个环节后就失去了耐心，以为学校绩效评估完成后就已大功告成，从而导致学校绩效应用环节的缺位。学校绩效应用不仅上承学校绩效评估的工作成果，而且下启新一轮学校绩效计划工作，更重要的是，学校绩效应用还是整个绩效管理活动的最终目的和归宿。学校绩效应用主要包含薪酬和奖惩方案设计、学校绩效改进以及学校成员专业发展三个方面。

[1] 周文、虞涛：《绩效管理》，167页，长沙，湖南科学技术出版社，2005。

第一，薪酬和奖惩方案设计。薪酬和奖惩方案设计是极其重要的任务，传统上学校常根据教师在过去一段时间的表现，建立起与评估结果相一致的薪酬和奖惩制度，让不同绩效表现的教师获得有差别的薪酬。2008年12月23日，国务院办公厅转发人力资源和社会保障部、财政部、教育部的《关于义务教育学校实施绩效工资的指导意见》，其中明确规定义务教育学校正式工作人员实施绩效工资制度，强调"学校要完善内部考核制度，根据教师、管理、工勤技能等岗位的不同特点，实行分类考核。根据考核结果，在分配中坚持多劳多得，优绩优酬，重点向一线教师、骨干教师和做出突出成绩的其他工作人员倾斜"。义务教育阶段学校绩效工资制度是我国教师薪酬分配制度的一次革命，体现了由绩效评估向绩效应用的承接。该意见设计的绩效工资主要分基础性绩效和奖励性绩效两个部分，基础性绩效主要体现地区经济发展水平、物价水平、岗位职责等因素，占绩效工资总量的70%，一般按月发放。奖励性绩效主要体现工作量和实际贡献等因素，在考核的基础上由学校确定分配方式和办法。同时，在绩效工资中可以设立班主任津贴、岗位津贴、农村学校教师补贴、超课时津贴、教育教学成果奖励等项目。一般来说，各地基础性绩效工资一般相对稳定，奖励性绩效工资往往因实际工作量和贡献大小的不同而有一定的差别。对于严重违反学校纪律规定的教师也会有一定绩效核减，严重者还会面临开除教师公职的处罚。对于那些严重违背师德和违法乱纪的教师，严格的惩罚措施是绩效考核使用的重要方面，有利于维护学高为师、身正为范的教师群体形象。

第二，学校绩效改进。学校绩效管理的目的不仅是确定教师薪酬水平、奖惩额度、职务晋升，也绝不是应付上级教育行政部门的检查，主要是提高学校整体绩效水平。学校绩效改进是一个持续不断的过程，基于前一阶段学校绩效评估结果，学校管理者可以获悉学校存在的困难，现实中亟待解决的问题是学校绩效改进的动力，学校管理者依据问题的特点制定出详细的绩效改进方案并坚定不移地付诸实践。学校绩效改进一般包括以下活动：明确绩效改进的前提和理念；设定目标，包括绩效目标和能力发展目标；制定达到目标的行动步骤；解决能力发展中存在的问题和障碍；明确指导者的行动；实施绩效改进方案。① 这些活动的有序进行是学校绩效改进的重要保障。学校绩效改进是学校谋求发展的策略，既要回应教育改革政策的当前要求，解决学校面临的问题，还要通过改进形成学校主动适应内外变化的机制，提高学校处理问题的能力。只有具备这种能力，学校才能在教育变革进程中立于不败之地。②

---

① 付亚和、许玉林：《绩效考核与绩效管理》(第2版)，166页，北京，电子工业出版社，2009。
② 卢乃桂：《能动者的思索——香港学校改进协作模式的再造与更新》，载《教育发展研究》，2007(12B)。

第三，学校成员专业发展。学校绩效评估目的除关乎自身的物质利益之外，还关涉学校成员的专业成长和进步。学校发展体现在硬件和软件两个方面，硬件一般"有钱就能办到"，是快变量，而软件则"有钱也未必能办到"，是慢变量。学校发展的核心不只在硬件的改善，更在软件的提升，后者最集中、最典型地凝聚在师资水平上。① 对于教师而言，绩效评估结果既彰显了他们在工作中的成就，也体现了其职业生涯中的困境，如何能在已有成就的基础上再进一步，关键在于能发现自身的缺陷和差距，找到成因，制订改善计划并采取各种手段加以完善。学生也不例外，在每次学业评估后都应主动发现自己的缺陷和问题，分析原因，并找到解决问题的最佳途径。虽然企业也通过绩效管理来提高员工的业务水平、促进员工自身的专业成长，但其最终目的还是获得高额利润，企业所谓"以人为本"不过是获得利润的权宜之计，而人的发展特别是学生的发展则是学校的最终目的，这是学校与企业的根本区别。

反馈在学校绩效管理中也占有重要地位，并且它出现在整个流程之中，承担着反映绩效管理过程中各种问题、困惑、迷茫和成就的职责，是学校绩效管理人员掌握学校发展过程中各种信息的主要方式。

二、学校绩效管理模式

在企业和行政管理中，绩效管理主要有目标管理、关键绩效指标、平衡计分卡和 360 度绩效评估等模式，这些是国际上较为流行的绩效管理模式。虽然学校与企业是两类不同性质的组织，但在绩效管理思路上有许多可以相互借鉴的地方，学校在借鉴企业绩效管理模式的同时根据自身特点进行适应性改造和创造性发展。以下简要介绍几种常见的绩效管理模式。

（一）目标管理

目标管理（MBO）是当代美国著名管理学大师彼得·德鲁克（Peter F. Drucker）于20 世纪 50 年代提出的，随后在业界引起了强烈的反响，并很快成为各界人士热议的话题，甚至一度获得"管理中的管理"之美誉。目标管理要求管理者必须知道和理解组织目标对自己的业绩要求，上级必须知道他所要求并希望的贡献有哪些，如果这些要求没有得到满足，那么管理者就走错了方向、浪费了精力。② 目标管理的精神旨趣是把组织的任务和愿景转化为一定范围内可操作的目标，在各个层级之间建立

---

① 方展画：《农村教育发展亟待三大突破》，载《中国农村教育》，2010(3)。
② ［美］彼得·德鲁克：《管理：任务、责任和实践》（第 2 部），陈小白译，74 页，北京，华夏出版社，2012。

起目标与子目标的连接,从而形成一系列的组织目标体系,并确保个人目标和组织目标相一致,让每个人都有明确的个人目标和责任。在学校绩效管理中,目标管理是最受欢迎的模式之一,这不仅因为目标管理顺应了人们"付出就应有回报"的心理预期和价值观念,而且因为目标管理有效地把组织目标和个人目标结合起来,形成一种强大的内在机制,激励着组织成员对组织目标投入更大的激情。目标管理要求校长、教师、学生及相关人士积极参与思考、讨论并形成学校的阶段发展目标,在总目标下再分解出若干子目标,并与学校每位成员的职责联系起来,共同构成他们积极投入工作和学习的动力和激励机制。所以,学校目标体系是指引全校师生行为的方向,是评价学校教育教学绩效和学生学业成就的标准。

组织中的不同层次对应着不一样的目标类型,高层管理人员主要关注组织的愿景和总目标,中层管理人员则更多关注愿景和总目标下的分组织目标,即不同年级和不同部门的目标,学校中的每位成员则在学校总目标及各种子目标体系的统领下确定个人目标。学校目标管理有许多优势:使管理者集中精力、时间从事计划、控制行动,避免浪费组织有限的人力物力财力资源;扩大主管领导的管理幅度和授权幅度;让部属有更多机会一展所长,是发挥团队创新能力的最佳途径;使绩效易于评估;易于发掘人才和培养接班人;是培育人才的好方法;使规划工作更加完整而有系统;改变控制观念,使员工自己管理自己,控制工作而非控制人;让员工有更大的参与感与满足感;改善上司和部属的关系;激励方法更加人性化。[①] 当然,目标管理自身也绝非完美无缺,在实施过程中同样也存在一些难以规避的缺憾,如为学校中的每一位成员设定一个合理的目标是有难度的,如何准确地对这些目标的达成度进行测量也需要经过专业的培训和指导,在实践中还需要进一步探索与改进。

(二)关键绩效指标

关键绩效指标(Key Performance Indicators,KPI)是对组织运作过程中关键成功要素的提炼和归纳,是通过对组织内部某一流程的输入端、输出端的关键参数进行设置、取样、计算、分析来衡量流程绩效的量化管理指标,是把组织战略目标分解为可操作运行的目标的工具。[②] 其主要目的是把组织的战略和目标转化为具体行为,能清晰地表明组织成员当前所从事的主要工作和重点任务,避免学校绩效管理中出现"眉毛胡子一把抓"的混乱现象。关键绩效指标概念有以下几个基本特征:第一,关键绩效指标必须是可测量的或可用行为来描述的对象,前者意味着评估对象必须

---

① 朱飞:《绩效管理与薪酬激励全程实务操作》,112页,北京,企业管理出版社,2007。
② 王怀明:《绩效管理》,115页,济南,山东人民出版社,2004。

是可量化的,后者则表示它即使不便量化也可以用行为化的语言进行概括;第二,关键绩效指标是那些能够对学校发展目标起正向作用的指标体系,它们的最终实现水平决定着学校的总体运行趋势,与组织目标关系不大的背景指标或具有反向意义的指标则被排除在关键绩效指标体系之外;第三,关键绩效指标要突出"关键"二字,即突出那些对绩效评估有重要意义和起关键作用的重点指标,完整性和系统性并非它的特点,如果这些指标缺失或失真,则会对整个评估过程和结果造成影响,甚至会导致评估的失效。关键绩效指标符合"二八定律",即组织中20%的因素决定和产生了发展和变革中80%的业绩,剩余80%的因素则只产生了组织中20%的业绩,所以20%的因素是发挥着关键性作用的指标。

关键绩效指标的设定要遵循一定的操作步骤:详细描述部门和岗位的工作职责;提炼工作要项;建立关键绩效指标;确定不同指标的权重;确定绩效标准。[1] 其中,提炼工作要项最为重要,它是在错综复杂的学校环境和关系中抽离出关键绩效指标的前提和基础,学校管理者要与全校师生共同协商,通过不同人群的各种反馈信息,对绩效管理草案进行修改和完善,最终学校管理者综合考虑各种因素后形成关键绩效指标雏形。任何一个考核指标都可以被列入关键绩效指标,任何一个指标也都可能被排除在关键绩效指标之外,因为只有在与发展战略、中心工作有直接关系并被当作核心考核指标使用的时候它才是关键绩效指标,并没有绝对意义上的关键绩效指标。[2] 所谓"关键"是指这些指标与某一阶段学校发展战略目标关系紧密,是这一时期学校管理者要着力解决的主要问题。至于下一个发展阶段这些指标是否仍然"关键",则由该阶段的战略目标来决定。那么,该如何辨别关键绩效指标的优劣呢?一般来说,我们可以从以下几个方面进行测试,即该指标是否可理解,是否可控制,是否可实施,是否有稳定的数据来源或数据构成,是否可衡量,是否与整体战略目标一致。[3] 同时,在每一个方面都有需要回答的问题,如在"该指标是否可理解"中,就需要回答诸如"是否可用通用业务语言定义""能否以简单明了的语言说明""是否有可能被误解"等。

(三)平衡计分卡

平衡计分卡(Balanced Score Card,BSC)产生于20世纪90年代初,是美国学者罗伯特·卡普兰(Robert Kaplan)和大卫·诺顿(David Norton)在《哈佛商业评论》上

---

[1] 王怀明:《绩效管理》,118页,济南,山东人民出版社,2004。
[2] 朱飞:《绩效管理与薪酬激励全程实务操作》,88页,北京,企业管理出版社,2007。
[3] 朱飞:《绩效管理与薪酬激励全程实务操作》,86页,北京,企业管理出版社,2007。

发表的《平衡计分法：良好绩效的测评主体》中提出的理论和模型。所谓平衡计分卡是从财务(financial)、客户(customer)、内部运营(internal business processes)和学习与成长(learning and growth)四个视角把组织的战略目标分解为可操作性的评估指标和子目标的一种绩效管理工具，是组织战略目标得以有效执行并最终实现的保证。当时，平衡计分卡认为以往的财务会计模式让企业总是只关注过去发生的事情，而不能对未来的情景进行前瞻和预测，这导致了企业在绩效评估时总是滞后于外界经济和社会发展形势的变化。为此，研究者提出必须把企业的愿景和目标转变为一系列的指标体系来评价组织的绩效，这些指标包括财务、客户、内部运营和学习与成长四个维度。其中，财务主要包括营业收入、资本报酬率、经济增加值以及销售额的迅速提高等指标。对于企业而言，财务是几乎所有部门运行和发展的核心任务，然而对于学校而言，财务不是决定性的目标；客户层面包括客户的获得率、满意度以及保持率等指标，在学校教育中主要客户当然是学生和家长；内部运营主要是组织内部为了顺利执行绩效目标而设计和开展的一系列相互联系的活动流程和实施步骤；为了从根本上改变组织发展的弱势和困境，关注"人"的内涵式发展是一个必然的选择，如对教师进行专业培训就是其中的选择之一。平衡计分卡的诞生改变了组织对短期目标和利益的单一关注，使得组织管理者能够在长期目标和短期目标、内部和外部、财务和非财务、结果和过程之间逐渐形成一种动态的平衡，这四个维度之间是相互影响、相互联系、相互驱动的，共同支持和保障着组织战略的实施和整体绩效的改进。平衡计分卡在许多领域被成功地实施和运用，被誉为"近75年来世界上最重要的管理工具"之一。

平衡计分卡的实施流程主要有以下三个步骤：以财务、客户、内部运营、学习与成长这四个维度的企业战略和目标为基础，开发出包含关键评估指标的平衡计分卡；把这些目标逐层分解、落实到各个部门和每个部门内的员工身上，激发组织成员工作的积极性；开发或重新设计企业的绩效管理系统，使其与平衡计分卡、能力发展模型和薪酬体系相结合；最后可以通过IT系统来保证整个绩效管理系统中数据的轻松录入与报告生成。[1] 依据以上步骤可以顺利地实现平衡计分卡管理，使用平衡计分卡有助于组织成员学习成长和自身专业发展，进而提高组织的整体管理水平。同时，平衡计分卡自身难以规避的缺陷也应引起学校管理者的重视，如如何合理分配由财务、客户、内部运营和学习与成长四个维度组成的指标体系的权重？平衡计分卡只是在宏观上提出了平衡原则，至于如何在不同层面以及同一层面的不同指标

---

① 周文、虞涛：《绩效管理》，59页，长沙，湖南科学技术出版社，2005。

之间分配比重，当前学术界也缺乏可供参考的客观标准。因此，学校管理者在尝试实施平衡计分卡工具时既要分析学校内外环境的实际状况以及与该工具之间的恰切性，也要借助一定的学习平台接受必要的培训与指导。

（四）360度绩效评估

360度绩效评估又称360度绩效考核、360度反馈评价、360度绩效反馈，是20世纪80年代美国英特尔公司首创并实施的，当前已被诸多公司使用。360度绩效评估是指与被评价人有密切工作关系的包括上级、同级、下级以及自身在内的各个主体全方位地搜集被评价人工作表现的资料和信息，了解被评价人工作的整个过程，熟知其在一定时间内取得的成就和显现的缺点，对被评价人进行匿名评价的综合评价系统，目的是帮助被评价人进行科学的自我评价，最终促进被评价人不断成长。360度绩效评估提供了评估组织成员的多角度视点，能够全方位、整体地对被评价人进行综合了解，进而作出相对客观公正的价值判断。同时，匿名的方式又解除了评价者的后顾之忧，使得整个评价过程和结果更加可靠。然而，360度绩效评估的多主体考核也需要耗费较大的成本，如何规避由多人共同考核所导致的成本上升，值得管理者在选择360度绩效评估之前进行必要的考量。

360度绩效评估的流程一般包括准备、实施和结果应用三个阶段。在准备阶段，管理者应在评估目的的指导下，确定评估的内容和方式，选择合适的评价者并确定具体的人数，这是决定360度绩效评估能顺利实施及实施质量的关键。在实施阶段，最重要的是管理者与被管理者要就整个评估过程的保密性达成共识，只有采用严格的匿名评估形式才能实现真正的360度绩效评估。在结果应用阶段，要根据问卷或访谈所收集的信息，整理形成包括基本信息、优势和劣势、发展潜力等在内的评估报告，然后将评估结果通报给被评估者，并对被评估者进行有针对性的辅导。

360度绩效评估一般采用问卷的形式收集信息，问卷可以使用开放式的问题以使评价者最大限度地发挥个人潜力，也可以使用不同分值或者不同选项的等级量表，或者两种形式并用。360度绩效评估要求相互评价，也就是说不仅存在校长评价教师、教师评价学生的情况，也存在学生评价教师、教师评价校长乃至同一群体互评的情况，这样就有效避免了由上至下评价所带来的过于主观、考核结果不公平以及难以形成激励机制的弊端，让绩效评估趋于准确和公正。很多评价模式都聚焦在可测量的指标和目标上，至于那些难以测量的指标则关注不够。360度绩效评估的考核对象是集定性和定量为一体的，能够对关涉学校师生的个人素养、道德品质以及行为能力等进行考查，基本上能体现评价所具有的完整性和系统性。

第三节 教师薪酬管理

————————————————————— ///////////////////

绩效管理与薪酬管理是相互关联的两个概念，一般在学术研究和实践应用中以对称耦合的关系形态存在。其中，绩效管理主要立足管理者立场，为了提高企业和组织的绩效水平和发展程度而采用绩效管理；薪酬管理则是对组织成员而言的，当组织成员为本单位和部门作出自身贡献、提高了个人和组织绩效水平时，他们应该获得什么回报呢？这是薪酬管理应该回答的问题。薪酬管理和绩效管理也存在互动关系：一方面绩效管理是薪酬管理的基础之一，实施激励需要对员工的绩效作出准确的评价；另一方面针对员工的绩效表现及时给以不同的薪酬激励，也会有助于增强激励效果并确保绩效管理的约束性。[①] 目前，关于薪酬管理的研究和实施有两个明显特征：其一，企业界比教育界多，在公司里一般多谈论薪酬，对员工收入的衡量过程一般也被称为薪酬管理；在教育界，教职员工的收入大多以工资或收入的名义出现，如"确保义务教育教师平均工资水平不低于当地公务员平均工资水平"等。其二，高校和职校比义务教育学校多，义务教育阶段的教师薪酬管理还未真正走进研究者的视野。那么，我们为何还要谈论教师薪酬呢？

一、教师薪酬管理

（一）教师薪酬管理的内涵

薪酬是组织成员在一定时间内为所在单位和部门提供劳动和服务后获得的所有经济收入，包括基本薪酬、奖金、津贴、养老金以及其他各种福利保障收入，可分为直接薪酬和间接薪酬两个部分（见图6-2）。其中，直接薪酬又可分为基本薪酬和可变薪酬，基本薪酬是薪酬中相对稳定的部分，一般与组织成员自身的年龄、工龄、岗位直接相关，它的变动主要取决于三个因素：一是总体生活费用的变化或通货膨胀的程度；二是其他雇主支付给同类劳动者的基本薪酬的变化；三是员工本人所拥有的知识、经验、技能的变化以及由此导致的员工绩效的变化。可变薪酬是根据组织成员的工作绩效水平来决定的浮动性部分，一般以奖金的形式出现。间接薪酬一般与组织成员的劳动能力和劳动量无关，它是员工作为组织成员所获得的福利性薪酬，如养老金、住房公积金、带薪休假等。它并不是薪酬的主要组成部分，但对组织吸引高级人才、提高员工工作积极性有着极其重要的作用。当然除了直接薪酬和

————————————————

① 余泽忠：《绩效考核与薪酬管理》，13页，武汉，武汉大学出版社，2006。

间接薪酬，还可从其他角度进行分类，如货币性薪酬和非货币性薪酬、外在薪酬和内在薪酬、广义上的薪酬和狭义上的薪酬等。

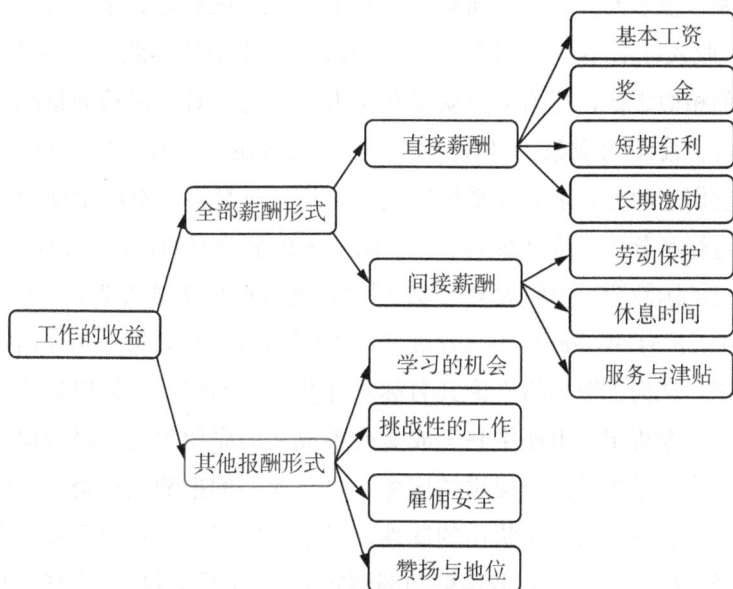

```
                                            ┌─────────┐
                                         ┌─→│ 基本工资 │
                                         │  └─────────┘
                                         │  ┌─────────┐
                                         ├─→│  奖  金  │
                           ┌─────────┐   │  └─────────┘
                        ┌─→│ 直接薪酬 │──┤  ┌─────────┐
                        │  └─────────┘   ├─→│ 短期红利 │
            ┌──────────┐│                │  └─────────┘
         ┌─→│全部薪酬形式│┤                │  ┌─────────┐
         │  └──────────┘│                └─→│ 长期激励 │
         │              │                   └─────────┘
         │              │  ┌─────────┐      ┌─────────┐
┌────────┐│              └─→│ 间接薪酬 │──┬─→│ 劳动保护 │
│工作的收益│┤                 └─────────┘   │  └─────────┘
└────────┘│                              │  ┌─────────┐
         │                              ├─→│ 休息时间 │
         │                              │  └─────────┘
         │                              │  ┌─────────┐
         │              ┌─────────┐      └─→│服务与津贴│
         │           ┌─→│学习的机会 │        └─────────┘
         │  ┌──────────┐│ └─────────┘
         └─→│其他报酬形式│┤ ┌─────────┐
            └──────────┘├─→│挑战性的工作│
                        │ └─────────┘
                        │ ┌─────────┐
                        ├─→│ 雇佣安全 │
                        │ └─────────┘
                        │ ┌─────────┐
                        └─→│ 赞扬与地位│
                          └─────────┘
```

图 6-2 薪酬的构成①

广义而言，自国家产生起便有了薪酬的概念，并随经济与社会的发展而不断变化。从发展历史来看，它大致经历了实物工资阶段、货币工资阶段、工资和薪水阶段以及薪酬阶段。② 现代意义上的薪酬一般指工业革命之后所代表的含义。目前薪酬概念已在经济学和管理学领域产生了大量的研究成果，经济学领域主要包括早期的薪酬理论、马克思主义经济学的工资决定理论、维持生存薪酬理论、人力资本理论、薪酬基金理论、边际生产率薪酬理论、供求均衡薪酬理论、集体谈判薪酬理论以及效率薪酬理论等，管理学领域则有过程激励理论和内容激励理论等。亚当·斯密（Adam Smith）被认为是近代第一个对薪酬进行研究的学者，随后大卫·李嘉图（David Ricardo）、穆勒（John Stuart Mill）以及赫茨伯格等都基于不同的立场表达了对薪酬的不同认识。因此，薪酬概念在不同地区和不同历史发展阶段出现了不同的界定，如有研究者认为学术界和企业界所运用的薪酬用词大致经历了从工资到薪水、

---

① 盖勇、马愿：《薪酬管理》，5页，济南，山东人民出版社，2004。受篇幅所限，本图与原图相比略有改动。

② 姜晓萍、范逢春：《薪酬管理》，3～4页，成都，四川大学出版社，2007。

从报酬到薪酬的发展过程①,这就要求研究者以发展的眼光来看待薪酬的流变过程。②

提到薪酬,很多人自然会想到与之有着千丝万缕联系的工资(wage)、报酬(pay 或 reward)、收入(income)等用语,无论学术研究还是日常实践,大多数人感受到的是它们之间的相似之处,即均指劳动者在付出劳动之后对方付给的报酬,甚至出现不加区分、混合使用的现象。尽管如此,它们之间还是有着一些不可忽视的差别。这里无意对它们之间的区别和联系做完整的分析,只是尝试对经常使用的工资和薪酬两个概念进行区分。工资是薪酬管理使用最早也最普遍的词语,1949 年 7 月 1 日在日内瓦举行的国际劳工组织大会第 32 届会议通过的后来被称为《1949 年保护工资条约》(*Protection of Wages Convention*,1949)的国际法律,第一条就对"工资"的概念进行了界定,认为工资是指不论其名称及计算方法如何,凡是以货币形式表示并以相互协定或法令规定,由雇主基于成文或不成文的雇佣契约,对所雇员工已完成或应完成的工作、已提供或应提供的服务,付与他们的报酬或薪资。国际劳工组织主要强调了工资所具有的合法货币的属性,至于被雇佣者非货币形式等方面的收获则不属于工资范围。1995 年,我国劳动部颁布的《关于贯彻执行〈中华人民共和国劳动法〉若干问题的意见》明确提出,劳动法中的"工资"是指用人单位依据国家有关规定或劳动合同的约定,以货币形式直接支付给本单位劳动者的劳动报酬,一般包括计时工资、计件工资、奖金、津贴和补贴、延长工作时间的工资报酬以及特殊情况下支付的工资等。工资是劳动者劳动收入的主要组成部分。劳动者的以下劳动收入不属于工资范围:第一,单位支付给劳动者个人的社会保险福利费用,如丧葬抚恤救济费、生活困难补助费、计划生育补贴等;第二,劳动保护方面的费用,如用人单位支付给劳动者的工作服、解毒剂、清凉饮料费用等;第三,按规定未列入工资总额的各种劳动报酬及其他劳动收入,如国家根据规定发放的创造发明奖、国家星火奖、自然科学奖、科学技术进步奖、合理化建议和技术改进奖、中华技能大奖等,以及稿费、讲课费、翻译费等。我国劳动部对工资的界定与国际劳工组织基本一致,即工资主要是指劳动者在付出劳动之后获得的以货币形式为主的经济收入。以往,学术界和政策文本大多把教师货币形式的收入称为工资。但是 2019 年国家统计局在"就业和工资"统计指标中对"工资总额"的解释有了新的变化。国家统计局认为,工资总额是指根据《关于工资总额组成的规定》(1990 年 1 月 1 日国家统计局发布的一号

---

① 文跃然:《薪酬管理原理》,3 页,上海,复旦大学出版社,2004。
② 盖勇、马愚:《薪酬管理》,5 页,济南,山东人民出版社,2004。

令)进行修订,本单位在报告期内(季度或年度)直接支付给本单位全部就业人员的劳动报酬总额。包括计时工资、计件工资、奖金、津贴和补贴、加班加点工资、特殊情况下支付的工资,是在岗职工工资总额、劳务派遣人员工资总额和其他就业人员工资总额之和。工资总额是税前工资,包括单位从个人工资中直接为其代扣或代缴的房费、水费、电费、住房公积金和社会保险基金个人缴纳部分等。工资总额不论是计入成本的还是不计入成本的,不论是以货币形式支付的还是以实物形式支付的,均应列入工资总额的计算范围。平均工资则指单位就业人员在一定时期内平均每人所得的工资额。它表明一定时期工资收入的高低程度,是反映就业人员工资水平的主要指标。计算公式为:平均工资=报告期就业人员工资总额÷报告期就业人员平均人数。[1] 显然,这里工资的外延扩大了,它不仅包括"以货币形式支付的"工资,而且还包括"以实物形式支付的"工资,打破了以往的工资必须以"货币形式"支付的传统规定。

我们认为,教师薪酬包括工资但并不等同于教师工资,与教师工资相比,教师薪酬是一个无论在内涵还是外延上都更为丰富的概念。现代薪酬理论认为,薪酬除了包括以上的货币性收入外,还涵盖了管理者根据组织成员的工作实际表现给予他们成绩的认可、更多的培训机会和弹性的工作时间、优越的办公条件,或者提供更富有挑战的工作、晋升的机会等。不仅如此,由于薪酬的本质是企业针对员工为组织所做的贡献,包括他们实现的绩效、付出的努力与占用的时间,以及他们的学识、技能、经验与创造等所付给的相应的回报或答谢,其实质是一种等价交换过程,是一种公平的交易或交换关系,是员工在向企业让渡其劳动或劳务使用权后获得的报偿。[2] 因此,教师薪酬意味着教师工作对学校发展所体现出的绩效水平,是与绩效管理紧密相连的一个概念,而工资则不具有此类属性。教师薪酬管理就是教育行政部门及学校管理者对学校教师的薪酬结构、薪酬水平、薪酬原则、薪酬标准等进行分配和调整的过程。教师薪酬管理的影响因素包括社会政治经济环境、组织形式和结构以及个人意志等,现实中很多学校的薪酬设计之所以没有发挥作用,在很大程度上是因为没有对教师薪酬管理的影响因素进行完整系统的分析。

教师薪酬作为薪酬管理的主要对象,自身有以下重要功能:其一,生活保障功能。虽然教师不能以追逐金钱利益为人生的主要目标,应该有更高的理想和追求,应该饱含促进未来社会进步的力量和激情,然而当把教师作为一种职业时,薪酬是

---

[1] 中华人民共和国国家统计局官网。

[2] 盖勇、马恩:《薪酬管理》,4页,济南,山东人民出版社,2004。

教师及其家庭的主要经济来源，获得足够的薪酬是满足生活基本保障的起码要求。为了让教师在学校中有稳定的心态从事教育教学工作，必须解除他们的后顾之忧，这是保障教师全身心地投入学校工作的关键因素。其二，工作激励功能。家庭基本的生活保障是教师薪酬的基本功能，是促进教师以稳定的心态从事教育教学工作的必要条件。然而仅仅如此还不能体现教师薪酬的价值，除生活保障之外，它还具有较为明显的工作激励功能。在学校教育中教师的动机来自需要，而需要又来自他们的行为目标，激励则作用于内心活动，激发、驱动和强化教师的行为。期望理论认为，一个目标对人们的激励程度受到目标效价和期望值两个因素的影响，即人们对实现该目标有多大价值的主观判断和对实现该目标可能性大小的主观估计。教师树立的各种既具挑战性又可能实现的目标，对他们的心理有强烈的正向激励功能，物质上的刺激也能够让他们真真切切地感受到努力工作带来的收获，这种满足感和自豪感更能激发教师的工作积极性和工作热情，从而提高教育教学的绩效水平。

(二)教师薪酬管理的内容

企业薪酬管理一般涉及薪酬现状调查、确定薪酬目标、确定影响因素、选择薪酬政策、制订薪酬计划、调整薪酬结构六个方面。在教师薪酬管理中，薪酬水平、薪酬结构、薪酬体系、薪酬关系、薪酬政策与制度是主要研究维度。

第一，薪酬水平。薪酬水平是指在一定地区和学校范围内整个教师群体的平均薪酬总量的高低。一般而言，由于决定教师薪酬水平高低的重要因素是教师的基本薪酬，而基本薪酬水平又与地方经济发展程度、政府对各校教育投资总量有关，因此不同地区、不同学校甚至城乡之间的薪酬水平可能存在很大的差异。教师薪酬水平在一定程度上体现了学校发展水平的高低，在经济发达地区，学校在人财物等教育资源的投入上具有先天的优势，因此在教育改革和发展中容易走在其他学校的前面，这些学校的教师自然也会获得更加优厚的薪酬。同时，教师薪酬水平也决定了学校所具有的外部竞争性，虽然把教师当作纯粹的"经济人"有欠妥当，但是随着我国市场经济的发展，教师对物质利益的合理追求早已被社会认可。在这种情况下，如果一所学校的薪酬水平较低，那么教师就可能会被高薪酬学校吸引；反之，一所学校如果薪酬水平较高，就会吸引其他学校的优秀教师。

第二，薪酬结构。薪酬结构是指薪酬的主要组成部分及其相互比例关系。教师薪酬一般可以分为基本薪酬、奖金、津贴及各种补贴等。例如，当前义务教育阶段实施的绩效工资制度，教师的绩效工资就分为基础性绩效工资和奖励性绩效工资，前者占绩效工资总量的70%，后者包括班主任津贴、岗位津贴、农村学校教师补贴、超课时津贴、教育教学成果奖励等，占绩效工资总量的 30%。① 当然，教师薪酬的组成部分和比例构成不同，对教师的激励意义也有差异，如果包括各种奖金、津贴、补贴等薪金在内的可变性薪酬比例在一定范围内提高，则意味着教师通过自身努力获得更高收入是可以实现的，就更能激发教师积极投入教育教学的积极性和主动性。当然并非可变性薪酬比例越高越好，因为当基本薪酬过低以致难以保障教师的基本生活需要时，就会引发消极怠工等风险。在薪酬水平一定的情况下，薪酬结构设计的合理性和科学性是衡量教育管理者理论水平和实践经验的有效标杆。

第三，薪酬体系。基本薪酬以什么为基础关乎薪酬体系的选择。目前，薪酬体系大概可以分为职位薪酬体系、技能薪酬体系、绩效薪酬体系、工龄薪酬体系等几种类型。其中，职位薪酬体系又称岗位薪酬体系，是一种传统的基本薪酬体系类型，这种薪酬体系首先是对职位本身的价值作出客观评价，然后根据评价结果来确定从事这项工作的人与该职位价值相当的薪酬。它的最大特点是单一考虑职位因素，极少考虑人的因素，即不管个人有什么样的表现，一般都不会影响其获得的具体薪酬。一言以蔽之，即有什么样的职位就能得到什么样的薪酬。技能薪酬体系也被称作能力薪酬体系，与职位薪酬体系不同，技能薪酬体系与具体岗位的关系不大，而与组织中个人的素质水平关系密切，是组织根据成员所掌握的与工作有关的技能、能力以及知识的丰富性来支付薪酬的一种制度规定。绩效薪酬体系是在绩效评估基础上按照绩效水平给予组织成员相应薪酬的一种支付制度。在绩效管理被越来越多人认可的今天，这种薪酬体系因对组织人员积极性的强力激发优势而赢得了管理者的信赖。当然，具体的薪酬设计并不限于以上几种体系类型，也不意味着一个单位或部门只能使用一种薪酬体系，事实上实践中存在大量多种薪酬体系有机结合的案例。例如，依据职位和技能工资进行支付的薪酬体系称为职务技能薪酬制，依据职务和绩效工资进行支付的薪酬体系称为职务绩效薪酬制。以上几种薪酬体系只是各种各样薪酬体系的基本模型，是薪酬体系设计的重要思想来源。新中国成立以来，我国教师薪酬体系在稳定中积极寻求合理变革，大致经历了"供给制""职务等级工资制""以职务工资为主的结构工资制""专业技术职务等级工资制"以及"岗位绩效工资制"等几个主要阶段②，它们勾勒出了我国教师薪酬体系变化的基本轮廓。

第四，薪酬关系。薪酬关系是指组织中不同职位不同成员的薪酬水平所形成的

① 人力资源和社会保障部、财政部、教育部：《关于义务教育学校实施绩效工资的指导意见》，国办发〔2008〕133 号，2008-12-23。

② 田正平、杨云兰：《建国以来中学教师工资制度的改革》，载《教育评论》，2008(6)。

相互比较关系，这种关系能够让所有人感受到自己对于组织的贡献大小和组织对成员的重视程度，同时也能体现出薪酬体系设计与实施下人们内心的公平感。薪酬关系涉及组织中薪酬的内部一致性。在组织总体薪酬水平固定的情况下，薪酬关系的分布对于组织成员具有很大的影响。不同成员之间的差距过大或过小，都会对组织成员的积极性产生重大的影响，乃至改变组织内部人员的流动率。

第五，薪酬政策与制度。薪酬政策与制度是管理者对一定范围内组织的薪酬管理人员、薪酬内容、薪酬原则、薪酬实施等作出的规定和安排。薪酬管理人员一般来自人事管理部门，他们在组织薪酬原则的指导下和单位管理者的建议下制定和实施具体的薪酬制度。薪酬制度是对具体薪酬内容的合理选择与规定，如组织的薪酬水平是高于、低于还是大致等于其他地区和部门，薪酬结构设计是重视基本薪酬从而稳定员工的收入还是激发人们的工作积极性去获得更高的绩效工资，薪酬体系的选择是重视岗位的性质特点还是倾向于组织成员的实际绩效结果？薪酬关系是旨在产生公平的组织氛围还是体现出平均主义的分配精神等。薪酬政策与制度必须符合我国相关的政策法律规定和基本的薪酬管理原则，比如竞争性原则、公平性原则、激励性原则、人性化原则、动态性原则、业绩导向性原则等，薪酬原则是整个薪酬管理的行动指南，对整个薪酬实施流程起着决定性的作用。

(三)教师薪酬管理的价值

教师薪酬管理作为学校绩效管理的有机组成部分，无论对教师自身的专业成长、学校绩效管理水平的提升还是学校教育变革的顺利实施，均体现出非常重要的价值。

其一，容易吸引和留住高水平的师资。当地区间经济发展水平具有明显差距的时候，经济发达地区的教师一般会获得较为丰厚的薪酬待遇，相对于其他地区，该地对教师有着较大的吸引力。而落后地区基于当地的经济状况，地方政府很难做到较大幅度提升教师薪酬，教师薪酬水平会比较低，进而导致师资力量薄弱甚至教师短缺的现象。这说明地方经济状况对教师薪酬水平有着较大的影响，同时教师薪酬水平也成为影响教师去留的重要因素。例如，我国北京、上海等地的教师薪酬水平较高，对其他地区的教师有很强的吸引力。固然，由地域优势表现出来的高薪酬水平对教师的吸引力体现了薪酬管理自身的价值，但该因素在很大程度上取决于地方经济发展状况，它很难通过人为的管理和干预出现较大的改变。高薪酬水平并不意味着对每一位教师都有着同等水平的吸引力，两者之间并非存在绝对的正相关关系，因此在一个地区或者学校薪酬水平固定不变的情况下，教育管理者并非无计可施，他们可以通过对薪酬体系、薪酬结构和不同教师之间的薪酬关系等进行重新调节和分配，在学校范围内形成积极向上、努力工作的组织氛围，激励教师以饱满的热情对待教育教学工作。

其二，减少学校内部教师之间的矛盾。薪酬牵涉到每位教师的切身利益，当在个人收入上存在较大差距时，收入较少的教师心里会产生强烈的不公平感，甚至由此引发个人对组织的失望心态和报复情绪。良好的薪酬管理能够较好地调节组织成员的个人收入，既不涉及容易引起效率灾难的平均主义，也不会针对某一部分群体进行过分地贬低和抬高，而是在所有的组织成员中拉开合理差距，让每位教师在满足个人基本生活需求的同时，还能以饱满的热情积极投入教育教学工作。然而，在教育实践中，人们在薪酬设计和实施过程中往往还会面临一系列矛盾，如一些地区实施的义务教育阶段教师绩效工资制度，虽然国家出台了一系列关于教师绩效工资的政策制度，部分地方政府也投入了极大的资源致力于教师薪酬制度的变革，然而实施效果并不理想，甚至一些教师提出了"凭什么用我的钱来奖励我"的疑问，甚至在一些地区和学校还产生了较大的内部矛盾，影响了教师薪酬制度改革的推进。虽然学校薪酬管理还存在一些难以规避的困境，如教师对薪酬的强烈关注容易转移他们在教育教学上的注意力，教师"尽量获得高薪"的心态致使薪酬方案的设计和实施屡屡难产，但是良好的教师薪酬管理仍不失为消解学校内部矛盾的一把利器，关键是找到科学合理、注重绩效的设计思路。

二、教师薪酬设计

教师薪酬的设计必须以科学的理论为基础。教育行政部门和学校管理者常基于不同的理论和场景对教师薪酬进行精心设计，经过不同群体的协商制定，选择并实施恰切的薪酬方案。

（一）教师薪酬设计原则

教师薪酬设计必须遵循一定的原则，它是管理者看待、处理教师薪酬事务的准则，是整个薪酬管理流程的行动指导。有研究者基于薪酬管理的特点提出了战略导向、体现员工价值、经济性、激励性、内部一致性、外部竞争性、团队、隐性、双赢以及员工参与等薪酬设计原则。[①] 也有研究者认为薪酬设计原则包括同步组织战略、公平效率统一、体现薪酬功能、先进适用、合法合理、清晰易用、经济及时和分享利益等原则。[②] 结合教育管理的特殊性，我们将教师薪酬设计原则概括为合法性、内外双重性、和谐共处以及激励性四个原则。

[①]　王雁飞、朱瑜：《绩效与薪酬管理实务》，319 页，北京，中国纺织出版社，2005。

[②]　李中斌、曹大友、章守明：《薪酬管理理论与实务》，21～22 页，长沙，湖南师范大学出版社，2007。

1. 合法性原则

任何教师薪酬方案的设计都应以遵守国家的法律法规、政策规定和组织内部的规章制度为前提。任何一个地区或学校设计教师薪酬一定要符合《教育法》《中华人民共和国教师法》等基本法律，义务教育阶段的教师薪酬制度还要以《关于义务教育学校实施绩效工资的指导意见》为指导。如果学校的薪酬系统与现行的国家政策、法律法规、规章制度相冲突，那么该薪酬设计必然会面临合法性危机。薪酬方案的合法性不仅指符合国家明文规定的法律制度，广义上还包括符合人们约定俗成的共识。毫无疑问，学校管理者在学校薪酬设计上不能无视国家的意识形态，不能忽略组织内外的制度环境，在很多情况下后者还会成为薪酬设计和实施的决定性力量。新制度主义社会学认为，制度环境是由各种样态的包括规制、规范和文化认知在内的制度组成的，它们一旦成为人们"广为接受"的社会事实，就会产生一种强大的合法性机制，对组织和组织中的人产生重要影响。总之，教师薪酬设计不能违背各种规范、主流价值观、社会习俗以及观念期待等制度环境。

2. 内外双重性原则

内外双重性原则指在学校内外要关注不同的薪酬设计原则，其中对内主要遵循内部一致性原则，即在教师之间基于效率建立一种有公平感的氛围；对外则更加注重竞争性原则，以保持和增加学校对校内外教师的吸引力，培养教师对学校的归属感。内部一致性原则主要基于20世纪60年代美国行为科学家斯塔西·亚当斯（Stacey Adams）提出的人的行为和知觉关系的公平理论，该理论认为人是社会人，一个人的工作动机和劳动积极性不仅受到所得报酬绝对值的影响，还受到相对报酬多少的影响。[1] 因此，教师工作积极性的大小不仅受制于个人获得的实际薪酬的多少，还与他们对薪酬分配是否公平的感受有关。这种公平感来自横向和纵向两个维度的比较：在横向上，教师将自己的工作绩效和获得的薪酬与其他教师的工作绩效和获得的薪酬进行比较，如果主观感觉基本相当就会产生一种积极的心态，否则就会有一种不公平感；在纵向上，教师将自己现在的工作绩效和获得的薪酬与以前的工作绩效和获得的薪酬进行对比，如果比率相当就会感到获得了公平的待遇，否则就会引起消极的情绪。外部竞争性则主要考虑学校自身的薪酬水平与本地区其他同等性质和层次学校的薪酬水平进行对比，如果教师薪酬水平明显高于其他学校，则在优质教师引进和保持上就会凸显一定的优势和竞争性。

---

[1] 芮明杰：《管理学：现代的观点》（第2版），307页，上海，上海人民出版社，2005。

3. 和谐共处原则

教师薪酬与教师自身和家庭生活直接相关，是教师群体工作积极性和稳定性的晴雨表。现实中，学校管理者因较好地处理了教师薪酬分配问题，从而提升教师工作积极性的案例并不少见。其中，由谁来参与评价以保证学校考核的客观公正，尤为关键。在很多学校，考核不仅仅是学校管理者说了算，多元化的评价主体已越来越被大家接受。河南省某中学的考核评定工作是由服务对象来决定的，服务对象的满意度是绩效工资考核的根本尺度，教师评价学校管理者，学校管理者、学生评价教师，一线教师评价行政、后勤，多元评价主体确保了定性评价的公平性。[1] 如此一来，就较大程度地打消了教师对绩效工资"暗箱操作"的疑问，减少了相互之间的猜忌，从而让方案实施真正做到人人信服。因此，在教师薪酬设计中贯彻和谐共处原则是至关重要的。让全体教师或教师代表参与教师薪酬制度的设计和实施会增强教师的学校主人翁意识，激发他们在薪酬管理过程中的灵感，而且还能够充分体现学校管理者对下属的信任度，让教师产生得到上级重视的感觉。教师的积极参与不仅能体现民主集中制原则，集思广益，减轻管理者承担的制定和实施薪酬方案的压力，及时地发现并解决问题，而且还有利于正确处理管理者与被管理者、组织与个人之间的关系。对于教师团队协作问题，薪酬设计中也要予以考虑，否则会引起不必要的混乱。尽管从激励效果看，奖励团队比奖励个人的效果要弱一些，但是为了促进团队成员相互合作、防止员工因工资差距过大而产生心态不平衡问题，有必要建立团队奖励计划[2]，以避免学校管理者和教师之间、教师与教师之间就薪酬问题出现龃龉。

4. 激励性原则

激励是衡量教育管理者薪酬设计和实施水平的重要标准。一般而言，所谓激励就是激发人的动机，使人有一股内在的动力，朝着所期望的目标前进的心理活动过程。[3] 激励最为重要的目的是激发组织成员的热情，让他们为了组织和个人的目标付出更多的辛勤和努力，激发他们在工作中体现出更大的创造性，从而实现对各种目标的超越。无论经济发达地区抑或落后地区，学校的薪酬水平只有表现出一定程度的差别才能对教师产生激励效应。然而，一些地方管理者为了避免不必要的"麻烦"，在教师薪酬设计中奉行平均主义的价值取向。现实中，人们对平均主义倾向表达了强烈的不满，认为搞平衡的办法根本无法起到激励作用。如果教师薪酬都奉行

[1] 张婷：《绩效考核：好方案破解现实难题》，载《中国教育报》，2011-04-01。
[2] 王雁飞、朱瑜：《绩效与薪酬管理实务》，321页，北京，中国纺织出版社，2005。
[3] 芮明杰：《管理学：现代的观点》（第2版），307页，上海，上海人民出版社，2005。

平均主义，那么教师队伍就会变成一潭死水，即使薪酬水平较高也很难激发教师的工作积极性。美国行为科学家弗雷德里克·赫茨伯格提出的激励因素和保健因素"双因素理论"就非常富有启示意义。激励因素涉及领导认可、更多的晋升机会等方面，是能够激发组织成员满意的因素；保健因素则主要体现在较好的工作环境、和谐的人际关系等方面，是没有引起不满意的重要因素。保健因素虽能满足教师工作的需要，但如果想营造一种激励的氛围，学校管理者必须挖掘和发挥激励因素的作用。

(二)教师薪酬设计流程

要科学合理地设计教师薪酬方案并付诸实施，需要遵循一定的设计流程。薪酬设计流程一般包括确定薪酬支付策略、工作分析、职位评价、薪酬调查、薪酬定位、薪酬结构设计、薪酬体系实施和修正等。[①] 也有研究者认为，薪酬设计流程涵盖了制定企业薪酬策略、职位设计与分析、职位评价、薪酬调查、薪酬结构设计、薪酬制度的实施、控制与修正等组成部分。[②] 结合教师自身的职业特性，我们提出教师薪酬设计流程应包括薪酬战略制定、岗位评价、薪酬调查、薪酬结构与水平确定、薪酬体系实施与控制五个重要环节。(见图 6-3)

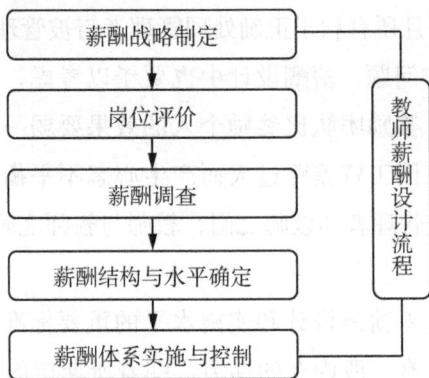

图 6-3 教师薪酬设计流程图

1. 薪酬战略制定

薪酬战略制定作为指导和规划整个薪酬设计和实施的环节，是教师薪酬设计流程的起点，决定着薪酬设计的发展走向和质量水平。教师薪酬战略是学校发展战略乃至一个地区教育发展战略的重要组成部分，制定教师薪酬要在学校发展战略的指导下进行，要集中体现总体战略要求。同时，它也是学校管理者为了提高学校绩效

---

① 闫大海：《薪酬管理与设计》，27 页，北京，中国纺织出版社，2007。
② 王雁飞、朱瑜：《绩效与薪酬管理实务》，328 页，北京，中国纺织出版社，2005。

水平，成功实施教师薪酬管理而精心制定的指导性方略，凸显了教师薪酬管理流程的全局性、预见性和方向性。如果缺乏发展战略或者制定出的发展战略出现谬误，那么组织发展将难以避免地面对一个灰色的前景。现实中经常出现这样的情况：不管组织如何重视薪酬设计与薪酬制度改革，改来改去仍然是麻烦一大堆，组织成员对于薪酬制度的满意度总是不高，究其原因则是一些组织往往在薪酬设计一开始就陷入具体的设计中，而缺乏对薪酬战略乃至组织战略的考量。① 因此，作为教师薪酬设计流程的纲要性文件，教师薪酬战略对于其他环节的设计与推进的重要意义不言而喻。在内容上，教师薪酬战略主要聚焦于基本原则、根本目标、发展方向、主要措施、策略计划等维度，同时还要对学校教师薪酬与企业员工薪酬的异同进行阐述，尤其是要深入分析教师作为教育者角色的特殊性。

2. 岗位评价

岗位评价要基于学校教育教学发展的需要，明确学校的组织部门结构和岗位设置，并据此编写岗位说明书和工作规范。在以岗位为基础的薪酬设计中，这被认为是一个至关重要的程序。岗位评价主要是根据工作内容、岗位要求、岗位环境等对不同岗位教师的薪酬结构和薪酬水平进行价值判断，重在解决学校内部教师薪酬公平性问题。进行岗位评价的目的，一是比较组织内部各个岗位的相对重要性，得出岗位价值序列，使不同岗位之间具有纵向和横向的可比性，以确保岗位薪酬的公平性；二是为薪酬调查建立统一的岗位评价标准，消除不同组织间由岗位名称不同或即使岗位名称相同但实际工作要求和工作内容不同导致的岗位差异，使薪酬调查结果具有实际参照价值。② 在岗位评价之后，是对各个岗位进行等级划分。由于社会上各个部门的岗位千差万别，所以在不同的组织形式中可能会有多种不同的划分方式。2022 年 9 月 2 日，人力资源社会保障部和教育部印发的《关于进一步完善中小学岗位设置管理的指导意见》明确规定，全面实行中小学教师聘用制度和岗位管理制度，将教师职称评审和岗位聘用相结合，树立重师德、重能力、重业绩、重贡献的导向，构建人员能上能下、能进能出的灵活用人机制。该意见将中小学教师岗位等级设置划分为高、中、初三级，岗位设置要优先满足教育教学工作实际需要，以教师岗位为主，根据需要合理设置管理岗位和工勤技能岗位。省级人力资源社会保障部门要会同教育行政部门按照优化结构、合理配置的要求，建立健全岗位动态调整机制，根据区域、学段、学科、人员结构特点等因素，制定高级教师岗位设置办法，

① 王健：《薪酬管理》，60 页，北京，科学出版社，2007。
② 孙金利：《薪酬管理》，39 页，天津，天津教育出版社，2005。

分学段、分类型科学设置教师岗位结构，各类学校间专业技术岗位结构要保持相对
平衡。岗位评价中常用的评价方法包括排序法、归类法、因素比较法、海氏评估
法等。

3. 薪酬调查

与岗位评价注重内部一致性不同，薪酬调查主要解决的是外部竞争性问题。一
个地区或者学校在设计教师薪酬方案时，必须了解其他地区或学校的薪酬水平、薪
酬结构、薪酬关系以及教师对整个薪酬体系的满意度的情况。教师薪酬调查的内容
可包括：组织所处的发展阶段、组织的结构、工作岗位分布、各岗位的工作内容；
各类人员的构成、现有薪酬水平、各类人员的薪酬在组织薪酬总额中所占的比例；
员工对现行薪酬制度的满意和不满意之处，以及员工对薪酬结构和薪酬水平的想法；
组织当前最关键的工作岗位和关键岗位上的人员供需目标，薪酬政策应向何种工作
岗位、何种员工倾斜，当前应激励什么，约束什么。[1] 当然，薪酬调查并非仅仅发
生在学校外部，学校内部也要对现行薪酬的优势和缺点、教师的满意度、教师对于
薪酬设计的意见和建议，以及对现行薪酬进行重新设计和改革的可能性等进行系统
的了解。薪酬调查并非可以随意应付、无关痛痒的环节，而是一个精心选择调查对
象、调查工具、调查方法的系统过程，只有真正深入调查对象所在地区的学校，科
学合理地运用问卷、访谈等调查方法，才有可能对具有竞争性意义的学校教师薪酬
情况有一个完整的认识。

4. 薪酬结构与水平确定

基于以上三个环节，教师薪酬结构与水平设计就可以提上日程了。教师薪酬结
构主要是指基本薪酬与可变薪酬之间的比例关系，薪酬结构的不同影响着教师群体
的稳定性及其教育教学积极性。一个科学合理的教师薪酬结构是基本薪酬和可变薪
酬之间经博弈后达到的一种完美的平衡，即基本薪酬既能满足教师正常的生活保障
需求，又能激发教师的内在动力，催生他们工作的积极性和创造性。当前义务教育
阶段教师绩效工资结构包括基础性工资和奖励性工资，前者占到绩效工资总量的
70%，一般由本地区的经济发展水平、物价水平决定，较为稳定；后者则主要根据
教师的工作努力程度和取得的教育成就来支付，在岗位、教龄相同的情况下，教师
薪酬的差异一般来自奖励性工资部分。与薪酬结构相比，薪酬水平与地区经济发展
水平密切相关，直接反映着薪酬绝对值的高低和与其他地区和学校的薪酬对比关系，
因此学校薪酬水平往往在薪酬竞争中起着决定性的作用。一个地区或学校要基于对

---

[1]　孙金利：《薪酬管理》，39页，天津，天津教育出版社，2005。

其他地区或学校薪酬水平的调查，再结合本地区的经济发展水平，才能确定教师薪酬水平应该是领先型、跟随型、滞后型、权变型还是综合型。

5. 薪酬体系实施与控制

薪酬体系实施与控制是整个教师薪酬设计流程的最后一个环节，教师薪酬方案能否顺利实施以及实施过程的反馈效果如何，往往取决于这一阶段的具体落实情况。任何计划无论设计得多么完美，如果没有付诸实施也不过是一纸空文。在教师薪酬方案实施中，除按照既定的计划、目标和策略按部就班地进行外，还要重视对实施方案的正确解读和大力宣传。尽管在教师薪酬设计中一些教师得到参与的机会，但是他们并非薪酬管理的专业人员，对于薪酬管理的精髓还做不到深入的把握。因此，在教师薪酬方案确定之后，应邀请来自大学或其他研究机构的相关专家予以指导和培训，对教师的疑惑和不解指点迷津，同时通过音像设备、组织内部刊物等途径进行宣传，最大限度地减少因各种误解给整个薪酬实施过程带来的羁绊。此外，教师薪酬体系的控制是为了保证薪酬实施过程按照薪酬设计方案要求进行，同时也是发现偏差、分析原因、提出建议并进行合理改进的过程。任何方案的设计都有一个难以避免的困境，即它不可能估计到实施过程中遭遇的所有问题和困难，人们只能追求满意而完美的方案。这决定了教师薪酬方案在实施过程中会显露出一定的缺陷，学校管理者绝不能对之包庇和隐瞒，而要勇于修正和完善，能否正视方案的缺憾本身恰恰体现了管理者的领导艺术和水平。

◆ 案例："绩效工资"考验校长的管理智慧[①]

在校长圈里，有"谈绩效色变"的现象。在绩效工资改革洗礼下，一些原来挺强势的老资格校长骤然跌落"神坛"，一些照搬照抄图省事的校长纷纷经受了教代会通不过的煎熬，还有的校长不顾一线教师的翘首企盼，只是维持原状等待奇迹出现……

绩效工资改革真的那么可怕？非也！这是学校难得的发展机遇。有的教师有才，希望更加卓越；有的教师态度诚恳，默默无闻坚守岗位；有的教师则希望，活让别人干，待遇不可少……这些状态，多年来已经达成相对平衡。

绩效工资改革以来，这个生态平衡出现了由破到立的变革。有能力者希望按劳取酬，实现更大的自我价值；无才不出力者希望拿个平均数继续混。这里的需求和期待的差异是产生矛盾的焦点，考验着校长的管理智慧。

---

① 张洪锋：《"绩效工资"考验校长的管理智慧》，载《人民教育》，2015(17)。

校长要引导全体教师关注、参与绩效工资改革全程,在新的愿景下,让每位教师都找到自己发展的定位,让学校从新的起点出发。校长需要深入思考的问题如下。

为什么要改革?绩效工资改革是大势所趋。从学校角度来看,学校要发展,就需要激发全体教师的工作激情。这需要校长作出合理的愿景规划,让全体教师愿意为实现美好的愿景而努力。就教师个体而言,每个人都有自己的长处,都希望用自己的长处来实现自我价值。校长应从多元评价的角度,让教师们看到改革的红利在哪里。笔者所在学校是一所农村完小,当时很多教师过着每天教书、安于现状的日子。不知不觉中,教育质量平平,生源流失。看到周边学校的"高大上",很多教师有了低人一等的自卑感。于是,我们学校管理层提出:学校不能再碌碌无为,尝试以"全员成长、全面发展"的办学理念,走陶行知乡村教育之路,办朴素的、有特色的农村理想教育;建设乡村学校少年宫,全面发展学校文体艺术项目;营造浓郁校园文化影响师生发展。当时,这一理念得到了大多数教师的支持,学校还将相关激励措施纳入绩效工资。

实践证明,学校的愿景和大家的希望保持了同一方向。学校快速发展,荣获"全国教育系统先进集体"称号,校园文化省内知名,乡村学校少年宫成为地区品牌,老师走出去受人尊敬。这是绩效工资改革与学校发展愿景有机结合的最好证明。

改革改什么?校长要牢牢抓住教师发展这个主线,原先建立的教师评价体系的很多方面是正面的,对学校发展是有益的,这部分应该保留。有些条款思路陈旧落后,成为发展的羁绊,应当改革。有些是新事物、新情况,应该做好规范和导向。

教师的工作更多的是良心活,我们出台制度是保底,即教师尽心尽力完成岗位职责,然后再扬正气、促成绩、求发展。既要让教师明白发展学生、成就自己的大道理,又要适当体现超工作量、优质所体现的优酬激励措施。

根据学校实际,校长要控制好节奏,把握好差距,让教师们看到改革的条款这个表面,也认识到这个条款背后的对学校发展的预期,让条款成为学校与教师发展同步的制度保障。绩效工资改革不是全盘否定过去,应该是继承创新和发展原有体制。

怎么改革?教师是一个有着自尊、平等、敏锐等多种特质的特殊群体,因此在改革过程中校长要持一种以人为本的思想,以包容的心态、群众的路径和公开的流程去实现改革的目的。校长不是官,只是教师群体的一员。校长应该沉下去，从教师发展的角度出发看问题。

各种利益诉求会影响方案的制定。这需要校长收集主流正面需求，包容看待个性需求，从人本角度去接近广大教师的期待，让一线民意成为改革的主流。校长需要做的是把广大教师的意见升格到学校发展层面的高度。即使出现一些矛盾和冲突，校长也应该尊重"问题"，让大家看到一些个性需求的不合理之处。

绩效工资改革一旦形成决议，就应该作为学校管理依据，让教师们有据可循，而且要公开透明。这样，教师个体努力方向明确，制度执行规范，有利于学校稳步发展。

思考题：

1. 你是否认同这位校长的观点？你怎么看待绩效工资改革中校长的管理智慧？

2. 如果你是一位校长，你觉得如何做才能设计出一个科学合理的方案？

本章小结：

学校绩效管理是学校管理的重要组成部分，是学校管理者综合利用学校内外的人财物以及信息等各种资源，采用多种途径和方法来激励学校全员共同努力，提高学校成就和效能，并最终实现学校不断发展这一使命的管理过程。学校绩效管理有助于完善学校发展路径、提高学校绩效水平、转变教育发展方式。

学校绩效管理是一个不断循环的过程，主要包括计划、执行、评估和应用四个环节，在整个绩效管理过程中均不断反馈各种信息。学校绩效管理模式包括目标管理、关键绩效指标考核、平衡计分卡以及 360 度绩效评估等。

教师薪酬包括工资但又不等同于工资。与教师工资相比，教师薪酬是一个无论在内涵还是在外延上都更丰富的概念。由于薪酬的本质是指企业针对员工为组织所做的贡献，包括他们实现的绩效、付出的努力与占用的时间，以及他们的学识、技能、经验与创造等所付给的相应的回报或答谢，其实质是一种等价交换过程，是一种公平的交易或交换关系，是员工向企业让渡其劳动或劳务使用权后获得的报偿。

教师薪酬设计要遵循合法性原则、内外双重性原则、和谐共处原则、激励性原则。

教师薪酬设计流程包括薪酬战略制定、岗位评价、薪酬调查、薪酬结构与水平确定、薪酬体系实施与控制五个重要环节。

本章思考题：

1. 学校绩效管理与管理学中的绩效管理有什么关系？学校绩效与有效学校、学校效能、学校改进有哪些联系和区别？

2. 你所在的学校（或者你遇见的学校）是否实施了学校绩效管理？在你看来，还需要在哪些地方进行完善，应如何完善？

3. 如何理解我国义务教育阶段教师绩效工资政策？

推荐阅读：

1. 付卫东. 我国义务教育学校教师绩效工资制度改革研究[M]. 北京：中国社会科学出版社，2019.

2. 任康磊. 绩效管理与量化考核：从入门到精通（第2版）[M]. 北京：人民邮电出版社，2020.

3. 芮明杰. 管理学：现代的观点（第2版）[M]. 上海：上海人民出版社，2005.

4. 孙金利. 薪酬管理[M]. 天津：天津教育出版社，2005.

5. 王怀明. 绩效管理：理论、体系与流程[M]. 北京：北京大学出版社，2022.

6. 王雁飞，朱瑜. 绩效与薪酬管理实务[M]. 北京：中国纺织出版社，2005.

7. 杨明娜. 绩效管理实务[M]. 北京：中国人民大学出版社，2008.

8. 张男星，等. 高等学校绩效评价研究[M]. 北京：科学出版社，2018.

9. 郑燕祥. 学校效能与校本管理：一种发展的机制[M]. 陈国萍，译. 上海：上海教育出版社，2002.

10. 朱飞. 绩效管理与薪酬激励全程实务操作[M]. 北京：企业管理出版社，2007.

第七章　学校安全与应急管理

● 本章学习目标：

    1. 了解学校安全管理组织体系的概念、结构、职能与运行原则，从而系统地掌握学校安全与应急管理的基础理论知识。

    2. 理解学校突发事件应急管理的基本过程，懂得学校安全预警的重要性，掌握学校突发事件应急处置的五项原则。

    3. 了解学校应急公关活动的主要类型和基本策略。

● 开篇案例：

从小学生人身伤害谈起[①]

    小雨与小明均系小学一年级的学生，一次上体育课期间，体育老师组织学生排成两排，绕学校操场走一圈。当队伍走到操场直道进弯道处时，小明从后方推倒了走在前面的小雨，导致小雨受伤。事故发生后，体育老师检查小雨的伤情，发现其手臂已经不能动弹，遂上报学校并通知小雨的家长带其去医院检查。经医院诊断，小雨系右侧肱

[①] 李果、杨燕如、晏荣东：《体育课上小学生被同学推倒造成伤残》，载《人民法院报》，2022-08-24。引用时作者根据行文需要做了文字整理。

骨外侧踝撕脱骨折，在县医院进行内固定手术及恢复治疗后，小雨的伤病未完全恢复，先后又到湖南省儿童医院、中南大学湘雅二医院治疗。经专业医师鉴定，小雨的伤已经构成法律规定的十级伤残。事故发生后，因当事人未能就赔偿达成一致意见，遂诉至法院。

法院审理后认为，无民事行为能力人、限制民事行为能力人造成他人损害的，由监护人承担侵权责任。本案中，被告小明在上体育课期间，无故推倒原告小雨，导致小雨受伤，小明存在侵害行为，其侵权责任应由小明的监护人，即其父母承担。同时，根据《中华人民共和国民法典》第一千一百九十九条的规定，无民事行为能力人在幼儿园、学校或者其他教育机构学习、生活期间受到人身损害的，幼儿园、学校或者其他教育机构应当承担侵权责任；但是，能够证明尽到教育、管理职责的，不承担侵权责任。本案中，小雨与小明在本次侵权事件发生时，均未满8周岁，系完全无民事行为能力人，小雨在上体育课期间被小明推倒受伤，属于在校学习、生活期间受到人身损害的情形，学校除能提供证据证明自己已经尽到教育、管理职责外，应当推定其在教育、管理方面存在过错，从而应当承担相应责任。学校事后虽积极联系家属，并组织协调赔偿事宜，但不能证明其在组织学生活动时没有过错，因此应当对小雨的人身损害进行赔偿。综合考虑小雨、小明的年龄，小雨受伤经过、伤情以及本案案情，法院酌情认定学校、小明父母按照6∶4的比例承担责任。

学校安全事故时有发生，已引起各级党委、政府、学校及社会各界的广泛关注和高度重视。学校安全问题涉及很多方面，如交通事故、食物中毒、火灾、溺水、打架斗殴等，都是造成学生人身伤害甚至危及学生生命的杀手。为此，我们一方面要做好防控工作，尽量避免学校安全事故的发生；另一方面要做好处置与善后工作，尽可能减少学校安全事故带来的损失。学校安全是学校教育活动的前提和保障，从这个意义上说"学校安全大于天"。因此，加强校园安全管理，建设"平安校园"，是学校管理中一项常抓不懈的重要工作。

　　2023 年我国义务教育阶段的在校学生人数为 1.6 亿人，中小学生是一个相当庞大的社会群体。中小学生由于年龄较小、身心发展尚不成熟、生活经验较少、安全意识欠缺、自我保护能力不足等因素，更易于成为安全事故的受害群体。学校安全，是学校稳定和发展的保证，是学校工作正常开展的前提，是保证学生健康成长、实现教育目标的必要条件，同时也关乎社会的和谐稳定。随着社会文明程度的提高，人们的安全意识日益增强，学校安全问题越来越成为社会关注的焦点。如何做好日常安全防范工作，出现突发事件后怎样进行有效应对，已成为摆在学校管理者和广大教师面前的现实问题。现代教育工作者必须了解学校安全管理的组织体系，熟悉学校安全突发事件的演进过程及应对策略，掌握突发事件处理的原则与方法。有鉴于此，本章将讨论学校安全突发事件与应急管理问题，包括学校安全组织体系建设、学校突发事件应急管理的过程、学校突发事件应急管理中的公共关系等。

第一节　学校安全管理组织体系建设

/////////////////////

　　组织是进行有效管理的手段，人类管理的发展历程，就是组织体系不断完善的过程。健全的组织机构和完善的运行机制，是学校工作协调、有序开展的基础。要有效地进行学校安全管理，就必须建立结构合理、功能完备、运转顺畅的组织体系。

一、学校安全管理组织体系的含义

（一）学校安全

　　安全是指没有危险、不受威胁、不受损害的状态。学校安全就是使师生在学校中身心处于没有危险、不受损害的状态。对学校安全概念外延的澄清，是一个理论性问题，更是一个实践性问题，它直接涉及对学校安全工作内容的确定。美国学者杜克（Daniel L. Duke）从安全标准的角度，提出了学校安全应包含以下内容[1]：第一，学生要知道他们在学校中的应有行为，并且理解这样做的理由；第二，校规执行和处罚管理要追求人道、公正和一致；第三，学生感到被重视和被关怀；第四，在促进适当行为和阻止不当行为之间寻求平衡，当不当行为可能发生时，进行有效的处理；第五，学校管理者应避免学校陷入混乱或危险情境，并为之做准备（做

---

[1]　［美］Daniel L. Duke：《创建安全的学校——学校安全工作指南》，唐颖、杨志华译，7 页，北京，中国轻工业出版社，2006。

好危机管理的准备①）；第六，通过学校物理环境的设计，保障学生的安全和健康；第七，家长和社区成员应该参与到创建和维护安全学校的努力中。这七条标准，实际上是学校安全工作的主要着眼点，涉及安全教育、设施安全、危机管理、安全组织体系等多方面的内容。我国学者立足中国的现实，根据相关法律制度和职责划分，对学校安全的内容做了梳理。如龚琬岚认为，学校安全管理工作主要包括：第一，构建学校安全领导组织体系，完善安全管理体制机制；第二，构建学校安全管理制度体系，落实安全管理责任；第三，构建学校安全宣传教育体系，提高师生安全防范能力；第四，构建学校安全综合防控体系，提高安全预防水平；第五，构建学校安全隐患排查整治体系，提升安全隐患治理能力；第六，构建学校安全突发事件应急处置体系，提升应急管理水平；第七，建立学校及周边安全综合治理机制，营造校园安全环境；第八，建立学校安全事故调查处理机制，落实责任追究制度。② 我国党和政府始终高度重视学校安全管理工作，颁布了一系列相关政策和法律法规等，如《教育法》《中华人民共和国教师法》《中华人民共和国未成年人保护法》，以及《学生伤害事故处理办法》《中小学公共安全教育指导纲要》《中小学幼儿园安全管理办法》等都对学校安全管理工作作出了明确的规定。影响学校安全的因素是复杂的，既包括校内的因素，也包括校外的因素；既包括学校领导和教师的因素，也包括学生和家长的因素；既包括设施等硬件因素，也包括校园文化等软件因素。因此，考察学校安全的外延，可以从多层面入手。本书从实践的角度，按照学校安全事故易于发生的主要场所，把学校安全的内容划分为：实验课安全、体育课和体育活动安全、课外校外活动安全、学校环境与设施安全、学校饮食安全、学生宿舍安全、学生交通安全等。

(二)学校安全管理组织体系

学校安全管理，是指为了实现学校安全目标而进行的相关计划、组织和控制等方面的活动，即采用现代安全管理理论、方法和手段，分析和研究学校可能存在的各种不安全因素，从技术上、组织上和制度上采取必要的措施，消除各种不安全因素，防止学校安全事故发生的全部活动。

"组织"一词在管理学上，既作为动词使用，也作为名词使用。作为动词的组织，系指管理的职能之一，如法约尔把管理职能划分为计划、组织、指挥、协调和控制；其中，组织指的是将人财物等要素进行有效的配置。作为名词的组织，人们对其解

---

① 括号中的解释，是作者为了便于读者理解，根据 Daniel L. Duke《创建安全的学校——学校安全工作指南》第七章"标准5：危机管理"的内容作出的。

② 龚琬岚：《学校安全》，3页，北京，应急管理出版社，2021。

释不一。在此我们借鉴巴纳德的观点，把组织界定为：为了达成一定的目标，按照一定的规范，由相互协作的个人构成的社会群体。组织体系是由各分支机构构成的功能系统。学校安全管理组织体系，指的是为了达成学校安全管理的目标，按照有关规定组建的，负责学校安全的预防、处置和恢复重建等全过程的组织机构及运行机制。

二、学校安全管理组织体系的职能

（一）决策职能

决策是指为了实现一定目标，借助于一定的科学手段和方法，通过分析比较，在两个或两个以上方案中选择相对满意方案的过程。学校安全管理组织作出的决策，既包括学校高层领导对学校安全问题作出的战略性、全局性的重大决策，也包括学校管理中层作出的解决部门或局部问题的决策，还包括基层管理人员为解决日常工作和作业任务中的问题所作的决策。决策既可以针对学校全局的安全管理工作，也可以针对局部的安全管理工作。决策的形式有学校安全工作计划、预案、指令等。

（二）指挥职能

指挥，通常指上级为了完成组织目标，对下级作出的完成工作任务的指令。在指挥系统中，命令和服从是构成系统运行的两个基本要素。上级根据其权威对直接管理的下级发出指令，下级接受指令并坚决执行。因此，学校安全管理指挥系统，必须是一个指令正确、反应灵敏、响应迅速、贯彻坚决的封闭系统。尤其在应对学校突发事件中，指令的及时、正确、有效将直接影响处理的效果。

（三）教育职能

学校安全工作的重点是事前预防，学校安全管理必须坚持预防为主的方针。学校安全教育是预防安全事故发生或降低事故损失的有效途径。学校安全教育的任务主要有：提高师生员工的安全意识，使"安全第一，预防为主"的理念深入人心；组织师生员工学习有关学校安全的法律法规；让师生员工了解学校各项活动的安全注意事项，掌握正确的防护技能。学校安全教育的主要方式有安全教育课、安全教育主题活动、安全教育会议、板报、壁报、广播等。

（四）沟通职能

沟通是为了实现设定的目标，在个人或群体间传递信息、思想和情感，以求达成共识的过程。按信息流动方向沟通可分为上行沟通、平行沟通和下行沟通三种，这三种沟通类型对学校安全管理都是不可或缺的。在学校安全管理中，上级主管部门对学校安全状况的掌握，社会对学校安全管理措施的理解，师生员工对学校安全管理制度的遵守，家长对学校安全管理措施的配合，都需依靠有效沟通来实现。

(五)咨询职能

在现代管理中,咨询的作用日益增强,它反映了管理的民主化、专业化走向。在学校安全管理中,咨询对学校组织的各个层级都具有重要的作用,无论是学校上层的战略决策,还是中层的战术性决策,以及基层的技术性决策,都会因有效的咨询而减少随意性和盲目性。学校安全组织体系中,一般不设立专门的咨询机构,其职能往往分散在现有的各类机构中。

(六)指导职能

"指导"的意思是指点引导。在管理学上,指导是指上级在检查下级工作的基础上,针对存在的问题,提出改进意见的过程。学校安全管理组织的指导职能包括:工作方向层面的指导、工作策略层面的指导、操作技术层面的指导。工作方向层面的指导由学校上层领导实施,工作策略层面的指导由学校中层领导实施,操作技术层面的指导由学校基层领导实施。

三、中小学安全管理的组织机构

在总结20世纪的教育组织理论时,有的学者认为:"在过去的一个世纪中对教育组织主要有两种看法。其一是传统的看法:把组织视为一个权力和信息集中于高层的等级体系,因此一些首创性的好主意从这里传递到低一层次去落实。另外一种较新的看法在20世纪处于萌芽期。这种观点认为,组织是合作性的、社团的、甚至协作的系统。"[1]这种划分虽然不能准确概括丰富的教育组织理论的全貌,但至少勾勒出了两种对立的教育组织理论的大致轮廓。前者反映的是古典管理学派的组织观,后者则体现出行为科学的组织观。现代学校管理中的组织设计,到底应以何者为指导,这不是一个可以简单回答的问题。它牵涉到国家行政体制、教育组织的类型、管理者的价值取向、人员的素质及其具体工作性质等影响因素。仅就学校的安全管理,尤其是学校安全突发事件的管理而言,由于工作的任务和特点,需突出强调集中指挥、执行有力、协调一致等要求,因此组织设计时,选择传统的科层理论作为其主要指导思想,更为贴切。

学校安全组织体系,由相互联系、相互支持、相互配合的各分支机构构成。衡量学校安全组织体系的结构是否合理,应从纵向和横向两个方面来考察。从纵向看,安全工作责任重大、后果严重、时限性强,要求反应迅速有效,因此,学校安全管理组织体系必须有责权清晰的决策系统、指挥系统、执行系统。从横向看,应对安

---

① [美]罗伯特·G.欧文斯:《教育组织行为学》(第7版),窦卫霖、温建平、王越译,56页,上海,华东师范大学出版社,2001。

全突发事件，需要强有力的人财物资源作保障，因此还应根据需要建立信息通信系统、交通运输系统、物资保障系统、抢险救护系统等。限于学校的职能和条件，这些组织机构一般不独立设置，但其相应职能必须具有。在实践形态上，学校应设立学校安全工作领导小组和学校安全专项工作组这两类机构。

(一)学校安全工作领导小组

根据中共中央办公厅印发的《关于建立中小学校党组织领导的校长负责制的意见(试行)》的精神，应加强党对学校安全工作的领导，成立以学校党组织书记、校长为组长的安全工作领导小组，将平安校园建设作为学校党建工作的重要内容，纳入工作计划并加以落实。学校党组织书记和校长同为学校安全工作的第一责任人，学校其他领导是各自分管业务工作范围内的安全责任人。学校安全工作领导小组的职责是：贯彻落实国家有关法律法规，完成上级关于学校安全管理的工作目标；组织全校性的安全教育，提高全校师生员工的安全意识；根据学校的具体情况，组成学校安全管理的职能部门，并对其工作进行监督；组织编制学校安全事故的应急预案；处理学校发生的安全事故；负责向上级领导部门汇报、与社会相关部门的协调与沟通。

在学校安全突发事件出现后，应在领导小组的基础上，成立应急指挥小组，负责事故处置的现场指挥。应急指挥小组领导及成员的构成，根据突发事件的种类和级别确定。

(二)学校安全专项工作组

学校安全专项工作组负责学校各种突发事件的专项防范和处置，一般是根据学校突发事件发生的种类划分的，由于划分标准的差异，对学校突发事件及其相关工作组的划分也不尽相同。根据学校突发事件易于发生的场所，相应的学校安全专项工作组应包括以下几种。

1. 实验课安全工作组

实验课安全工作组负责物理、化学、生物实验课教学中安全事故的防范和处理。具体职能是保证购置的实验设备、器材、用品符合国家规定的标准；制定实验室管理制度和工作制度；督促教师对学生进行实验安全教育；配备处理实验室安全事故的专门用品；处理实验中火灾、中毒等安全事故。

2. 体育课和体育活动安全工作组

体育课和体育活动安全工作组负责体育课和学校大型体育活动中安全事故的防范和处理。具体职能是：加强安全教育，增强师生的安全防范意识，提高学生的自我保护能力；加强体育设施的建设、检查、维修与管理；注意学生技术动作的规范性训练；精心组织教学和体育活动，保证活动的有序性；处理体育课中出现的摔伤、拉伤、击伤等肌体损伤事故。

3. 课外校外活动安全工作组

课外校外活动安全工作组负责学生在课余活动、校外劳动、实习、实训、郊游、参观和社会实践等活动中安全事故的防范和处理。具体职能是：根据活动内容和形式对学生进行有针对性的教育；根据学生的年龄和客观条件确定活动的地点；活动前加强与学生家长的沟通与协调；教育和提醒学生遵守活动纪律，劝阻不当行为；对活动的关键环节应安排教师予以保护和引导；处理课外校外活动中发生的各种安全事故。

4. 学校环境与设施安全工作组

学校环境与设施安全工作组负责学校场地、建筑物、教学设备、生活设施使用中安全事故的防范和处理。具体职能是：严格掌握学校建筑、场地和设备的技术标准；加强对建筑、设施、场地的维修和维护；严格按照操作规程使用学校的设施、设备；加强学校周边环境的安全管理；处理因学校设施引发的各种安全事故。

5. 学校饮食、宿舍安全工作组

学校饮食、宿舍安全工作组负责用餐、饮水和宿舍中安全事故的防范和处理。具体职能是：认真落实食品安全法规，制定食堂卫生管理的规章制度；慎重选择食品供货商，掌握供货商信誉记录；抽查外来午餐的质量；检查校园内和周边的食品供应情况；教育学生不喝生水，形成健康的饮水习惯；检查学生宿舍的用电安全；防止社会闲杂人员、不法分子混入校园；处理饮食和宿舍方面的各种事故。

6. 学生交通安全工作组

学生交通安全工作组负责学生上学放学和外出活动中交通安全事故的防范和处理。具体职能是：对学生进行交通安全教育，使学生遵守交通规则，增强安全意识；临近道路的学校，要安排教师护送小学低年级学生过马路；对骑自行车的学生要进行专门的安全教育和管理；严禁校外车辆随意进入学校；建立完善的校车驾驶维护和乘坐制度；协助相关部门处理学生交通安全事故。

案例：××学校安全工作管理组织机构①

学校把加强学校安全工作放在学校工作的首位，坚持一把手责任制和部门责任人问责制，进一步调整和完善我校安全工作管理体制，建立负责我校安全工作和综合治理工作的领导组，并明确专人负责。

---

① 选入本书时作者做了文字整理。

组　　长：×××，全面抓好综合治理安全工作。

副组长：×××，负责日常工作。

副组长：×××、×××，负责对外宣传、联络工作。

组　　员：×××、×××、×××、××、××、××。

工作职责：

1. 根据领导工作部署，组织实施上级有关安全工作意见，制定安全工作计划、措施及各种规章制度。

2. 开展和组织多种形式的安全法规和安全知识的宣传、教育和培训工作，对师生员工的各种安全教育给予指导，包括人身、交通、用电、消防、饮食、体育活动、公共场所、劳动、课外活动、实验室安全等，增强师生员工的安全意识。

3. 加强学校安全方面各项管理，确保师生员工的人身和财产安全。

4. 定期开展学校安全检查工作，检查学校配备的安全设施，确保校舍、水、电、财产的安全。

5. 落实校区安全值班工作，加强对各种执勤及巡逻人员的管理和检查，增强其工作责任心。

6. 组织广大师生员工及家长签订各种安全责任书。

7. 聘请有关人员对师生进行安全教育。

8. 与辖区有关部门取得联系，综合整治校园周边治安环境。

9. 完成向上级主管部门报送计划、汇报、总结、调研执行、情况反映等专项材料。

10. 接受并处理学校安全工作紧急情况信息。

11. 做好安全工作总结。

具体分工如下：

（1）×××：任学校安全知识宣讲团团长，组织有关人士定期对学生进行安全知识讲座。

（2）×××：任各科室安全工作总负责人，具体指导检查落实各科室的安全工作。

（3）××：负责东宿舍区的安全工作，具体落实指导、检查东宿舍区的消防等安全工作。

（4）××：负责西宿舍区的安全工作，具体落实指导、检查西宿舍区的消防等安全工作。

（5）××：任校广播台、校报、班报总负责人。根据学校综合治理安全工作要求，举办电视讲座，通过创建工作的校刊、校报、班报，提高师生的安全知识和安全意识水平。

（6）×××：负责安全资料的搜集、整理、装订。

（7）×××：具体负责后勤方面的安全工作，确保经费落实，器材落实。

第二节　学校突发事件应急管理的过程

突发事件，从广义上理解，是指在个人或组织预定计划以外突然发生的有益或有害的一切事件；从狭义上理解，是指突然发生的、具有较大规模和危害的、对人身财产造成威胁和损害的事件。在讨论学校突发事件时，通常从狭义上理解，即在学校中突然发生的、对师生的人身财产安全造成危害的、产生负面社会影响的、急需应对的负面事件。学校突发事件有的危及师生的人身财产安全，如自然灾害、学校安全事故等；有的并未涉及人身财产安全，而是造成了不良的社会影响。本章讨论的范围限定为前者。

应急管理是"政府和其他管理主体对突发事件的预防与应急准备、监测与预警、应急处置与救援、事后恢复与重建中的各种应对活动的管理"[1]。应急管理过程，是指环环相扣的应对突发事件的步骤和阶段。国内外学者对应急管理过程的阶段划分存在不同看法，有三阶段说、四阶段说、五阶段说、六阶段说等。与此相对应，对学校突发事件应急管理过程的阶段划分，也有不同观点。如许龙君把学校危机管理划分为预防、控制、抢救和复原四个阶段。[2] 丁烈云、杨新起等人把学校应急管理的过程划分为预防、监测预警、信息报告、信息发布、应急响应与处置、恢复重建六个阶段。[3] 这些划分长短互见。其中，三阶段说把应急管理分为事前管理、事中管理和事后管理，赞同者较多。如王宏伟就将应急管理的过程划分为预防、处置和

---

① 李雪峰、佟瑞鹏：《应急管理概论》，35页，北京，应急管理出版社，2021。
② 许龙君：《校园安全与危机处理》，14页，北京，中国人民大学出版社，2010。
③ 丁烈云、杨新起等：《校园突发事件应急管理》，89页，武汉，华中师范大学出版社，2009。

恢复重建三个阶段。① 三阶段说清晰明了，各阶段任务明确，简便易行，为学校应急管理过程阶段的划分提供了有益的参照。

一、学校突发事件的预防阶段

凡事预则立，不预则废。学校突发事件的复杂性、突然性和危害性，使预防工作显得十分必要。学校突发事件的预防工作内容广泛，这里主要讨论预警和预控两项内容。

（一）学校安全预警

1. 学校安全预警系统的概念

学校突发事件预警，是指对学校现有的安全水平作出科学的评估，预报安全事故发生的可能性，划定其危害的等级与范围，并提出解决问题的预案与措施的过程。学校突发事件安全预警系统，指学校负责安全预警的组织体系和运行机制。学校安全预警机制，一般由学校系统安全现状的评估、学校未来安全状态的预测和调控方案三部分构成。

2. 学校安全预警系统的主体

根据《中华人民共和国突发事件应对法》，在我国由"县级以上地方各级人民政府"发布危机预警，针对自然灾害、事故灾难和公共卫生事件等学校安全常见的突发事件的预警，一般纳入属地政府和相关部门的整体预警范畴，并将学校自身纳入群测群防群治体系。②

3. 学校安全预警的过程

根据公共管理安全预警的模式，针对学校突发事件的特点，安全预警的过程可分为警情监测、警兆识别、警源分析、警级评估和警情汇报与发布五个环节。③

警情监测。警情即值得警惕的异常情况，学校安全警情，是指学校已经和将要发生的各种安全问题。警情通常用一些基本的指标来反映。警情监测，就是通过监测警情指标，动态地反映预警对象的异常状态，并适时反馈，以便加以调控的过程。

警兆识别。警兆即警情爆发前出现的先兆，它是警情在滋生过程中反映出来的可以识别的现象。警兆识别，就是对警情发生前所表现出的各种先兆加以识别，诊断警兆的性质和走向。

---

① 王宏伟：《突发事件应急管理：预防、处置与恢复重建》，33～34页，北京，中央广播电视大学出版社，2009。

② 龚琬岚：《学校安全》，187页，北京，应急管理出版社，2021。

③ 刘畅、张玉堂：《学校安全预警机制的构成与运行》，载《教学与管理》，2007(4)。

警源分析。警源即导致警情发生的根源。警源分析就是根据已经掌握的信息，分析比较各种可能的警源，从而找出导致警情发生的真正警源的过程。查找警源，是学校安全预警中制定预案和对策的必要依据。学校安全警源涉及的范围十分广泛，可能来自自然界，也可能来自人类社会；可能来自学校内部，也可能来自学校外部；可能来自设施，也可能来自制度；可能来自成人，也可能来自学生自身。

> **案例：基于人脸识别的学生安全预警系统①**
>
> 通过人脸识别部分的识别结果，即可轻易地实现门禁管理、访客管理与陌生人跟踪等安全应用。以下重点阐述如何根据人脸识别结果与安全应用输出信息，使用智能化方法实现学生安全智能预警。智能预警模块由行为特征提取、人工智能分类、危险行为预警三部分组成。行为特征提取模块将人脸识别及相关安全应用输出作为原始数据，对其进行预处理、编码等，使其变为可直接输入人工智能算法的标准数据；人工智能分类模块则通过相关人工智能算法，将行为特征分为不同危险等级，对危险等级超标的目标进行定位及报警。

警级评估。警级即预警的级别，它是为了表示警情的程度而对预警作出的级别划分。依照《中华人民共和国突发事件应对法》对突发事件的分级，根据学校安全突发事件的性质、严重程度、紧迫程度、形成规模、行为方式和激烈程度、可控性、影响范围、可能造成的危害和影响、可能蔓延发展的趋势等因素，将其划分为特别重大事件(Ⅰ级)、重大事件(Ⅱ级)、较大事件(Ⅲ级)、一般事件(Ⅳ级)。学校安全突发事件的预警级别和突发事件的分级一般保持一致，划分为Ⅰ级(特别严重)、Ⅱ级(严重)、Ⅲ级(较重)和Ⅳ级(一般)四个等级，分别用红色、橙色、黄色和蓝色标示。②

警情汇报与发布。进行警级评估后，必须马上向上级主管部门汇报。主管部门负责召集相关专家进行会商讨论，然后对会商讨论的结论性意见加以发布。发布的内容包括警情、警级、预防和调控方案等。警情信息应利用广播、电视、网络、手机短信等多种媒介同时发布；学校应建立专门的警情信息传递系统，确保警情信息在第一时间传达给相关人员。对于中度及以上等级的警情，要迅速启动应急响应机制，切实落实预防和调控方案。

---

① 董薇、张韶：《基于人脸识别的学生安全预警系统设计》，载《电子设计工程》，2020(14)。
② 龚琬岚：《学校安全》，184页，北京，应急管理出版社，2021。

案例：云南省××市人民政府食品安全委员会发布学校食品安全预警通告①

近期，我市各学校已经开学，随着气温逐渐升高，各种病原微生物进入生长繁殖的高峰期，食物易腐败变质、霉变生虫。为有效预防和减少学校群体性食物中毒事件的发生，确保广大师生饮食安全，现发布学校食品安全预警通告：

一、各级各类学校要切实履行好食品安全第一责任人的责任，要做好食品原料采购索证索票和验收查验工作，严禁"三无食品"（无生产许可证、无生产厂家、无生产日期和保质期）、过期食品、霉变食品、假冒伪劣食品进入学校食堂。无冷冻、冷藏设施的学校食堂，蔬菜、肉、禽类等原材料要当天采购当天加工食用，隔夜饭菜一律不得再加工给学生食用。有冷冻、冷藏设备的学校食堂，要注意日常维护保养，保证其正常运转，确保储存食品质量安全。

二、严禁购买未超过休药期的蔬菜，由于有些蔬菜病虫害大，使用农药的频率高，采购蔬菜时要确认休药期已过的才能购买，避免采购农残超标的蔬菜。蔬菜清洗后要用清水再浸泡 15 分钟以上，降低蔬菜表面的农药残留量。

三、食物加工操作要规范，防止生熟交叉污染。食物要烧熟煮透。熟食在常温下保存时间不超过 2 小时，禁止供应冷荤凉菜。餐饮具和盛放直接入口食品的容器要清洗消毒。

四、学校食品安全管理人员要做好学校食堂餐饮食品安全管理工作，定期对学校食堂从业人员进行培训和健康体检，每天对从业人员进行晨检，防止患伤寒、痢疾、化脓性皮肤病的从业人员带病上岗。学校食堂内外环境要清洁整齐，做好防蝇、防虫、防鼠、防尘、防腐工作，预防食物被污染。督促学校食堂做好每餐菜肴留样和留样记录。

五、一旦发生食物中毒事件，应立即启动校园食物中毒应急处置机制，并立即向市教育体育局、市市场监管局、市卫生健康局报告，同时封存当餐所用原材料、剩余饭菜、留样菜肴、加工使用的容器和设备设施等，以备有关部门进行现场调查，查处食物中毒事件。

××市人民政府食品安全委员会

2021 年 3 月 12 日

① 资料来源：https://www.ynwss.gov.cn/info/2423/84344.htm，引用时作者做了文字整理。

(二)学校安全预控

安全预控，是指事先对可能引发安全事故的各种诱因采取措施，尽可能避免危机的爆发；对难以避免的危机做好准备，减少危机爆发后的危害程度。

1. 安全预案的制定

安全预案，是在突发事件出现之前制定的应对方案。作为学校领导和师生员工应对突发事件的行动纲领和行为策略，学校安全预案将应对突发事件的组织机构、责权体系、信息沟通渠道、应对措施等，在充分论证的基础上，明确化、具体化。有科学、合理、明确的安全预案，当突发事件出现时，就会从容应对。

学校安全预案的类型，根据涵盖范围可分为学校总体安全预案和学校专项安全预案。学校总体安全预案是学校主要领导组织制定的全校应对突发事件的行动纲领和行为策略，内容主要包括学校应对突发事件的指导思想、组织体系、责任制度、应对步骤、措施等。学校专项安全预案，是根据学校安全事故的种类划分的。学校安全事故主要包括：实验课安全事故、体育课和体育活动安全事故、课外校外活动安全事故、学校环境与设施安全事故、学校饮食住宿安全事故和学生交通安全事故。学校的安全预案也应依此分类编制，以便使预案更具针对性和操作性。

> **案例：××镇学校食品安全突发事件应急预案①**
>
> 为有效预防、控制和消除学校食品安全突发事故的发生，保障广大师生身体健康和生命安全，切实有效降低和控制食品中毒事故的危害，根据《中华人民共和国食品安全法》等有关文件精神，特制定本应急预案。
>
> **一、工作目的**
>
> 建立健全学校食品安全事故的应急体系和运行机制，规范和指导应急处理工作，有效预防、积极应对、及时控制学校食品安全事故，高效组织应急救援工作，最大限度地减少事故危害，保障广大师生的身体健康与生命安全。
>
> **二、工作原则**
>
> (一)坚持"政府统一领导，部门指导协调，各方联合行动"的食品安全工作原则。
>
> (二)坚持群防群控，加强日常监管，及时分析、评估和预警的原则。

---

① 资料来源于网络，引用时作者做了文字整理。

（三）坚持依靠科学技术支撑，实行科学民主决策，依法规范应急处理程序，确保应急预案的科学性、规范性和可操作性的原则。

（四）坚持对学校食品安全事故快速反应，及时启动应急预案，严格控制事故发展，有效开展应急处理，做好学校食品安全事故的善后处理及整改督查工作的原则。

三、应急处理组织机构及职责

（一）应急处理领导机构

成立学校食品安全事件应急处置领导小组（以下简称"领导小组"），负责统一领导和指挥学校食品安全事件的应急处置工作，负责向县委、县政府报告学校食品安全事件的有关情况，负责与各有关职能部门的通报和协调。领导小组组长：×××，副组长：××，成员：××、××、××。

（二）应急处置各工作组职责

领导小组办公室各个工作组的组成与职责分工如下：

1. 现场处置组：由各市场监管所有关人员组成，组长由××担任。主要职责是深入所管辖学校现场，收集突发事件第一手信息资料，必要时在现场抽样检验，根据事件的势态，必要时依法采取封存、扣押等行政强制措施，向领导小组办公室报告现场情况，提出相关的措施建议，根据应急领导小组决定迅速采取有效措施控制事态蔓延，依法实施行政监督，监督现场有毒有害食品的处理。

2. 应急保障组：由应急股、餐饮股、食品药品安全协调股、办公室等人员组成，组长由××担任。主要职责为制定学校食品安全事故应急工作预案；监督救援措施的落实，评估事件影响，提出事件防范意见；建立学校食品安全事故处理责任制和责任追究制，组织撰写总结报告；及时与新闻媒体联系，通报或发布有关情况。

领导小组成员随时待命，开展学校食品安全事故的应急处置工作，同时加强与卫健委的联系，确保及时开展检验检测、医疗救治等工作。

四、预测与预警

学校食品安全事故应急工作要坚持早发现、早报告、早处置的方针，加强对存在食品安全隐患的重点品种、重点环节、重点场所、重点区域的监测和监管，分析预测可能出现的食品安全隐患，并采取针对性措施。

五、应急处置

(一)启动应急预案

1. 发生学校食品安全事故后,领导小组办公室立即启动应急预案,及时采取应急措施,做好应急处理,控制事态,按要求做好信息报告。根据食品安全事故的规模、程度以及应急处理的需要,及时请县政府和市市场监督管理局给予必要的技术和物质支持。

2. 事故处理超出本局应急处理范围,或者根据事故发生情况和事故严重程度,建议县政府启动食品安全事故应急预案,或者建议报请市政府和有关部门启动相应的应急预案。

(二)事故调查处理

市场监管部门在学校食品安全事故处理中承担以下工作职责:

1. 负责监管职责范围内食品安全事故的具体调查处理;

2. 依法采取行政强制控制措施,查处违法行为;

3. 提出职责范围内的调查报告和处理意见。

(三)责任追究

调查食品安全事故,查明事故部门和相关人员的责任,协助纪检和司法部门进行失职、渎职等违纪违法问题的查处。

(四)落实防范和整改措施

事故发生后,学校要认真吸取事故教训,落实防范和整改措施,防止类似事故再次发生。

(五)总结报告

学校食品安全事故善后处理工作结束后,应认真总结事故处理经验、教训,改进工作措施,完成应急处理总结报告,报县政府和市市场监督管理局。

(六)扩大应急

当学校食品安全事故随时间发展进一步加重,食品安全事故危害特别严重,并有蔓延扩大的趋势,情况复杂难以控制时,上报市市场监督管理局审定,以便及时提升预警和反应级别。

(七)应急结束

学校食品安全事故隐患或相关危害因素消除后,事故处置工作终结。领导小组应在充分听取专家组意见的基础上,提出终止应急工作建议,报告同级政府批准宣布应急响应结束。

六、后期处置

督促发生食品安全事故的学校认真吸取教训，严格落实整改措施，严防学校食品安全事故发生，并对整改情况进行监督检查。对在学校食品安全事故应急管理和处置工作中作出突出贡献的先进集体和个人，给予表彰和奖励。对造成学校食品安全事故的单位，按照有关规定，予以行政处罚。构成犯罪的，移送司法机关处理。同时，对在学校食品安全事故处置过程中，未履行职责、迟报、瞒报、漏报重要情况的有关责任人进行责任追究。

学校安全预案的编制，要有先进的理论指导，反映应急管理理论及其他相关理论的最新进展；要遵守国家相关的法律法规，保证学校应急管理依法进行；要突出重在预防的指导思想，变被动预防为"主动预防"。目前公认的应急预案编制路径是"情景—任务—能力"路径。[①] 在风险评估的基础上，针对主要风险和威胁开展情景构建，基于底线思维科学分析主要风险和威胁的演变规律及最坏可能结果。在情景构建的基础上，梳理事前、事中和事后的应急任务清单，确定各项任务的牵头部门、配合部门及协同机制。在任务梳理的基础上，分析完成逐项任务的目标能力和既有能力，分析能力差距并寻找解决办法。

2. 安全应急演练

学校安全应急演练，对于检验和完善安全预案，提高师生员工的安全意识、互救精神和逃生能力，降低突发事件发生时的恐惧感，熟悉紧急避险的正确方法，提高指挥人员的临场指挥能力，都具有十分重要的现实意义。

严格地讲，针对学校可能发生的各类安全事故，都应安排相应的应急演练，这样才能在事故出现时从容应对，最大限度地降低事故造成的人身财产损失。其中，火灾、地震等灾情发生时撤离时间紧迫，危害后果严重，因此很多学校将针对火灾及地震的疏散演练，作为应急演练的主要项目。

学校安全应急演练的程序一般包括：

演练准备。演练前要制定详尽的演练方案，做好组织动员工作，使师生理解演练的目的和要求。

演练实施。要演练应急避险的真实过程，从发布避险指令，到采取应急避险行动，再到宣布演练结束，不能有任何环节的遗漏。

---

① 马宝成：《应急管理体系和能力现代化》，117 页，北京，国家行政学院出版社，2022。

演练总结。演练结束后要组织师生对演练做认真的总结，肯定演练的成效，指出演练中存在的问题，提出改进措施。

在学校安全应急演练中，要提高师生员工对预演重要性的认识，克服嫌麻烦、怕吃苦的消极情绪和走过场、凑热闹的应付心态，让他们以严肃认真的心态参加演练。同时，演练要有高度的仿真性，在条件允许和不造成伤害的前提下，尽量模拟突发事件发生的真实情境，让师生员工得到更多的锻炼和提高。另外，要加强对演练的组织领导，全体参加演习的师生员工必须服从命令、听从指挥、遵守纪律，避免在演练中出现伤害。

二、学校突发事件的处置阶段

学校安全突发事件爆发后，应在第一时间启动应急预案，迅速成立应急指挥机构，统一全校的行动。应按预案要求实施对突发事件的控制和管理，及时掌握和分析各种信息，分析突发事件的发展走向及其对学校安全造成的危害，采取积极有效的干预措施，降低危害的程度，缩小危害的范围。

(一)启动应急预案

安全突发事件出现后，第一时间的反应至关重要，危机爆发的初期也是危机处理的最佳时机，迅速作出反应，能够有效避免危机蔓延。因此，确认警情报告后，依据警级立即启动相应的应急预案。

(二)成立临时指挥中心

临时指挥中心，负责学校安全突发事件的现场指挥。在分析危机信息的基础上，根据应急预案的规定，指挥部署应急处置工作。临时指挥中心，设总指挥一人，成员若干。总指挥和成员的构成，根据突发事件的级别和种类决定。

(三)进行应急处置

应急指挥中心应迅速下达指令，调集必要的人力、物力、财力，控制危情，减少危害。处置突发事件，应遵循以下基本要求。[1]

①分类分级管理，包括对突发事件的分类分级和相对应的保障机构的分类分级，并根据对突发事件以及相应保障机构分类分级的结果进行处置。

②以预案为核心。应急处置措施，应按照应急预案的设计进行。根据事先制定的预案决定采取哪些措施。

③生命优先。应始终坚持"以人为本"的基本宗旨，保障师生的生命安全，是应

---

[1] 计雷、池宏、陈安等：《突发事件应急管理》，28页，北京，高等教育出版社，2006。

急处置的优先考虑内容，也是应急处理的第一要务。

④"战时"协同。各部门和人员都要相互支援、密切配合；避免各机构之间合作效率的低下，严禁在应急状态下出现调动无力的情况。

⑤特定处理。当处理的突发事件涉及国家安全、未成年人隐私等特定问题时，需有专门的处理逻辑和方式。

⬤ 案例：学校采取有力措施积极应对低温雨雪冰冻①

近期，多地出现极端天气，相关学校高度重视低温冰雪天气应对工作，确保安全防护措施落实到位。

威海市翠竹小学以"包片划区"形式做好分工，为师生通行安全保驾护航。该校校长江军协调社区及相关部门，组织铲车到校对积雪进行清扫，副校长江彩娥按照预先划定的清雪区域，安排分组清雪工作，保证学生入校通道安全畅通。

长春市朝阳区西安大路小学的校领导、保安和保洁人员，每天7时前全部到校，清扫入校区域和操场积雪，铺设防滑垫，启动入楼口暖风装置，确保室内温度达标。学校食堂将午餐送到班级，确保学生能吃到热的饭菜。实行错峰放学，增设4处照明灯，确保学生安全。

地处白山市浑江区七道江镇黑沟村的八一希望学校辐射周边多个村屯，学校采取停课、提前放学等方式保障学生安全。该校安排教师每天早晚跟校车接送孩子上下学。遇降雪天气，学校领导先于校车出发，检查校车线路，跟车教师及时联系周边各村屯，由各村屯在危险路段铺撒防滑料，保障校车安全通行。

（四）执行突发事件处置流程

学校突发事件的处置，必须有明确可行的流程。用流程图表示学校安全突发事件处置的工作程序，简单明了，便于识记和操作。不同类型的突发事件，有不同的处理流程。因此，有多少种突发事件就应有多少种流程图。流程图的编制针对性越强，越具有可操作性。由于流程图的编制经过了充分的论证，吸纳了以往突发事件处置的成功经验，并经受了应急演练的检验，在学校突发事件处理中能够起到积极的指导、规范作用，使突发事件应急反应更加迅速有序。（见图7-1）

---

① 《在寒冷冬季传递融融暖意》，载《中国教育报》，2023-12-26。引用时作者做了文字整理。

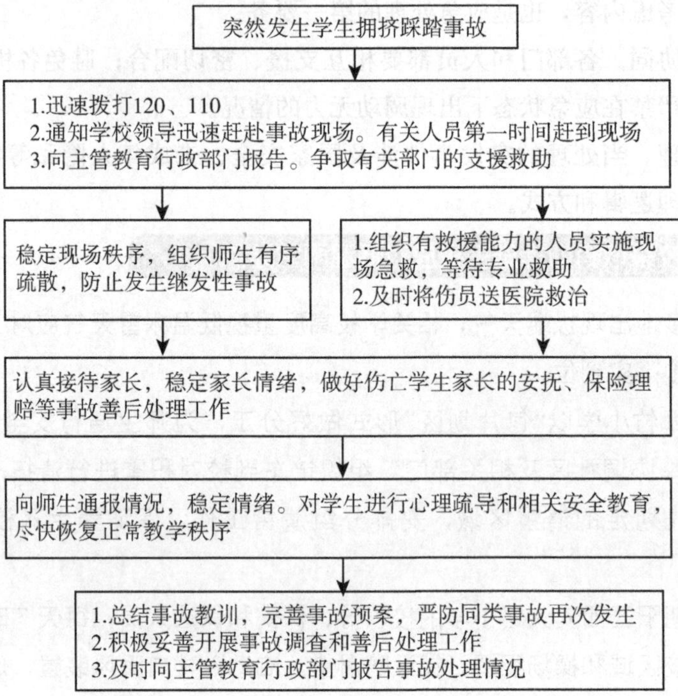

```
┌─────────────────────────┐
│   突然发生学生拥挤踩踏事故   │
└─────────────────────────┘
            │
            ▼
┌──────────────────────────────────────────────┐
│ 1.迅速拨打120、110                             │
│ 2.通知学校领导迅速赶赴事故现场。有关人员第一时间赶到现场 │
│ 3.向主管教育行政部门报告。争取有关部门的支援救助      │
└──────────────────────────────────────────────┘
            │
      ┌─────┴──────────────────────┐
      ▼                            ▼
┌──────────────────┐   ┌──────────────────────────┐
│ 稳定现场秩序，组织师生有序 │   │ 1.组织有救援能力的人员实施现 │
│ 疏散，防止发生继发性事故   │   │ 场急救，等待专业救助         │
│                        │   │ 2.及时将伤员送医院救治       │
└──────────────────┘   └──────────────────────────┘
            │
            ▼
┌──────────────────────────────────────────────┐
│ 认真接待家长，稳定家长情绪，做好伤亡学生家长的安抚、保险理 │
│ 赔等事故善后处理工作                              │
└──────────────────────────────────────────────┘
            │
            ▼
┌──────────────────────────────────────────────┐
│ 向师生通报情况，稳定情绪。对学生进行心理疏导和相关安全教育， │
│ 尽快恢复正常教学秩序                              │
└──────────────────────────────────────────────┘
            │
            ▼
┌──────────────────────────────────────────────┐
│ 1.总结事故教训，完善事故预案，严防同类事故再次发生   │
│ 2.积极妥善开展事故调查和善后处理工作               │
│ 3.及时向主管教育行政部门报告事故处理情况            │
└──────────────────────────────────────────────┘
```

图 7-1　学生拥挤踩踏事故应急处置流程图①

三、学校突发事件的恢复重建阶段

(一)恢复重建的内容

恢复重建阶段，也称为善后处置阶段，是"应急管理的最后环节，具体是指在突发事件的威胁和危害得到基本控制和消除后，应急处置主体及时组织开展的事后恢复工作"②，主要包括总结和恢复两项工作内容。

1. 总结

在突发事件的恢复重建阶段，学校要认真分析危机发生的原因，肯定事故应对的成效和经验，查找工作中的不足，以求在今后的工作中切实解决存在的问题，弥补事故的失误，排除潜在的危险，保证师生的安全。要把突发事件的处理与学校的稳定、改进和提升结合起来，变危机为机遇。如机构设置不合理，则调整组织机构；如规章制度有纰漏，则修改制度；如作风涣散，则改进工作作风；如危机意识不强，则强化危机意识；如资金不足，则增加资金投入；如设备陈旧，则更新设备。总之，

---

① 龚琬岚：《学校安全》，298页，北京，应急管理出版社，2021。

② 马宝成：《应急管理体系和能力现代化》，219页，北京，国家行政学院出版社，2022。

要通过对学校突发事件应对的总结，增强全体师生员工的安全意识，完善突发事件处理的机制，提高学校预防和处置突发事件的能力。

2. 恢复

突发事件会给学校带来一定的负面影响，如扰乱了学校的正常教学秩序、损害了学校的声誉、给师生的心理蒙上了阴影、损坏了教学设施。因此，突发事件处置之后，一定要做好恢复重建工作。

一是恢复常规工作。在条件允许的情况下，要适时将学校工作由应急状态调整到常规状态，恢复各部门的正常运转。对学校而言，教学工作的恢复至关重要。必要时可对教学工作作出调整，既要完成教学计划和教学大纲规定的内容，又要根据实际作相应的调整。

二是恢复学校声誉。很多危及校园安全的突发事件，都或多或少会给学校的声誉造成一定的负面影响；如果不注意消除，将影响学校在社会、学生和家长心目中的形象，进而影响学校工作的开展，不利于学校秩序的恢复和教学质量的提高。因此，学校在突发事件的处理中，要始终把维护学校的声誉作为重要的工作内容，在善后处理阶段尤应如此。为此，学校领导和教师应以诚恳的态度对待社会、学生和家长，真诚检讨学校在突发事件防控和处理中存在的问题，以求获得理解和支持。同时，学校要注意利用新闻媒体，让学生、家长和公众了解事件的真相，消除误解。学校也要注意通过各种公关活动，恢复学校的声誉，重塑学校的形象。

三是恢复正常心态。突发事件难免给师生造成消极的心理影响，对未成年学生而言这种影响尤为严重，一些重大事故给学生造成的影响需要很长时间才能消除。通常，人在历经了危机状况后，很容易产生诸如害怕、悲伤、愤怒、失望、无助感、负罪感等心理。因此在现代危机应对中，人们都将心理干预作为重要内容。突发事件造成的心理伤害，一般产生于突发事件之后，因此事后的心理重建是心理干预的重点。学校要发挥学校专业心理教师的作用，同时要接纳社会专业心理工作者的心理救援，学校的领导和教师应积极支持、配合并适当参与心理重建工作，使学生尽快走出突发事件带来的心理阴影。

案例：突发事件引发的心理危机①

突发事件，顾名思义，指的是突然发生的事件，而引发心理危机的突发事件往往是可能会对个体、群体、生态环境等造成威胁和危害的事件，比如自然灾害、事故灾难、公共卫生事件等。突发事件引起心理危机比较常见的原因是事件

① 陈慧：《突发事件的心理危机干预，该怎么做？》，载《心理与健康》，2022(7)。

导致的应激强度超出了个体心理的承受和应对能力。在面对突然发生、有威胁和危害的事件时，人们往往无法运用自己习惯性的应对方式来及时有效地进行处理和解决，从而容易陷入焦虑、痛苦、不安等心理应激和心理失衡的状态中。有一些人会陷入突发事件带来的心理冲击中，持续出现情绪、行为等方面的问题。在突发事件之后，人们可能会出现一系列的心理应激反应，主要包括生理、情绪情感、认知和行为四个方面的表现。比如生理上，出现头痛、疲惫、恶心、心慌、失眠、食欲减退等；情绪情感上，感到愤怒、悲伤、暴躁、无力、绝望、无助等；认知上，无法集中注意力、记忆力下降等；行为上，出现社交回避等。这些反应可能会随着时间的推移而逐渐消失，但也可能会一直持续，影响个体的生活和适应。

四是恢复学校设施。某些突发事件，如地震、台风、洪水等，往往会给学校的校舍、场地和仪器设备等带来损坏，危机消除后应尽快予以修复，以保证教育教学的恢复。学校应及时准确地上报损失情况，请示上级主管部门组织维修、购置或重建。也应广泛争取校友、慈善机构和社会各界的援助，为学校设施的恢复争取资金支持。

案例：重建高质量的校舍①

2019年6月17日22时55分，四川省宜宾市长宁县发生6.0级地震，学校教学设施损毁严重。震后在当地党委和政府的领导下，迅速开展校舍重建工作。记者走进长宁县硐底镇中心学校，两台挖掘机、三台打桩机正在作业。"正在开挖的是食堂负一楼，将作为消防水池、设施设备等功能用房。"硐底镇中心学校校长××说。学校食堂、综合楼、教学楼被鉴定为D级危房。学校重建建筑总面积是10057.45平方米。食堂由原来的一层规划为三层。新增一栋小学教学楼，可以容纳18个教学班，将硐底镇中心学校的小学部和治平村小整合到硐底镇中心学校。重建的中学楼，预计容纳9个教学班。除了主体建筑，学校还规划了一个塑胶操场、3个篮球场。"硐底镇中心校的投资预算是6500万元，建成后可抗7级地震。"长宁县教体局计财股股长××说，学校最初规划的地震动峰值加速度是0.05g，后来调升至0.1g，就这一项调整，造价就增加30%。硐底镇矿藏资源丰富，灾后，学校结合自身特色，将办学理念重新提炼为"以石载道，以实育人"，在校门、教学楼、运动场、附属工程等的设计中，都融入石文化元素。建设中的新校舍，既突出了教育功能，又提升了安全性。

---

① 雍晓燕：《建最安全的校舍 办更优质的教育——宜宾市"6·17"地震灾后重建纪实》，载《四川教育》，2019(11A)。引用时作者做了文字整理。

（二）恢复重建的工作要点

计雷等人将突发事件善后处置的原则概括为资源补偿原则、重建原则、事故的报告和总结原则、对相关人员和机构问责四个原则①，这四个原则在逻辑框架和具体内容上，对学校突发事件的善后处理具有一定的借鉴意义。以此为参照，针对学校工作的特点，学校突发事件的恢复重建过程中，应着力做好以下几方面的工作。

1. 资源补偿

学校突发事件会造成资源的损耗，其中既有事件本身带来的损害，也有事故处置的资源耗费。因此，应遵循相应的资源配给与补偿的原则，建立责任义务明确的补偿机制。

2. 设施重建

灾难性的突发事件过后，应有相应的重建措施，对重建资金的筹措、使用和监督，对重建的地址、规模、标准，对重建的时间进度，应确立原则性的方案。

3. 报告与总结

事故报告制度必须明确规定，什么事件应该向什么部门报告，要根据事件的类别和级别建立完善的事故报告流程。总结制度应明确规定，总结由什么部门和人员作出，应包含哪些内容等。

4. 奖惩与问责

在突发事件的善后处置中，应根据相关人员和机构在事故处理中的表现作出奖惩，以利于以后突发事件的预防和处理。如属责任事故，应启动问责机制，追究相关人员的责任。公正公平的奖惩机制和严肃严格的问责机制，有助于推动学校突发事件应急管理的法制化。

第三节　学校突发事件应急管理中的公共关系

//////////////////////

在现代公共关系学和危机管理学中，危机公关和公关危机是经常出现的两个相互联系的术语。公关危机是指由组织内外的不良因素引发的危机事件，损害了组织的声誉和形象，使组织卷入社会舆论的旋涡，处于生存发展危机之中的一种公共关系状态。这种状态如不迅速改变，就会影响到组织的发展，甚至危及组织的生存，因此称之为公关危机。

---

① 计雷、池宏、陈安等：《突发事件应急管理》，28~29 页，北京，高等教育出版社，2006。

危机公关是指组织对危机的公共关系的处理,即指组织为避免或者减轻危机所带来的损害和威胁,制定和实施一系列有利于改善公共关系的策略,使组织重塑公众形象、恢复社会信誉,规避危机、控制危机、消除危机和恢复重建的活动过程。

如前所述,学校突发事件必然给学校的公关管理带来一定损害,因此应急管理中的公共关系,是学校应急管理不可忽视的内容。

一、应急管理中公共关系的任务

(一)恢复信任

突发事件给组织带来的公共关系危机之一,是公众的信任危机。因此,恢复公众对组织的信任,是组织公共关系的重要任务。信任是一切沟通与合作的前提,失去了信任,就失去了组织运转的社会根基。学校突发事件中的公共关系活动,无论是新闻发布、接受专访,还是慰问伤者、悼念逝者,都应有利于恢复公众对学校的信任。

(二)平复情绪

人的情绪与事件及环境有着内在的联系,外在环境的突然变化,往往使人产生剧烈的情绪波动。学校突发事件出现后,学校成员尤其是学生,出现恐惧、悲伤、自责、憎恶、愤怒、烦恼等负面情绪是十分自然的。学校所应做的工作,是采取各种干预措施,缓解并逐渐平复这些不良情绪,消除它可能带来的不良影响。除了专业心理疏导,通过公关活动,如慰问、座谈等也会对平复师生的情绪起到积极作用。

(三)制止流言

突发事件出现后,学校马上会成为社会关注的热点,成为各种舆论议论的中心。与此相伴的是,各种小道消息会迅速传播开来。因此,做好舆论导向工作,制止流言的传播,是学校危机公关的一个重要内容。

(四)形成合力

学校突发事件的处置是一个复杂的系统工程,需要校内外多方面的协作。然而,危机时刻又容易产生冲突和纠纷。因此,学校在出现突发事件后,必须通过积极有效的沟通,使涉及事件的有关组织和个人,顾全大局、同心协力、共度时艰,最大限度地降低事件造成的损失。

(五)重振信心

突发事件不仅会给人们造成物质上的损失,还会给人们带来精神上的创伤,动摇人们对未来的信心。危害较大的突发事件,会使一些师生对未来产生迷惘。灾难过后,师生难免产生悲观情绪,因此,学校应通过各种形式的宣传,让师生以积极的心态面对未来,坚信难关终会渡过,未来充满希望。

（六）维护声誉

突发事件可能会给学校造成负面影响，使学校的社会声誉受损。其原因，一方面来自学校的主观因素，如学校防范不力、处置不当等；另一方面来自客观因素，如学生、家长的误解，别有用心者的谣言中伤等。无论何种原因，学校都要采取措施，消除不良影响，恢复学校声誉。对于自身存在的问题，学校要敢于承认，勇于担当，真诚道歉，及时纠正；对于学生和家长的误解，学校要通过沟通加以化解；对于恶意诽谤，学校要正面回应，澄清事实，以正视听。学校声誉的维护，既需要学校在处置突发事件中积极表现，又离不开有针对性地开展公关活动。

二、应急管理中公共关系的类型

公共关系专题活动的种类很多，常见的有社会赞助活动、庆典活动、新闻发布会、开放组织、展览会、举办会议等。① 学校应急管理的特点，决定了学校公共关系专题活动的类型选择，不可能完全照搬一般公共关系活动的类型。公共关系专题活动的目的，学生、家长及公众的情绪状态，时空和物质条件等都是影响活动类型取舍的因素。学校应急管理中可采用的公关活动类型主要有以下七种。

（一）新闻传播型活动

学校在突发事件出现后，应适时召开新闻发布会，或接受记者专访，以便使公众及时了解事件的真相，平息公众的焦躁情绪，制止各种传闻；也可通过新闻媒体报道学校为减少损失所作出的努力、采取的措施等。

（二）慰问型活动

学校领导及时走访慰问事件中受到伤害的学生及其亲属，了解和解决他们的实际困难。这符合受伤害学生、家长及公众的心理期待，能够使他们感受到学校的关心爱护，也有利于树立学校的正面形象。

（三）座谈型活动

座谈是一种较为放松的、不拘形式的讨论。它既是集思广益、研讨寻求突发事件应对策略的形式，也是学校的公共关系活动的有效方式。参加座谈的人员应包括学校主要领导、相关救援专家、家长代表等。通过座谈，来自不同方面的人员，在解决问题中进行思想碰撞，获得相互间的理解和认同。

（四）展示型活动

展示型的公共关系活动一般在突发事件应急处理后举行。其特点是通过实物、图片、数据、图表等，向校内外的受众展示突发事件及其处理的真实情况，包括突

---

① 周安华：《公共关系：理论、实务与技巧》（第 6 版），141 页，北京，中国人民大学出版社，2019。

发事件的原因及危害，学校和有关领导以及社会各界为了减少事故损失、营救师生、恢复校园秩序等，所作出的积极努力和取得的积极成效。展示型活动中也应恰当地总结突发事件防范和处理中的教训。有违客观事实的夸大宣传，往往诱发参观者的抵触心理。

(五)典礼型活动

典礼型的公共关系活动一般在学校突发事件管理的恢复重建阶段举行，主要包括恢复教学活动的开学仪式、新校舍奠基仪式、新教学楼启用仪式等。这些仪式的举行，要本着节俭而隆重的原则，尽可能节约资金，使有限的资金用到恢复重建上；同时又要通过庆典活动，振奋师生精神，增强他们战胜困难、从头再来的信心。

(六)表彰型活动

对学校突发事件中涌现出的先进集体和个人要及时进行宣传和表彰。通过表彰活动，在学校中弘扬舍己救人、见义勇为、助人为乐、机智勇敢、不畏艰险、积极达观等高尚品格和良好的精神风貌；促进学校中积极人际关系的形成，推动学校内部公共关系的改善。表彰活动可通过会议、通报、校园广播、电视、校园网等方式进行。

(七)悼念型活动

危险等级高的学校安全事故，会危及师生的人身安全，甚至夺去师生的生命。可通过默哀仪式、安葬仪式、追思会、纪念墙、纪念网页等方式，表达对逝者的追忆和缅怀，使师生的悲痛情绪得到释放。组织悼念活动还可以体现出学校的人道主义精神和对师生的深厚情感。

> **案例：送别为救学生而牺牲的"英雄女教师"①**
>
> 2018年6月11日下午，在护送学生放学回家途中，面对失控的车辆，河南省信阳市浉河区董家河镇绿之风希望小学教师李芳果断推开学生，把生的希望留给了学生，把死的危险留给了自己。
>
> 6月16日上午，花圈似海，挽联如潮，哀乐低回，千人泪垂。在河南省信阳市浉河区董家河这个小镇上，近5000人的送行队伍把灵堂前一公里多的道路挤得水泄不通。他们都来为以身挡车救学生而英勇牺牲的小学教师李芳送行。参加追悼会的学生代表每人手捧一束鲜花来送别李芳老师。李芳老师的母校——信

① 引自中国教育报微信公众号，引用时作者做了文字整理。

阳师范学院的校友代表也来送她最后一程，并在现场拉起"沉痛悼念英雄　李芳同学一路走好"的横幅。

李芳老师，您看到了吗？各级党委、政府的领导干部来了，您认识和不认识的老师、教过和没教过的学生们来了，十里八村的乡亲们来了，您母校的老师和同学来了，您那天舍命救下的 4 个孩子也来了……

信阳市委决定在全市开展向李芳同志学习的活动，并追授她为"信阳市优秀共产党员"；市政府追授她为"优秀人民教师"。

三、应急管理中公共关系的原则

（一）主动沟通原则

突发事件出现后，学校应主动与媒体和公众沟通，说明事件的真实情况，以及有关方面在处理突发事件上所采取的措施和取得的效果，争取学生、家长、媒体和公众的理解，维护学校形象。如可以召开新闻发布会，散发新闻稿，召开通报会，利用网络媒体发布图片、视频等。这样才能消除公众的疑虑，制止各种负面传言。

（二）及时沟通原则

相关研究认为，突发事件出现最初的 12 至 24 小时是谣言传播最快的时期，以致一些学者用病毒的裂变来比喻这一时期谣言传播的速度。此时也恰恰是危机公关的最佳时机，危机处理有"决战 24 小时"的说法。学校突发事件出现后，公关人员要迅速作出反应，抢占先机，将真实的正面消息及时发布出去。待负面消息扩散开来，再出来澄清事实，就会增加工作的难度，效果也往往事倍功半。

（三）权威证实原则

由权威人士澄清事实真相，是制止各种流言传播、稳定公众情绪的有效途径。政府相关人员、学校主要领导、专家、事件的亲历者的说明与解释，都具有很强的公信力。对事件真相的解说要力求全面客观，任何掩盖事实、推卸责任、转嫁危机的欺骗行为，都会导致失去公众的信任、引起更多的猜疑、助推谣言的传播、扩大事件的危害、妨碍危机的处理、损害学校的声誉。

（四）信息一致原则

学校在突发事件处理中发布的信息，必须保持一致；如果信息之间相互矛盾，公众便会质疑信息的真实性和校方的诚意。因此，学校应指定专门的新闻发言人，新闻发言人必须了解事件的真相，并具有较高的专业素养。学校发布的有关突发事件及其处理的信息，应经过有关方面的认真核准。新闻发言人前后发布的信息，要在真实的基础上保持一致。学校领导的讲话，也应和学校发布的官方信息相统一。

(五)真诚沟通原则

以诚相待,是人与人之间沟通与理解的必要心理条件,也是处理公共关系的准则。学校突发事件中的危机公关,必须遵守真诚的原则。唯有真诚的态度,才能获得公众的信任。信任是公众理解学校做法、原谅学校失误、接受学校检讨的必要前提。学校的领导要以平视的眼光看待公众,相信公众的判断力。任何自以为是、遮掩虚饰、强词夺理、以势压人的态度和做法,都会导致沟通的失败,加剧学校的公关危机。

(六)承担责任原则

导致学校突发事件产生的原因很多,有的在学校,有的在学生自身,有的在监护人,还有复杂的社会和自然因素。从法律的角度看,突发事件的责任归咎有三种情况,即学校承担全部责任、学校承担部分责任和学校不承担责任。学生伤害事故的处理要依法行事。但从公共关系角度看,无论何种情况,学校都要表现出勇于承担责任的态度。第一种情况下,学校必须毫不推卸地承担事故的责任,作出真诚的道歉,争取受害人和公众的谅解;第二种情况下,学校要主动担当属于自己的责任,不要纠缠其他人的责任;第三种情况下,学校应站在受害人的立场考虑问题,给予同情、抚慰和必要的救助。学校对受害人的态度、情感、行为,直接关系到学校在公众心目中的形象。

> **案例:基于社会心理视角优化舆情引导策略①**
>
> 建立并完善网络舆情的监测体系。相关部门要有建立系统的舆情监测体系的意识,借助信息技术手段,基于微博平台搭建"舆情烽火台",识别并预警危机。舆情监测的目的在于早发现、早预警、早干预,实现的是一个"快"字。舆情监测有助于实时了解在微博这个环境中发生的事件,并对热点事件的发帖数、转发数、评论数、发言时间密度、参与讨论的用户规模等指标作出判断,以便能够在事件发展至需要采取引导干预措施的阈值时以最快的速度响应。曾有学者提出"黄金4小时"原则,认为对公共热点事件的处置在事件发生的4小时内最为有效。由于微博用户基数大、信息传播范围广且速度快,基于微博的舆情工作更要求与之相匹配的及时性。值得注意的是,建立健全网络舆情监测机制不等同于建立网络舆情管制机制。发现舆情事件之后如何进行干预需要根据舆情的传播规律而定,一刀切式的盲目禁言容易给网民留下"遮遮掩掩"的负面的第一印象,反而加剧舆情的失控。

---

① 熊萌之:《心理学视角下网络舆情引导机制研究》,载《传媒》,2018(8上)。

主动响应舆情，提高应对方式的有效性。在舆情危机发生后，应该主动响应舆情，而不是保持沉默。一方面，主动响应舆情能够体现出"关心该事件"的态度，能够防止网友因官方的熟视无睹而感到愤怒。另一方面，主动提供对舆情工作有利的信息能够防止舆情真空地带的出现，挤压谣言等不良信息滋生和传播的空间。目前政府机关已建立了一套较为完备的政务微博矩阵，政务微博就是主动响应微博舆情的有利渠道。在主动应对舆情过程中，有几点需要注意。首先，要快速厘清事件的来龙去脉，抓住事件本身的关键点和舆情中的关键信息，做好梳理，以便对公众呈现清晰的逻辑结构。其次，在文风上要避免居高临下、打官腔等常见问题，要注重群体情绪的安抚，以通俗而不失亲民的形式行文。此外，在内容上应注意针对性，聚焦于事件和舆情的主要矛盾，避免出现所答非网民所问的情况。内容上也需要注意全面性，要考虑到事件中的不同方面，尤其注意对公众事件中弱势或受害一方的关心，以此减少群体的公正世界信念失衡。

四、应急管理中公共关系的策略

（一）搜集、使用资料的策略

占有并恰当地使用资料，是处理应急公共关系的基础性工作。因此，在学校应急管理中，公关人员必须注意搜集和使用相关资料。这些资料主要有以下几种。

1. 事故现场的资料

这类资料包括照片、录音、录像等，对于公众了解事件真相，会起到很好的佐证作用。

2. 有关领导的言论和行为

这类资料包括相关领导的指示，指挥部的指令，已经和将要采取的措施，相关的数据、典型事例等。

3. 相关政策法规

国家的相关政策法规，如相关教育法规，未成年人权益保障的法规，学校设施标准的法规，学校安全的法规等。

4. 相关报道和评论

要注意查阅各种媒体的相关评论，包括对事件的报道，对事件原因的分析，对处置措施和结果的评论等。既要关注正面的肯定性评论，也要关注负面的否定性评论；既要关注专业人员的理性化评论，也要关注普通民众的情绪化议论；既要关注真实的报道，也要关注虚假的新闻。

(二)处理与上级关系的策略

1. 及时汇报

根据分级分类管理的原则,对于级别较高的学校安全事故,应第一时间向上级汇报,为上级及时作出决策、指导事故的处理赢得时间。切忌为逃避问责,隐瞒不报、虚报、漏报。

2. 主动请示

学校的职权是有限的,遇到学校职权以外的问题,要主动请示上级部门。尽管突发事件的处置时间紧迫,但也不可超越职权擅自行事。当然,对一般性的工作或上级授权范围内的工作,应果断处理。

3. 保持一致

保持上下一致,是处理学校与上级公共关系的一个准则。在处置学校突发事件过程中,学校更应注意与上级保持一致。一是言论一致,对外发布的消息,必须与上级保持一致,避免说法不一,扰乱人心。二是立场一致,要站在统一的立场上,观察问题,处理问题,避免不顾大局,从学校局部的立场上处理事件。三是行动一致,学校要服从指挥,保持上下协调,避免不听指挥、擅自行动。

4. 提出建议

上级对学校的具体情况的了解总是有限的,突发事件出现后,学校在向上级请示汇报时,应提出处置建议。这样有利于上级部门根据事件的具体情况,恰如其分地作出相关决策。

5. 坚决贯彻执行

在上级作出决定前,可以及时沟通,提出意见和建议。一旦上级作出决定,就必须坚决贯彻执行。处置学校突发事件,尤其是救援行动,如同作战一样,坚决执行上级的决定,是取得胜利的关键所在。

(三)处理与受伤害学生及家长关系的策略

1. 态度真诚

对于在学校突发事件中受到伤害的学生及其家长,学校应抱着真诚的态度与之沟通协商,以求取得相互间的理解,达成对处理意见的共识。任何欺骗、压制、威胁、恐吓的做法,都只能加深彼此的不信任,既不利于问题的解决,也会损害学校的形象。

2. 换位思考

换位思考,即站在对方的角度去思考问题,它是一种有利于人与人之间相互理解和交往的思考方式。站在受伤害学生立场上看,毕竟是他们在忍受伤痛的折磨;

站在家长的立场上看，毕竟是他们的孩子受到了伤害，没有人比他们更心疼孩子，也没有人比他们更为孩子的未来担忧。

3. 包容体谅

受到伤害的学生及其家长，由于突然遭受事故的打击，产生冲动的情绪和偏激的言行，都是可以理解的。学校的有关领导和教师，在与他们交往中，尤其是就赔偿事宜进行协商的过程中，对他们的过激情绪和言行，应予以体谅和包容。不可针锋相对，激化矛盾，恶化事态。

4. 认真倾听

认真倾听是重要的交往艺术，与任何人交流，都不可只顾自己讲述，而忽视了对方的表达。学校突发事件中受伤害的学生及其家长，他们的讲述，不仅有利于学校了解他们的想法、感受和要求，而且对于他们宣泄不良情绪，平复起伏的心绪，会起到积极的作用。认真倾听，也会使学生及其家长感受到学校对他们的尊重和重视。

5. 解决难题

对于在学校突发事件中受到伤害的学生，学校应本着人道主义精神，积极给予赔偿。对于学校过错责任事故，学校应依法承担赔偿责任；对于无过错责任事故，学校也应站在人道主义立场，从救助孩子、抚慰家长的角度出发，给予必要的补偿。对于受伤害学生和家长提出的其他要求，如请学校补课、在病房单独考试等，也应在力所能及的范围内，尽力帮助解决。

案例：一张数学光盘引起的思考①

有一天下午，我正在办公室批改作业，忽然我班的一个小男孩哭着跑来说，上课前我发给他的那张数学光盘不见了。我先稳住了他的情绪，告诉他光盘是肯定在的，我一定会帮他找到。等他走后，我开始沉思，琢磨如何处理这件事。下午第二节少先队活动课，我拿着光盘走进教室。同学们都坐着等我布置今天的队活动的内容。我拿出光盘问："请大家看看，这是什么？"同学们齐声说："光盘。""这张光盘是谁的？"然后我把光盘交给前排的一个同学："请大家仔细地看看。"同学们一下子都兴奋起来了，争着去看。一圈下来后没有一个人说是自己的。接下来我说："这张光盘是老师的，下午上体育课前我给一些同学发了光盘，现在请

① 梁淑蓝：《一张数学光盘引起的思考——谈谈班主任该如何巧妙处理突发事件》，载《新课程（小学）》，2018(3)。引用时作者做了文字整理。

这些同学拿出自己的光盘举高。"有光盘的同学都迅速地拿出光盘并把它举高了。我环视了一圈后说:"现在这些同学都有一张自己喜欢的光盘,但是有一个同学的光盘却在今天上体育课时被人拿去,找不到了。"随着我的话语,同学们都转过头去寻找那个丢失了光盘的同学。只见那个小男孩难过地低下了头。我停顿了一下又说:"那个拿光盘的人现在就坐在下面,是谁呢?"同学们都有点紧张地望着我,我环视了一周,同学们的眼光开始躲闪,生怕我的眼光会在他身上停留。我说:"同学们,我现在不去追查这张光盘到底是谁拿的,我只想告诉他,如果你是有意的,那么这种行为是极其错误的。"接着我又说:"我相信那个拿光盘的同学已经认识到自己这么做是不对的。现在当着这么多同学的面又不好意思承认。那老师今天就变一个魔术,把光盘给大家变出来。"同学们一听说我要变魔术,都非常兴奋,想要看看我这个魔术是怎么个变法。我拿出一个纸盒,打开后在学生面前展示,证实里面是空的后,又将它关上,说:"等我们结束了游戏,下课铃声响后,光盘就会变出来了。"

同学们都不大相信,但还是跟着我来到了操场进行"丢手帕"的游戏。我要求同学们按照圆圈队列轮流跑,每一个跑的同学都可以被奖励一项权利:可以回教室看看光盘的变化情况。同学们一听说"丢手帕"的游戏还有这样一个新奇的玩法,都争着进行。在这节课中,游戏在不停地进行,同学们也一个接一个地回到教室里检查那个"魔盒"。下课铃声响过,同学们都一窝蜂似的涌向教室,去看"魔盒"里到底有没有变出光盘来。说真的,当他们涌向教室时我还有点担心,真怕"魔盒"变不出光盘来。所幸的是:当我面对同学们打开"魔盒"时,下面传来了一阵欢呼声。我知道我成功了,那个孩子没有让我失望。这时,有个同学站起来问:"老师,你真能变出光盘来啊?真厉害。你还能变别的吗?"我说:"这光盘不是我变出来的,是我们一起努力变出来的。这光盘肯定是我们班某个调皮的同学情不自禁拿的。我相信那个拿的同学在拿后已经认识到了自己的错误,以后再也不会犯同样的错误了。"

(四)处理与媒体关系的策略

1. 建立媒体记者接待机构

突发事件出现后,学校往往成为公众关注的焦点,也自然成为新闻媒体报道的焦点。对于新闻媒体的采访,学校不能冷漠地拒绝,而应积极地给予理解和配合。在学校突发事件应急响应系统中,应该设立专门的媒体接待机构,由专人负责媒体接待和记者采访。学校对待媒体的不当态度,也会成为有损学校形象的负面新闻。

因此，对于新闻媒体的采访，学校要热情接待、言行有礼、周到有度，既不可采取水火不容的敌视态度，也不可采取亲如家人的合作态度。

2. 学校应主动向记者提供信息

如前所述，没有正面的信息，就给谣言的传播提供了空间，突发事件出现后学校要尽快向新闻媒体主动提供信息，正面的官方信息一经公布，谣言就不攻自破了。学校应该理解记者的职责就是及时提供新的事实报道，没有新信息他们的工作就无法进行。

3. 重要信息以书面的形式提供

学校在突发事件中提供的信息必须准确可靠，这样才能避免报道失真。因此，涉及诸如相关数据等高度准确性的信息，最好以书面的形式提供，以防误传。

4. 信息发布要严肃谨慎

新闻发言人要把信息核对准确后方可对外发布，要按照事先准备好的稿件发布信息，要站在正面的立场回答问题；切不可信手拈来，随意发表个人的观点和感受；对没有弄清楚的问题，不要马上回答；对充满变数的问题，不要急于发表评论。

5. 要注意非语言沟通

学校领导或新闻发言人，要注意非语言因素在沟通中的作用。衣着要得体，站姿（坐姿）要端正，面部表情要自然、从容、自信、和善。同时，要注意手势、姿势、眼神等形体动作，以及语调、音质等传递的信息。

6. 控制沟通的进程

学校应在接受媒体采访时自始至终控制沟通的主动权。要主动选择适当的时间和地点；确定是仅仅发布信息，还是同时回答有关问题；确定回答几个问题，回答谁提出的问题等。

◤ 案例：微时代新闻应急处置的规范化

微时代的舆论既可以快速聚合，也能在及时发声、揭示真相、说明原因、放大权威声音的情况下快速离散，迅速化解。事实表明，新闻应急处置的及时运用往往会对舆论的离散起到至关重要的作用。微时代，涉及政府的舆情处置要求更高，且更加规范，2016年11月15日，国务院办公厅就发布了《〈关于全面推进政务公开工作的意见〉实施细则》，其中明确要求：对涉及特别重大、重大突发事件的政务舆情，要快速反应，最迟要在5小时内发布权威信息，在24小时内举行新闻发布会。这样做主要是为了尽量缩短"时间差"，阻断虚假舆论、不负责任舆论聚合的源头。细则的出台，表明了在微时代重大突发公共事件的信息公开已经制度化、规范化。①

××市实验中学开展消防应急演练主题教育活动②

为提高师生对学校消防安全工作的认识，全面树立消防安全意识，给同学们创造一个安全的学习环境，掌握应对火灾的知识和技能，××市实验中学采取了一系列措施，组织开展消防应急演练主题教育活动。

2021年11月8日，××市实验中学联合××市××镇消防救援站举行了消防安全疏散模拟演练。学校1900余名师生参与应急逃生、学习使用灭火器、观摩消防器材等模拟体验活动，系统学习了消防应急安全救援知识。

演练前期，学校各楼梯通道安排护导教师；学校安保人员对疏散路线必经之处和到达的安全地带进行实地仔细检查，对存在的问题及时进行整改，消除障碍和隐患，确保线路畅通和安全；各班班主任组织学生学习疏散逃生知识，以及在灾害发生时如何保护自己。工作人员明确了演练的程序、内容和纪律要求，明确规定各个班级疏散的路线和到达的区域，强调演练是预防性、模拟性练习。

随着警报声响起，消防安全疏散演练活动正式开始。同学们听到警报声后，用毛巾捂住口鼻，弯腰，列队，沿着指定疏散逃生路线下楼。消防员使用各类专业消防器械对模拟起火点进行灭火扑救，营救被困人员，整个演练过程用时2分28秒，紧张有序。全体学生安全到达操场后，各班班主任立即清点人数，并向年级主任报告。年级主任填写好疏散演练点名册后汇总并向校长报告。消防大队×××队长还为同学们详细讲解了校园常见的火灾类型、相应的灭火方式及相关注意事项，并现场示范了灭火器的正确使用方法。在×××队长的指导下，师生们动手实践，现场学习了手提式干粉灭火器的使用方法。

活动结束后，校长×××对活动做了总结，并对进一步做好校园消防安全工作提出了要求。

案例分析：

应急疏散演练是学校安全应急演练的重要内容，对于师生应对火灾、地震等突发事件，培养安全意识和自我保护能力，熟悉学校的逃生线路，具有重要的实践意义。

---

① 马庆、邓慕秋：《微时代的舆论特点及新闻应急处置体系构建》，载《学习与实践》，2020(3)。
② 宋智慧、李亚红：《齐心筑牢防火墙壁 携手打造平安校园——洪江市实验中学开展消防应急演练主题教育活动》，载《湖南安全与防灾》，2021(10)。引用时作者做了文字整理。

1. 关于演练的目的。演练的目的，是演练的出发点和归宿。明确安全应急演练的目的，是制定安全应急演练方案的首要工作。有明确的目的，才能避免演练的盲目性和随意性。本案例文本用简短的文字概括出演练要达到"意识""知识""技能"三个方面的目标，即提高师生的安全意识和自我保护能力，使学生了解安全疏散、消防的有关知识，掌握逃生、灭火技能和技巧。从案例中还可以挖掘出演练的具体目标，比如使学生熟悉逃生路线，提高学校领导和教师对疏散的临场指挥能力，检验灭火器材的性能和效果等。

2. 关于演练的组织。建立强有力的组织体系，是应对学校突发事件的保证。对于紧急疏散和消防安全演练而言，组织体系应符合以下要求：一是机构完善，决策机构、指挥机构、执行机构缺一不可。从案例中可以看出，学校组建了演练领导小组，确定了现场指挥人员，及各楼梯口负责人员，形成了从上到下的组织管理体系。二是人员精干，应急管理的特点，决定了组织的运行必须讲求效率，因此机构不能臃肿、层次不能太多。该校的应急演练，设领导小组组长一人，现场总指挥一人，不设副职，这有利于组织的高效运转。三是指挥有力，即全体参演人员必须服从指挥系统的指令，不可自作主张、擅自行动。本案例中虽然没有对职责和职权的明晰表述，但在"演练过程"部分有所体现。例如，校长×××直接指挥，年级组长、班主任层层负责等。

3. 关于演练过程。应急演练过程，步骤必须清晰明了，活动的时间、内容、环节、要求都要十分清楚，不可含糊不清、繁杂冗长。同时，疏散逃生步骤要科学合理，逃生的次序要考虑楼道的容量、各楼层学生人数、学生的年龄等因素，应急疏散演练应在统一指挥下有序进行，避免出现拥堵踩踏现象。另外，参加演练的师生事先需了解演练步骤和要求，做到心中有数，以保证演练有条不紊地开展。该校的应急演练，对撤离教室的时间、步骤、要求等做了比较周密的安排，便于师生理解和执行。

4. 关于演练的实战性。安全应急演练模拟真实的突发事件情境，并采取真实的应对策略，使演练更贴近"实战"要求。演练越接近真实，学生受到的锻炼就越大。在案例中，该校的应急演练从以下方面体现了适应实战的要求：一是情景仿真。点燃火源、发出警报，制造出失火现场的气氛，使师生产生应对火灾的应急心理状态。二是过程仿真。从发出紧急疏散命令的哨声，到学生有序撤离教室，最后列队进入操场清点人数，整个过程与真实的疏散过程一致。三是对策仿真。在撤离时要求学生用湿手帕或湿毛巾捂住嘴巴，身体重心尽可能降低，从走廊两侧贴墙前进，保持行进秩序等，这完全符合撤离火灾现场的行为要领。当然，演练毕竟属于模拟性质的活动，在突出仿真性、实战性的同时，要防止对学生带来身心伤害。

5. 关于演练的专业性。随着科技的发展和社会分工越来越细致，应对突发事件日益成为一项专业性的活动。以应对火灾为例，无论是灭火、逃生，还是救人，都具有极强的专业性。专业水平是影响突发事件处置效果的关键性因素。在本案例中，首先灭火是在专业消防人员的指导下进行的，该校所在区域的消防大队专业人员亲临现场，讲授消防灭火和紧急疏散的知识、技能。其次采用了专业设备器材，本次演练使用的手提式干粉灭火器等消防设备，是目前在校园中普遍配备的消防用具。为了让师生熟悉灭火器的性能和使用方法，消防人员现场做了讲解、演示和指导。这有助于火灾发生时，学校人员正确使用这些设备器材，提高扑救效果。

本案例侧重火灾发生时，学生安全撤离教室的演练。作为一个完整的消防应急处置演练，还应包括火灾报警的演练、向上级汇报的演练、公关活动的演练等，使演练更加符合实战的要求。

本章小结：

组织体系是由各分支机构构成的功能系统。学校安全组织体系，指的是为了达成学校安全管理的目标，按照有关规定组建的，负责学校安全的预防、处置和恢复重建等全过程的组织机构及运行机制。

应加强党对学校安全工作的领导，成立以学校党组织书记、校长为组长的安全工作领导小组，书记和校长同为学校安全工作的第一责任人，学校其他领导是各自分管业务工作范围内的安全责任人。学校安全专项工作组通常包括：实验课安全工作组，体育课和体育活动安全工作组，课外校外活动安全工作组，学校环境与设施安全工作组，学校饮食、宿舍安全工作组，学生交通安全工作组。

学校应急管理的过程，按照事前、事中和事后的工作内容，可划分为预防、处置和恢复重建三个阶段。

学校安全预警是指对学校现有的安全水平作出科学的评估，预报安全事故发生的可能性，划定其危害的等级与范围，并提出解决问题的预案与措施。学校安全预警的过程包括警情监测、警兆识别、警源分析、警级评估、警情汇报与发布。

学校突发事件应急处置主要遵循以下原则：分类分级管理原则、预案核心原则、生命优先原则、战时协同原则和特定处理原则。

　　学校应急公关活动的类型主要有：新闻传播型活动、慰问型活动、座谈型活动、展示型活动、典礼型活动、表彰型活动、悼念型活动等。

本章思考题：

　　1. 学校安全管理组织体系的基本职能是什么？

　　2. 学校安全预案的基本要素和编制要求有哪些？

　　3. 概述学校突发事件应急管理中处理公共关系的基本原则。

推荐阅读：

　　1. 龚琬岚. 学校安全[M]. 北京：应急管理出版社，2021.

　　2. 丁烈云，杨新起，等. 校园突发事件应急管理[M]. 武汉：华中师范大学出版社，2009.

　　3. 马宝成. 应急管理体系和能力现代化[M]. 北京：国家行政学院出版社，2022.

第八章 学校文化管理

本章学习目标：

1. 引导学习者和学校管理者结合工作实践理解学校文化管理目的和实质。

2. 通过学习和讨论学校文化管理指标掌握学校文化管理含义与原则。

3. 掌握学校文化管理框架和内容以完成建设秀外慧中的学校文化的任务。

4. 学习和运用学校文化管理方法与步骤以优化学校系统思考和管理行为。

开篇案例：

学校特色建设的九龙坡样本①

"十四五"时期，教育进入高质量发展阶段。区域教育高质量发展标准就是优质均衡、人民满意、校有特色。重

---

① 郭亮、蒙石荣：《以学校特色建设赋能区域教育高质量发展态势——专访重庆市九龙坡区教委主任王家仕》，载《今日教育》，2022(10)。2022 年 10 月 30 日得到杂志社和作者授权，本章案例主要使用九龙坡样本，个别地方有节选和增减。

庆市九龙坡区整体布局打造学校特色，赋能区域教育高质量发展，形成了学校特色建设的九龙坡样本。这是以区域为单位的学校文化管理先进样本群，以下四项经验值得借鉴。

1. 聚焦"五张名片"，赋予教育高质量发展源力

一是打好"行知"牌，做亮传承不息的精神名片。80多年前，教育家陶行知胸怀"教育救国"理想，创办"育才学校"，并于1950年迁至谢家湾。一代代九龙教育人在接续奋斗中，传承弘扬"大爱、奉献、求真、创新"的行知精神，成就了九龙教育事业的历史积淀、价值追求与精神内涵。我们做大做亮育才中学教育品牌，育才中学教育集团将拓展至"一校六部"，让更多学生享受到"行知"优质品牌教育。

二是打好"国际"牌，做亮走向世界的卓越名片。1960年，周恩来总理曾指示，在全国"若干大城市设立外国语学校"，从娃娃开始"培养高层次的外语人才"，川外附中成为全国首批开设的7所外国语学校之一。九龙坡区与四川外国语大学进行战略合作，推动川外附中、重庆实验外语校、九龙坡实验外语校、川外九龙附小等一体化发展，打造全市一流外语特色中小学，积极承担"为国家培养高层次外语人才"的历史使命，培育一批批走向世界的卓越人才。

三是打好"课改"牌，做亮开拓创新的改革名片。10多年前，九龙坡区就开展了"以生为本，减负提质"课堂教学改革，树立"生命、生活、生长"的生本理念，坚持课堂为核心、课改为驱动、课程为突破，构建起敢于创新、善于创新、开拓创新的教改氛围。我们持续深化"以生为本，减负提质"课堂教学改革，推广生本课堂、高效课堂、行知课堂、智慧课堂，建设一批学校课程创新基地，培育一批精品课程、特色课例。

四是打好"特色"牌，做亮"一校一品"的办学名片。在"双减"背景下，聚焦德、智、体、美、劳"五育"融合，建设30所"五育"示范校，培育"五育"特长生，全面提升育人质量。坚持塑造学校理念文化、管理文化、制度文化、课程文化、行为文化，推进"一校一品"特色文化建设，构建"各美其美、各优其优、百花齐放、多元共进"的特色发展格局。

五是打好"质量"牌，做亮高质量发展的育人名片。我们坚持"质量第一"的理念，这里所强调的质量不仅仅是分数与成绩，也是全面发展、全体发展、全程发展、健康发展、和谐发展的质量，也是科学发展、创新发展、均衡发展、公平发展、辩证发展的质量。为此，我们将坚持办好艺术展演活动、体育竞赛活动、

课程创新活动，建设素质教育示范区。我们将持续探索"学业质量＋综合素质＋特色特长＋强基衔接＋增值发展"五维评价，引领学校科学办学、全面育人。让质量成为九龙教育最闪亮的一张名片。

2. 坚持"五动策略"，赋予教育高质量发展动力

一是坚持"行政推动"，完善特色发展新机制。强化顶层设计，成立特色学校建设工作领导小组，深入实施《推进学校特色建设 促进学校内涵发展实施方案》，立足区域整体，着眼长远规划，强化实践举措，促进全区特色学校建设系统规划、整体推进、联动发展。建立经费保障和激励机制，加强示范学校动态管理，对考评达标的学校通过以奖代补、项目倾斜、人才支持等方式予以经费保障，对连续两年不达标的学校取消命名资格，纳入督导评估，责令限期整改。

二是坚持"学校行动"，探索特色发展新路径。创建特色学校的目的是推动学校发展。各学校要根据自身实际，主动思考、精心策划，做实"特色点—特色面—特色体"的培育过程，做优"特色理念—特色行动—特色成果"的运行进程，做亮"合格—特色—优质"的发展历程，真正聚焦立德树人，真正落实"五育"并举，真正实现全面育人。

三是坚持"文化驱动"，构建特色发展新格局。文化是学校的精神和灵魂，学校文化建设是名校成长的必由之路。要坚持以社会主义核心价值观为引领，以特色鲜明、内涵丰富、品味高雅为特征，强化校园理念文化、建立学校管理文化，践行文化育人功能、提升师生文化涵养，加强文化基础建设、营造和谐文化氛围。

四是坚持"科研带动"，引领特色发展新风向。在中小学创建特色的过程中，教育科研起着至关重要的先导作用。要坚持科研引领学校特色发展，在特色建设理论研究、机制构建、队伍建设、实践策略等方面，发挥教育科研部门和专家的引领作用，强化指导的针对性、实用性和专业性。要根据区域和学校发展需要，研制相关课题，引导学校找准特色发展主题，精研特色建设路径，优化特色建设成果。

五是坚持"现场促动"，交流特色发展新成效。实施"五个一"特色特长发展行动，即创建一批特色示范学校、表彰一批突出贡献教师、培养一批特长特优学生、评选一批特色建设成果、带动一批特色学校发展。每年开展"三个一"现场活动，即召开一次特色学校创建推进会，围绕创建具体工作，分析阶段重点，总结阶段成果，明确阶段任务。举办一场特色建设校长论坛，围绕创建主题内容，

开展理论研究，探究实践策略，交流经验做法。举办一次特色学校建设成果展，围绕巩固创建成效，进一步物化成果、加强宣传、扩大影响。

3. 打好"五育特色"牌，赋予教育高质量发展活力

一是"三品"润德，做亮德育特色牌。聚焦"品德、品行、品味"，开展明大德塑品德、守公德塑品行、修美德塑品味德育活动。创建育才中学、人和中学、区实验一小、火炬小学、铜罐驿实验学校等德育特色示范校。陶行知纪念馆获评市级爱国主义教育基地，育才中学"行知"德育、火炬小学"星火"队建、铜罐驿学校"红色"教育等先后获评市级德育品牌、全市爱国主义教育先进单位等称号，区教委获评全国未成年人思想道德建设先进单位。

二是"三课"强智，做亮课改特色牌。聚焦"课堂、课程、课改"，深化"以生为本、减负提质"课堂教学改革，创建谢家湾教育集团学校、川外附中教育集团学校、六十五中、歇台子小学、谢家湾幼儿园等课改特色示范校。推广生本课堂、行知课堂、高效课堂、智慧课堂，2022年教师参加市级赛课获一等奖61个，学校获市政府教学成果奖12个。深化"五项管理"，课后服务获全市教育改革成果一等奖。承办首届中国教育评价改革峰会，成功申报评价改革试点区。

三是"三常"修身，做亮体艺特色牌。聚焦"常练、常展、常晒"，抓好体艺教学、搞好体艺活动、办好体艺竞赛。创建渝高中学、田家炳中学、蟠龙小学、铝城小学、西彭一小等体育特色示范学校。全区有全国篮球、足球、排球、国际象棋特色学校38所，排球、啦啦操、跳绳等项目在国际大赛中获奖300余枚，学生参加市六运会荣获全市第二。创建川美一中、工艺美术学校、杨石路小学、兰花小学、实验幼儿园等艺术特色示范校。坚持每年举行中小学艺术展演活动，推动"高雅艺术进校园"，围绕九龙半岛及湾区"科艺"融合发展带，共建李政道科学与艺术学院，推动川美创办附属中小学，打造"科艺"教育融合发展带。

四是"三境"促劳，做亮劳动教育特色牌。聚焦"环境、情境、心境"，建好劳动基地营造环境、开好劳动课创设情境、办好劳动成果展引导心境，推动劳动技能水平、劳动精神面貌、劳动价值取向融合提升。创建职教中心、西彭二中、西彭园区小学、华玉小学、特殊教育学校等劳动教育特色示范校。区职教中心打造"大国小工匠"特色品牌，开展中小学职业体验活动，被市委宣传部授予"最受欢迎校外劳动教育实践场所"称号。西彭二中打造"药食同源"劳动基地，

种植60余种中草药及各类瓜果蔬菜，每年开展劳动实践体验80余场次，成功创建"中医药文化进校园"市级示范校。

五是"三心"塑魂，做亮校园文化特色牌。聚焦"精心、用心、匠心"，着眼文化育人、文化化人、文化培元，精心构思校园文化体系、用心构建校园文化课程、匠心打造校园文化育人环境。创建杨家坪中学、高新实验一小、森林小学、杨家坪小学、西彭二小等校园文化特色示范校。杨家坪中学努力践行"人皆能大成"的办学理念，凝聚"大成"生命元气，不断激发学生的创造力和内在潜力。高新实验一小"美的教育"办学特色，以项目带动学科，以学科撬动全校发展。森林小学培育"拥抱森林每片绿"校园文化，做有色彩的教育，让学生在教育丛林中，勇敢地去长成一棵挺拔不群的大树。

百花齐放的教育样态，来自"特色引向"的理念先导。目前为止，九龙坡区共推进30所特色示范校建设，打造国家级、市级特色学校及项目68个，"一校一品"特色发展新局面正在逐渐显现，教育高质量发展新格局正在逐步彰显。

4. 把握"三个关键词"，赋予教育高质量发展魅力

一是育人。校长和教师要以新时代的教育方针为教育教学的根本遵循，让学校特色建设回归到全面育人的内涵上。学校要抛弃功利性的办学取向，不是为特色而特色，而是基于育人的内涵规定挖掘学校的独特育人意蕴，形成校本化的育人表达，构建全面的育人体系，充分发挥学校的育人主动性，提升学校的育人质量。

二是自主。为促进学校特色建设，很多地方和区域出台和采取了众多政策与措施，为学校特色建设营造了良好的外部环境。但如果没有学校特色建设主体的自主性，这些政策与措施的作用是非常有限的。特色建设是学校校本教育价值深度挖掘与确认的过程，是学校独特育人方式体系建构的过程，需要一线教育者持之以恒地建构与生发。形成特色品牌的名校、强校背后都离不开校长和教师们多年如一日地持续耕耘，教育者的自主性赋予了这些学校源源不断的特色建设动力。

三是文化。学校特色建设涉及众多内容，包括活动、课程、物化环境、制度与规范等方面，牵一发而动全身，甚至有人认为特色建设就是一个学校系统改进的过程。学校有了自己的特色活动、课程、项目，并不意味着学校特色建设的结果，学校还需要把特色建设上升到文化的层面和境界。文化是价值认同、自然浸润，当学校特色建设真正成为一种学校特色文化之后，自然能提升育人成

效。也就是学校特色建设不只是创设几个特色活动、课程和项目，还要把所有这些教育行动、行为沉淀为能深入师生乃至家长和群众心中的育人文化，最终达到以文化人的境界。习近平总书记指出，鼓励学校办出特色，鼓励教师教出风格。特色办学、特色建校、特色育人，必将推动九龙教育深化教育综合改革、全面提升育人质量、扩大教育品牌影响。"十四五"期间，我们将紧紧围绕"办好人民满意的教育，建好新时代教育强区"目标，聚焦聚力"五五行动"，围绕"五化新格局"教育部署，以"敢于九天揽月，勇于龙行天下"的九龙精神，让学校特色建设赋能区域教育高质量发展，谱写教育强区建设新篇章。

案例分析：

九龙坡样本是当下中国区域教育、中小学教育变革与优质集群发展的最新样态，全面系统，特色鲜明，故事感强，经验结构完整，完全符合本章结构和内容要求。以此作为开篇案例，有带动和串联全章知识点的作用。

九龙坡样本呈现出高质量教育群落建设和发展的良好样态。重庆市九龙坡区在积极投入建设高质量教育体系过程中，高屋建瓴，进行系统思考和顶层设计，明确区域教育发展框架，这是一种有政策支持和专业引领的建设过程。这种建设以区域教育为单位，追求全员发展、高位均衡和高位公平，不让一个学校掉队，展现了工作专业化水平。实施"五个一"特色特长发展行动，即创建一批特色示范学校、表彰一批突出贡献教师、培养一批特长特优学生、评选一批特色建设成果、带动一批特色学校发展。案例显示，到目前为止，已经推进30所特色示范校建设，打造国家级、市级特色学校及项目68个，形成高质量教育群落和高质量教育文化区，成为不可逆转的先进带动力量。

九龙坡样本体现出学校共同发展和五育并举的根本特色。案例显示，九龙坡区提出"不求校校成名校，但求校校有特色"的发展定位。这说明九龙坡区教育发展谋划抓住了根本，尊重教育发展规律，尊重学校自主权。五育并举是培养全面发展的人的根本途径，九龙坡区打出了一张漂亮的五育并举、学校各展所长的特色牌：围绕"三品"润德创建了一批德育特色示范校，围绕"三课"强智创建了系列课改特色示范校，围绕"三常"修身创建渝高中学等体育特色示范学校，围绕"三境"促劳创建职教中心等劳动教育特色示范校；围绕"三心"塑魂创建杨家坪中学、高新实验一小等校园文化特色示范校。九龙坡区教育的"一校一品"特色发展新局面正在逐渐显现，"一校一品"特色发展新局面正在逐渐显现，教育高质量发展新格局正在逐步彰显。

九龙坡样本表现出学校和区域教育管理经验概括的较高水平。九龙坡样本做得好，也讲得好，不仅形成了自己的先进做法，也概括出自己的说法，体现了教育管理和学校管理经验结构化的较高水平，从区域顶层设计到校校落实，从细节、情境和现象到本质、抽象和概括，这是以研究为基础的概括能力。案例使用四句话总括了九龙坡样本：聚焦"五张名片"，赋予教育高质量发展源力；坚持"五动策略"，赋予教育高质量发展动力；打好"五育特色"牌，赋予教育高质量发展活力；把握"三个关键词"，赋予教育高质量发展魅力。案例也介绍了引领学校进行成果固化的经验，每年开展"三个一"现场活动，进一步物化成果和扩大影响。案例的收尾处再次抽象和跃升到文化引领层面，以区域之名"九龙"作为文化图腾与价值符号，凝练出"敢于九天揽月，勇于龙行天下"的九龙精神，把特色作为育人方式，突出文化育人的价值，在多样化的生活样态中达成育人成效，形成了特色教育的九龙气象。

党的二十大报告指出："教育、科技、人才是全面建设社会主义现代化国家的基础性、战略性支撑。""我们要坚持教育优先发展、科技自立自强、人才引领驱动，加快建设教育强国、科技强国、人才强国，坚持为党育人、为国育才，全面提高人才自主培养质量，着力造就拔尖创新人才，聚天下英才而用之。""坚持以人民为中心发展教育，加快建设高质量教育体系，发展素质教育，促进教育公平。"中国式现代化的宏伟蓝图是在中国共产党的领导下实现全体人民的共同富裕，走和平发展道路，实现物质文明和精神文明相互协调、人与自然和谐共生。随着教育优先发展战略的实施和教育强国工程的推进，教育进入高质量发展时期，坚持立德树人，以高位优质均衡、普遍公平和共同进步为特色。教育高质量发展要求内在于学校文化，学校文化管理和建设也内在于高质量教育要求。学校文化管理从零星的自发状态到自觉系统的标准化状态，当前进入高阶发力、内涵发展、特色显著、文质合一的 3.0 时代，即建设慧于中、诚于内、秀于外的学校文化，这正是新时代学校文化管理的目的和任务。九龙坡样本表明，高质量教育体系建设越来越依赖于系统设计和整体布局，多所好学校形成高质量教育群落和文化区，学校文化日益成为教育生活本身，并成为教育生活的全部，学校特色建设与学校文化管理过程日益一体化。这都涉及学校文化管理目的、实质、原则、内容、途径、方法等基本知识，本章内容围绕这些基础话题展开。

第一节 学校文化管理目的和实质

学校文化的定义是讨论学校文化管理的基础概念，但它们不是本章的重点内容。关于这两个概念可以参考《建设价值驱动型学校》[1]《学校文化管理》[2]《研讨式评建：学校文化建设北京经验》[3]等著作，此处不再赘述。为了使用方便，这里重述一下学校文化和学校精神文化的定义。学校文化是学校全体成员共同提倡和培养的文明、和谐、美好的教育生活方式，是学校核心价值观及其指导下的行为方式和物质形式的总和，包括学校精神、制度、行为和物质文化。学校精神文化即办学理念体系，也称学校核心价值体系，包括学校核心价值观（也称教育哲学或办学宗旨等）和校训、育人目标和办学目标、校徽和校歌等要素；学校制度、行为和物质文化合称办学实

[1] 张东娇：《建设价值驱动型学校》，北京，教育科学出版社，2020。
[2] 张东娇：《学校文化管理》，北京，教育科学出版社，2013。
[3] 张东娇：《研讨式评建：学校文化建设北京经验》，北京，北京师范大学出版社，2016。

践体系，包括教师和学生、课程和课堂、党建和行政管理、公共关系和空间环境文化八个方面。就存在形态而言，学校文化包括显性文化和隐性文化。显性文化包括文本、作品和活动三种类型，具有可充分言说性和可看见性；隐性文化包括人际关系、能力、技能和意会部分内容，具有无法充分言说性和不易可见性，可用实践、行动和活动等表达。二者之和构成学校文化全景观。[1] 这里的学校文化管理与学校文化建设同义，是指对学校文化四个可见维度及其变量进行结构性设计和操作，建设和形成价值驱动型学校的过程。[2] 本章不主要讨论学校隐性文化及其管理问题。

一、学校文化管理目的

学校文化服务于人民中心的高质量教育体系建设，引导健康的教育生活，是形成学校特色的有效途径。围绕新时代立德树人根本任务，学校文化管理指向四个目的。[3]

(一)引导学生持续乐观地投入学习

促进学生健康成长和学习进步是教育的重要目的。引导学生持续乐观而积极地投入学习，是学校文化管理的核心目的，也是确保学校管理及其创新不偏离真善美轨道的定海神针。这一目的有四层含义。一是指学校文化管理的首要责任是，引导学生过一种团结紧张、严肃活泼的学校生活，持续进行乐观向上的人生观教育和积极的心理建设，为未来的社会生活做好坚实的准备。二是指根据多元智能理论，尊重学生的个性和需求，学校坚持五育并举，全面提供德智体美劳全面发展的教育内容和实施路径，建立一种真正致力于促进全体学生学习的系统，使每个学生都能获得良好的学习体验和成功感受。三是指教师和学生共同学习，共同进步。引导学生热爱和投入学习，提升其学业水平的最好办法是鼓励教师显著提升自己的知识水平和教学能力，持续保持学习兴奋。四是深刻诠释和落实以人为本的教育观。人是管理的目的而不是手段，人处于管理的核心位置而不是边缘。始终围绕学生的学习和成长来建设学校文化，学校的变革和进步才能持续，才会有意义。一旦学校管理偏离这一根本点而转移到其他方面，学校文化管理就需要重温这一根本目的，再次清晰思路和任务焦点，聚集注意力，防止行为过度偏移。[4]

① 张东娇：《学校文化驱动模型：一项完整的中国学校改进经验的报告》，载《清华大学教育研究》，2022(1)。
② 张东娇：《学校文化管理》，28页，北京，教育科学出版社，2013。
③ 张东娇：《学校文化建设："穿越概念丛林"之后我们去哪儿?》，载《清华大学教育研究》，2021(2)。
④ 张东娇：《论当代高等学校管理的目的、取向和手段》，载《北京师范大学学报(社会科学版)》，2020(4)。

（二）帮助学校掌握系统思考整体发展的工具

帮助学校习得系统思考学校整体发展的方法论和认识论工具是学校文化管理的第二个目的，借此可以提高区域学校管理的平均水平、校长文化领导力的平均水平和学校改进的平均能力。在此基础上，高质量学校才会产生更高的标准。这一目的的主要意图有四个。一是鼓励校长进行系统的思维学习，训练逻辑思维能力，提升思维速度，拓展思维广度，提高思维高度，挖掘思维深度。学校文化管理围绕着思考能力的提升，形成了一套学校文化思考力系统和思维框架，引导和帮助校长，以学校文化为抓手，系统思考学校整体发展的清晰路径。二是引导校长高屋建瓴地管理学校。如果校长掌握了学校文化管理这一系统思考学校发展的认识论和方法论框架，管理过程就可能充满质感。如果校长没有掌握这一工具，管理过程就可能质感差。三是引导学校科学认识学校文化及其功能。学校文化并不是提高管理质量的唯一途径。但所有的做法可能都终归于文化，因为有组织就有文化，不论你用不用文化二字。四是改造和丰富学校的学习方式，改变孤立的片段式学习，校长可以与其他校长进行横向的伙伴学习，也可以带领学校全体成员进行系统学习。这些学习可以通过现场学习方式进行，把对学校文化有兴趣的校长、教师、大学专家、教研员、研究生、教育行政部门人员聚合在一起，形成学习共同体，共同工作和研究，共同分享关于学校改进的知识。通过持续的互相沟通和交流，所有人都会增加学校文化及其管理方面的知识。[1]

（三）建设价值驱动型学校以形成高质量教育群落

建设价值驱动型学校，形成高质量教育群落是学校文化管理的第三个目的。价值驱动型学校是以学校核心价值观的建构、反思和实现为主要管理活动的学校，即以文化立校和治校。这一目的包括三个含义。一是了解价值驱动型学校的三个特征，即文化管理地图清晰——以价值观的凝练、认同、反思和实现统率学校全部工作；价值观驱动管理——学校核心价值观贯穿于学校的党建、管理、教师、学生、课程、课堂、公共关系、物理环境等各个领域的管理过程；内群体文化团结——学校成员通过价值观的认同、冲突、再认同而团结在一起，互相信任，愿意为学校利益最大化自觉工作，成员个体和学校组织价值观完美结合，甚至完美重合，达到人人自主、组织自转的管理境界。[2] 二是分层建设价值驱动型学校。按照学校发展规模，目前学校的存在状态分为两类，即单体学校和教育集团。单体学校办学经验无法完全复制到教育集团办学形式中。教育集团核心学校需要思考学校发展共同体的共治共建、

---

① 张东娇：《促进个体、组织和区域发展：学校文化三大功能》，载《中小学管理》，2015(12)。

② 张东娇：《价值驱动型学校的特征、文化哲学与建设策略》，载《北京师范大学学报（社会科学版）》，2014(5)。

共享共赢机制，合理评估核心学校文化扩散的风险，引领集团成员学校共同进步。三是进一步促进高质量教育群落的形成和壮大。价值驱动型学校是质量高位发展的学校，当其数量发展到一定程度和规模，就会形成高位均衡发展的高质量教育群落，即高质量教育文化区，就像九龙坡样本那样，而多个高质量教育群落就自然汇聚成高质量教育体系。如此，办好人民满意的教育、让每个孩子都能在家门口上好学的目标自然实现。

(四)引导学校成员过一种美好教育生活

引导学校全体成员过一种美好的教育生活从而实现人在中央的教育理想，这是学校文化管理的第四个目的，也是价值驱动型学校建设的目的，因为学校文化管理首先要负责学校成员的幸福和成长。确定这一目的意图如下。一是明确教育生活是美好生活的一部分。文化自信和美好生活是勾勒中国式现代化蓝图的关键词，对美好生活的向往是中国人民的奋斗目标，学校教育生活是其重要组成部分，有益于教育内卷现象的疏解，保障教师和学生成长环境的安全和美好。二是理解美好教育生活的样态。美好教育生活是一种气质优雅、举止从容、内容完整、精神健康的生活，师生身心健康、品德健康、社会适应性良好是其核心指标。[①] 如果教师能够过上这样的日子，学生就也能够过上这样的日子。一批批学生带着这般模样步入社会，美好社会生活的实现指日可待。三是学校文化管理可以成就美好教育生活。文化建设与美好生活始终是高度互动的，彼此相长。学校管理持续提供完整丰富的生活内容，平衡教师和学生的生活方式，把体育、艺术等活动，大量而合理地融入学校生活。

二、学校文化管理实质

学校文化管理具有开明本质，开明管理即指管理要开放开阔，明确明白，有过程有结果，具体可以分解为五句话。它们相互交织，角度不同，各有侧重，共同勾勒出学校文化管理的实质，有助于立体地理解学校文化及其管理是怎么回事。[②]

(一)学校文化就是教育生活的全部

这句话点明学校文化的开放性和包容性，具有认识论意义。这个认识以开篇所陈述的学校文化定义为基础。该定义采用的是属加种差的定义方法，把生活方式作为学校文化最主要的属，吸收了文化人类学、伯明翰学派、法兰克福学派的主张和胡适、钱穆等人的观点，立足于文化就是生活方式的立场。怎么使用这个定义，也是有依据的。一般来说，文化在研究上有两种用法。一是作为组织的重要变量，如

① 张东娇：《学校文化建设成就美好教育生活》，载《中国教育学刊》，2019(4)。
② 张东娇：《学校文化建设的开明本质》，载《新课程评论》，2021(10)。

许多关于学校系统改进的研究都把学校文化作为维度和变量之一。二是等同于组织本身及其生活的全部，组织文化评估中的框架评估工具用的就是这个轮廓，再细分出多个维度和操作变量。如此，学校文化就是学校全部的教育生活，这个说法是我的浅见，乐意接受批评。总有人说我把学校文化定义成了大筐，装了所有。是的，这全部的教育生活分成上文所说的八个方面，包容了学校管理的所有领域，面向所有学校成员开放。

（二）学校文化就是教育生活本身

这句话点明学校文化的本身性和建设目的的明确性，具有价值论意义，也交织着本体论，学校文化毕竟是学校里的人们构建起来的或好或坏或不好不坏的生活。此句表达与第一句话相似，但还是不一样，不能合并。学校文化是生活在学校的人所过的日子和过日子的方式，上课读书，学习劳动，开会决策，琴棋书画，五育并举，成长进步，全面发展。教育是向善的，管理是激发善意的，学校文化是抑恶扬善，向真向美向上的，价值和目的明确，确定无疑。光过日子不行，还要领着教师和学生过好日子，过光明和甜蜜的日子，这就是建设美好教育生活。学校把美好教育生活概括成四种价值和行为：气质优雅，举止从容，内容完整，精神健康；之后，考虑了管理过程和结果的微妙性，总结出其实际层面的样子：十有八九、留有余地、有点佐料的生活就是美好教育生活了。

（三）学校文化管理就是日常管理过程

这句话点明学校文化管理的常规性和明白性，大致算是本体论，也交织着认识论和方法论。既然学校文化是教育生活的全部，是大家共同的思维方式和做事方式，那学校文化管理就必然要建设和完善学校管理的八个领域，即系统思考，全面抓起，允许存在暂时薄弱的项目，但不能缺项，更不能有管理死角。管理是让许多人合作完成一个人无法完成的任务的活动，不面向、不友好学校所有成员是管不好学校的，开明管理就是全过程民主管理，需要不断学习。学校文化建设过程等同于学校日常管理过程，这句话包括三个含义。一是学校文化管理这件事是日常的、平常的、重复的、常规的，不是例外的、额外的、外来的。纵然是大动干戈地规划和煞有介事地启动了这件事，那也是学校管理的应做之事，但的确可以把它划为重点，当作关键事件来做，也可以与专家系统合作完成任务，形成管理节奏和高潮，凸显教育生活的意义。庸常、常规和重复容易带来管理疲倦，故维持型管理多处可见，事倍功半的管理常见，糟糕的管理也是有的。若把此事当成负担和额外任务也不好，会损伤学校文化元气。二是学校文化管理是看得见、摸得着、可以操作的，是有清晰路径和明白的办法的，不是高高在、悬挂着的，不是专家写出来的，是学校成员共同努力建设出来的。我们总结的学校文化管理五步工作法，符合管理过程理论框架，包括准备、诊断、策划、实施、固化成果五个步骤。在进行文化建设时，学校可以和专家系统合作，在提炼和表述学校办学理念及其与办学实践的连接上，他们是值得信任的。但不可迷信专家，他们站在管理咨询角度提的都是宏观和中观的建议，执行和落实都是靠学校来做。学校要有识别、整合和驾驭多方面专家建议的能力，当取则取，为己所用。三是学校文化管理是鼓励创新、突破常规的，不是一味因循守旧，低水平维持就够的，是需要每个学校成员积极加入的，不是校长一个人的事情，也不仅仅是上级的意图和命令。管理的常规、庸常和重复并不可怕，但永远不变地低水平重复就是死水一潭了。管理创新是把新主意变成可见的明白的结果，创新没有无缘无故的，没有半空悬置的，是需要基础，需要落地的，得在常规管理扎实的基础上开展，二者的比例大约在9：1，管理创新从常规管理基本功中来。新主意、好主意从哪里来呢？当然是依靠生活在学校的每一个人。学校管理者要提高民主管理的能力，讲好文化管理的意义和故事，运用管理工具，引导和发动大家建言献策，建设民主管理机制和制度，推进多元主体加入和多中心共管的学校治理格局的形成。

（四）学校文化管理就是循证改进过程

这句话点明学校文化管理的开阔性和研究性，具有方法论意义。学校文化管理是以学校文化为抓手，系统思考学校整体发展的理论体系和实践体系，我们把这项坚持了十四年之久的研究命名为学校文化驱动模型，其实质是中国学校改进模型之一。学校文化管理就是学校持续循证改进的过程，这句话包括两个含义。一是学校文化管理是遵循学校当前发展证据的，不是凭空捏造的，是脚踏实地的，是系统考虑学校的过去、现在、未来的，视野是贯穿的、打开的，是一个开阔贯通的战略，不是一件事情。20世纪90年代，循证管理概念出现，这种理论主张为组织发展和更新实践提供当下最佳证据。学校循证管理即学校遵循最佳研究证据寻找相对最佳方案持续改进，获取当下最佳管理结果的过程，全面考量证据，比较之后择取最优。从类型上看，学校发展证据包括数据、资料、经验、文件、档案、实物、电子媒介、软件等多种，学校利用区域教育或本校网络平台收集相关外部评价数据和资料，做好数据和资料等的储存、备份、分类整理等工作。从证据来源上看，实验结论、量化研究数据、质性研究结论、个案研究发现、实地研究资料、组织经验、专家经验等都是证据，它们的可靠性和等级是降序排列的，学校可以根据不同需要，选取不同等级的证据。学校要想决策时证据是充足的，收集证据的功夫就得步步扎实。可以有意识地搜寻数据收集工具，在条件允许的时候开发质量较好的工具。证据收集是个持续的过程，贯穿在学校日常管理活动中，养成日常管理留痕迹的习惯，记录、录像每一次会议，不断自觉完善档案资料，保证证据充足以备用。二是学校文化管理是讲究科学方法的，是研究先行、遵守研究规范的，每一步都是稳当的，不是拍着脑袋偶然想起的，也不是不断涌现新概念，悬空的说法多得不得了的，成果要可见，不是说着玩儿的，或做了就完了，不是糊里糊涂的，也不是投机取巧就可以糊弄过去的。系统思考和管理创新只能来自研究。突破经验世界的天花板，要想冲上去，就只能靠研究。所以，学校对研究的管理得步步扎实，循序渐进。教育研究方法的教师和教材、数据收集和分析技术培训都很成熟了，选择合适的用即可。学校有一些教师受过研究训练，有用武之地。学校成立教育研究部门，形成研究管理制度和流程，如选题制度和立项制度、研讨和交流制度、开题结题制度、中期检查制度、总结会制度等。统一提供立项申报书和成果奖申报模板，邀请专家现场指导。过程扎实稳健，成果自然可见。可以推荐校级成熟课题申报区县、省部和国家级课题，立项后研究和实践同时开展，固化成果，继续申报各级奖项。

（五）学校文化管理就是特色形成过程

这句话点明学校文化管理的手段性、实用性和个性，算是途径论。学校特色即学校异质性，是与学校同形化相对而言的，指一所学校同其他学校区别开来的特质，包括办学体制特色、项目特色和文化特色。文化特色是学校的根本特色，广义的学校文化特色包含了项目特色和办学体制特色。学校文化管理就是学校特色形成和显著的过程，这句话有三个含义。一是学校特色的形成是可能的。在同一时代，学校组织同形增加了学校个体特质产生和形成的难度。鲍威尔和迪马吉奥指出三种机制导致了制度的趋同性，即源于政治影响和合法性问题的强制性同形，源于对不确定性进行合乎公认的反应的模仿性同形，源于专业化的规范性同形。[①] 虽然困难，但学校特色的形成是可能的，这源于学校资源的差异性、教育实践的丰富性、办学理念体系的独特性。[②] 二是学校特色是能够显著的。区域教育能够做的，就是鼓励学校发展的多样性和特色的丰富性。办学理念体系慧于中的凝练、实践场域的干预等方法，都能够显著学校文化特色。三是学校文化管理与学校特色形成是互为手段的。就像九龙坡样本那样，学校特色的显著可以学校文化建设为手段，学校文化管理效果通过项目特色、理念特色的打造而实现。二者高度互动，你中有我，我中有你，

---

① ［美］沃尔特·W. 鲍威尔、保罗·J. 迪马吉奥：《组织分析的新制度主义》，姚伟译，72页，上海，上海人民出版社，2008。

② 张东娇：《论我国学校特色形成的可能性、困难性和现实性》，载《北京师范大学学报（社会科学版）》，2013（4）。

融为一体。

三、学校文化管理原则

学校文化管理原则指的是学校文化管理所遵循的具有全局性、针对性、简明性和实用性的五个指导原则：安全、系统、有效、团结、简易。①

(一)化解焦虑的安全原则

安全指不受威胁，没有危险、危害和损失。借用米尔斯(Charles Wright Mills)对困扰的定义：个体感到自我珍视的价值受到了威胁时，就形成了困扰。② 困扰往往来自不确定性，会产生不安全感和焦虑感。这种感觉在学校规模变化、实体消亡或文化冲突、组织变革剧烈时，特别容易产生。安全原则是学校管理者降低学习和管理焦虑、创造心理安全感的文化管理原则，包括物理环境安全和心理安全。文化冲突或组织变革，是从不一致的信息开始的，这种信息会威胁学校成员所信奉的价值体系和心理安全的舒适地带，产生生存和发展焦虑，由此产生变革需求。改变一个人的能力、角色、权力、职位、身份，以及团体成员的资格等，都会诱发学习焦虑，导致对变革的抵制。克服抵制的唯一办法是使学校成员产生心理安全感。

学校管理者需要做自信与正面思考的榜样，其行动与办学理念体系及学校核心价值观保持一致，相信新的思维和工作方式，会使学校各项工作变得更有效。学校管理者要既不害怕变革也不瞎变革，将自己好的想法付诸实施，给人信心和安全感。同时，学校需要创造有效的学习方式，鼓励和指导学习共同体，让全体员工不同程度地参与讨论，消除其文化和心理焦虑。可以尝试肯定式探寻的方法：列出一个学校价值理念体系或主题问题清单，教师分小组讨论；每个小组的组员进行配对，彼此采访，每个人都接受过采访后，讨论小组重新集合并分享配对谈话结果，识别出围绕办学理念体系所产生的共同行为主题和问题；当所有小组都集合以后，对结果进行比较，并确认与每个价值理念相关联的行为。学校管理者要尽自己所能信任每个人，成为学校成员正当价值的保护者，利用每个人的优势，形成自我激励，共同营造安全宜居的教育环境，过上好的教育生活。

(二)学习思考的系统原则

系统原则指学校文化要求管理者尤其是校长，必须是一个系统学习者和系统思考者，从学校文化的逻辑和高度出发，进行结构性设计和引导，高屋建瓴地系统思考学校的发展，在学校文化建设方案或学校发展规划总领一切之后，有能力把后续

---

① 张东娇：《建设价值驱动型学校》，49～53页，北京，教育科学出版社，2020。
② [美]C.赖特·米尔斯：《社会学的想像力》，陈强、张永强译，7页，北京，生活·读书·新知三联书店，2001。

所有工作充盈和归置到学校文化战略之下，轻装有效地前进。

首先，校长进行自我学习。这类学习包括养成良好的阅读习惯，每天或每周定时读书，经常浏览教育报刊，多少均可；有计划地阅读教育的经典名著，有余力时阅读人文科学和社会科学名著，常做读书笔记；利用读书信息整理发言稿或撰写论文、专著等。达到这种境界的校长，思考能力和专业表达能力成熟。其次，校长带领团队学习。这类学习包括规划和引领学校研讨活动、教研活动、年级组活动、课题组活动、课例研究活动的主题和实践等。校长可以试着每天至少听一节课；带领教研组长提高研究活动的质量；研究各类管理制度及其流程；研究学生活动的主题与效果；减少不必要的干扰，保证教师的读书和备课、研课时间；组织读书会，交流阅读和外出学习经验；运用深度会谈——自由和创造性地探究复杂而重要的议题，彼此用心聆听。当教师遭遇专业发展瓶颈期，自己无法解决课堂低效问题或没有时间读书时，校长和学校必须以组织力量和行为引导教师群体的进步。最后，校长参与高级学习。这类学习包括全国领航校长班、全国校长高级研究班、名校长工作室、骨干校长培训班等的学习。这类学习常常由各级政府组织，与大学合作，采取导师制的做法。校长可以学习规范的教育研究方法，理性思考学校发展；同时，可以与其他校长进行横向交流与学习，提出不同看法并加以论述，拓展思考空间，加深思考力度。

（三）指向结果的有效原则

学校文化管理的有效原则强调指向结果，有效指管理是有效果和效率的。巴纳德（Chester I. Barnard）对二者做了很好的区分：效率和效果这两个词在内涵上的差异，它们既与人的行为有关，也与组织的行为有关。当达到某个追求的目标时，我们就说这项行动是有效果的。如果一项行动并未追求的后果比追求的目标更为重要，而且是消极的，那么这项行动虽然是有效果的，但却是无效率的。当并未追求的效果不太重要或微不足道时，这项行动就是有效率的。① 巴纳德把达成客观目标的后果称为有效果，达成主观动机的后果称为有效率。学校文化管理本身不是目的，是立德树人的手段，是建设价值驱动型学校的方法、工具和途径。

好的过程才能出现好的结果，贯彻有效原则需要在两个方面经营和努力。一是指向结果。结果包括社会结果和经济结果。社会结果说的是，学校文化管理指向教师和学生发展的最终结果——归根到底，教师发展是为了学生健康成长。学校文化

① ［美］切斯特·I. 巴纳德：《经理人员的职能》，王永贵译，17 页，北京，机械工业出版社，2013。

管理的根本目的是普遍提高学生的学业成绩，缩小学业差距，让每个学生获得成功感和未来生活的信心。经济结果与教育的投入和产出有关。无论如何，建立教育产出导向，厉行节约办学校是社会所需要的。二是指向成果。成果指工作成果和工作成效，是正面、积极的结果。工作成果和工作成效，能够带来快乐和自豪感。① 学校管理通过贡献导向和成果导向，引导教师通过自我实现获得生活和人生意义，过上好的教育生活。

(四)伴随冲突的团结原则

团结是学校文化管理的人际文化建设原则，意味着和冲突的博弈，展开着善与恶的斗争，坚守着抑恶扬善的结果。团结即文化团结，是基于对办学理念体系的认知一致和情感共鸣，所形成的真实、紧密、高级、愉悦的人际联结方式，相似性原理引发聚合—依存机制，差异性原理和拟亲原理引发分工—协作机制，均衡性和调适性原理引发规范—整合机制，学校通过坚守规范、举行仪式、治理偏离等方法实现文化团结。② 文化冲突是指学校成员因某种抵抗或对立情形而感知到的不一致，包括权力冲突、符号冲突、代际冲突和角色冲突等形式，学校利用诱因—贡献平衡、多元协商—合作、需求—差异整合等策略进行冲突管理。③

团结与冲突构成学校文化及其管理过程中无法分离、互相伴随和不断博弈的两个方面。学校文化冲突—团结螺旋机制能够揭示这一动态过程：从团结到冲突、从冲突到团结是一个螺旋上升、循环往复的斗争过程，由团结柱和冲突旋构成。团结柱的形状似高大稳健的柱子，指向学校目标，代表团结是学校文化的主旋律，是学校战略的定海神针。团结是黏合剂，冲突是离心力和插曲伴奏。冲突旋代表冲突具有一定的离心力，是团结形成过程中的麻烦和阻碍制造者，当然，有时也具有积极功能。冲突的发生和解决始终围绕团结柱进行。离心力的大小可以判断冲突水平及其对团结的功能。如果冲突旋离心力过大，甩出团结柱，说明此冲突破坏性强，严重损害学校团结水平；而如果冲突旋构成循环，则说明冲突水平适中或小强度，可以维持或增进或降低学校文化团结水平。需要说明的是，这种循环和斗争不是直线上升的，根据具体情况有所升降，曲线前进。每一次的冲突管理，都是对团结的再次肯定。一次次的斗争博弈，一次次的否定和肯定，一次次的肯定再肯定，最终形

---

① [奥]弗雷德蒙德·马利克：《管理成就生活》，李亚等译，50~51页，北京，机械工业出版社，2013。
② 张东娇：《学校文化团结发生机制与实现策略》，载《教育研究》，2016(9)。
③ 张东娇：《学校文化冲突发生、表现与管理策略》，载《教育科学》，2016(1)。

成相对稳定的积极的学校文化，即文明、和谐、美好的生活方式。①

(五)应对复杂的简易原则

学校文化管理的简易原则即坚持简单、应对复杂，主张管理在恰当的地方和应该简单的地方要简言易行，取得以少胜多的管理结果。学校文化管理和价值驱动型学校建设，大致会经历两个认识阶段：一是从文化自发建设意识到文化自觉建设意识阶段，这是一个从简单到复杂的衍化阶段；二是由繁杂到简单的大道至简阶段，这是一个升华阶段，由繁入简，越简单越高级，难度越大。每个阶段的学校文化管理任务侧重点不同，质感良好的东西不一定复杂，但初期思考和认识的复杂化也是必要的和无法避免的。

引导学校文化管理回归简易，包括语言简朴、制度易行、控制会议、清理系统垃圾、解放时间等。语言简朴指学校文化从办学理念体系到实践体系的表述语言，在贴合实践的基础上朴实简练，言近旨远，言简意赅。制度易行指学校制度和行为容易执行和做成，以浅持博，以少持多，使用流程化、标准化、模板化等管理工具，在提高标准的同时降低管理成本和提高管理效率，解放学校管理者和教师的时间和身体。会议是必不可少的沟通手段，也是有效的管理和文化建设工具，但需要控制会议召开的频率、时间和内容等。过时无用或烦琐难行的制度需要清理、教师课堂上的无效提问需要逐渐减少或剔除、不合用的管理流程需要再造、多余的理念需要简化、拥挤不堪的办公桌和电脑桌面需要整理，等等。清理系统垃圾的方法，不仅可以应用于组织，还可以作为管理者的标准工具，应用于学校各个部门和个人生活。这样，学校才能创建以科学、民主、高效、规范、审美为核心的当代先进组织文化，减少寄生思想和行为，聚焦于真正重要的事情，也使个人获得成长。

第二节　学校文化管理内容和任务

////////////////////

在以学校文化管理为抓手的学校改进活动中，学校文化是自变量，价值驱动型学校是因变量，学校文化领导力及其感知是中介变量。在理解和明确学校文化的管理目的、实质、原则的基础上，学校文化管理过程以四项任务的形式具体展开。学校文化管理就是建设秀外慧中的学校文化的对标和达标过程，也是学校文化领导力

---

① 张东娇：《建设价值驱动型学校》，188 页，北京，教育科学出版社，2020。

锤炼和提高的过程，是一套包含学校文化管理标准和内容、任务和方法的系列组合拳。从抽象和宏观意义上说，学校文化管理只有一件事情可做，就是校长带领全体成员不断凝练、认同和实现学校核心价值观，并将经验不断结构化。① 从具体和操作意义上看，这件事情可以分解为如下四项内容和任务。

一、精炼办学理念体系稳固内核

办学理念体系的精炼和表述准确有质感，就要做到慧于中，其具体标准是珍爱、高级、生动、合体、简单，可组合使用和综合衡量。珍爱指学校在真、善、美的人类基础价值序列和国家文化的主流价值序列中进行选择，择取全体学校成员从始至终所珍爱和相信的价值作为学校核心价值观。高级指的是语言、意境和审美高级，办学理念体系的精炼可以依据和借助相关经典的直接表述，也可以对此进行间接的创造性吸收和使用。如果找不到与学校气质相匹配的经典论述，就可走生动路线，其语言可源于教师和学生真实的生活。无论哪种标准和依据，精炼出来的办学理念体系都是"合身"的，具有强烈的属我性。简单指理念体系的表述简单易行，朗朗上口，易于传诵。达到慧于中标准的办学理念体系具有如下作用：定位学校文化基调和气质，稳固学校文化基因和内核，凸显学校特色和个性；依据学校和区域的办学历史与实践而提炼的理念体系，基础扎实，来源合理，能够消除文化合理性焦虑；培育和提高学校文化凝练和表述能力。

（一）寻找线索定位学校文化

寻找学校文化线索、确定学校文化定位是一个初步的抽象过程和概念化过程。寻找和凝练者可以是学校，也可以是专家团队，或者两者的结合。学校文化线索包括理念线索和事实线索，来自历史传统和办学现实两个维度，灵感涌现是多源头的。事实线索指学校特色项目、校名、地域特征、重要事件等。专家团队与学校共同寻找线索，确定文化定位的基调，获得文化合理性。这个定位必须是合乎学校身份的、贴切的、学校撑得起来的。

一是理念提升法。有些学校原本就有一个明确的文化概念或理念，该概念或理念定位也契合学校文化气质，具有延续性，学校要求保持原有提法，但原有概念或理念的内涵不清晰，或解释肤浅化、狭窄化、单一化。对此种情况的解决方案是：对原有概念或理念进行提升，清晰和深化内涵，或拓展外延。深化和拓展的原则和参照是：培养德智体美劳全面发展的人的教育目的；中国传统文化中与学校理念或实践相符合的经典论述；当代学校管理的主流价值取向；学校成员的访谈资

① 张东娇：《学校文化的秀外慧中》，载《中小学管理》，2016(3)。

料；等等。

二是概念提炼法。有的学校没有明确的文化概念，或临时拼凑的诸多说法不切合学校文化气质，这种情况就需要重新挖掘学校历史、地域特征、文化实践等，寻找切合学校气质的文化定位。该方法尤其适合那些具有几十年以上历史的学校。北京市房山区长阳中心小学的文化理念与实践丰富多彩，但存在多头乏善的问题。其提倡的"体验教育"存在四个点位：体验教育本身是一个逻辑起点，还包括学校的百年办学历史、长阳地区的核心价值观、雷锋精神的小水滴课程三个课题，实践成果可圈可点，但理念体系有点繁杂。体验实质上是一种心理发生机制，无法包含上述内容，因此该提法缺乏逻辑延展性。专家小组按照学校办学历史，建议使用"爱群教育"的说法，取自学校创始人张星桥提出来的办学理念"爱群尚公，修身进取"，以此作为学校文化定位。

三是事实倒推法。有的学校文化实践既丰富又成功，文化事实线索突出，但凝练的文化概念无视或脱离这些事实和实践，或者压根就没有提炼出一个明确的说法。这样的学校可采用事实倒推法，即从已有的成功的文化实践和项目事实线索中，推出隐藏在其成功行为背后的理论或法则，因为成功的行为背后一定会有正确的理论或准则支撑。专家小组在诊断中发现，一所学校艺术实践突出，艺术项目特色独当一面，建议以美的教育概括学校文化基调。教师们建言献策，认为弘美教育的说法优于美的教育的节奏感。专家小组和学校文化建设小组达成共识，弘美教育定位得到一致认同。

四是校名利用法。利用校名概括学校文化也是一种常用的方法，如阳光中学的"阳光教育"、翠微小学的"翠微教育"、培星小学的"培星教育"、曙光小学的"曙光教育"等。但不是所有校名都可以直接利用，那些与教育意象能够联结起来而且表述有文采和诗意的校名多被利用。

五是隐喻借用法。这一类学校利用隐喻或借用方式定位学校文化，如安徽省合肥市金葡萄小学的"金色旅程教育"、屯溪路小学阳光校区的"温暖童年教育"、卫岗小学的"大树教育"等，皆是如此。学校还可以直接借用学校历史传统事实和理念。例如，北京市房山区良乡小学前身为100多年前的卓秀书院，城关小学的前身是云峰书院，"卓秀教育"和"云峰教育"依此而来；北京市通州区贡院小学借用贡院传统建筑明远楼，凝练出"明远教育"。

（二）固定起点坚持逻辑自洽

学校文化定位确定后，文化体系的表述要坚持和实现逻辑自洽，即学校文化概念或理念与其办学理念体系、实践体系的表述之间具有前后一贯性和一致性。

一是坚持一个逻辑起点。这是指学校文化逻辑起点的唯一性，即学校文化概念与其维度和所分解的变量之间、理念体系和实践体系的表述只有一个逻辑起点，这个起点就是概括学校定位的那个学校文化概念或理念。学校文化是建设高质量学校的抓手，不是唯一的手段，但比较好用，这是源于学校文化定位具有的功用：相当于圆心，有之方可画出自己的圆，有之才有定力，才能避免管理的东张西望。学校文化定位又相当于穿起散落珍珠成为项链的那根线索，也是构筑学校文化大厦的地基，是进行学校文化管理和建设的有力抓手，更是建设学校成员身份认同的情感纽带。

二是构筑学校文化之本。这是指学校办学理念体系的表述与其实践体系的联结点，也称逻辑支架。这个逻辑支架具有过渡和转化作用，非常重要。它把学校办学理念体系落实在党建和管理、课程和课堂、教师和学生、公共关系和校园环境八个实践领域中，具体表现为这八个领域的工作理念——党建理念、管理理念、课程理念、课堂理念、教师文化理念、学生文化理念、公共关系理念和空间环境建设理念。这些逻辑支架的表述可以是一个词或几个词，一句话或几句话。

(三)言近旨远力求守约施博

办学理念体系的精炼表述力求言近旨远、守约施博，风格可以浓墨重彩，也可以清墨落素；可以慷慨激昂，也可以淡而不厌，或居于其间，达致中国语言可以歌唱的美感则最佳。

一是引经据典法。即直接或间接引用经典论述中的合适成分表述办学理念体系，尤其是学校核心价值观和校训。这种引用必须是与学校实践、成功行为及核心价值观相符合的那些论述，应避免牵强附会和胡编乱造。北京市房山区良乡小学定位"卓秀教育"之后，利用间接引用法寻找学校核心价值观，找到了两个依据：一是《论语·子罕》中的一段话，"夫子循循然善诱人，博我以文，约我以礼，欲罢不能。既竭吾才，如有所立卓尔"。由此引出"卓尔立"。二是《论语·子罕》中的另一段话，"苗而不秀者有矣夫，秀而不实者有矣夫"。由此引出"秀而实"。这样，所凝练的学校核心价值观"卓尔立、秀而实"，表述就比较清晰明朗了。

二是诗意短语法。即从言近旨远的原则出发，采用和借用灵活诗意的短语或耳熟能详的语句表达办学理念体系。"红梅花儿开，朵朵放光彩"，是重庆市谢家湾小学在2004年提出的富有地域特色、彰显红岩精神的文化理念，成为学校特色建设一面重要的旗帜。在九龙坡样本中，精炼和表述办学理念体系，是学校特色建设的寻句过程，更是学校文化管理的价值追求过程。

> **案例：是寻句，更是价值追求①**
>
> 　　"寻找属于自己的句子"是美国作家海明威的名言，强调作家要有独特的思考与表达。江苏省教育学会名誉会长杨九俊在一篇文章中指出，学校建设就是要"寻找属于自己的句子"，彰显特色。学校特色建设的过程也是教育者理解教育并形成独特表达的过程，简练的理念或口号成为众多学校标志性的表达。在九龙坡，学校特色建设不止于"寻句"，更把"寻句"作为学校挖掘与确认独特育人价值的过程，表达了学校坚定的育人价值追求。
>
> 　　2022年6月9日，杨家坪中学的毕业晚会结束后，李勇校长收到了一条来自2019届毕业生、当时就读于中国民航大学的徐胜峰的短信。这条短信表达了徐胜峰对母校的感恩，更提及办学理念"人皆能大成"对他的影响。2013年，李勇担任杨家坪中学校长。彼时学校还没有统一的办学理念，他提出的"人皆能大成"办学理念，迅速获得了师生的认可，成为学校坚持近十年的核心育人价值追求。杨家坪中学以此为核心目标，重构了一训三风，梳理了课程体系，搭建了活动平台，进行了校园文化建设，把学校的文化建设作为有生命的动态生成过程，努力让学生拥有美好的回忆与惦念。在森林小学，绿色的"森林"作为学校的标志性符号，随处可见。绿色是森林小学校园设计的主色调，更是学校秉持的核心价值。以儿童为立场，学校用三句话作为绿色核心价值追求：第一句是"尊重学生原生态的样子"，不管学生来到学校时是什么样的都要尊重他；第二句是"做支持学生基础加个性的成长派"，学校整合所有资源去支持孩子基础加个性地成长；第三句是"助力学生可持续和谐发展的生命"，让学生经过六年学习后依然有非常强烈的学习动机，能为美好未来奠基。学校把绿色核心价值作为学校文化这棵大树的土壤，引领构建了精神图谱，组成学校文化的根；架构了执行支持系统，构成学校文化的钙。

二、认同办学理念形成共识合力

　　办学理念体系的精炼而成，意味着学校文化管理框架的确立。办学理念如何变成大家的想法而得到进一步确认，就是学校文化管理的第二项任务。其衡量标准是诚于内，即学校成员对办学理念体系愿意相信、态度认同和情感接受，从而不断清晰集体身份认同的过程，其作用是：解决文化内虚问题，强化文化身份，消除文化合法性焦虑，形成上下共识与管理合力。身份认同主要是文化认同，是对主体自身

---

① 蒙石荣、高蕾、张颖：《九龙坡学校特色建设的"是"与"更是"》，载《今日教育》，2022(10)。

的一种认知和描述，表征个体和集体成员的身份确认和归属。合法性的获得来自学校内部和外部的共同努力和认可。

(一)借力专家系统激发内力

借力发力指学校借助专家等外部他人的力量，帮助和动员学校成员理解、认同和接受办学理念体系的过程。专家要起到发动、激发、诱导和引导学校内力的引擎作用。在我们的学校文化建设和学校改进项目中，共同的做法是专家团队与学校协商，撰写和修改学校文化建设方案，达成共识后，专家团队到项目学校面对全体教师、学生家长代表、学生代表、社区代表等解读方案。这是一种诱导和发动仪式，专家小组把资料整合与思考的心路历程讲解出来，利用沟通增进与学校成员的情感，增加他们的认同度，解读仪式和活动也使静默的文字稿活跃起来。这也帮助学校把文化管理和建设从凝练阶段推进到认同阶段。

(二)通过教育行政部门把关

行政把关，指学校的上级管理部门是学校文化的重要把关人之一。"把关人"(gatekeeper)的概念最早是由美国社会心理学家、传播学的奠基人之一库尔特·卢因(Kurt Lewin)在研究群体中信息流通渠道时提出的。他认为，群体传播过程中存在一些把关人，只有符合群体规范或把关人价值标准的信息内容才能进入传播的管道。地方政府和教育行政部门代表国家意志，站在国家立场对学校文化进行政策把关。得到政府和教育行政部门的认可和肯定，是学校文化获得合法性的重要证明。以下三种经验在学校广为流传：一是在研讨学校文化定位之初就征求教育行政部门和领导的意见，达成一致后再进行学校文化建设方案的撰写工作，这样可以很好地避免人力浪费和情感浪费；二是在专家小组解读学校文化方案环节，学校可邀请政府部门教育主管和教育行政部门负责人等参会，聆听他们的意见和建议；三是学校还可利用教育领导视察和督导学校的机会，请他们提出对学校文化的看法和指示。

(三)发动全员参与建言献策

从文化角度讲，在个体认同的过程中，文化机构引导个体积极地参与文化实践活动，能够强化其身份认同。认同来自参与、协商、沟通，学校文化建设不是校长一个人的事，它需要全体成员的共同参与。一是全员建议。在聆听专家小组解读学校文化建设方案时，学校因势利导，把学校全体成员自然带入参与情境，号召大家以实名制方式对学校文化建设方案提出建议和意见。学校要把其中的合理化建议和意见归类整理，写入接下来的具体行动计划中。在学校文化创建项目中，北京小学长阳分校、北京海淀区外语实验学校、北京市第十八中学等学校的实名制建议均有两万余字。二是全员讨论。在学校文化管理过程中，办学理念体系部分需要发动教师、学生及其家长参与的地方有：理念的选择和寻句、校徽的设计、基础色和辅助色的选择、色调和色度的选择，校歌词曲、校树、校花的确定等。即使这些部分由文化公司主导设计，学校也必须向教师和学生全面征求意见。北京小学长阳分校的老师们讨论确定将榕树作为校树、月季作为校花，花语凸显学校"友善教育"理念；教师还为新入学的一年级学生准备了两只"陪伴熊"，因为他们认为熊"憨厚""友好""有力量"，当其以卡通形象出现时，更彰显"友善"的寓意。

（四）多种方式进行文化宣传

文化宣传指学校通过对办学理念体系的宣传、巩固认同等使其获得广泛认同性的过程。学校文化建设方案得到认同后，学校要发挥文化建设方案的以下功用：作为制定学校发展规划的基本蓝图和依据，二者可以合二为一；作为校长和学校宣传学校文化的发言稿的框架和内容；作为空间环境装饰的主题，申报国家和省市级课题，撰写学校文化建设论文和专著等。常用的文化宣传方式有两种。一是会议宣传：学校可以选择恰当时机专门召开学校办学理念发布会，也可利用校庆和年度论坛，系统向师生等内部公众和教育行政部门工作人员、家长等外部公众解读和宣传学校办学理念体系及其实践做法。二是文化手册：学校可以制作精美的文化手册，有意识地进行理念宣讲。手册要有设计感，风格可以"小清新"，也可以沉稳大方，关键在于反映学校文化气质；手册要便于携带，让人舍不得放下；照片要精心选择，画面真实有摄影质量；学校可以自己设计手册，也可以委托文化公司设计。这些都考验和彰显着校长和学校管理的审美能力。

三、深耕办学实践美好教育生活

办学理念体系指导并落实于办学实践，才能彰显学校文化的力量，其标准是秀于外，即指办学理念体系形之于外、美化于外的过程，包括人和物两方面的表现。人之秀于外指人的行为落实和形象表现，物之秀于外指空间环境设计及其表达。其作用是：深耕办学实践，实现和升级文化审美，满足文化合用性需求，为美好教育生活的建设添砖加瓦。

（一）细化行动计划搭建支架

学校可以参考两个抓手，把办学理念体系通过八个工作领域落实到学校成员的行动和生活中。一是细化和落实行动计划。学校文化建设方案融合了专家视角，其具体执行、落实和进一步完善，则仰赖学校的执行力、创造力、想象力，以及举一反三的变通力和审美能力。行动计划即把学校文化建设方案变成文化主题的学校发展规划，或直接形成细致、有节点的具体行动计划。学校文化建设方案提供的是一个有主导价值取向的文化管理地图，学校需要结合具体校情和师生意愿，根据文化建设方案所提供的框架，形成包括教师、学生、课程、课堂、党建、管理、公共关系、空间环境建设八个领域的具体行动计划，分别由相关管理者负责。二是搭建行为支架。行为支架指落实学校文化的行为和细节抓手，确保学校文化从概念到实践体系再到行为的落地。课堂行为标准、教师评价标准、学校故事、仪式与典礼等都属于行为支架。北京市房山区良乡三小在"服务教育"定位下，制定了立达课堂师生行为标准，其中达人指标是这样的：教师达人行为包括有效组织小组教学、对学生自学指导有效、教学行为有所改进、教育机智充分、教学目标实现充分；学生达人行为包括能够主动提问、提问语言完整清晰、有独立完成学习任务的能力、作业情况良好。

(二)提升审美经验平衡生活

提升审美经验指在原有审美经验基础上，丰富审美内容，提高审美境界，开拓想象空间，解决教育生活庸常无惊喜的问题。学校文化改造教师审美经验有三种方法。[1] 一是欣赏当下寻找眼前幸福，鼓励教师身体健康、表情自然、心情愉快地投入工作，用工作创造物质财富和精神财富。对学生进行三种心理建设，即护生心理建设培养学生爱护、保护自然与生命的能力；勇敢是支配和对抗恐惧的心理和能力，教育能够帮助学生学习镇定自若，免于恐惧、克服懦弱；审美心理能力建设引导审美期待，唤醒学生的生活经验使其活跃。二是获得高尚趣味和审美能力，在欣赏当下的基础上，培养和巩固鉴赏美的直接能力，尤其是艺术修养和能力，使审美经验得以有效展开和积极弥散。学校文化必须让审美崇高起来，使教师和学生有闲情逸致，获得审美愉悦和审美满足。三是平衡建设良好生活方式，学校对现存的教育生活方式从内容、形式上做结构性改善和引导，使其更加美好。教师的完整生活包括专业生活和非专业生活，学生的学习生活包括课堂生活和课外生活。学校文化追求生活内在关系的和谐一致：身心和谐、关系和谐、生活和谐。完整生活观主张利用非专业生活滋养教师的专业生活，释放专业压力，学校定期有计划地组织有益于教师身心发展的各种活动。学生学习生活藏息相辅：时教必有正业，退息必有居学。现代技术发展使翻转课堂成为可能，让课内学习和课外学习有效结合，共同努力减轻学生课业负担，能保持乐观心态和生活勇气。

(三)关注学校形象展现教养

关注学校外在形象，就是关注外部公众对学校的评价和满意度等。学校外在形

[1] 张东娇：《学校文化建设成就美好教育生活》，载《中国教育学刊》，2019(4)。

象是建立在学校内涵发展和真实质量基础上的，因此，关注学校外在形象是一件形式与内涵相统一的事情。一是讲究学校成员的外表形象，这是改善学校教育生活质量的必备内容。在条件允许的前提下，教师和学生的衣着大方美观、言行举止优雅适度，能够充分展现内涵和气韵。"粗缯大布裹生涯，腹有诗书气自华"，苏轼想说的是读书可以改变气质，只要饱读诗书，自然才华横溢，内心充实丰盈，气质高雅光彩。内修在先是最要紧的，外秀也不可忽视。学校可以邀请相关专家举行讲座，就如何穿衣打扮、如何品茶、如何插花等内容，引领教师做些互动和实操练习。学校也可以在教师节举行校服或传统服饰走秀活动。让学校文化改造生活，逸心以补劳，引导师生共同过一种从容、优雅、完整的教育生活，每一个工作和学习在其中的人精神舒展，眼睛明亮。校长带领教师优雅地工作，学生自然成长在美好之中，人生就会更加自信和多彩。二是美化学校空间环境，就学校环境装饰和美化而言，需要遵循五个基本原则：功能性、教育性、儿童性、主题性和审美性。从完整教育生活出发，办公室、教室、食堂、停车场、卫生间等地方要整洁和舒适。学校大门、门厅、文化景观、广场、廊道、图书馆、校史馆、理念墙等都是重点点位，学校要确保其设计照应办学理念体系。精心装扮和提供休闲公共空间，如咖啡屋、茶水间、图书馆、活动区、接待区等，使师生感到温暖，工作学习高效。学校工会、少先队和学生会在此方面可以大显身手，成为学校公共生活的中心。这些部门可积极开展文体活动，提供非正式交流空间，建立友好工作环境。还可以把饮水机旁、茶点间、储藏室、打印机旁等师生经常聚会的地方布置得舒适宜人，使学校成为有吸引力的聚会场所。

四、固化办学成果加强立言能力

新时代高质量教育体系建设依赖于高质量学校的集合，高质量学校管理依赖于优秀的校长，优秀校长的效标可以参考以下标准：教育部校长领航班或全国校长高研班成员；当地教育行政部门为其组织召开过学校办学思想或办学实践研讨会；出版过至少一本学校管理方面的专著；在任期间所在学校处于当地教育评估优秀等级。这意味着优秀校长是有想法、有办法和有说法的教育管理者和思考者。精炼办学理念体系属于有想法，表现为办学理念凝练和表述能力；办学理念体系认同和落实于实践属于有办法，表现为校长引导成员认同理念并将之现实化的能力。有说法指的是对想法再凝练、对落实经验和管理思考再次结构化和抽象化，表现为固化办学成果的立言能力，即概括、著述和发表能力，包括个体立言能力和组织立言能力。至此，学校文化管理才能画上圆满的句号，高质量学校和好校长才算名副其实。

(一)练好写作基本功

在阅读、思考、数据整合等工作做好之后,写作是最后环节,考验经验结构化和成果可视化的能力,是生产学校管理知识的主要环节,更是高质量学校的标志。学校文化建设成果的提炼和学校管理论文的写作,参考三个原则及其多种写法,练好研究收口的基本功。

一是写透。致广大而尽精微,纲举目张。犹如一棵树,无论大小,都需要先长根,树根相当于选题、标题和研究的问题及其表述。再长树干,树干犹如论文结构,学习把每个部分都写得有力量有质感。树枝和树杈犹如二级和三级标题与结构,每个段落就是树叶,一词一句一标点就是叶脉。每个东西都清晰可见,是为写透。

二是写活。好的论文和专著写作应达到这样的效果:你中有我,我中有你,互相爱慕,无法分开。这说的是写作者与规则和标准、格式和内容的关系,既遵从了标准、规范和格式,又去除了形式上和程序性的东西;既消失了自己,又保留了自己。如此,写作者的精神和状态接近自由王国,写作和研究成为生活方式。这样,在规定动作达标的基础上,就可以起飞,做高于标准的新动作了。每个时代的标准和规范不同,我们需要领悟和学习,从扭转心态开始,无需过多地以表达个性的名义,掩盖漏洞百出的知识结构和虚弱的基本功。

三是写"白"。文字表达简单干净,论文写作风格依据写作者偏好自行选择,有的文风慷慨激昂,有的文风轻缓宁静。少即是多,此言不虚,做到真难。多用逗号,把强意义嵌入的长句子,自然分解为多个短句,也是一种好方法。

(二)三事互动定期写

三事互动指读、思、写三件事高度互动,温故知新,复习文献,运用知识,不分先后,形成良好习惯的衔接循环。[①] 定期写就是定时把所思所想写出来,成果可见,发表最好。学校管理者、教书育人者立言很正常,需要定个学术周期和研究计划,有完成的时间节点。一年或几年的时间里,要有一段相对集中的时间写东西,假期可以重点利用。写你热爱的:养成习惯,把研究的兴趣、喜爱的话题、萦绕的问题、顿悟的道理都写出来。写你确定的:把成熟的研究和思考写下来,要能够自圆其说,蕴含一定的道理,能创造新的知识最好。确定源于对不确定的怀疑,怀疑的理由要充分,尊重文献和规范运用研究方法。确定性也源于系统的、深入的思考,学有传承,自成一家更好。写你相信的:研究和确定性让人自信,校长要观点笃定,

---

① 张东娇:《优秀校长学做三件事》,载《中国教育报》,2020-11-18。

论据充分，论证恰当，表达价值立场，引导大家。写东西是积累知识和成果的过程，提前一年或几年写就为好，做好每年的写作计划和投稿计划。

（三）带领大家一起写

如果校长计划提高学校教师的著述能力，可以考虑带领大家思考一起写的方法，集体固化和产生研究成果，这是提高学校著述能力的最佳途径。对于没有发表经验的学校而言，由于思维差异、时间紧张、工作繁忙等因素，这项工作很难做，若做，则需要很长时间，一本专著可能需要 2～3 年时间，加上出版时间估计需 5 年左右。如果校长下定决心做这件事情，可以取得专家的帮助，共同完成这项不容易的任务：建立写作小组，制订写作计划，确立大致的完成时间；讨论写作内容和表现形式，是一本书还是丛书；做好分工，每人承担的任务明确；共同研究写作提纲，清楚写作思路，从收集资料开始；讨论写作风格，可读性强，不能丧失实践的生动性，还要有结构性处理和经验抽象；1～2 年完成书稿的写作和修改任务；在书稿形成期间或完成之后，可以借助教育行政资源和联系出版社，讨论著作或丛书的主题，签订出版协议等。第一本著作出版后，学校积累和萃取了著述经验，写作和著述难关，会一举突破，产生和表达研究成果不再困难，理论和实践的通途，尝试后自动打开，影响力走出校门，这是最佳实践的标志性成果。同时，高水平研究所产生的愉悦感，会激励学校产生更好的研究成果。

第三节 学校文化管理方法和步骤

本章的第一节内容侧重的是学校文化管理的价值性知识，以示高度和宽度；第二节侧重的是内容性知识，重点在于框架和任务；第三节是程序性知识，注重实操性，介绍学校文化管理的途径、方法和步骤。这三节的内容时有交织，各有侧重，互相印证，首尾呼应，合起来系统展示学校文化管理的起点和终点、内涵和意义、过程和结果的完整链条。

一、利用学校文化管理工具箱

随着教育强国战略和高质量教育体系建设的推进，学校文化管理已经成为全社会共同承担的基础大业。在宏观和系统意义上，学校文化管理是国家、社会、区域教育发展的缩影和窗口；在微观和具体意义上，学校文化管理是高质量学校建设的有效途径和手段，学校文化管理工具箱就是其中必不可少的抓手。

(一)了解学校文化管理工具箱

学校文化驱动模型是以学校文化建设为抓手的中国学校改进模型之一,其知识系统包括三个知识模块、九个单元、34 个要素。其中,第二模块包括机制、标准和数据收集工具三个单元,构成学校文化管理工具箱。[①] 工作机制单元包括三方合作机制、五步工作法、六项工作制度。政府、大学和学校三方合作,共同参与学校改进过程,是世界各国学校改进的共同之路。三个主体工作平台的贯通依靠六项工作制度,即核心工作站制度、联系人制度、专家小组工作日制度、三方联席双反馈制度、课堂观察和课例研究制度、两种信息管理制度。这些复杂的内容如何系统整合和有效运转,依靠学校管理指标和五步工作法,这些内容将在后面逐一展开。

在学校文化管理工具箱中,数据收集工具单元内容丰富实用。为方便学校收集数据和资料,诊断和分析学校文化管理过程和结果,提供了四类工具。一是评估类工具,含有学校文化整体评估和部分评估工具,如《学校文化发展状态评估问卷》《最难共事者问卷》等。二是模板类工具,如学校文化发展状态评估报告模板、学校文化建设方案模板、校长汇报提纲、课堂观察与课例研究报告模板等。三是局部数据收集类工具,除了前面所列量表,还包括教师、学生、中层干部、校长、家长和社区、教育行政人员的多组访谈提纲等。课堂观察类工具含教师与班级情况表、教学时间分配表、学生学习投入状态观察表、课堂问答行为类型频次统计表、教与学策略观察表、小组学习观察表、语言流动情况图、教师巡回路线图、课堂文化观察表、教学目标达成情况表等。了解了这些工具类型后,选择单独使用或组合使用均可,如果结合五步工作法则效果更佳。

(二)参考学校文化管理指标

在学校文化管理工具箱中,标准单元也位于第二知识模块,包括高质量学校文化标准和高质量学校文化管理标准,二者价值一致,互相印证和推动。高质量学校文化标准即慧于中、诚于内、秀于外。[②] 高质量学校文化建设标准即学校文化管理指标,指学校文化建设过程做到框架清晰明确、细节精微审美、质感良好,这里特指《北京市中小学学校文化示范校建设与评估指标体系》(2015 修改版)(以下简称《指标体系》,见附录 1)。[③]《指标体系》回答如何建设秀外慧中的学校文化的问题,基于

---

① 张东娇:《学校文化驱动模型:一项完整的中国学校改进经验的报告》,载《清华大学教育研究》,2022(1)。

② 张东娇:《学校文化的秀外慧中》,载《中小学管理》,2016(3)。

③ 张东娇:《建设价值驱动型学校》,64 页,北京,教育科学出版社,2020。

学校文化定义研制，适用于所有中小学，包括 4 个一级维度、14 个二级维度和 44 个观测点。①《指标体系》的评估决断方式是，给分和分配——给分是依据某个分类标准，给予受评者一个有关优点或价值的定量测量结果，采用百分制，操作简易；分配是将有限的资源依照不同的量分给不同的人或组织，所得量代表了评估的结果，该评估结果为学校获得北京市教委颁发的学校文化建设示范校称号提供参考和专业依据。

《指标体系》重在引领学校文化建设思路、内容和方法，同时必须具有价值判断的评估意义。只有这样，才能实现过程引领，达到以评促建的目的。《指标体系》可以应用于学校文化管理全过程，包括三种形式。为了让学校文化的操作性更明确清晰，配合《指标体系》的应用，专家小组提供了一系列工具套件配套应用，如课堂观察系列工具、多组访谈提纲和报告模板等，做到有路可循、有据可依，避免管理漏洞和发言中文化建设主题涣散、疏离等现象。《指标体系》的过程应用包括学校自评和专家小组他评两种形式。评估必须有价值判断和结果决断，《指标体系》的结果应用包括：应用于学校文化建设过程及其自我改进，评估结果还有证明学校文化建设和管理的质量与成就之用。《指标体系》的等级评定具有行政用途：总分≥85 分，等级为优；85 分＞总分≥75 分，等级为良；75 分＞总分≥60 分，等级为合格；60 分＞总分，等级为不合格。优秀者成为学校文化建设示范校，评估不合格的学校，在现场评估之后的两个月之内，写出学校文化建设改进报告，专家小组适时回访和现场指导，直到改进合格为止。

(三)借鉴学校文化管理图表

学校文化驱动模型是在政府、大学、学校三方合作前提下，以学校文化为抓手，优化配置学校文化要素，全面驱动学校系统思考、整体改进与发展的一套管理思想和操作框架，其目的是建设价值驱动型学校和形成高质量教育文化区。模型是一个生动的有机体和完整知识系统，其简明知识系统为一表六图(见表 8-1、图 8-1 至图 8-6)。②

---

① 张东娇：《研讨式评建：学校文化建设北京经验》，114 页，北京，北京师范大学出版社，2016。

② 张东娇：《学校文化驱动模型：一项完整的中国学校改进经验的报告》，载《清华大学教育研究》，2022(1)。

表 8-1 学校文化驱动模型知识系统一览表

知识系统	模块名称	单元数量	单元内容	要素数量	要素内容	图表名称和位置
模型知识模块	价值与理论知识模块	3	模型概念价值知识文化理论	13	模型定义，模型结构，模型定位	一览表轮状图环形图
					价值观，建设立场，建设目的，建设原则，建设路线，建设策略	
					学校文化定义，学校文化分类，学校文化发生机制，价值驱动型学校	拟人图
	机制与工具知识模块	3	工作机制指标标准工具知识	10	三方合作，五步工作法，六项制度	框架图
					高质量学校文化标准，《指标体系》高质量学校文化建设标准	
					评估工具，局部数据收集工具模板工具，课堂观察工具	工具箱
	实践与经验知识模块	3	组织经验指标应用改进经验	11	依靠政府，依靠专业，依靠学校	五星图
					指标应用，过程应用，结果应用	
					文化立校，以评促建，指标引领模型导航，研讨式评建	
合	3		9	34		7

图 8-1 是模型知识系统轮状图。为便于学校操作，图形打破知识模块和单元，析出 37 个关键要素。核心层是价值观、立场、目的、原则、路线和指标，通过回答建设什么样的学校文化的问题，表达学校改进的价值高度和理论基础。第二层包括三个主体和五项经验，总结大规模学校改进由谁发动和参与的宏观经验。第三层包括六项工作制度和五步工作法，回答三个主体如何共同工作、如何组织大规模学校改进项目等问题。第四层是学校改进层面，推荐在学校文化管理的八个领域综合使用

文化团结、管理冲突、文化扩散和文化变革等策略，提高校长的学校文化领导力，从而回答以一个学校为单位，如何进行系统思考和整体改进的问题，展示高质量学校文化建设的过程。

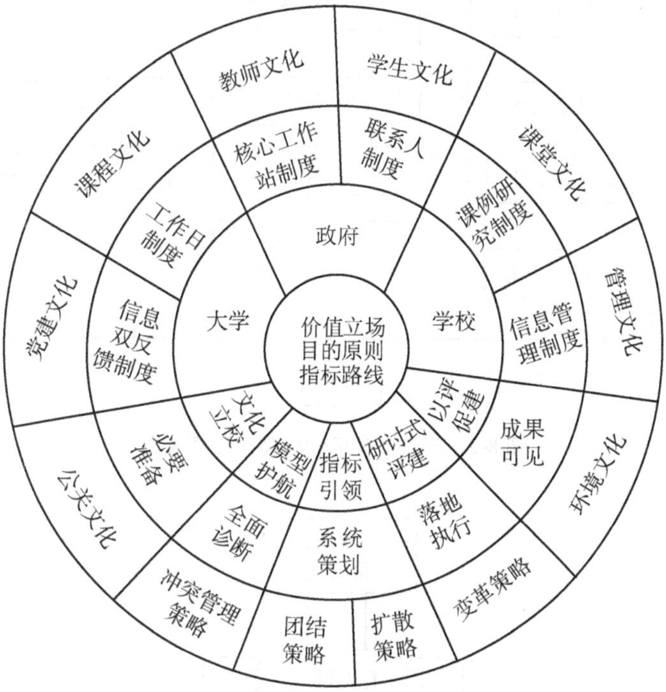

图 8-1　学校文化驱动模型知识系统轮状图

图 8-2 是模型建设框架图。模型建设过程包括建构与形成、研究与评估、应用与完善等环节，是学习、参与、研究的过程，围绕稳定的目的与核心知识高度互动，相互交融，形成了模型的建设经验：始于学校改进知识和经验的持续学习，终于学校改进实践的大规模参与、主持和完成，得益于和完善于学校文化及其理论的深入研究。

图 8-3 是学校文化拟人结构图。以学校文化管理为抓手的学校改进，意在通过学校文化各要素的系统设计和结构性干预，提高学校系统思考和整体改进能力，从而实现因变量的正向良态变化，以促进人的健康发展和成长，形成价值驱动型学校。拟人结构图并不要求严格地——对应，通过清晰分解学校文化变量，表现出系统设计学校发展和改进的必要元素及其逻辑关系，让学校管理者形象地看到学校文化管理中存在的缺项问题，以补充和简化。

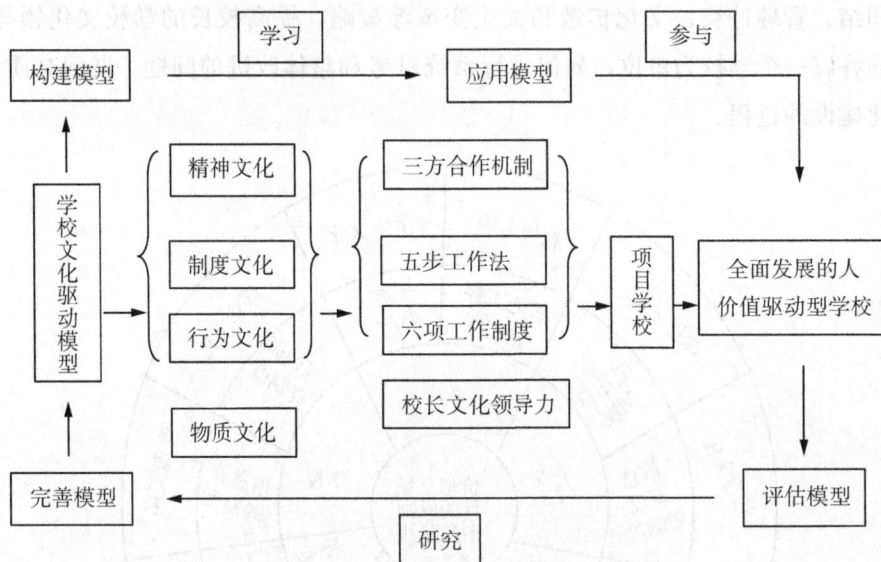

图 8-2　学校文化驱动模型建设框架图

图 8-3　学校文化拟人结构图

图 8-4 是模型研究方法论体系环形图。聚焦模型的研究，立足于并聚焦稳固的根本，同时上下延展左右开弓，触角布于学校工作全部领域，在不同阶段，始终坚持四个视角并适时切换。

首先解决三方合作和项目管理的机制视角,然后着眼于学校改进问题解决的实践视角,基础研究、实践研究和应用研究齐头并进的研究视角,专家小组战略、区域教育战略部署的政策视角。四个视角解释了这项研究的现实主义本体论、结构主义认识论、建构主义方法论和观照利益相关者需要的价值论。

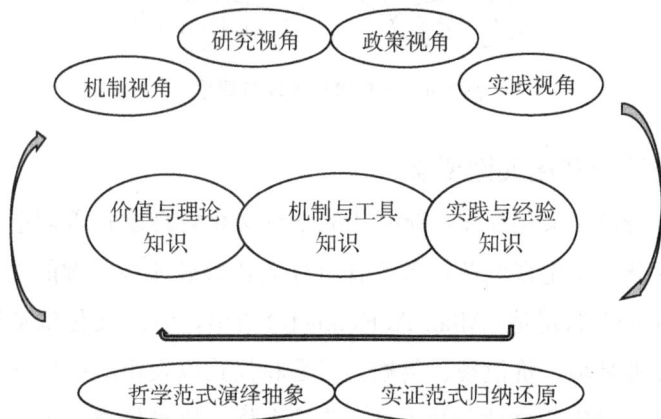

图 8-4 学校文化驱动模型研究方法论体系环形图

图 8-5 是模型工具箱,即学校文化管理工具箱,如前所述,加上标准知识单元,共五类工具。

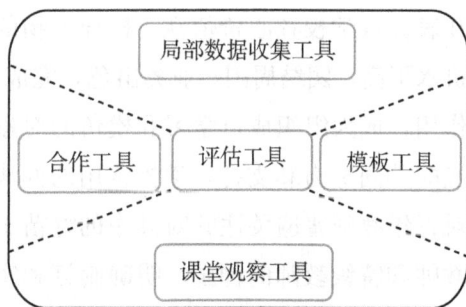

图 8-5 学校文化驱动模型工具箱

图 8-6 是学校改进经验五星图,是模型应用于区域学校改进的五项经验,包括文化立校的功能论,以评促建的目的论,标准引领的内容论,模型导航的途径论,研讨式评建的方法论。五项经验互相联系,彼此成就,犹如五颗星,缺一不可,各自闪耀。

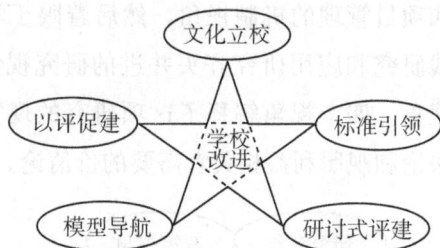

图 8-6　学校改进经验五星图

二、彰显学校文化关键要素

学校组织本身就是文化存在，新时代的学校文化管理承担着创造当下最佳教育实践的使命。文化落地生根发芽，需要着力打造和彰显那些关键的文化要素。迪尔（Terrence E. Deal）和肯尼迪（Allan A. Kennedy）指出，组织文化就是组织中人们做事的方式，由企业环境、价值观、英雄、习俗和仪式以及组织中的文化网络共同构成。其中，价值观是组织文化的核心。[1] 英雄人物、故事传奇、仪式典礼等都是组织文化的关键要素和显性符号，学校可以进一步彰显和厚实这些文化符号。

(一)培养和树立先进榜样

树立榜样人物。每个运行良好的组织都会精心培养和树立英雄人物和榜样人物，如先进党员、先进教师、先进干部、三好学生等，他们对内代表和彰显着学校成员努力的标准，对外诠释和表征着学校核心价值观。榜样人物的共同特征是：责任心强，热爱生活，工作动机水平高，团结周围，业务出色，完成任务速度快且质量高，在工作领域能够起带头作用，成为组织成员学习和模仿的对象。榜样人物的成长需要组织、个体和社会环境的共同努力和支持，学校常用的办法有：对学校成员进行普遍观察和分类培养，对青年教师普遍关注并对其中的好苗子进行重点培养；确立一些关键人物作为骨干教师和特级教师的种子，明确制订和实行学校榜样人物培养计划，有条件的话可以实行双导师制，理论指导和实践指导双管齐下；这些校内榜样被树立起来之后，就利用典型引路和带动团队的方法，营造团结上进和充足获得感支撑的良好的文化氛围，助长愿当榜样的风气，进一步增强学校成员的自我实现动机，形成较高的组织承诺水平。如果一所学校的省级、市级、区级和校级骨干与优秀党员等加起来占学校成员的三分之一，意味着争当榜样的风气已经形成了不可

① ［美］特雷斯·E.迪尔、阿伦·A.肯尼迪：《企业文化——现代企业的精神支柱》，唐铁军、叶永青、陈旭译，12页，上海，上海科学技术文献出版社，1989。

逆转的势头。

培育先进集体。高质量教育管理离不开先进组织的培育和功能的发挥。先进集体即榜样组织，可大可小，包括管理先进和业务先进的组织等，对内代表团结和业务标准，对外代表组织形象和文化氛围。对于学校而言，党支部和党小组、年级组和教研组、备课组和学习小组、各种任务小组、少先队和班级等，自然就是先进集体的培养对象。榜样人物所在之处，容易产生先进集体。无论是榜样人物还是先进集体，都需要按照制度和标准进行评价、认定和奖励。一所高质量发展的学校，其管理水平和业务水平超过所在区域学校的平均水平。对于一个区域而言，政府及其教育行政部门树立先进典型，就是培育和树立区域学校管理标杆。常用的方法是：根据要求整体布局确定样本；提供政策和经费支持，整合多种资源并且多方合作；把改革经验及时结构化并进行推广。例如，九龙坡样本就形成了一批管理标杆学校，成为带动区域教育发展的先进力量：一方面从区域层面宏观把握新时代教育发展的趋势，挖掘区域教育的价值与特质，形成区域教育特色发展的顶层规划与行动；另一方面促进学校优质均衡发展，"不求校校成名校，但求校校有特色"，形成"一校一品"特色格局。①

利用双名工作室。为了实现 2035 年培养数以万计的教育家型校长和教师的目标，国家和地方政府及其教育部门、大学的校长培训中心和专家系统共同努力，成立和发挥双名工作室功能已经是成熟而有效的经验。双名工作室指名校长工作室和名教师工作室，工作室主持人都是专家型校长和教师，在某一区域或全国范围内有重要影响力，在区域教育发展和教师集体专业发展中起带头和辐射作用。工作室成员均是区域内经过选拔的有发展热情和潜力的先进成员，或者是所在片区的所有校长成员，构成学习小组和发展共同体，形成工作室势力，带动成员及其学校共同发展。高质量教育体系建设需要一支大规模的能战斗的专家型校长队伍，培养好校长是接近最佳教育实践的最近的通道。专家型校长和教师永远都是稀缺资源，可依靠和重用他们的管理经验、专业知识、专业能力带动一批人的专业成长。一是推行教育集团办学。专家型校长所在的核心学校与教育集团成员学校的合作越来越有专业性和实质性，已经形成了许多优秀经验：本着共享、共建、共治、共赢的原则，抱团取暖，凝聚精神、宽带发展；积极制定教育集团章程，形成治理体系；组织教师学习共同体，定期进行学习和交流；及时总结和提炼教育集团办学经验，形成最佳

---

① 蒙石荣、高蕾、张颖：《九龙坡学校特色建设的"是"与"更是"》，载《今日教育》，2022(10)。

教育实践的结构化知识，供同行参考；教育行政部门组织教育集团之间的专业交流和管理经验交流，推进优质学校群落的形成和普及。二是双名工作室可以多种方式扩散学校文化和管理创新，传播最佳教育实践，帮带和支援区域之外的管理基础比较薄弱的学校。这些方式包括：政府支持的精准扶弱方式，如一省带一省、一市带一市、一区带一区、一校带一校等；民间自愿联结方式，如师傅带徒弟；校际联盟、课程联盟和项目联盟方式，线上线下的教学、学习交流、研讨会等；校园行活动，如到管理标杆学校现场观摩和跟岗学习，或专家型校长到管理基础较薄弱学校现场办公和指导等。

(二)讲好教育故事和传奇

故事和传奇是学校文化的要素和重要传播符号，讲好中国教育故事是文化自信的表现。学校文化管理首先是对学校价值观的管理，价值观的确立是对学校办学历史和现实线索的提炼和表述，从整理和分析校史开始，在学校发展过程中寻找关键理念、关键人物和关键事件等历史节点，通过整理那些教育故事和传奇，凸显学校文化内核和文化基因，强化组织文化记忆。

讲好英雄故事。榜样大都是英雄事迹和先进经验的创造者。在有一定办学历史的学校和当下高质量发展的学校，都会流传着许多动人的故事和传奇。有意识地整理出那些最好的教育故事，完善起来，共同珍惜和享用，持续传播学校那些由来已久的大家所珍爱和相信的价值。九龙坡样本中的打好"行知"牌，讲的就是陶行知创办"育才学校"，并于1950年迁至谢家湾的故事。如今，育才中学教育集团将拓展至"一校六部"，这个故事讲了80多年，还会被传颂。一代代九龙教育人在接续奋斗中，传承弘扬"大爱、奉献、求真、创新"的行知精神，成就了九龙教育事业的历史积淀、价值追求与精神内涵。

讲好标识故事。每个学校都有自己的标识，这个标识被视为学校精神文化的第一符号和表达。标识设计元素可具象、可抽象。具象形式假物托志；抽象形式通过抽象图形或符号使人产生联想，来诠释所要表达的核心价值理念。标识设计活动可以带动学校文化管理节奏，与学校重点活动结合起来，发动全校师生进行设计，也可以请专业的文化公司进行设计。无论设计主体是谁，都需要形成多个备选方案，经过全校的充分研讨、论证和认可，选择一个合适方案，包括图案、标准色、标准字体、释义等。

案例：寻找我们共同的符号①

　　北京市海淀区中关村第三小学，始建于 1981 年，地处北京市海淀区中关村科技园区的核心地带，承载着浓厚的学术和文化基因，涌动着改革与创新的品质，以及不断追求卓越的精神。办学宗旨是教育孩子，团结人民，引领社会；目标是建设北京气质、世界品位、大家风范的大家三小。学校追求雁阵精神：让这里的每一个人都有领航和贡献的机会和可能，每一个同伴都拥有成长和发展的空间，每一个人都会在困难的时候获得帮助与支持，每一个人都会在不同的个人位置展现大家三小的目标和境界。2013 年 10 月，学校成立了文化小组，由美术学科带头人赵文梅负责。文化小组成立后的第一件大事是寻找大家心中共同的符号——中关村三小 logo 设计。

　　2014 年 10 月，文化小组做了调查，DI 项目小组在此之前做了三小 logo 的征集活动，全校师生和家长参与。在收集上来的众多 logo 中，有数字"3"与书本结合的图案，有象征团结的拉手的造型，有围绕"大家"撰写的文字，有寓意雁阵精神的大雁图案。每一款 logo 设计都凝聚着师生和家长的心血和努力，作品中规中矩，造型和色彩单一，缺乏创意，没有时代感和时尚感。学校决定借助专业的设计团队帮助文化小组代表学校一起寻找那个让大家心动的符号。

　　学校开始向社会招标，文化小组代表学校选择了一个有创意、相比之下有文化底蕴的团队作为合作伙伴。招标会后两三周，文化小组召开了第一次 logo 提案会。第一款 logo 外形是"3"，像一个飞翔的雁，设计烦琐；第二款 logo 用花来代表三小，不够符合大家三小气质；第三款 logo 依据三人行"众"字的理念、团结的手拉手含义设计，很像中国联通的标志。一番交锋后，所有方案全部被否定。这时，大家突然意识到三小的 logo 唯一性必须要严格把握，那就是提高鉴别能力。文化小组召开了一次重要会议，校长和文化小组给设计师提出如下建议：灵感在生活中，在基层，是量的积累，才能够爆发出好的设计。建议设计师经常参加学校的大型活动，进行拍照和摄像，以便留下影像，制作后期视频。三小的 logo 需要体现三小的气质，有儿童气息、中国书画的元素；有国际视野、大家风范，并且要有家的感觉。三小的 logo 要与众不同，体现大家三小的三层含义；大家＋大家＝大家。最好不要单独体现数字3，3不具有三小的独特性，可

---

①　本案例节选自中国专业学位案例库。作者张东娇，北京师范大学教育学部教授，主要从事教育管理学研究；赵文梅，中关村第三小学美术教师，主要研究小学美术教学。案例无意提倡或暗示某种管理理念、方法或体制比其他的理念、方法或体制更为有效或合理。

以表示很多叫三小的学校，但是海淀区中关村第三小学只有一个，logo 需要体现出具有唯一性的中关村三小。可以考虑制作吉祥物，可爱的、抽象的、符合三小气质的，有设计感的。

这次会议激发了文化小组成员的学习热情，他们纷纷借助网络、图书来增加各自的见识，有了更加专业的鉴别力。为了便于及时交流，他们建立了微信群平台，对每一款图形在群内进行严格讨论。在第二次提案会上，设计师们拿出新的设计方案，以"大家三小"来做文章，做了一个篆体"家"。大家还是觉得有点烦琐，并且和北京史家小学的 logo 相似。设计师们围绕这个"家"又做了好几版，都没有成功。在第三次提案会上，设计师们带来 6 款 logo，形式丰富、造型各异，有的过于熟悉，有的过于晦涩，不管从造型上还是设计感上，还是没有打动文化小组成员。四个月过去了，理想的 logo 还没出现。刘校长在一次 logo 提案会后总结出以下四点，让文化小组茅塞顿开：我们的 logo 要有联想性，不固定地解读，一千个人可以有一千个解读，给大家一个想象的空间，颜色是多变的。我们的 logo 要适合学生绘画，造型容易，颜色漂亮，我们的孩子喜欢去画，随时都能画出它。我们的 logo 具有独特性和唯一性，要一眼认出这是我们三小的 logo。我们的 logo 既要体现民族特色，又要与国际接轨，彰显中国特色，表达中国梦。

第四次、第五次的提案继续进行，设计师们进入了设计瓶颈期，但大家谁都不放弃。2014 年 3 月 28 号，是一个值得记住的日子，一个崭新的符号出现了，它让大家怦然心动。这个 logo，取"三人行，必有我师"之意，也含有"爱人者，人恒爱之；敬人者，人恒敬之"之意，汇集成行书"人"字，与中关村三小"3"字巧妙合体变形，并加上了时尚的色彩元素。众里寻她终出现，怎一个美字了得！历时四个多月的 logo 设计终于尘埃落定。

logo 的设计，翻开了学校文化崭新的一页。之后不久，数学组的老师们用一千多块魔方神奇地拼出了 logo。文化小组前行的脚步并没有停止，2014 年 9 月组建了"新视觉媒体中心"，先后为学校的金帆、金鹏申报检查做展板、出画册，做社团的宣传手册等，设计学校宣传栏、背景墙等。无论是 logo 和校服的设计，还是每一块展板、每一本宣传画册的使用，也无论是学校主色调还是楼内的整体装修风格，每方面每个细节都不容忽视，教育者要用高品质的文化去引领学校发展。

案例分析：

《寻找我们共同的符号》是一篇已经入库的学校文化建设案例，原文一万余字，讲述了中关村第三小学校园文化小组与专业设计团队合作，历经四个多月，成功寻找到了令学校满意的 logo 的故事。感兴趣的同行可以进入中国专业学位案例库下载原文。这篇案例的知识线索是学校文化—视觉识别系统及其 logo—设计与提炼的主体和方法—校长和教师的作用—学校文化领导力。围绕这条线索，案例设计的五组思考题如下：

什么是学校文化和校园文化？学校文化和校园装修是什么关系？

学校 logo 的功能是什么？能不能提出几种学校 logo 的设计思路？

你认为好的学校文化是什么样的？

提升校长关于学校文化的凝练和表达能力有哪些方法？

学校文化需要用一个词语定位和表述吗？你偏爱什么样的表述？

Logo 是学校文化的关键和必要元素，和人的姓名一样重要，它承载和诠释着学校的办学理念，代表着学校形象。学校标识确定后，可以广泛自觉应用在学校办公系统、宣传系统和导视系统中，如 PPT 模版、杯子、纸张、笔、台历、校车、校旗、校服、楼标、路牌，等等。好的 logo 设计是集思广益而成，需要学校具有较高的审美能力。案例显示，寻找 logo 的过程是一个研究、学习与合作的过程，更是一个思考力和鉴别力不断增长的过程，见证了文化小组团队的学习及其成长和教师文化领导力的发挥，为学校文化管理、学校形象管理和团队学习提供了优秀案例及操作途径。事实证明，学校 logo 是学校形象的有力代表和表达，校长、教师是学校文化的主要建设者，专业设计团队等外力是学校文化的参与者和合作者。

讲好区域故事。高质量教育群落的建设依靠区域教育的整体谋划和布局、政策的引导和支持，并且需要定期验收成效和调整计划。在此基础上，需要对区域教育改革经验和故事不断进行结构化，提炼出可供同行学习和模仿的可见成果，进行课题立项，把研究和实践融为一体，并能够形成文章、专著等发表和出版。这些成果不仅丰富了区域教育的文化记忆，更是获得了传播和扩散的媒介，可以脱离具身和当下时空永久流传下去，也将成为新的故事和传奇。九龙坡样本就用"五动策略"讲述了区域教育管理的故事：坚持"行政推动"完善特色发展新机制；坚持"学校行动"探索特色发展新路径；坚持"文化驱动"构建特色发展新格局；坚持"科研带动"引领特色发展新风向；坚持"现场促动"交流特色发展新成效。并在实施五种策略中，把握着"三个关键词"：育人是核心，自主是动力，文化是境界。该案例分析见开篇案例后的分析，此处不再赘述。

(三)举行和完善仪式典礼

仪式和典礼不仅是道德教育手段，也是学校文化的重要符号和表达形式。仪式是一种行动方式和终极价值态度的表达，也是一种与神圣事物相联系的信仰与习俗结合的体系，能够给人安全感和确定性。而庆典则定期提供机会，为学校的成就而庆祝，对关键事件进行识别，并对时光流逝作出标记。[①] 学校利用仪式和典礼等实践活动强化和紧密人际联结，激发共同情感，可以持续地传达与强化学校的核心价值。

了解学校仪式和典礼的功能。仪式和典礼是独特的公共活动和事件，在学校文化管理中彰显出重要的社会意义和教育功能。一是温习价值，举行仪式使学校组织成员定期聚合，温习价值体系，通过此举公开对学校价值的拥护，是一种使共同价值成分焕发生机和得到强化的方式。二是巩固团结，通过提供周期性活动场合让学校成员共同在场，可以增进群体认同感，有效控制分离学校的力量，巩固文化团结。三是滋养人心，仪式可以使大家具有学校中心意识，重新焕发力量、恢复活力，身心得到滋养。仪式因为神圣、庄重而又有洗涤心灵的作用，而滋养人的道德生活，使人的心灵获得宁静。

确定学校仪式和典礼的分类。柯林斯(Randall Collins)把仪式分为自然仪式和正式仪式，它们都能产生符号和成员身份感。[②] 这里的仪式包括这两个部分，且倾向于正式仪式。薛国凤根据学校所举行仪式的目的与性质，把其划分为五种主要类型。一是庆祝性仪式，是指以欢庆为主要目的而举行的仪式活动，既包括对国际和国内重要节日的庆祝，像元旦、五四青年节、国际儿童节、国庆节等，又包括表彰颁奖仪式等。二是通过性仪式，是指与个人身份变化有关的仪式，如入学典礼、毕业典礼、入队仪式、成人仪式等。三是传承性仪式，是指在一些变革即将发生时，为使人们适应实践及程序上的变化而举行的仪式活动，如奠基仪式、动员大会等。四是纪念性仪式，比如校庆仪式、重大人物和重大事件的纪念日活动仪式。五是日常性仪式，比如升旗仪式、上课与下课仪式、见面问候礼、分手道别礼等。[③] 这些仪式是学校共同具有的活动，也可以称为共通仪式。通过精心策划，共通仪式会变成个性仪式，这也是学校文化管理的抓手之一。

---

① ［美］兰德尔·柯林斯：《互动仪式链》，林聚任、王鹏、宋丽君译，89页，北京，商务印书馆，2009。
② ［美］兰德尔·柯林斯：《互动仪式链》，林聚任、王鹏、宋丽君译，89页，北京，商务印书馆，2009。
③ 薛国凤：《仪式与学校文化建设》，载《基础教育研究》，2010(19)。

强化学校仪式和典礼的途径。学校举行仪式有日常化、周期化、经典化三种途径。日常化指的是学校每日进行的常规仪式，如上课与下课仪式、见面问候礼、会议仪式等，其特点是有规章制度约束、每日重复、简单易行、随见随行、常规化运行。学校必须重视这些日常仪式，严格要求，这是公众评价学校印象的重要来源。学校有一些大型常规仪式按周期循环举行，如开学典礼、毕业典礼、校庆、元旦晚会、读书节等。其特点是以学年或学期为单位周期举行，全校师生共同参加，气氛庄严、神圣，震撼、激动人心，这些仪式要传达学校办学理念体系。学校可以精心策划经典仪式，在日常仪式和周期性仪式的基础上设计或另辟蹊径设计都可以。这种仪式的特点是准备时间久、设计精心、有亮点、气势盛大，可以在学校重大活动场合举行。

三、总结和借鉴五步工作法

五步工作法源于管理过程理论和实践框架，是学校文化管理的必经阶段、步骤和手段，包括必要准备、全面诊断、系统策划、落实执行和成果可见五方面十七个方法，供学校参考和借鉴，并不断修改和丰富。[①]

(一)必要准备阶段的四项工作

学校文化建设成为重点任务和抓手时，首先需要做好心理和认知准备，根据学校意愿和需求，任何时间和时机开始都可以，新老校长和新老学校都适合。建设主体是学校及其全体成员，可以与专业力量和社会力量合作，以教育行政项目方式或个体方式均可。这是必要而不紧急的工作，需要与日常管理和重点工作相结合。其次做好行为准备，准备材料，用合适的办法完成四件事，每件事都有许多必要细节，需要几个月到几年时间不等。这些任务可以由一个小组或多个小组共同做。

成立由校长亲自领导的学校文化管理小组，由学校干部、教师代表、研究者等组成，有时也有目的地邀请学生、家长和校友等人士参加必要的环节。文化管理小组要制订学校文化建设工作计划，其内容包括背景、目的、原则、做法、分工、负责人、成果形式、时间节点、日程安排等。完成计划的工作方式是自上而下和自下而上相结合，研究参与方式，创造参与机会。全面征求学校成员对该计划的意见和建议，认真修改该计划。

收集和整理校史材料，完成校史调查研究报告。利用查阅文献和实物收集等方法收集材料，包括那些有学校文化痕迹的老物件。通过这些来描述学校文化的发展

---

① 张东娇：《绣一幅学校文化建设的〈凤穿牡丹图〉——学校文化建设"五步工作法"的再规范与再解读》，载《中小学管理》，2020(1)。

阶段，理出学校发展过程中的关键人物、关键理念、关键事件，利用微分析、内容分析等技术整理这些材料，能够得到学校成员所珍爱的价值和文化密码。充分收集材料之后，可以建设与学校文化表现一致的校史馆或校史墙，还原历史是对文化的尊重。

做好前测数据收集和分析，完成学校文化管理状态的前期调研报告。根据研究目的和方法来选择相应的工具。常用的抽样方法是目的取样、方便取样，随机抽样更好，需要做好抽样框。问卷调查法、访谈法、观察法等是常用的数据收集方法，所用工具源于成熟的研究，由相关专家提供或源于当地教研部门、教育行政部门，也可以在专家指导下学校自主研制，后者成本较高，一般不建议这样做。常用的数据分析基本工具，如 SPSS、Nvivo 等社会科学统计软件包和质性数据分析软件，就能够满足中小学的研究需要。学校要知道去哪里找到合需要、合目的的工具，研发工具不是主要任务。

召开学校文化建设动员大会，这是学校文化建设的启动仪式，要求全体员工参加，应专业严肃，承上启下。动员大会包括如下内容：校长的动员讲话或报告，30～60 分钟，意义明确，框架清晰，激发员工的热情和兴趣；负责人介绍学校文化建设工作计划，明确分工，布置任务；负责人汇报校史调研报告和研究发现；负责人汇报学校文化管理状态的调研报告。这四个报告人手一份或用电子稿供大家浏览；发言人需要做好 PPT。也可以配合研究者或实践者的讲座，增加员工关于这项工作和学校文化管理的知识。

(二)全面诊断阶段的三项工作

对学校文化管理状态进行全面诊断的做法是：量化数据与定性资料相结合，多角互证；分散工作与集中工作方式相结合；利用家·小组工作日制度；做好录像和记录工作，保留所有研究证据和工作记录；如果现场诊断无法进行，可以采取线上方式开展工作。

安排好工作日程。专业力量介入时有必要使用现场集中工作方式，半天或一天均可。学校文化专家小组成员包括学校文化建设小组成员、大学专家、教研员、学生代表、行政人员、家长代表等。现场工作日时间和诊断小组成员都应该在学校文化建设工作计划中写明。现场工作日开始前一两周，提前做好工作日五个环节的具体和精确安排，形成简明表格。这五个环节是：课堂观察、校园观察、校长汇报、四组访谈、头脑风暴。

执行日程表和时间表。一是课堂观察：40 分钟左右，同时平行提供 2～4 节课，每节课确保有诊断小组成员听课。二是校园观察：15～30 分钟，观察学校空间和学生活动状态。三是校长汇报：30 分钟左右，介绍学校文化建设情况，并陈述需求。四是访谈：60 分钟左右，对教师、学生、中层干部、校长、家长和社区等的几组访谈同时进行。五是头脑风暴：90 分钟至 3 小时不等，诊断小组成员逐一汇报所见所闻、所思所想，与学校互动沟通。

现场工作日的前半程主要是用观察法和访谈法收集数据，以学校成员说、诊断小组成员听、看、问为主。这些数据与前期调研数据可以多角度互证，准确描述学校文化及其建设状态，为头脑风暴环节做好所见所闻、所思所想的准备。

开展头脑风暴式研讨。头脑风暴环节是现场或线上集中会诊和交流环节，集中在下半程，持续时间为 90 分钟至 3 小时不等。参与诊断的小组成员全部参加，建议没课的教师也参加。内容可以参考这样的安排：向专家小组简要汇报前期学校文化调研报告和校史调研报告各 15 分钟；诊断小组成员轮流发言，每人 10～60 分钟；参与者发言；项目负责人总结和布置下个阶段工作；校长总结发言。这次会议初步形成学校文化建设思路，包括学校文化定位、学校文化建设方案框架等。学校文化建设小组与专家小组交流意见，如果达成共识，就进入下一阶段。

（三）系统策划阶段的四项工作

现场工作日结束之后，进入系统策划阶段，其任务是完成学校文化建设方案。这个方案需要规划学校 3～5 年的发展，方案由学校文化建设小组或与专家小组合作完成；确保全体教师、学生及家长代表有机会不同程度参与其中；从诊断小组现场工作日到学校文化建设方案通过需要半年左右的时间。

完成记录整理。现场工作日结束之后，学校文化建设小组在两周内完成现场工作日所有访谈记录和头脑风暴记录的整理。这些资料由专人管理，并及时分享给相关参与者。有条件的话，大学研究生们可以跟随导师一起参加，并承担一些任务。

完成方案撰写。根据学校需求和项目进度在 2～3 个月内完成文化建设方案，其内容框架包括四方面：学校文化定位及其缘由，学校文化定位的阐释，学校办学理念体系的梳理，学校办学实践体系的建设。具体可以参考北京市教育委员会颁发、引导了 500 所学校文化示范校建设的红头文件《北京市中小学学校文化建设与评估指标体系(2015)》。根据学校的审美偏好，选择学校成员喜欢的表述风格，简单或复杂，朴素或华丽，无好坏之分。

完成方案修改。无论谁执笔的学校文化建设方案，都要进行反复研讨和修改，这是教师、学生和家长参与学校文化建设的好机会和好方式：征求教研组和年级组意见；征求学生及家长代表意见；征求教育行政部门意见。汇聚和分析这些意见，方案修改 3～6 次不等。

解读和通过方案。经过反复研讨和修改,在无大分歧的情况下解读学校文化建设方案。解读者可以是学校文化建设小组成员,也可以是专家代表。方案解读时间为一个半小时左右,解读时再次征求全校成员意见,这些意见以实名制方式表达和收集。之后的一个月内,学校文化建设小组分析这些意见,完成学校文化建设方案的最后一次修改,学校文化建设方案定稿,学校决策机构和代表大会通过。在方案通过大会上,要布置下一阶段工作。

(四)落实执行阶段的三项工作

学校文化建设方案需要 3～5 年的时间进行落实和实施:需要扎实常规,重视日常,利用例外,鼓励新意;需要精打细算,理性工作,也不藐视非理性结果;需要与时俱进,重视反馈和评估数据,及时调整方案,修正行为,优化过程。

方案分解成五个工作计划,把目标责任变成每个人的岗位责任。党建工作和干部队伍建设部分由书记负责落实,管理文化建设部分由校长负责落实,教学文化、课程文化和教师文化建设部分由教学副校长负责落实,学生文化建设部分由德育副校长负责落实,环境文化建设部分由后勤副校长负责落实。

持续引导和推进学校文化建设进程。学校文化管理小组要保持思维和组织高度,保持节奏,定期研讨。五个负责人定期述职,汇报工作进展和存在的问题,修正和补充计划。每次会议有记录,有录像,每个学期完成一份综合简报。学校定期召开研讨会和交流会,使用引导合作的工具,引导学校成员主动性爆发,兴致勃勃地投入其中,每个成员有表现机会。

识别和庆祝阶段性胜利,让时间具有意义。学校文化管理过程和任务并不特立独行,其本身就是学校的管理过程及改进过程,也是教育日常生活本身,漫长而持续,需要有志、有恒、有识。在如此漫长的过程中,大目标分解为小目标,关键小目标的实现需要识别和庆祝,以此来鼓励参与者的信心并激发其兴趣;适时公开和分享每个小成就,这些成就是学生、教师、干部、学校的成长进步;利用会议、仪式典礼表扬和奖励榜样人物,强化学校办学理念;绩效考核和评估遵循诱因与贡献平衡的管理原理,等等。

(五)成果可见阶段的三项工作

学校文化管理坚持工作专业化、改进循证化、参与多元化、经验结构化和成果可视化。学校文化建设方案落实明确指向事事有结果、人人有成果,每个学校成员的贡献可以作为绩效考核依据,保留所有研究和落实证据,为学校文化管理过程和成果积极立言。

用好学校文化管理地图。学校文化建设方案是学校文化建设地图,也是学校管理地图。这张地图用得不好，就找不着方向，用得好管理就活，效率就高。再次重申它的用处：可以与学校发展规划合二为一；可以作为学校文化管理经验发言稿；可以用来申报各级立项课题，研究与方案实施过程一体化；一个循环下来可以组织和出版学校文化建设专著，等等。

完成后测数据收集和调研报告。收集后测数据，完成数据分析工作，与前期调研数据对比，观察干预自变量后因变量有何变化，中介变量和调节变量是如何起作用的，计算和感知学校文化建设带来了什么好处。如果学校文化管理小组完成研究报告有困难，可以邀请专业人士进行合作和必要指导。学校积极寻找和利用专家系统和有研究生学历的教师，保持高阶思维和研究的专业性。学校利用这些研究数据驱动和指导科学决策，利用民主增加决策的合理性，科学制订教师分类培养计划和学生学习的干预计划。

萃取组织经验固化和公开成果。学校文化管理成果的公开方式包括：记录、简报、录像等形式；一年或一个学期总结会或现场展示会形式；故事会和分享会形式；公开出版专著和发表论文的形式；论文获奖形式；立项为课题形式；等等。研究是一种生活方式，是固化成果的最好方式。学校组织全体成员积累经验，鼓励阅读和思考，学习萃取组织管理经验和教学经验的方法，形成课题、论文、专著、校本教材等的成果集合，定期在年度论坛上交流，条件成熟的时候就可以出版和刊发。

综上所述，五步工作法虽然说起来只有五步十七法，但其实每个方面都需要足够的专业功夫和长时间的研究积累。使用五步工作法时，可以先大略而后逐渐琢磨精细，不用苛求一步到位，每个步骤不一定精确吻合，学校变式和量力而行，可有增减。做好每个步骤的起承转合和递进引导，这是一个相对完整的学校文化管理周期，可以循环往复创造性增值使用。学校文化管理就是教育日常生活本身，是工作和管理的一部分，并不增加负担，反而会提高管理效能，巩固生活意义。学校文化管理本身也是研究的过程，以学校文化为抓手系统思考学校发展地图，不一定是最好的办法，也不是唯一的做法，只是很多做法中的一种而已，学校发展以任何正能量的表述为抓手均可。五步工作法只能解决一部分问题，对管理水平在平均线及其之下的学校可能效果会明显些。学校文化建设方案执行结果如何，最终取决于校长的直觉、经验、科学、艺术等手段的综合运用能力，并不只是几步程序的问题。

本章思考题：

1. 讨论学校文化管理的目的和实质。

2. 讨论学校文化管理指标体系及其标准。

3. 讨论高质量教育体系建设背景下当代学校文化管理的原则。

4. 分析学校文化管理的任务和内容。

5. 怎样建设秀外慧中的学校文化?

推荐阅读：

1. 张东娇. 建设价值驱动型学校[M]. 北京：教育科学出版社，2020.

2. 赵中建. 学校文化[M]. 上海：华东师范大学出版社，2004.

3. [荷]吉尔特·霍夫斯泰德，格特·扬·霍夫斯泰德. 文化与组织：心理软件的力量(第2版)[M]. 李原，孙健敏，译. 北京：中国人民大学出版社，2010.

4. [美]埃德加·沙因. 组织文化与领导力[M]. 马红宇，王斌，等译. 北京：中国人民大学出版社，2011.

5. [美]特雷斯·E. 迪尔，阿伦·A. 肯尼迪. 企业文化——现代企业的精神支柱[M]. 唐铁军，叶永青，陈旭，译. 上海：上海科学技术文献出版社，1989.

附录　北京市中小学学校文化示范校建设与评估指标体系（2015修改版）

一级指标	二级指标	学校文化建设要素	学校文化观测点	得分	合计
A1学校文化体系建设（10分）	B1学校文化体系建设（10分）	学校文化建设纳入学校整体工作，认真规划并实施，目标任务明确具体，措施切实可行。	C1规划操作性（3分）		
		学校办学理念体系完备，办学实践与办学理念具有一致性。	C2体系完整性和一致性（2分）		
		积极进行校史整理和建设，继承学校优良传统，并不断丰富和发展，办学理念和办学实践具有继承性和创新性。	C3历史传承性和文化创新性（2分）		
		师生能民主参与学校文化规划和建设过程，学校文化建设得到广大师生的认同和支持。	C4文化共识性（3分）		
A2学校办学理念体系建设（15分）	B2核心价值观（4分）	体现国家教育方针和素质教育要求，符合社会主义核心价值观，重视中华优秀传统文化教育。	C5社会主义核心价值观符合度（2分）		
		符合学校历史、发展现状、地域环境和师生需求。	C6来源的合理性（1分）		
		表达清晰、准确，易于传诵，体现学校文化个性。	C7表述与阐释的清晰性和相宜性（1分）		
	B3办学目标（3分）	办学目标明确，体现学校愿景和使命，符合学校实际，体现学校特色。	C8目标清晰度和适切度（2分）		
		传承学校历史文化，考虑学校所处社区、地域等环境特征和师生特点。	C9历史与现实符合度（1分）		

续表

一级指标	二级指标	学校文化建设要素	学校文化观测点	得分	合计
A2学校办学理念体系建设（15分）	B4育人目标（3分）	坚持育人为本，适应社会对人才的需要和学生全面而有个性发展的需求，科学确定学生培养目标。	C10目标制定的科学性（2分）		
		育人目标与办学目标相辅相成，体现学生成长规律和学段特点。	C11目标契合度（1分）		
	B5学校理念识别（3分）	校训的表述清晰、简明、独特，具有感召力，体现学校核心价值观，为全校师生熟知并认同。	C12校训及其阐释的清晰性和认知度（1分）		
		校徽、校旗显示学校特征，有明确内涵，含义阐述清晰，具有教育性、艺术性，易于识别。	C13校徽、校旗设计与阐释的清晰性和艺术性（1分）		
		校歌反映学校特点和师生精神风貌，歌词内容积极向上，歌曲旋律优美，为全校师生熟练传唱。	C14校歌的传唱度（1分）		
	B6学校理念宣传（2分）	学校注重总结、提炼办学经验和成果，充分利用信息手段和传播媒介宣传学校办学理念和经验，产生良好效果。	C15理念宣传的充分性（1分）		
		学校文化建设经验和成果在市、区乃至更大范围内进行交流分享，在媒体上宣传报道，有一定社会影响。	C16成果影响的广度和深度（1分）		
A3学校办学实践体系建设（65分）	B7管理文化建设（8分）	学校组织结构合理，职能部门分工明确、责任落实，管理运行协调、沟通机制通畅。	C17学校组织结构的合理性（3分）		
		积极进行学校章程和机制建设，各项管理制度以人为本，符合本校实际，制度分类明确，制度执行到位，制度修订流程明确、有效。	C18机制与制度建设的有效性（3分）		
		学校坚持民主管理，充分发挥教代会和学代会作用，鼓励师生积极参与制度建设过程，学校积极采纳合理建议。	C19师生参与的积极性（2分）		

续表

一级指标	二级指标	学校文化建设要素	学校文化观测点	得分	合计
A3 学校办学实践体系建设（65分）	B8 课程文化建设（12分）	以学生发展为目标，基于国家课程标准，构建学校课程体系。	C20 课程体系建设的完整性(3分)		
		开足、开齐国家课程，确保国家课程有效实施，有机整合、协调推进国家、地方、校本三级课程。	C21 课程实施的实效性(3分)		
		积极探索国家课程校本化实施，基于学校实际和师生发展需求，积极开发和实施校本课程，增强课程的综合性、选择性和实效性。	C22 校本课程的特色性和实效性(3分)		
		校长重视课程建设，具有课程领导力，教师和学生积极有效参与课程建设，分享课程改革成果。	C23 师生参与性(3分)		
	B9 课堂教学文化建设（11分）	深化课堂教学改革，转变教学方式，落实科学减负，探索适合学生主动、有效学习的教学模式和策略，加强课堂教学评价研究。	C24 课堂教学方式的方向性(4分)		
		构建以学生为主体的民主、平等、和谐、共生的课堂文化，教学效果良好。	C25 课堂文化的学生参与度(4分)		
		面向全体，关注差异，因材施教，满足不同学生的学习需求，增强学生运用知识解决实际问题的能力，促进学生成长进步。	C26 学生需求的关注度(3分)		
	B10 教师文化建设（12分）	教师有教书育人、敬业爱生的责任感和使命感，教师团队有凝聚力，人际关系和谐，教师有组织归属感和职业幸福感。	C27 教师幸福感(2分)		
		学校高度重视教师队伍建设，制定并不断完善教师专业发展规划，健全激励评价机制，队伍建设措施有力、有效，为教师专业发展提供支持和保障，教师队伍专业素质较高，结构合理。	C28 教师专业发展的支持性(4分)		

续表

一级指标	二级指标	学校文化建设要素	学校文化观测点	得分	合计
A3 学校办学实践体系建设（65 分）	B10 教师文化建设（12 分）	教师规范、有质量地开展各级各类教育课题研究，善于总结经验，提炼研究成果，并用于改进实践，研究成果形成规范的研究报告或结题报告、获奖、发表或正式出版。	C29 教育研究的规范性和应用性（3 分）		
		学校健全完善校本研修制度，密切结合教师队伍实际，充分调动教师的主动性和积极性，教师研修活动规范化、制度化，具有针对性和实效性。	C30 教师研修的制度化和促进性（3 分）		
	B11 学生文化建设（12 分）	坚持立德树人，把社会主义核心价值体系教育贯穿于学校教育教学全过程，落实于学生的思想观念和行为习惯之中，加强学生社会责任感、创新精神和实践能力的培养。	C31 核心价值观落实度（3 分）		
		德育体系完备，目标明确，措施有效，注重德育课程建设，德育活动有计划、成系列、见实效。	C32 德育工作的计划性和有效性（4 分）		
		重视共青团、少先队工作，开展丰富多彩、特色鲜明的社团活动，在活动中体现学生的主体性。	C33 团队活动的丰富性和功能性（2 分）		
		全面实施素质教育，建立健全以学生发展为核心、体现新课程标准要求的学生综合素质评价体系，发挥评价的激励和改进功能，促进学生自主发展。	C34 学生评价体系的激励性（2 分）		
		注重班级文化建设，调动学生自主管理的积极性和主动性，创设健康向上、富有特色、适合学生特点的班级文化环境。	C35 班级文化建设的学生参与性（1 分）		

续表

一级指标	二级指标	学校文化建设要素	学校文化观测点	得分	合计
A3 学校办学实践体系建设（65分）	B12 公共关系文化建设（4分）	学校办学质量和社会声誉良好，学校文化对社区、教育集团及其他学校有带动和辐射作用。	C36 学校文化影响力（1分）		
		学校有机整合和充分发挥社区、家长及社会的教育资源，采取有效措施促进学校、家庭、社会多元互动，共同参与学校管理和评价。	C37 各方参与的多元性（1分）		
		学校发起或参与国内或国际教育交流，积极传播学校文化。	C38 国内外交流的范围和程度（1分）		
		高度重视校园安全，健全安全制度，完善安全预案，落实安全责任，积极防范和有效应对校园突发事件，确保师生安全。	C39 安全与危机管理机制的健全性（1分）		
	B13 校园环境文化建设（6分）	校园环境干净、优美，充分体现育人价值，适合学生年龄特点，富有安全性、人文性、独特性。	C40 环境的安全与人文性（2分）		
		学校建筑风格、景观设计、楼道布置、设施设备安置具有整体性、协调性，贴切体现学校办学理念和育人目标。	C41 环境协调性（2分）		
		图书馆（室）得到师生喜爱，多功能使用；图书分类合理，适合阅读，利用率高；多渠道拓展读书空间，方便师生阅读。	C42 图书馆及其使用的充分性与合理性（2分）		
A4 优势领域发展（10分）	B14 优势领域（10分）	学校在一个或多个领域具有一定优势，深得师生认可，较好地符合办学理念和体现育人成效，具有竞争力和影响力。	C43 效益及影响力（5分）		
		学校全体师生参与优势领域的建设与发展，并共享优势特色发展成果。	C44 师生共享程度（5分）		
总分					

参考文献

安文铸. 现代教育管理学引论[M]. 北京：北京师范大学出版社，1995.

陈大超. 教育管理问题案例研究[M]. 长春：吉林人民出版社，2006.

陈桂生. 教育原理[M]. 上海：华东师范大学出版社，1993.

陈如平. 效率与民主——美国现代教育管理思想研究[M]. 北京：教育科学出版社，2004.

陈孝彬. 教育管理学[M]. 北京：北京师范大学出版社，1999.

陈孝彬，高洪源. 教育管理学[M]. 北京：北京师范大学出版社，2008.

陈振明. 公共部门战略管理[M]. 北京：中国人民大学出版社，2004.

程凤春. 学校管理的 50 个典型案例(第 2 版)[M]. 上海：华东师范大学出版社，2018.

戴联荣，薛晓阳. 小学班级文化建设[M]. 南京：南京师范大学出版社，1999.

丁烈云，杨新起，等. 校园突发事件应急管理[M]. 武汉：华中师范大学出版社，2009.

范国睿. 学校管理的理论与实务[M]. 上海：华东师范大学出版社，2003.

方振邦. 管理思想百年脉络——影响世界管理进程的百名大师[M]. 北京：中国人民大学出版社，2007.

付卫东. 我国义务教育学校教师绩效工资制度改革研究[M]. 北京：中国社会科学出版社，2019.

高洪源. 学校战略管理[M]. 重庆：重庆大学出版社，2006.

龚琬岚. 学校安全[M]. 北京：应急管理出版社，2021.

顾明远，石中英. 学无止境——构建学习型社会研究[M]. 北京：北京师范大学出版社，2010.

关于教育体制改革的文件[M]. 北京：人民出版社，1985.

郭德侠. 校长如何提升课程领导力[M]. 北京：北京师范大学出版社，2016.

郭继东. 学校组织与管理[M]. 上海：华东师范大学出版社，2012.

国家教育委员会办公厅. 中国教育改革和发展文献选编[M]. 北京：人民教育出版社，1993.

胡代光. 西方经济学说的演变及其影响[M]. 北京：北京大学出版社，1998.

胡永新. 教师人力资源管理[M]. 杭州：浙江大学出版社，2008.

黄葳. 教育管理学：概念与原理[M]. 广州：广东高等教育出版社，2002.

计雷，池宏，陈安，等. 突发事件应急管理[M]. 北京：高等教育出版社，2006.

教师月报社. 学校领导工作的经验[M]. 北京：大众出版社，1953.

靳玉乐. 学校课程领导论：理论研究与实践探索[M]. 北京：人民教育出版社，2011.

李惠琴. 学校治理悟与行[M]. 上海：文汇出版社，2021.

李冀. 教育管理辞典[M]. 海口：海南人民出版社，1989.

李家成. 班级日常生活重建中的学生发展[M]. 福州：福建教育出版社，2015.

李家成. 关怀生命：当代中国学校教育价值取向探[M]. 北京：教育科学出版社，2006.

李家成，王晓丽，李晓文. "新基础教育"学生发展与教育指导纲要[M]. 桂林：广西师范大学出版社，2009.

李家成，张永. "新基础教育"学生发展与班主任工作指导纲要[M]. 北京：北京大学出版社，2019.

李甲奎，陈光军. 现代学校领导研究[M]. 北京：科学出版社，1997.

李剑萍. 校长领导与学校效能的实证研究[M]. 济南：山东人民出版社，2005.

李雪峰，佟瑞鹏. 应急管理概论[M]. 北京：应急管理出版社，2021.

刘捷. 专业化：挑战 21 世纪的教师[M]. 北京：教育科学出版社，2002.

刘献君. 高等学校战略管理[M]. 北京：人民出版社，2008.

卢乃桂. 教育政策与学校领导系列丛书[M]. 北京：教育科学出版社，2007.

马宝成. 应急管理体系和能力现代化[M]. 北京：国家行政学院出版社，2022.

缪和平，杨天平. 学校管理实践哲学[M]. 北京：人民出版社，2006.

任康磊. 绩效管理与量化考核：从入门到精通（第 2 版）[M]. 北京：人民邮电出版社，2020.

芮明杰. 管理学：现代的观点（第 2 版）[M]. 上海：上海人民出版社，2005.

史璞. 管理学哲理：系统、愿景、人本和权变的管理[M]. 北京：机械工业出版社，2006.

宿恺,袁峰. 企业管理学[M]. 北京:机械工业出版社,2019.

孙灿成. 学校管理学概论[M]. 北京:人民教育出版社,1993.

孙赤婴. 全面课程　校本特色——校本课程的区域管理与指导[M]. 上海:上海三联书店,2017.

孙金利. 薪酬管理[M]. 天津:天津教育出版社,2005.

孙绵涛. 教育管理原理[M]. 沈阳:辽宁大学出版社,2007.

孙绵涛. 教育行政学(修订本)[M]. 武汉:华中师范大学出版社,1998.

孙绵涛. 教育组织行为学[M]. 福州:福建教育出版社,2012.

孙培青. 中国教育史[M]. 上海:华东师范大学出版社,1992.

孙耀君. 西方管理学名著提要[M]. 南昌:江西人民出版社,2002.

孙远航,屠广越,祈英. 学校发展规划与实施[M]. 上海:华东师范大学出版社,2007.

王斌华. 教师评价:绩效管理与专业发展[M]. 上海:上海教育出版社,2005.

王怀明. 绩效管理:理论、体系与流程[M]. 北京:北京大学出版社,2022.

王凯,[加]伊丽莎白·坎普贝尔. 当代西方教师伦理研究新进展[M]. 福州:福建教育出版社,2019.

王全,陈太忠,何芳. 校本管理[M]. 北京:教育科学出版社,2009.

王雁飞,朱瑜. 绩效与薪酬管理实务[M]. 北京:中国纺织出版社,2005.

吴宏超. 学校管理学[M]. 北京:清华大学出版社,2015.

吴晓英. 教师教学领导力生成研究[M]. 北京:中国社会科学出版社,2021.

吴志宏,冯大鸣,周嘉方. 新编教育管理学[M]. 上海:华东师范大学出版社,2000.

吴遵民,李家成. 学校转型中的管理变革——21世纪中国新型学校管理理论的构建[M]. 北京:教育科学出版社,2007.

习近平. 在全国组织工作会议上的讲话(2018年7月3日)[M]. 北京:人民出版社,2018.

肖智润,郝皓. 管理学[M]. 北京:清华大学出版社,2021.

萧宗六. 学校管理学(增订本)[M]. 北京:人民教育出版社,1994.

杨明娜. 绩效管理实务[M]. 北京:中国人民大学出版社,2008.

叶澜. "新基础教育"论——关于当代中国学校变革的探究与认识[M]. 北京:教育科学出版社,2006.

于泽元. 课程变革与学校课程领导[M]. 重庆:重庆大学出版社,2006.

余进利. 课程领导研究[M]. 上海：上海教育出版社，2009.

张成福，党秀云. 公共管理学[M]. 北京：中国人民大学出版社，2001.

张东娇. 公众、事务与形象：学校公共关系管理导论[M]. 重庆：重庆大学出版社，2005.

张东娇. 建设价值驱动型学校[M]. 北京：教育科学出版社，2020.

张东娇. 学校文化管理[M]. 北京：教育科学出版社，2013.

张东娇. 研讨式评建：学校文化建设北京经验[M]. 北京：北京师范大学出版社，2016.

张济正. 学校管理学导论(修订本)[M]. 上海：华东师范大学出版社，1990.

张男星，等. 高等学校绩效评价研究[M]. 北京：科学出版社，2018.

张萍芳. 学校管理与系统控制[M]. 福州：福建教育出版社，1986.

张天雪. 校长权力论——政府、公民社会和学校层面的研究[M]. 北京：教育科学出版社，2008.

张新平. 教育组织范式论[M]. 南京：江苏教育出版社，2001.

郑燕祥. 学校效能与校本管理：一种发展的机制[M]. 陈国萍，译. 上海：上海教育出版社，2002.

钟亚利. 校长教学领导力提升与学校发展方式转变研究[M]. 北京：北京师范大学出版社，2017.

周安华. 公共关系：理论、实务与技巧(第 6 版)[M]. 北京：中国人民大学出版社，2019.

朱飞. 绩效管理与薪酬激励全程实务操作[M]. 北京：企业管理出版社，2007.

朱旭东. 教师专业发展理论研究[M]. 北京：北京师范大学出版社，2011.

[奥]弗雷德蒙德·马利克. 管理成就生活[M]. 李亚，等译. 北京：机械工业出版社，2013.

[加]亨利·明茨伯格. 卓有成效的组织(珍藏版)[M]. 魏青江，译. 北京：中国人民大学出版社，2012.

[美]Anita Woolfolk Hoy，Wayne Kolter Hoy. 教学领导——基于研究、通向学习成功的指南(第 2 版)[M]. 徐辉，张玉，主译. 北京：中国轻工业出版社，2006.

[美]C. 赖特·米尔斯. 社会学的想像力[M]. 陈强，张永强，译. 北京：生活·读书·新知三联书店，2001.

[美]Daniel L. Duke. 创建安全的学校——学校安全工作指南[M]. 唐颖，杨志

华，译. 北京：中国轻工业出版社，2006.

[美]Lynda Fielstein，Patricia Phelps. 教师新概念——教师教育理论与实践[M]. 王建平，等译，北京：中国轻工业出版社，2002.

[美]Ralph Fessler，Judith C.Christensen. 教师职业生涯周期——教师专业发展指导[M]. 董丽敏，高耀明，等译. 北京：中国轻工业出版社，2005.

[美]保罗·C. 纳特，罗伯特·W. 巴可夫. 公共和第三部门组织的战略管理：领导手册[M]. 陈振明，等译校. 北京：中国人民大学出版社，2001.

[美]彼得·布劳，马歇尔·梅耶. 现代社会中的科层制[M]. 马戎，时宪民，邱泽奇，译. 上海：学林出版社，2001.

[美]彼得·圣吉. 第五项修炼：学习型组织的艺术与实践[M]. 张成林，译. 北京：中信出版社，2009.

[美]弗莱蒙特·E. 卡斯特，詹姆斯·E. 罗森茨韦克. 组织与管理——系统方法与权变方法(第 4 版)[M]. 北京：中国社会科学出版社，2000.

[美]弗雷德·R. 戴维. 战略管理(第 10 版)[M]. 李克宁，译. 北京：经济科学出版社，2006.

[美]哈罗德·孔茨，海因茨·韦里克. 管理学(第 10 版)[M]. 张晓君，陶新权，马继华. 等编译. 北京：经济科学出版社，1998.

[美]赫伯特·西蒙. 管理行为——管理组织决策过程的研究[M]. 杨砾，韩春立，徐立，译. 北京：北京经济学院出版社，1988.

[美]吉姆·柯林斯. 从优秀到卓越(社会机构版)[M]. 余江，译. 北京：中信出版社，2006.

[美]卡罗琳·希尔兹，马克·爱德华兹. 学会对话：校长和教师的行动指南[M]. 文彬，译. 北京：教育科学出版社，2009.

[美]凯瑟尔，等. 学校有效领导的 124 个行动策略[M]. 李欣，译. 北京：中国轻工业出版社，2010.

[美]科拉·巴格利·马雷特，等. 人是如何学习的Ⅱ：学习者、境脉与文化[M]. 裴新宁，王美，郑太年，主译. 上海：华东师范大学出版社，2021.

[美]兰德尔·柯林斯. 互动仪式链[M]. 林聚任，王鹏，宋丽君，译. 北京：商务印书馆，2009.

[美]里基·W. 格里芬，格利高里·摩海德. 组织行为学(第 8 版·精要版)[M]. 刘伟，狄红秋，译. 北京：中国市场出版社，2011.

[美]理查德·H. 霍尔. 组织：结构、过程及结果(第 8 版)[M]. 张友星，刘五

一，沈勇，译. 上海：上海财经大学出版社，2003.

［美］理查德·L. 达夫特. 组织理论与设计(第 13 版)［M］. 王凤彬，石云鸣，张秀萍，等译. 北京：清华大学出版社，2022.

［美］罗伯特·B. 登哈特，珍妮特·V. 登哈特，玛丽亚·P. 阿里斯蒂格塔. 公共组织行为学［M］. 赵丽江，译. 北京：中国人民大学出版社，2007.

［美］罗伯特·G. 欧文斯. 教育组织行为学(第 7 版)［M］. 窦卫霖，温建平，王越，译. 上海：华东师范大学出版社，2001.

［美］罗伯特·G. 欧文斯，托马斯·C. 瓦莱斯基. 教育组织行为学：领导力与学校改革(第 11 版)［M］. 吴宗酉，译. 上海：华东师范大学出版社，2021.

［美］帕克·帕尔默. 教学勇气——漫步教师心灵［M］. 吴国珍，余巍，等译. 上海：华东师范大学出版社，2005.

［美］乔治·斯坦纳. 战略规划［M］. 李先柏，译. 北京：华夏出版社，2001.

［美］切斯特·I. 巴纳德. 经理人员的职能［M］. 王永贵，译. 北京：机械工业出版社，2013.

［美］斯蒂芬·P. 罗宾斯，大卫·A. 德森佐. 管理学原理(第 5 版)［M］. 毛蕴诗，主译. 大连：东北财经大学出版社，2005.

［美］斯蒂芬·罗宾斯，蒂莫西·贾奇. 组织行为学(第 16 版)［M］. 孙健敏，王震，李原，译. 北京：中国人民大学出版社，2016.

［美］特雷斯·E. 迪尔，阿伦·A. 肯尼迪. 企业文化——现代企业的精神支柱［M］. 唐铁军，叶永青，陈旭，译. 上海：上海科学技术文献出版社，1989.

［美］托马斯·J. 萨乔万尼. 道德领导——抵及学校改善的核心［M］. 冯大鸣，译. 上海：上海教育出版社，2002.

［美］韦恩·K. 霍伊，塞西尔·G. 米斯克尔. 教育管理学：理论·研究·实践(第 7 版)［M］. 范国睿，主译. 北京：教育科学出版社，2007.

［美］沃尔特·W. 鲍威尔，保罗·J. 迪马吉奥. 组织分析的新制度主义［M］. 姚伟，译. 上海：上海人民出版社，2008.

［美］伊兰·K. 麦克伊万. 培养造就优秀教师——高效能教师的十大特征［M］. 北京：北京师范大学出版社，2007.

［美］珍妮弗·M. 乔治，加雷思·R. 琼斯. 组织行为学(第 5 版)［M］. 于欣，章文光，等译. 北京：北京大学出版社，2010.

［日］久下荣志郎，崛内孜. 现代教育行政学［M］. 李兆田，周蕴石，刘水，等译. 北京：教育科学出版社，1981.

［日］佐藤学. 课程与教师［M］. 钟启泉，译. 北京：教育科学出版社，2003.

［英］科林·M. 克拉克-希尔，基思·W. 格莱斯特. 战略管理案例（第 2 版）［M］. 余慕鸿，汤建人，匡小平，译. 北京：经济管理出版社，2000.

［英］托尼·布什. 当代西方教育管理模式［M］. 强海燕，主译. 南京：南京师范大学出版社，1998.

鲍传友. 中小学校党组织领导的校长负责制探析［J］. 中国德育，2022(17).

边玉芳，孙丽萍. 教师增值性评价的进展及在我国应用的建议［J］. 教师教育研究，2015(1).

曹培杰. 未来学校的变革路径——"互联网＋教育"的定位与持续发展［J］. 教育研究，2016(10).

陈成鑫. 基于风险评估的校园安全防范体系构建［J］. 教育科学研究，2021(7).

陈大超，齐岩. 未成年学生监护权问题的法理学思考［J］. 中国教育学刊，2006(11).

陈桂生. "学校管理体制问题"引论［J］. 华东师范大学学报(教育科学版)，2003(1).

陈佳祥. 智能安防全方位护卫校园安全［J］. 中国安防，2020(12).

陈如平. 校长教学领导：提高学校效能和促进学校变革的策略［J］. 当代教育科学，2004(20).

程红兵. 教育治理现代化进程中学校治理体系变革研究——以深圳明德实验学校为例［J］. 全球教育展望，2017(11).

重庆市九龙坡区教委. 九龙坡"五育"特色学校建设［J］. 今日教育，2022(10).

褚宏启. 我们需要什么样的现代学校制度［J］. 教育研究，2004(12).

褚卫中. 加强中小学校党的领导：价值意蕴、工作要点与方法策略［J］. 教育理论与实践，2022(32).

代蕊华. 实施中小学校党组织领导的校长负责制需要处理好的关系［J］. 江苏教育，2022(42).

戴岳. 生态视角下学校德育管理观的变革［J］. 当代教育科学，2008(17).

邓睿. 共塑新时代的乡村教育智慧——读《扎根乡村大地的教育研究：乡村班主任研究者的自述》［J］. 上海教育，2022(31).

樊娟. 文化之维——高校管理的新视角［J］. 江苏高教，2010(6).

范国睿. 走向学习型组织的现代学校［J］. 教学与管理，2001(2).

范涌峰. 禁锢与释放：学校特色发展视域中的办学自主权［J］. 教育发展研究，2022(12).

费世汲，汪立丰．教师评价标准的"四性"[J]．教学与管理，2010(4)．

葛新斌．现行校长负责制变革思路之探讨——从"委托—代理关系"的视角出发[J]．教育科学研究，2006(4)．

郭亮，蒙石荣．以学校特色建设赋能区域教育高质量发展态势——专访重庆市九龙坡区教委主任王家仕[J]．今日教育，2022(10)．

郭晓琳，周彬．基础教育集群办学：后校本管理时代的英国学校治理[J]．外国中小学教育，2019(10)．

霍中成．学校管理体制改革的突出问题及路径分析[J]．教学与管理，2017(30)．

姜月．中小学校自主管理的政策流变[J]．上海教育科研，2003(7)．

寇冬泉，张大均．教师职业生涯"高原现象"的心理学阐释[J]．中国教育学刊，2006(4)．

李家成．论班主任作为教师团队的关键人——基于学生立场的教师团队建设之思考[J]．教育研究与实验，2010(5)．

李家成．论学生工作性质的当代定位[J]．河南大学学报(社会科学版)，2012(1)．

李家成．美国 Locker · 中国教室[J]．班主任之友(小学版)，2012(4)．

李家成．实现小教室对大世界的创造性转化——论教育立场下的社会性资源开发[J]．思想理论教育，2009(18)．

李家成，顾惠芬．提升危机领导力：疫情防控期的校长必修课——基于疫情防控时期教育领导实践的观察与思考[J]．中小学管理，2020(3)．

李家成，匡颖，江娜，等．"社区教育"三大话语体系的起伏与集成[J]．终身教育研究，2022(5)．

李旷，潘源琛．教师劳动的一般特点[J]．教育研究，1985(7)．

李燕，石向实．试析泰罗科学管理的人本思想[J]．前沿，2007(4)．

李奕．中小学校党组织领导的校长负责制的理论思考与实践探索[J]．中国教育学刊，2021(6)．

梁文艳．探索教师质量的增值性评价：国际经验与本土展望[J]．教育科学研究，2022(4)．

林高标，林燕真．动机的自我决定理论及其对教师专业发展的启示[J]．教育发展研究，2013(4)．

刘丙元．教育性：学校管理的始点与旨归[J]．教育发展研究，2007(18)．

刘向兵，李立国．高等学校实施战略管理的理论探讨[J]．中国人民大学学报，2004(5)．

刘永林. 中小学校长负责制失真的原因分析及对策[J]. 教育探索，2004(7).

罗生全，王素月. 未来学校的内涵、表现形态及其建设机制[J]. 中国电化教育，2020(1).

毛亚庆. 论校本管理理论[J]. 北京师范大学学报(人文社会科学版)，2002(1).

蒙石荣，高蕾，张颖. 九龙坡学校特色建设的"是"与"更是"[J]. 今日教育，2022(10).

强舸，徐正全. "中小学校党组织领导的校长负责制"的变迁历程、治理结构与新时代的现实关切[J]. 公共治理研究，2022(5).

申素平，周航. 风险规制视角下的学校安全与教育法治[J]. 华东师范大学学报(教育科学版)，2020(10).

沈炜. 以高质量党建引领发展中国特色、一流水平基础教育[J]. 人民教育，2022(12).

石长林. 我国中小学学校管理体制存在的问题及其对策[J]. 教育科学研究，2014(6).

孙雪连，李刚. 参与民主：学校管理方式的转变[J]. 华东师范大学学报(教育科学版)，2018(1).

孙志良. 中小学校党组织领导的校长负责制的"天津实践"[J]. 人民教育，2022(12).

王炳林. 党对教育事业全面领导的科学内涵和基本路径[J]. 马克思主义理论学科研究，2020(5).

王库，林天伦. 中小学校长负责制30年：困境与对策[J]. 教育科学研究，2017(7).

温恒福，温宏宇. 教育效能的本质、特征与改进方法论[J]. 教育学报，2020(2).

吴剑平，张德. 试论文化管理的两个理论假说[J]. 中国软科学，2002(10).

熊川武. 学校"战略管理"论[J]. 高等师范教育研究，1997(2).

许明，黄雪娜. 从入职培训看美国新教师的专业成长[J]. 教育科学，2002(1).

薛国凤. 仪式与学校文化建设[J]. 基础教育研究，2010(19).

杨柳，张旭. 新世纪以来中小学校长依法治校的困境与应对——基于政策文本分析的视角[J]. 上海教育科研，2018(1).

杨润勇. 对"中小学校长负责制"政策调整的分析与建议[J]. 当代教育科学，2008(10).

袁志晃. 再谈"教师生涯发展"的题旨——释疑与释义[J]. 教育研究资讯，2001(4).

张东娇. 促进个体、组织和区域发展：学校文化三大功能[J]. 中小学管理，2015(12).

张东娇. 价值驱动型学校的特征、文化哲学与建设策略[J]. 北京师范大学学报（社会科学版），2014(5).

张东娇. 论当代高等学校管理的目的、取向和手段[J]. 北京师范大学学报（社会科学版），2020(4).

张东娇. 论我国学校特色形成的可能性、困难性和现实性[J]. 北京师范大学学报（社会科学版），2013(4).

张东娇. 绣一幅学校文化建设的《凤穿牡丹图》——学校文化建设"五步工作法"的再规范与再解读[J]. 中小学管理，2020(1).

张东娇. 学习型社会后发展学校执行力建设及其保障[J]. 教育科学，2010(2).

张东娇. 学校文化冲突发生、表现与管理策略[J]. 教育科学，2016(1).

张东娇. 学校文化的秀外慧中[J]. 中小学管理，2016(3).

张东娇. 学校文化建设："穿越概念丛林"之后我们去哪儿？[J]. 清华大学教育研究，2021(2).

张东娇. 学校文化建设成就美好教育生活[J]. 中国教育学刊，2019(4).

张东娇. 学校文化建设的开明本质[J]. 新课程评论，2021(10).

张东娇. 学校文化驱动模型：一项完整的中国学校改进经验的报告[J]. 清华大学教育研究，2022(1).

张东娇. 学校文化团结发生机制与实现策略[J]. 教育研究，2016(9).

张爽. 中小学治理现代化视域下落实党组织领导的校长负责制省思[J]. 中国教育学刊，2022(7).

张天雪，刘伟. 教育家型校长的修炼与领导力提升[J]. 新教师，2020(11).

张天雪，曾天山. 公民社会理念下的学校治理与校长权力[J]. 教育研究，2006(5).

张天雪. 也谈教育管理学的"学科体系"问题[J]. 比较教育研究，2006(1).

赵萍. 论当代西方教师职业生涯发展研究的三个理论取向[J]. 比较教育研究，2016(4).

支爱玲. 学校发展规划的认识及实践诉求[J]. 宁夏教育科研，2008(4).

邹逸江. 国外应急管理体系的发展现状及经验启示[J]. 灾害学，2008(1).

关于建立中小学校党组织领导的校长负责制的意见（试行）[N]. 人民日报，2022-01-27.

叶澜. "生命·实践"教育的信条[N]. 光明日报，2017-02-21.

张东娇. 优秀校长学做三件事[N]. 中国教育报，2020-11-18.

联合国发展计划署. 2021/2022年人类发展报告[R]. 纽约：2022.

我们的共同议程——秘书长的报告[R]. 纽约：联合国，2021.

段钊. 企业管理学范式研究[D]. 武汉：武汉大学，2005.

寇冬泉. 教师职业生涯高原：结构、特点及其与工作效果的关系[D]. 重庆：西南大学，2007.

李艳红. 东乡族女教师生涯发展研究[D]. 兰州：西北师范大学，2007.

马子媛. 基于自我决定理论的中学教师工作动机研究[D]. 哈尔滨：哈尔滨师范大学，2021.

杨丽. 高绩效与关系型人力资源管理实践对员工职业成功影响机制研究——自我决定理论视角[D]. 成都：西南财经大学，2019.

杨小微. 社会转型时期学校变革的方法论初探[D]. 上海：华东师范大学，2002.

B Fidler, G Bowles. Effective Local Management of Schools: A Strategic Approach[M]. London: Longman，1989.

David F Labaree. Someone Has To Fail: The Zero Sum Game of Public Schooling [M]. Massachusetts: Harvard University Press，2010.

Dennis Littky, Samantha Grabelle. The Big Picture: Education is Everyone's Business[M]. New York: Association for Supervision and Curriculum Development，2004.

Gert J J Biesta. Learning Democracy in School and Society: Education，Lifelong Learning and the Politics of Citizenship[M]. Boston: Sense Publishers，2011.

Griffiths. Human Relations in School Administration [M]. New York: Appleton Century-Crofts，1956.

Hardin L K Coleman, Christine Yeh. Handbook of School Counseling[M]. London; New York: Routledge，2008.

Hilarie Owen. Creating Leaders in the Classroom: How Teachers Can Develop a New Generation of Leaders[M]. London; New York: Routledge，2007.

James W Guthrie, Patrick J Schuermann. Successful School Leadership: Planning, Politics, Performance, and Power [M]. London: Pearson Education Inc，2009.

Jim Collins, Morten T Hansen. Great by Choice: Uncertainty, Chaos, and

Luck—Why Some Thrive Despite Them All [M]. New York: Harper Collins Publishers, 2011.

John Dewey. The Child and the Curriculum & The School and Society[M]. Chicago: The University of Chicago Press, 1959.

Joyce L Epstein. School, Family and Community Partnerships: Your Handbook for Action(Third Edition)[M]. City of Thousand Oaks, CA: Corwin Press, 2009.

M Hanson. Educational Administration and Organizational Behavior [M]. Boston: Allyn and Bacon, 1990.

W A Yauch. Improving Human Relations in School Administration[M]. New York: Harper and Brothers, 1949.

James H. Stronge. The Elementary School Principalship: A Position in Transition? [J]. Principal, 1988, 67(5).

K A Miller, E L Deci, R M Ryan. Intrinsic Motivation and Self-Determination in Human Behavior[J]. Contemporary Sociology, 1988, 17(2).

后　记

距离《学校管理学》第 1 版的出版时间已经过去近十年了，教材得到了很好的应用和反馈。为了落实党的二十大精神，贯彻党的教育方针，落实立德树人根本任务，扎实推进习近平新时代中国特色社会主义思想进课程教材，为了进一步体现高质量教育体系建设的要求，更加贴合学生的学习经验，我们对《学校管理学》进行了修订。

从 2022 年 6 月开始，我们开始着手《学校管理学》的修订工作。作者们成立了微信群，认真学习了北京师范大学出版社发来的相关文件内容和精神，这些文件包括：《国家教材委员会关于印发〈"党的领导"相关内容进大中小学课程教材指南〉的通知》《国家教材委员会关于印发〈习近平新时代中国特色社会主义思想进课程教材指南〉的通知》《高等教育与职业教育出版中心贯彻落实〈习近平新时代中国特色社会主义思想进课程教材指南〉工作实施细则》《教材插图排查要点》等。在领会这些文件精神的基础上，《学校管理学》教材小组制定了第 2 版的修订原则。一是体现时代性和先进性，用习近平新时代中国特色社会主义思想武装头脑，紧跟时代步伐，坚持正确的意识形态和立场。二是体现专业性和研究性，吸纳教育管理研究和学校管理实践当下的新成果，体现作者新的学术积累和见识。三是体现融合性和最佳性，坚持理论与实践相结合的原则，更新案例，以体现当下新的学校改革实践和经验，也加入了一些体现中华优秀传统文化的内容。四是体现规范性和完整性，关注章节知识的结构化，所修订的内容及其结构和标题表述等由作者把握。五是我们在第 1 版内容上使用修订格式，把自己负责的那章单独拿出来使用 Word 文档修改，并把本章目录写于第一页，参考文献置于文后，方便后续进行精确汇总。

《学校管理学》第 2 版保留了第 1 版的八章内容及其结构设计。全书内容紧凑，涵盖了学校管理理论、学校战略管理、学校组织管理、学校人力资源管理、学校公共关系管理和学校文化管理等内容，具体的八章内容包括：学校管理概述、学校战略管理、学校组织运营、学校教师管理、学校学生工作、学校绩效管理、学校安全与应急管理、学校文化管理。每一章的标题都代表着学校管理的一个领域，表述简短完整，整齐照应。

　　全书修订和撰著工作由来自八所大学的十位作者合作完成。这些研究者都是来自教育管理专业的研究者和从教者，或扎根学校实践，或设计实验模型，或参与学校改进，经验丰富，思考深刻。在过去的近十年时间里，随着时代的发展和自我研究的进步，他们迎来了教育管理研究和自我学术积累的黄金时期，在自己的研究领域生产了诸多原创知识。这些更加系统、深刻和新鲜的知识及其研究的基本功，都在字里行间有所体现，有的章节甚至完全重写，作者完全跃升和更新了学术认识和知识内容。本书具体内容和作者分工如下：第一章学校管理概述（浙江师范大学，张天雪），第二章学校战略管理（北京师范大学，程凤春），第三章学校组织运营（华南师范大学，葛新斌；惠州学院，尹姣容），第四章学校教师管理（广州大学，蔡辰梅），第五章学校学生工作（华东师范大学，李家成），第六章学校绩效管理（东北师范大学，邬志辉、凡勇昆），第七章学校安全与应急管理（辽宁师范大学，陈大超），第八章学校文化管理（北京师范大学，张东娇）。全书内容框架和信息整合由张东娇和程凤春完成。

　　《学校管理学》第2版保留了第1版的体例规范。每一章有统一的书写结构，是按照如下顺序进行的：本章学习目标、开篇案例、正文、案例及其分析、本章思考题、推荐阅读。线索清晰完整，有利于学习者参考。感谢来自八所大学的优秀同事的努力和付出，感谢教育管理研究的前辈和同辈们所作出的研究贡献，感谢北京师范大学出版社何琳老师的耐心指导和辛勤劳动。这本第2版的《学校管理学》难免还会存在瑕疵，希望得到热心而专业的同行们的批评和指教。

张东娇

2024年12月于北京